Die Pfändung einer gläubigereigenen Forderung

Schriften zum Privat-, Wirtschafts- und Verfahrensrecht

Herausgegeben von Barbara Völzmann-Stickelbrock

Band 2

Zur Qualitätssicherung und Peer Review der vorliegenden Publikation

Die Qualität der in dieser Reihe erscheinenden Arbeiten wird vor der Publikation durch den Herausgeber der Reihe geprüft.

Notes on the quality assurance and peer review of this publication

Prior to publication, the quality of the work published in this series is reviewed by the editor of the series.

Matthias Eiden

Die Pfändung einer gläubigereigenen Forderung

Eine rechtsdogmatische Betrachtung unter besonderer Berücksichtigung des Einflusses der Verfassung auf das Vollstreckungsrecht

PL ACADEMIC RESEARCH

Bibliografische Information der Deutschen Nationalbibliothek
Die Deutsche Nationalbibliothek verzeichnet diese Publikation in der Deutschen Nationalbibliografie; detaillierte bibliografische Daten sind im Internet über http://dnb.d-nb.de abrufbar.

Zugl.: Hagen, Fernuniv., Diss., 2015

D 708
ISSN 2193-262X
ISBN 978-3-631-67868-8 (Print)
E-ISBN 978-3-653-07013-2 (E-Book)
DOI 10.3726/978-3-653-07013-2

PL Academic Research ist ein Imprint der Peter Lang GmbH.

Peter Lang – Frankfurt am Main · Bern · Bruxelles · New York · Oxford · Warszawa · Wien

Diese Publikation wurde begutachtet.

www.peterlang.com

Vorwort

Die nachstehende Abhandlung hat der rechtswissenschaftlichen Fakultät der Fern Universität in Hagen im Wintersemester 2015/16 als Dissertationsschrift vorgelegen. Rechtsprechung und Literatur wurden nachgetragen, soweit dies notwendig und ratsam erschien.

Vielen Menschen habe ich zu danken.

Zuvörderst meinem verehrten Doktorvater, Herrn Prof. Dr. Karl August Prinz von Sachsen Gessaphe. Er hat das Entstehen der Arbeit von Beginn an mit großem Interesse verfolgt und stand für Fragen und Gespräche zu jeder Zeit zur Verfügung.

Mein Dank gilt weiterhin Frau Prof.'in Dr. Barbara Völzmann-Stickelbrock für die Fertigung des Zweitgutachtens nahezu über Nacht. Bedanken möchte ich mich bei ihr ferner für die Aufnahme in diese Schriftenreihe.

Unschätzbare materielle wie immaterielle Hilfe haben mir ferner meine Familie und meine Freunde gewährt, letztere auch als Diskussionspartner während der Entstehung dieser Arbeit.

All die Freiheiten wissenschaftlichen Arbeitens werden wertlos, wenn sie von der Partnerin nicht mitgetragen werden. Meine Frau Anne hat mich stets ermutigt, mir Selbstvertrauen gegeben und mir so durch die Einsamkeit eines Nachwuchswissenschaftlers geholfen. Ihr sei diese Arbeit gewidmet.

Münster, im April 2016

Gliederung

Abkürzungsverzeichnis

a.F.	alte Fassung
a.A.	andere Ansicht
Abs.	Absatz
AcP	Archiv für die civilistische Praxis
AG	Amtsgericht
allg.	allgemein
Anm.	Anmerkung
AO	Abgabenordnung
AP	Arbeitsrechtliche Praxis
arg. ex	argumentum ex
Art.	Artikel
Aufl.	Auflage
Az.	Aktenzeichen
BAG	Bundesarbeitsgericht
Bd.	Band
BFHE	Sammlung der Entscheidungen des Bundesfinanzhofs
BGB	Bürgerliches Gesetzbuch
BGBl	Bundesgesetzblatt
BGH	Bundesgerichtshof
BGHSt	Entscheidungssammlung des Bundesgerichtshofs in Strafsachen
BGHZ	Entscheidungssammlung des Bundesgerichtshofs in Zivilsachen
bspw.	beispielsweise
BT/Drs.	Bundestags-Drucksache
BVerfG	Bundesverfassungsgericht
BVerfGE	Entscheidungen des Bundesverfassungsgerichts
BVerwG	Bundesverwaltungsgericht
bzgl.	bezüglich
bzw.	beziehungsweise
CPO	Civilprozeßordnung des Deutschen Reichs, Fassung v. 30.01.1877, Bekanntmachung v. 19.02.1877 im Deutschen Reichsgesetzblatt Band 1877, Nr. 6, Seite 83–243.
d.h.	das heißt

ders.	derselbe
DGVZ	Deutsche Gerichtsvollzieher-Zeitung
dies.	dieselbe(n)
diesbzgl.	diesbezüglich
Diss.	Dissertation
DÖV	Die öffentliche Verwaltung
DVP	Deutsche Verwaltungspraxis
Ed.	Edition
EGMR	Europäischer Gerichtshof für Menschenrechte
EGZPO	Einführungsgesetz zur Zivilprozessordnung
Einl.	Einleitung
EMRK	Europäische Menschenrechtskonvention
Erg-Lfg.	Ergänzungslieferung
EzA	Entscheidungssammlung zum Arbeitsrecht
evtl.	eventuell/e/m
f.	folgende/r
ff.	folgende
FS	Festschrift
gem.	gemäß
GG	Grundgesetz
ggf.	gegebenenfalls
GKG	Gerichtskostengesetz
grds.	grundsätzlich
GS	Gedächtnisschrift
GVGA	Geschäftsanweisungen für Gerichtsvollzieher
GvKostG	Gerichtsvollzieher-Kostengesetz
hL	herrschende Literatur
hM	herrschende Meinung
Hrsg.	Herausgeber
Hs.	Halbsatz
i.d.R.	in der Regel
i.E.	im Ergebnis
i.H.v.	in Höhe von
inkl.	inklusive
insb.	insbesondere
InsO	Insolvenzordnung
InVo	Insolvenz und Vollstreckung
i.R.d.	im Rahmen der/des

i.S.d.	im Sinne der/des
i.Ü.	im Übrigen
i.V.m.	in Verbindung mit
JA	Juristische Arbeitsblätter
JR	Juristische Rundschau
JURA	Juristische Ausbildung
JurBüro	Das juristische Büro
JuS	Juristische Schulung
JW	Juristische Wochenschrift
JZ	Juristenzeitung
KG	Kammergericht Berlin
KTS	Zeitschrift für Konkurs-, Treuhand- und Schiedsgerichtswesen
LArbG	Landesarbeitsgericht
Lfg.	Lieferung
LG	Landgericht
LKV	Landes- und Kommunalverwaltung
LMK	Kommentierte BGH-Rechtsprechung Lindenmaier-Möhring
Ls.	Leitsatz
m.a.W.	mit anderen Worten
MDR	Monatsschrift des deutschen Rechts
m.w.N.	mit weiteren Nachweisen
NJW	Neue Juristische Wochenschrift
NJW-RR	Neue Juristische Wochenschrift Rechtsprechungs-Report
Nr.	Nummer
NStZ	Neue Zeitschrift für Strafrecht
NVwZ	Neue Zeitschrift für Verwaltungsblätter
NZI	Neue Zeitschrift für das Recht der Insolvenz und Sanierung
o.a.	oben angegeben
o.ä.	oder ähnlich
o.g.	oben genannt
OLG	Oberlandesgericht
OLGR	OLG-Report
RG	Reichsgericht

RGZ	Amtliche Sammlung von Entscheidungen des Reichsgerichts in Zivilsachen
Rn	Randnummer
RPfleger	Der Deutsche Rechtspfleger
RPflG	Rechtspflegergesetz
Rspr.	Rechtsprechung
RT-Prot.	Reichstags-Protokolle
S.	Seite
s.	Siehe
sog.	sogenannte / r
StGB	Strafgesetzbuch
Tz	Textziffer
u.a.	und andere / unter anderem
u.U.	unter Umständen
v.	von / vom
v.a.	vor allem
Var.	Variante
VersR	Zeitschrift für Versicherungsrecht
vgl.	vergleiche
vmtl.	vermutlich
Vorb.	Vorbemerkungen
VwVfG	Verwaltungsverfahrensgesetz
VwVG	Verwaltungsvollstreckungsgesetz
VwVG-NRW	Verwaltungsvollstreckungsgesetz des Landes Nordrhein-Westfalen
WM	Wertpapiermitteilungen für Wirtschafts- und Bankrecht
WuM	Wohnungswirtschaft und Mietrecht
z.B.	zum Beispiel
ZInsO	Zeitschrift für das gesamte Insolvenzrecht
zit.	zitiert als
ZPO	Zivilprozessordnung
ZRP	Zeitschrift für Rechtspolitik
zugl.	zugleich
zust.	zustimmend
ZZP	Zeitschrift für Zivilprozess

Literaturverzeichnis

App, Michael: Vollstreckungsgläubiger und Vollstreckungsschuldner in: LKV 1993, 373–374.

Beck'scher Online-Kommentar zum BGB: Hrsg.: Bamberger, Heinz Georg/Roth, Herbert, Stand: 1.2.2016 Ed. 38, zit. BeckOK-BGB/*Bearbeiter*.

Beck'scher Online-Kommentar zum VwVfG: Hrsg.: Bader, Johann/Ronellenfitsch, Michael, Stand: 1.1.2016 Ed. 30, zit. BeckOK-VwVfG/*Bearbeiter*.

Beck'scher Online-Kommentar zur ZPO: Hrsg.: Vorwerk, Volkert/Wolf, Christian, Stand: 1.12.2015 Ed. 19, zit. BeckOK-ZPO/*Bearbeiter*.

Baumbach, Adolf/Lauterbach, Wolfgang/Albers, Jan/Hartmann, Peter: Zivilprozessordnung, 74. Aufl. München 2016, zit. Baumbach/Lauterbach/*Bearbeiter*.

Baur, Fritz/Baur, Jürgen F./Stürner, Rolf: Sachenrecht, 18. Aufl., München, 2009, zit. *Baur/Stürner* SachenR.

Baur, Fritz/Stürner, Rolf/Bruns, Alexander: Zwangsvollstreckungsrecht, 13. Aufl., Heidelberg, 2006, zit. *Baur/Stürner/Bruns* Zwangsvollstreckung.

Becker, Hans-Jürgen: Das Gewaltmonopol des Staates und die Sicherheit des Bürgers, Der Ewige Landfriede - vor 500 Jahren in: NJW 1995, 2077–2081.

Behr, Johannes: Effektive Sachpfändung durch den Gerichtsvollzieher in: NJW 1992, 2738.

–: Serie >>Vollstreckungsblitzlichter<<, Folge 4 – Zum Umfang der Drittschuldnerauskunft gem. § 840 ZPO in: JurBüro 1994, 132–133.

–: Serie >>Vollstreckungsblitzlichter<<, Folge 6 – Kosten des erfolglos geführten Drittschuldnerprozesses in: JurBüro 1994, 257–258.

–: Serie >>Vollstreckungsblitzlichter<<, Folge 7 – Die Urkundenherausgabe gem. § 836 Abs. 3 ZPO in: JurBüro 1994, 327–328.

Berg, Wilfried: Entwicklung und Grundstrukturen der Eigentumsgarantie in: JuS 2005, 961.

Binding, Karl: Die Normen und ihre Übertretung, Eine Untersuchung über die rechtmäßige Handlung und die Arten des Delikts, Bd I, Anhang: Der Rechtszwang nach Wesen, Arten und Grenzen, 4. Aufl. Leipzig 1922 (Neudruck 1965).

Bittmann, Folker: Erzwingungshaft und Grundgesetz, Anmerkung zur Entscheidung des BVerfG vom 19.10.1982 in: RPfleger 1983, 261–264.

–: Treu und Glauben in der Zwangsvollstreckung, Stehen Zuständigkeiten und materielle Rechtskraft unter einem Redlichkeitsvorbehalt? in: ZZP 97 (1984) 32–46.

Blomeyer, Jürgen: Der Anwendungsbereich der Vollstreckungserinnerung, Zu den Voraussetzungen der ZVS, insbesondere dem Verhältnis zwischen Vollstreckungsrecht und materiellem Recht in: RPfleger 1969, 279–287.

Böhm, Harald: Ungerechtfertigte Zwangsvollstreckung und materiellrechtliche Ausgleichsansprüche, Bielefeld 1971, zugl. Diss. Frankfurt.

Braun, Michael: Vollstreckungsakte gegen Drittbetroffene in: AcP 196 (1996) 557–592.

Brehm, Wolfgang/Kleinheisterkamp, Thomas: Die Bestimmtheit des Pfändungsbeschlusses bei der Forderungspfändung - OLG Karlsruhe, NJW 1998, 549 in: JuS 1998, 781–785.

Brox, Hans/Walker, Wolf-Dietrich: Zwangsvollstreckungsrecht, 10. Aufl. München 2014.

Brüning, Christoph: Voraussetzungen und Inhalt eines grundrechtlichen Schutzanspruchs - BVerwG NVwZ 1999, 1234 in: JuS 2000, 955–959.

Bruns, Alexander: Die zivilprozessuale Dimension der Justizgewährleistung in: Festschrift für Rolf Stürner zum 70. Geburtstag, 1. Teilband, Tübingen 2013, 257–272, zit. *Bruns* FS Stürner.

Büchler, Kai-Uwe: Klausurrelevante Ausgleichsansprüche nach Zwangsvollstreckung in schuldnerfremde Sachen in: JuS 2011, 779–785.

Bürgle, Helmut: Zur Pfändung von Forderungen, welche dem Vollstreckungsschuldner nicht zustehen, München 1957, zugl. Diss. München

Bunge, Jürgen: Zivilprozess und Zwangsvollstreckung in Frankreich und Italien, Berlin, 2008.

Burchard, Johann Friedrich: § 720a ZPO und die „Waffengleichheit" in: NJW 2002, 2219–2221.

Canaris, Claus Wilhelm: Die Feststellung von Lücken im Gesetz – Eine methodologische Studie über Voraussetzungen und Grenzen der richterlichen Rechtsfortbildung praeter legem, 2. Aufl. Berlin 1983.

Coupette, Corinna: Was schützt die Vertragsfreiheit und welche verfassungsrechtlichen Vorgaben ergeben sich aus ihr für den Gesetzgeber? in: Bucerius Law Journal 2011, 95–100.

Dauner-Lieb, Barbara/Langen, Werner: Nomos-Kommentar zum BGB, Schuldrecht, Bd II/1, 2. Aufl. Baden-Baden, 2012, zit. NK-BGB/*Bearbeiter*.

Detterbeck, Steffen: Allgemeines Verwaltungsrecht, Mit Verwaltungsprozessrecht, 13. Aufl. München 2015, zit. *Detterbeck*.

–: Streitgegenstand, Justizgewährungsanspruch und Rechtsschutzanspruch in: AcP 192 (1992) 325–340.

Dressel, Gerd: Zustellung des Pfändungsbeschlusses, Parteibetrieb oder Amtszustellung in: RPfleger 1993, 100–102.

Epping, Volker: Grundrechte, 6. Aufl. Heidelberg u.a. 2015.

Fahland, Monika: Das Verfügungsverbot nach §§ 135, 136 BGB in der Zwangsvollstreckung und seine Beziehung zu den anderen Pfändungsfolgen, Berlin 1976, zugl. Diss. Bonn, zit. *Fahland.*

–: Die Bedeutung des Verhältnismäßigkeitsgrundsatzes im Vollstreckungsrecht in: VOP 1981, 328–334.

Fehling, Michael/Kastner, Berthold/Störmer, Rainer (Hrsg.): Nomos-Handkommentar zum Verwaltungsrecht, 4. Aufl. Baden-Baden 2016, zit. Fehling/Kastner/Störmer/*Bearbeiter.*

Fischer, Nikolaj: Der fehlerhafte Zugriff in der Zwangsvollstreckung in: RPfleger 2007, 12–19.

Foerste, Ulrich: Die Pflicht zur Begründung der Drittschuldnererklärung in: NJW 1999, 904–908.

–: Insolvenzrecht, 6. Aufl. München 2014, zit. *Foerste.*

Förster, Adolf/Kann, Richard: Die Zivilprozessordnung für das deutsche Reich, Bd II, 3. Aufl. Berlin 1926.

Fölsch, Peter: Die Sicherungsvollstreckung aus einem nur gegen Sicherheit vorläufig vollstreckbarem Urteil in: NJW 2009, 1128–1129.

Funke, Rainer: Die 2. Zwangsvollstreckungsnovelle - ein Beitrag zur Verbesserung der Durchsetzung der Gläubigerrechte und zur Entlastung der Rechtspflege in: NJW 1998, 1029–1033.

Gaul, Hans Friedhelm: „Prozessuale Betrachtungsweise“ und Prozesshandlungen in der Zwangsvollstreckung in: Gedächtnisschrift für Peter Arens, Hrsg. Leipold, Lüke, Yoshino, München 1993, 89–126, zit. *Gaul* GS Arens.

–: Rechtsverwirklichung durch Zwangsvollstreckung aus rechtsgrundsätzlicher und rechtsdogmatischer Sicht in: ZZP 112 (1999) 135–184.

–: Sachenrechtsordnung und Vollstreckungsordnung im Konflikt, Fehlerhafte Mobiliarvollstreckung in wesentliche Grundstücksbestandteile in: NJW 1989, 2509–2515.

–: Zur Struktur der Zwangsvollstreckung, Dreiteilige Abhandlung in: RPfleger 1971, 1–10, 41–52, 81–93.

–: Zwangsvollstreckung und Verfassungsrecht in: Z zagadnien prawa cywilnego, Festschrift für Andrzej Stelmachowski, Hrsg. J. Gajewski, Bialystok 1991, 237–249, zit. *Gaul* FS Stelmachowski.

Gaul, Hans-Friedhelm/Schilken, Eberhard/ Becker-Eberhard, Ekkehard: Zwangsvollstreckungsrecht, 12. Aufl. München 2010.

Geib, Peter: Die Pfandverstrickung, Grundfragen der Zwangsvollstreckung in das bewegliche Vermögen, Bielefeld 1969.

Geißler, Markus: Dogmatische Grundfragen bei der Zwangsvollstreckung in Geldforderungen in: JuS 1986, 614–619.

Gentz, Manfred: Zur Verhältnismäßigkeit von Grundrechtseingriffen in: NJW 1968, 1600.

Gerhardt, Walter: Bundesverfassungsgericht, Grundgesetz und Zivilprozeß, speziell - Zwangsvollstreckung, ZZP 95 (1982) 467–494.

Gierlach, Norbert: Die Pfändung dem Schuldner derzeit nicht zustehender Forderungen, Bonn 1998, zugl. Diss. Bonn.

Goldschmidt, James: Zivilprozessrecht, 2. Aufl. Berlin 1932 (Neudruck 1969).

Grabow, Stefan: Wegnahme einer Sache in Ausübung des Selbsthilferechts, Anmerkung zum Beschluss des BGH 05.04.2011 in: NStZ 2012, 144–147.

Graf Lambsdorff, Hans Georg: Die Problematik der Sicherungsvollstreckung, NJW 2002, 1303–1308.

Hahn, Carl/Stegemann, Eduard: Die gesammelten Materialien zur Zivilprozessordnung und der EG zu derselben (vom 30.1.1877), 2. Aufl. Berlin 1881, zit. *Hahn*.

Hau, Wolfgang: Rezension zu Jürgen Stamm, Die Prinzipien und Grundstrukturen des Zwangsvollstreckungsrechts in: GPR 2008, 142–143.

Haurand, Günther/Vahle, Jürgen: Eigenmächtige Durchsetzung von Rechten, Unter welchen Umständen darf der Einzelnen zur Selbsthilfe greifen? in: DVP 2002, 223–228.

Heiderhoff, Bettina/Skamel, Frank: Zwangsvollstreckungsrecht, 2. Aufl. Heidelberg u.a. 2013.

Hein, Arno: Ist die Arglisteinrede in den Verfahren nach §§ 766 und 765a ZPO in der Mobiliarzwangsvollstreckung in die eigene Abzahlungssache zulässig?

Ausschluss von Treu und Glauben u.a. vom Streitgegenstand 1 der Vollstreckungserinnerung in: ZZP 69 (1956) 231–261.

Hellwig, Konrad: Die Verpfändung und Pfändung von Forderungen nach gemeinem Recht und der Reichs-Civilprozess-Ordnung

unter Berücksichtigung des Preussischen Allgemeinen Landrechts und des Sächsischen Bürgerlichen Gesetzbuchs, Leipzig, 1883.

–/Oertmann, Paul: System des deutschen Zivilprozessrechts, Leipzig 1919 (Neudruck 1968), Bd II/2, zit. *Hellwig/Oertmann*.

Henckel, Wolfram: Prozessrecht und materielles Recht, Göttingen 1970.

Herberger, Maximilian/Martinek, Michael/ Rüßmann, Helmut/Weth, Stephan: Juris Praxiskommentar zum BGB, 7. Aufl. 2014, zit. jurisPK-BGB/*Bearbeiter*.

Herdegen, Matthias: Europarecht, 16. Aufl. München 2014.

Hintzen, Udo: Forderungspfändung Arbeitseinkommen, Sozialleistungen, Konten, Lexikon der besonderen Forderungsrechte, 3. Aufl. Münster 2008, zit. *Hintzen*.

–: Zur Drittschuldnererklärung und zu den Ansprüchen auf Auskunft und Herausgabe von Unterlagen bei der Forderungspfändung in: RPfleger 2002, 321–322.

Hoche, Ulrich/Wiener, Hubert: Zwangsvollstreckungsrecht, 4. Aufl. Darmstadt 1983.

Hoeren, Thomas: Der Pfändungs- und Überweisungsbeschluss, Praktikabilität vor Verfassungsrecht? in: NJW 1991, 410–411.

Hufen, Friedhelm: Staatsrecht II – Grundrechte, 4. Aufl. 2014.

Isensee, Josef/Kirchhof, Paul (Hrsg.): Handbuch des Staatsrechts der Bundesrepublik Deutschland, Bd IX Allgemeine Grundrechtslehren, 3. Aufl. Heidelberg 2011, zit. Isensee/Kirchhof/*Bearbeiter*.

Jarass, Hans/Pieroth, Bodo: Grundgesetz für die Bundesrepublik Deutschland, 13. Aufl. München 2014, zit. *Jarass/Pieroth*.

Jauernig, Othmar / Berger, Christian: Zwangsvollstreckungs- und Insolvenzrecht, 23. Aufl. München 2010.

Jurgeleit, Andreas: Die Haftung des Drittschuldners, Ein Leitfaden für die Praxis, 2. Aufl. Berlin 2004.

Keller, Ulrich (Hrsg.): Handbuch Zwangsvollstreckungsrecht, Berlin 2013, zit. Keller/*Bearbeiter*.

Kerwer, Christof: Die Erfüllung in der Zwangsvollstreckung, Köln 1996, zugl. Diss. Saarbrücken.

Kindl, Johann/Meller-Hannich, Caroline/ Wolf, Hans-Joachim (Hrsg.): Nomos-Handkommentar, Gesamtes Recht der Zwangsvollstreckung, 3. Aufl. Baden-Baden 2015, zit. Kindl/Meller-Hannich/Wolf/*Bearbeiter*.

Kipp, Theodor: Über Doppelwirkungen im Recht, insbesondere über die Konkurrenz von Nichtigkeit und Anfechtbarkeit in: Festschrift der Berliner Juristischen Fakultät für Ferdinand von Martitz, zum fünfzigjährigen Doktorjubiläum, Hrsg. Berliner Juristische Fakultät, Berlin 1911, 211–233, zit. *Kipp* FS v. Martitz.

Kleinfeller, Georg: Lehrbuch des deutschen Zivilprozessrechts, 3. Aufl. Berlin 1925.

Köbler, Gerhard: Juristisches Wörterbuch, 16. Aufl. München 2016.

Kornol, Walter/Wahlmann, Carsten: Zwangsvollstreckungsrecht, Baden-Baden 2012.

Kranzusch, Peter: Die Quoten der Insolvenzgläubiger - Verfahrensergebnisse nach der Insolvenzrechtsreform, ZInsO 2009, 1513–1520.

Kreutzkam, Johannes: Die etwas andere Versicherung an Eides Statt (§ 836 Abs. 3 ZPO) zur Vorbereitung der Durchsetzung gepfändeter Ansprüche in: JurBüro 2008, 231–234.

Kuchinke, Kurt: Pfändungspfandrecht und Verwertungsrecht bei der Mobiliarzwangsvollstreckung in: JZ 1958, 198–202.

Lackmann, Rolf: Zwangsvollstreckungsrecht mit Grundzügen des Insolvenzrechts; eine Einführung in Recht und Praxis, 10. Aufl. München 2013.

Larenz, Karl: Lehrbuch des Schuldrechts, Bd I: Allgemeiner Teil, 14. Aufl. München 1987, zit. *Larenz* SchuldR.

–: Methodenlehre der Rechtswissenschaft, 6. Aufl. Berlin u.a. 1991, zit. *Larenz* Methodenlehre.

Lembcke, Moritz: Die Influenz von Justizgewährungsanspruch, Rechtsprechungsmonopol des Staates und rechtlichem Gehör auf außergerichtliche Streitbeilegungsverfahren in: NVwZ 2008, 42–45.

Linke, Hartmut: Die Erklärungspflicht des Drittschuldners und die Folgen ihrer Verletzung in: ZZP 87 (1974) 284–315.

Lippross, Otto-Gerd: Vollstreckungsrecht, 11. Aufl. München 2014.

Lüke, Gerhard: Der Inhalt des Pfändungspfandrechts in: JZ 1955, 484–487.

–: Die Bereicherungshaftung des Gläubigers bei der Zwangsvollstreckung in eine dem Schuldner nicht gehörige bewegliche Sache in: AcP 153 (1954) 533–547.

–: Die öffentlichrechtliche Theorie der Zwangsvollstreckung und ihre Grenzen, zugl. Diss. Frankfurt 1952, zit. *Lüke* Zwangsvollstreckung.

–: Die Rechtsnatur des Pfändungspfandrechts in: JZ 1957, 239–243.

–: Die Rechtsprechung des Bundesgerichtshof zur Forderungspfändung in: 50 Jahre Bundesgerichtshof, Festgabe aus der Wissenschaft. Hrsg. Claus-Wilhelm Canaris, München, Bd III Zivilprozeß Insolvenz Öffentliches Recht, 441–462, zit. *Lüke* 50 Jahre BGH.

–: Die Zwangsvollstreckung des Verkäufers in die auf Abzahlung verkaufte Sache in: JZ 1959, 114–119.

Lüke, Wolfang: Zivilprozessrecht, 10. Aufl. München 2011, zit. *Lüke* ZivilprozessR.

Marburger, Peter: Das Anerkenntnis des Drittschuldners nach § 840 Abs. 1 Ziff. 1 ZPO in: JR 1972, 7–15.

Mattern, Gerhard: Die Abtretung von Grundstücksmietzinsforderungen durch den Eigentümer an den Grundstücksnießbraucher in: JR 1928, 98–100.

Maunz, Theodor /Dürig, Günter: Grundgesetz-Kommentar, zit. Maunz/Dürig/*Bearbeiter*, Lfg. 75, September 2015.

Maurer, Hartmut: Staatsrecht I, Grundlagen, Verfassungsorgane, Staatsfunktionen, 6. Aufl. München 2010.

Medicus, Dieter/Lorenz, Stephan: Schuldrecht I, Allgemeiner Teil, 21. Aufl. München 2015, zit. *Medicus/Lorenz* SchuldR I.

Meller-Hannich, Caroline: Verfügbarkeit von Forderungen und Gläubigerzugriff - Untersuchungen im Rahmen des Zusammenhangs zwischen Prozessrecht und materiellem Recht in: KTS 2000, 37–56.

Merten, Detlef/Papier, Hans-Jürgen: Handbuch der Grundrechte in Deutschland und in Europa, Bd II, Grundrechte in Deutschland - Allgemeine Lehren I, Heidelberg, 2006, zit. Merten/Papier/*Bearbeiter*.

Meyer-Ladewig, Jens: Nomos-Handkommentar zur Europäischen Menschenrechtskonvention (EMRK), 3. Aufl. Baden-Baden 2011, zit. Meyer-Ladewig/*Bearbeiter*.

Morgenstern, Ulrich: Verhältnismäßigkeitsgrundsatz und Erzwingungshaft zur Abgabe einer eidesstattlichen Versicherung in: NJW 1979, 2277–2280.

Mothes, Rudolf: Die Beschlagnahme nach Wesen, Arten und Wirkungen, Leipzig 1903.

Mrosk, Martin: Der Nachweis des Zugangs von Willenserklärungen im Rechtsverkehr in: NJW 2013, 1481–1485.

Moß, Stefan: Buchbesprechung von Jürgen Stamm, Die Prinzipien und Grundstrukturen des Zwangsvollstreckungsrechts in: DGVZ 2008, 16.

Mümmler, Alfred: Betrachtungen zur Drittschuldnererklärung in: JurBüro 1986, 333–340.

–: Betrachtungen zur Hilfspfändung in: DGVZ 1972, 161–166.

Münchener Kommentar zum Bürgerlichen Gesetzbuch: Hrsg.: Säcker, Jürgen/Rixecker, Roland/Oetker, Hartmut/Limperg, Bettina, Bd I, II, VI, 6./7. Aufl. München 2013/2016, zit. MünchKommBGB/*Bearbeiter*.

Münchener Kommentar zur Zivilprozessordnung: Hrsg.: Rauscher, Thomas/Wax, Peter/Wenzel, Joachim, Bd I, II, III, 4. Aufl. München 2013, zit. MünchKommZPO/*Bearbeiter*.

Münzberg, Wolfgang: Bemerkungen zum Entwurf der zweiten Zwangsvollstreckungsnovelle in: Verfahrensrecht am Ausgang des 20. Jahrhunderts, Festschrift für Gerhard Lüke, Hrsg. Prütting, Rüssmann, München 1997, 525–559, zit. *Münzberg* FS Lüke.

–: Die Pfändung unter Eigentumsvorbehalt verkaufter Sachen durch den Verkäufer nach § 811 II ZPO in: DGVZ 1998, 81–86.

–: Zwangsvollstreckung und Verfassungsrecht (ausgewählte Probleme) in: DGVZ 1988, 81–91.

Musielak, Hans-Joachim/Voit, Wolfgang: Grundkurs ZPO, 12. Aufl. München 2014, zit. *Musielak/Voit* Grundkurs.

–: Kommentar zur Zivilprozessordnung, 12. Aufl. München 2015, zit. Musielak/Voit//*Bearbeiter*.

Mylich, Falk: Der Zugriff Dritter auf den künftigen Grundstücksmietzins, Ein Beitrag zum Grundstücksmietzins als Kreditsicherheit und Vollstreckungsobjekt in: WM 2010, 1923–1931.

Noack, Wilhelm: Die Einstellung der Zwangsvollstreckung nach § 775 ZPO, die Herausgabe bei Dritteigentum, die Pfändung des Vollstreckungsanspruchs und sonstige Einzelfragen in: DGVZ 1975, 97–103.

–: Die vorläufige Einstellung und die Fortsetzung der Zwangsvollstreckung gemäß § 775 Ziff. 4 und 5 ZPO in: DGVZ 1976, 149–153.

Oerke, Alexander: Forderungspfändung und Zession, Ein Problem des Gerichtsvollziehers? in: DGVZ 1993, 147–151.

Oertmann, Paul: Die Erklärung des Drittschuldners nach § 840 ZPO in: JR 1933, 1–6.

–: Die Frage der Bereicherungshaftung des Vollstreckungsgläubigers bei Pfändung fremder Sachen in: AcP 96 (1905) 1–59.

Palandt, Otto (Hrsg.): Bürgerliches Gesetzbuch, 75. Aufl. München 2016, zit. Palandt/*Bearbeiter*.

Paulus, Christoph: Die Privatisierung der „Zwangsvollstreckung" - oder: Wie der Rechtsstaat an seinem Fundament erodiert in: ZRP 2000, 296–297.

–: Umfang der Beschlagnahme bei der Vorpfändung und Pfändung von Geldforderungen, DGVZ 1993, 129–132.

Peine, Franz-Joseph: Allgemeines Verwaltungsrecht, 11. Aufl. Heidelberg u.a. 2015.

Peters, Frank: Die Zession, § 402 BGB und das Recht auf informationelle Selbstbestimmung in: AcP 206 (2006) 843–866.

Pfeiffer, Alexander: Pfändung und Verwertung schuldnerfremder Sachen in: JA 2012, 892–896.

Pieroth, Bodo/Schlink, Bernhard/Kingreen, Thorsten/Poscher, Ralf: Grundrechte – Staatsrecht II, 30. Aufl. Heidelberg u.a. 2014.

Prinz von Sachsen Gessaphe, Karl August: Zwangsvollstreckungsrecht, München 2014.

Prütting, Hanns/Gehrlein, Markus (Hrsg.): Kommentar zur Zivilprozessordnung, 7. Aufl. Köln 2015, zit. Prütting/Gehrlein/*Bearbeiter*.

Redeker, Konrad: Verfahrensgrundrechte und Justizgewährungsanspruch in: NJW 2003, 2956–2958.

Reinicke, Dietrich/Tiedtke, Klaus: Kreditsicherung durch Schuldbeitritt, Bürgschaft, Patronatserklärung, Garantie, Sicherungsübereignung, Sicherungsabtretung, Eigentumsvorbehalt, Pool-Vereinbarungen, Pfandrecht an beweglichen Sachen und Rechten, Hypotheken und Grundschuld, 5. Aufl., Neuwied, 2006.

Rosenberg, Leo/Schwab, Karl Heinz/ Gottwald, Peter: Zivilprozessrecht, 17. Aufl. München 2010.

Saenger, Ingo: Handkommentar zur Zivilprozessordnung, 6. Aufl. Baden-Baden 2015, zit. Saenger/*Bearbeiter*.

–/Ullrich, Christoph/Siebert, Oliver: Zivilprozessordnung, Kommentiertes Prozessformularbuch, 3. Aufl. München 2016, zit. GF-ZPO/*Bearbeiter*.

Schellhammer, Kurt: Zivilprozess, Gesetz-Praxis-Fälle, 14. Aufl. Heidelberg u.a. 2012.

Scherer, Inge: Herausgabe der Lohnabrechnung und Auskunft bei Lohnpfändungen in: RPfleger 1995, 446–450.

Schilken, Eberhard: Jürgen Stamm, Die Prinzipien und Grundstrukturen des Zwangsvollstreckungsrechts - Rezension in: AcP 208 (2008) 850–854.

Schmidt-Jortzig, Edzard: Die Auswirkung der Forderungsüberweisung zur Einziehung (§ 835 Abs. 1 ZPO), Eine Untersuchung über die „Berechtigung zur Einziehung“ bei der Forderungspfändung, München 1969, zugl. Diss. Kiel.

Schoch, Friedrich/Schneider, Jens-Peter/ Bier, Wolfgang (Hrsg.): Verwaltungsgerichtsordnung, Stand: 29. Erg.-Lfg. München April 2015, zit. Schoch/Schneider/Bier/*Bearbeiter*.

Schönke, Adolf: Das Rechtsschutzbedürfnis, Studien zu einem zivilprozessualen Grundbegriff, Detmold u.a. 1950.

Schünemann, Wolfgang B.: Befriedigung durch Zwangsvollstreckung in: JZ 1985, 49–57.

Schulze, Reiner: Nomos-Handkommentar, Bürgerliches Gesetzbuch, 8. Aufl. Baden-Baden 2014, zit. Schulze/*Bearbeiter*.

Schumann, Ekkehard: Bundesverfassungsgericht, Grundgesetz und Zivilprozeß in: ZZP 96 (1983) 137–253.

Schuschke, Winfried/Walker, Wolf-Dietrich: Vollstreckung und Vorläufiger Rechtsschutz, 6. Aufl. Köln 2016, zit. SchuWa/*Bearbeiter*.

Schwinge, Erich: Der fehlerhafte Staatsakt im Mobiliarvollstreckungsrecht, Mannheim 1930 (Neudruck 1963).

Seuffert, Lothar: Kommentar zur Civilprozessordnung nebst den Einführungsgesetzen, Bd II, 11. Aufl. München 1911.

Smid, Stefan: Probleme der Forderungspfändung, Ausgewählte Fälle zur Zwangsvollstreckung in Forderungen und Rechte in: JURA 1988, 281–290.

Sodan, Helge/Ziekow, Jan: Grundkurs Öffentliches Recht, 6. Aufl. München 2014, zit. *Sodan/Ziekow*.

Soergel, Theodor: Bürgerliches Gesetzbuch mit Einführungsgesetz und Nebengesetzen, Bd V/3, Schuldrecht 3/3, 13. Aufl. Stuttgart 2010, zit. Soergel/*Bearbeiter*.

Spickhoff, Andreas: Nichtige Überweisungsbeschlüsse und Drittschuldnerschutz in: Festschrift für Ekkehard Schumann zum 70. Geburtstag. Hsrg. Gottwald, Roth, Tübingen 2001, 443–464, zit. *Spickhoff* FS Schumann.

Spiro, Karl: Die Begrenzung privater Rechte durch Verjährungs-, Verwirkungs- und Fatalfristen, Bd I, Bern, 1975.

Stamm, Jürgen: Die Prinzipien und Grundstrukturen des Zwangsvollstreckungsrechts, Ein Beitrag zur Rechtsvereinheitlichung auf europäischer Ebene, Tübingen, 2007.

–: Reformbedarf in der Zwangsvollstreckung? - Die Schaffung eines einheitlichen Vollstreckungsorgans in: JZ 2012, 67–76.

Staudinger, Julius von (Hrsg.): Kommentar zum Bürgerlichen Gesetzbuch mit Einführungsgesetz und Nebengesetzen, Berlin, zit. Staudinger/*Bearbeiter*, Neubearbeitung 2009: § 1030, 1256, 1275, 1279, Neubearbeitung 2012: Vorb. §§ 116 ff., §§ 397 f., 402, 404, Neubearbeitung 2014: § 212, Neubearbeitung 2015: Vorb. §§ 158 ff.; §§ 781, 1124.

Steder, Brigitte: Auskunftsoffenbarung im Rahmen der Forderungspfändung, in: MDR 2000, 438–441.

Stein, Friedrich: Der Drittschuldner in: Festschrift für Adolf Wach, Hsrg. Leipziger Juristenfakultät, Leipzig 1913 (Neudruck 1970), Bd I, 449–491, zit. *Stein* FS Wach I.

–: Grundfragen der Zwangsvollstreckung, Tübingen 1913 (Neudruck 1970), zit. *Stein* Grundfragen.

–/Jonas, Martin: Kommentar zur Zivilprozessordnung, Tübingen, zit. Stein/Jonas/*Bearbeiter*. 22. Aufl. 2004: Bd III, VII, VIII, IX, 23. Aufl. 2014: Bd I.

Steinert, Karl-Friedrich/Theede, Kai Uwe/ Knop, Jens: Zwangsvollstreckung in das bewegliche Vermögen, Handbuch der Rechtspraxis, 9. Aufl. München 2013, zit. Steinert/Theede/Knop.

Stern, Klaus: Die Schutzpflichtenfunktion der Grundrechte: Eine juristische Entdeckung in: DÖV 2010, 241–249.

–/Sachs, Michael: Das Staatsrecht der Bundesrepublik Deutschland, Grundbegriffe und Grundlagen des Staatsrechts, Strukturprinzipien der Verfassung, §§ 1–24, Bd I München 1977; Allgemeine Lehren der Grundrechte, §§ 58–76, Bd III/1 München 1988, zit. *Stern*.

Stillschweig: Anmerkung zu RG, Urteil v. 30.9.1916, 12 U 3091/16 in: JW 1916, 1431.

Stöber, Kurt: Auskunftspflicht des Schuldners - Verfahren nach der Forderungspfändung in: MDR 2001, 301–305.

–: Forderungspfändung, Zwangsvollstreckung in Forderungen und anderen Vermögensrecht, 16. Aufl. Bielefeld 2013, zit. *Stöber*.

Stürner, Rolf: Die Aufklärungspflicht der Parteien des Zivilprozesses, Tübingen 1976, zit. *Stürner*.

–: Parteipflichten bei der Sachverhaltsaufklärung im Zivilprozeß – Zugleich ein Beitrag zur Lehre von der Beweisvereitelung in: ZZP 98 (1985) 237–256.

–: Prinzipien der Einzelzwangsvollstreckung in: ZZP 99 (1986) 291–332.

–: Strafrechtliche Selbstbelastung und verfahrensförmige Wahrheitsermittlung in: NJW 1981, 1757–1763.

Sturhahn, Matthias: Eckpunkte für die Grenzen einer zulässigen Ausforschungspfändung auf Verdacht, Anmerkung zu BGH NJW 2004, 2096 in: LMK 2004, 146–147.

Sydow R./Busch L.: Zivilprozeßordnung und Gerichtsverfassungsgesetz, Handkommentar unter besonderer Berücksichtigung der Entscheidungen oberster Gerichte, Bd II, 21. Aufl. Berlin 1935.

Thole, Christoph: : Erfüllung und Erfüllungssurrogate im Zwangsvollstreckungsrecht in: JURA 2010, 605–611.

Thomas, Heinz/Putzo, Hans: Zivilprozessordnung, 36. Aufl. München 2015, zit. Thomas/Putzo/*Bearbeiter*.

Timke, Arne: Die Vorlagebefugnisse von Amts wegen in Deutschland und die U.S.-amerikanische discovery, Taunusstein 2014, zugl. Diss. Hagen.

Timme, Michael: Vollstreckung in Steuererstattungsanspruch – Verfahrensrechte im Festsetzungsverfahren, Anm. zu BGH NJW 2008, 1675 in: NJW 2008, 1677.

Traichel, Christian: Die Reform des französischen Zwangsvollstreckungsrechts (loi no 91–650 vom 9. Juli 1991, décret no 92–755 vom 31. Juli 1992), eine rechtsvergleichende Untersuchung, Bielefeld 1995, zugl. Diss. München.

Vieweg, Klaus/Werner, Almuth: Sachenrecht, 6. Aufl. München 2013.

Völzmann-Stickelbrock, Barbara: Jürgen Stamm, Die Prinzipien und Grundstrukturen des Zwangsvollstreckungsrechts - Rezension in: JZ 2008, 355–356.

Wertenbruch, Johannes: Die Auskunftspflicht des Schuldners bei der Forderungs- und Rechtspfändung in: DGVZ 2001, 65–69.

Weyland, Peter: Der Verhältnismässigkeitsgrundsatz in der Zwangsvollstreckung, Berlin 1987.

Wieczorek, Bernhard/Schütze, Rolf: Zivilprozessordnung und Nebengesetz Großkommentar, Bd IV/2, 3. Aufl. Berlin u.a. 1999, zit. Wieczorek/Schütze/*Bearbeiter*.

Wieser, Eberhard: Der Grundsatz der Geeignetheit in der Zwangsvollstreckung in: ZZP 98 (1985) 427–442.

–: Der Grundsatz der Verhältnismäßigkeit in der Zwangsvollstreckung, Gedanken zu der Frage, ob Vollstreckungsakte verhältnismäßig im engeren Sinn sein sollten in: ZZP 98 (1985) 50–86.

–: Die Dispositionsbefugnis des Vollstreckungsgläubigers in: NJW 1988, 665–672.

Windel, Peter A.: Die Rechtsbehelfe des Schuldners gegen eine Vollstreckung aus einer unwirksamen notariellen Urkunde (§ 794 Abs 1 Nr. 5 ZPO) - zugleich ein Beitrag zum Rechtsschutzsystem des 8. Buches der ZPO in: ZZP 102 (1989) 175–230.

Wolf, Christian/Müller, Christian: Nebenpflichtenkanon bei der Forderungspfändung in: NJW 2004, 1775–1780.

Würdinger, Markus: Die Sachaufklärung in der Einzelzwangsvollstreckung in: JZ 2011, 177–187.

Zedel, Andreas: Zur Übertragung der Forderungspfändung gem. §§ 828 ff. ZPO auf den Gerichtsvollzieher in: DGVZ 2012, 42–45.

Zöller, Richard (Hrsg.): Zivilprozessordnung, 31. Aufl. Köln 2016, zit. Zöller/*Bearbeiter*.

Zuck, Rüdiger: Die Gewährleistung effektiven Rechtsschutzes im Zivilprozess in: NJW 2013, 1132–1135.

Einleitung

A. Die Situation des Gläubigers und des Schuldners nach dem Erhalt eines Titels

Mit Erhalt eines Vollstreckungstitels hat ein Gläubiger häufig eine Menge Zeit, Geld und Nerven investiert und u.U. mehrere Instanzen durchlaufen; jedoch ist er noch längst nicht am Ziel. Leistet sein Schuldner nicht freiwillig, so schließt sich zumeist ein Zwangsvollstreckungsverfahren an. Dieses ist elementar, denn wenn die Vollstreckung scheitert, ist „das Urteil nicht das Papier wert, auf dem es geschrieben steht."[1] Lautet der Titel auf Zahlung einer Geldsumme, hat der Gläubiger die Wahl, ob er in bewegliches oder in unbewegliches Vermögen vollstreckt. Bei ersterem kann er wiederum zwischen der Pfändung von Sachen und der von Forderungen oder anderen Vermögensrechten unterscheiden.

Ein solches Zwangsvollstreckungsverfahren beinhaltet für den Gläubiger, dessen Recht gerichtlich festgestellt ist, diverse Probleme: Zunächst entstehen ihm Vollstreckungskosten sowohl aufgrund der Inanspruchnahme eines Vollstreckungsorgans als auch wegen seines evtl. beteiligten Rechtsanwalts. Gemäß § 788[2] kann der Vollstreckungsgläubiger diese Kosten zwar vom Schuldner erstattet verlangen. Er muss jedoch zunächst einen Vorschuss leisten. Da der Schuldner entweder nicht zahlungsfähig oder -willig oder gar beides ist, muss für die Erstattung des Vorschusses meist ebenfalls der Weg der Zwangsvollstreckung beschritten werden.

Eine Voraussetzung jedes erfolgreichen Vollstreckungsverfahrens ist zudem, dass der Schuldner über pfändbares Vermögen verfügt. Sollte eine Vollstreckung in Sachen des Schuldners möglich erscheinen, so wird bei deren Versteigerung regelmäßig ein deutlich geringerer Erlös als der eigentliche Wert der Sache erzielt.[3] Sollte der Schuldner hingegen Inhaber einer Forderung gegen einen Dritten sein und diese den Gegenstand[4] der Vollstreckung darstellen, was inzwischen

---

1 *Würdinger* JZ 2011, 177 (178).

2 §§ im Fließtext ohne nähere Bezeichnung sind solche der deutschen Zivilprozessordnung in der Fassung der Bekanntmachung vom 5.12.2005, BGBl 2005 I S. 3202, ber. 2006 I S. 431 und 2007 I S. 1781; zuletzt geändert am 08.07.2014, BGBl 2014 I S. 890.

3 Ohne Zahlen *Wieser* ZZP 98 (1985) 50 (52, 63 ff.); § 817a I 1 erlaubt einen Zuschlag nur bei einem Gebot von mindestens 50 % des gewöhnlichen Verkaufspreises.

4 Der Begriff des Gegenstands ist der gesetzliche Oberbegriff für Sachen und Forderungen, vgl. § 804 I und *Lüke* Zwangsvollstreckung S. 36.

zum gesetzlichen Leitbild avanciert ist,[5] so wird dies den Gläubiger nur vorübergehend zufriedenstellen.

Der Gläubiger hat es nämlich nicht auf die Forderung als Bezugspunkt wechselseitiger Rechte und Pflichten zweier Parteien abgesehen, sondern auf den sich dahinter verbergenden wirtschaftlichen Wert. Dieser steht und fällt jedoch mit der Solvenz des Schuldners der Forderung. Daher muss der Gläubiger u.U. auch gegen seinen neuen Schuldner, den sog. Drittschuldner, klagen, wenn letzterer nicht freiwillig zahlen sollte. Im Rahmen dieser Einziehungsklage obliegt dem Gläubiger die Darlegungs- und Beweislast hinsichtlich des Bestehens der Forderung.[6] Er hat die Forderung allerdings erst nach ihrer Entstehung derivativ erworben und kennt die genaueren Umstände der Begründung nicht. Die Beweisführung kann den Gläubiger daher vor gewaltige Probleme stellen.

Aus diesem Grund gibt ihm die ZPO mit §§ 836 III, 840 bestimmte Erleichterungen an die Hand. So kann er von seinem Vollstreckungsschuldner verlangen, ihm die zur Geltendmachung der Forderung nötige Auskunft zu erteilen und die über die Forderung vorhandenen Urkunden herauszugeben. Zudem trifft den Drittschuldner eine Erklärungspflicht u.a. hinsichtlich seiner Zahlungsbereitschaft, etwaiger vorrangiger Pfandrechte und möglicher konkurrierender Gläubiger.

Sollte dem Vollstreckungsgläubiger der Nachweis der Forderung letztlich gelingen und er die Einziehungsklage gewinnen, droht, wenn auch der Drittschuldner nicht freiwillig zahlt, ein weiteres Vollstreckungsverfahren und mithin ein Teufelskreis.[7]

Auch für den Schuldner ist die Zwangsvollstreckung nicht der optimale Weg. Bei der Versteigerung seiner Sachen kommt es häufig zu einem Wertverlust i.H.v. circa 1/3 des nominalen Wertes. Bei der Vollstreckung in eine Forderung droht ein solcher nicht. Indes muss der zu erlassende Beschluss für seine Wirksamkeit dem Schuldner der gepfändeten Forderung gem. §§ 829 III, 835 III 1 zugestellt werden. Dieser Drittschuldner ist häufig der Arbeitgeber des Vollstreckungsschuldners oder ein anderer vertrauter Vertragspartner, was die Mitteilung über die fehlende Solvenz für den Vollstreckungsschuldner besonders unangenehm macht. Zwar kann der Drittschuldner den Ersatz seiner Kosten

---

5 BT/Drs. 16/10069, S. 20; vgl. ebenfalls BT/Drs. 13/341, S. 10; MünchKommZPO/*Wagner* Vorb. §§ 802a ff. Rn 8; Musielak/Voit/*Voit* § 802a Rn 1; *Funke* NJW 1998, 1029; *Würdinger* JZ 2011, 177 (183); *Linke* ZZP 87 (1974) 284.

6 Allg. *Rosenberg/Schwab/Gottwald* § 115 Rn 7, 9; *Lackmann* Rn 348.

7 *Stöber* Rn 602, 605; Musielak/Voit/*Becker* § 835 Rn 18; vgl. ferner *Linke* ZZP 87 (1974) 284 (284 f.).

nicht vom Vollstreckungsschuldner verlangen; jedoch ist z.B. bei zu häufiger Lohnpfändung der Arbeitgeber des Schuldners berechtigt, diesem aus verhaltensbedingten Gründen zu kündigen.[8]

B. Ausgangslage und Erläuterung der Fallkonstellation

Solche Umstände führen dazu, dass Parteien eines Rechtsstreits, so sie es denn können, versuchen, den Weg der Zwangsvollstreckung zu vermeiden und die titulierte Schuld auf einem einvernehmlichen Wege zu begleichen. Als eine solche Möglichkeit kommt z.B. eine Ratenzahlungsvereinbarung in Betracht. Sie scheidet jedoch aus, wenn es der im Prozess unterliegenden Partei an jeglichem Bar- oder Buchgeld fehlt oder der obsiegende Kläger nicht bereit ist, so lange zu warten.

Verfügt der Schuldner jedoch über eine Forderung gegen einen Dritten, z.B. über eine Lohnforderung gegen seinen Arbeitgeber, so kann diese Forderung grds. an die Stelle der eigentlich geschuldeten Zahlungspflicht treten und ein Erfüllungssurrogat darstellen. Damit die Forderung ohne den Weg des Vollstreckungsverfahrens zur Erfüllung der titulierten Schuld führen kann, müssen die Parteien sich über den Forderungsübergang einig sein. Durch eine so zustande kommende Abtretung wird der Gläubiger gem. § 398 S. 2 BGB[9] der neue Inhaber der Forderung des Schuldners.

Es handelt sich dann, je nach Absprache zwischen den Parteien, um eine Leistung an Erfüllungs statt i.S.d. § 364 I BGB, wahrscheinlicher aber um eine Leistung erfüllungshalber i.S.d. Abs. 2. Im ersten Fall erlischt die titulierte Forderung. Im zweiten Fall bleibt sie bis zur tatsächlichen Zahlung des Forderungsschuldners bestehen. Hier müsste der Vollstreckungsschuldner theoretisch ein eigenes Interesse an einer zügigen Beitreibung der Forderung durch den Zessionar haben, da erst in diesem Moment die titulierte Forderung erlischt. Indes hat man es nicht selten mit einem unwilligen Schuldner zu tun.[10] Dessen eigentlich zu erwartendes Interesse an einer schnellen Realisierung der zedierten Forderung bleibt dann hinter anderweitig begründeten Motiven zurück und eine Unterstützung des Gläubigers bei der Beitreibung erfolgt nicht. In keinem Fall aber entfällt die Wirkung des Titels. Auch die verfügende Wirkung der Abtretung ist unabhängig von der Art des Erfüllungssurrogats.

---

8 Vgl. BAG NJW 1982, 1062 ff.; BAG, Urteil v. 15.10.1992, Az.: 2 AZR 188/92 = EzA § 1 KSchG Verhaltensbedingte Kündigung Nr. 45.

9 BGBl 2002 I S. 42.

10 Vgl. *Wertenbruch* DGVZ 2001, 65 (66).

Die oben angeführten Probleme der Nachweisbarkeit erledigen sich indes durch die Abtretung nicht zwingend. Will der Zessionar die erhaltene Forderung realisieren und bleibt eine freiwillige Zahlung durch den Forderungsschuldner aus, muss der Bestand der übertragenen Forderung ebenfalls gerichtlich und gegenüber dem Forderungsschuldner dargelegt und bewiesen werden. Dem Zessionar stehen gem. § 402 BGB gleichfalls bestimmte Erleichterungen zur Verfügung. Diese sind jedoch insbesondere in ihrer Durchsetzung weniger effektiv als die angesprochenen §§ 836 III, 840.[11] So können nur im Vollstreckungsverfahren die Auskunftserteilung gem. § 836 III 2 bis 4 und der Anspruch auf Herausgabe der Urkunden gem. § 836 III 5 vom Gerichtsvollzieher zwangsweise durchgesetzt werden. Im Unterschied zur Situation nach einer Abtretung, wie sie § 402 BGB zugrunde liegt, und ohne eine Pfändung bedarf es keiner eigenständigen Auskunfts- oder Herausgabe*klage*, wodurch der Gläubiger Zeit sparen kann.[12] Allein der Zeitfaktor ist häufig ein entscheidendes Kriterium für den Vollstreckungserfolg. Hinzu kommen das Risiko unrichtiger Urteile und die Pflicht, weitere Gerichtskosten vorzuschießen.

Um über die Möglichkeiten des § 402 BGB, die dem Zessionar bereits infolge des privatrechtlichen Forderungserwerbs zustehen, hinaus in den Genuss der vollstreckungsrechtlichen Erleichterungen zu gelangen, wird nun vertreten, dass der Zessionar seine erworbene und daher eigene Forderung zusätzlich noch pfänden lassen kann.[13] Den Zessionar trifft die Darlegungs- und Beweislast im gerichtlichen Verfahren gegen den Schuldner der übertragenen Forderung in der gleichen Weise wie den Vollstreckungsgläubiger. Die Art und Weise des Forderungserwerbs zeitigt keine Auswirkungen auf die Darlegungs- und Beweislast. Der Zessionar kann jedoch nur mithilfe einer Pfändung von den vorteilhafteren Möglichkeiten der §§ 836 III, 840 profitieren. Zu der deshalb attraktiv erscheinenden Pfändung könnte ihn der durch die Abtretung nicht erloschene Vollstreckungstitel legitimieren.

---

11 Zu den Zweckmäßigkeitserwägungen eingehend sub Kapitel 2.

12 Nach einer Statistik für Nordrhein-Westfalen dauerte ein Zivilverfahren vor dem Amtsgericht im Jahre 2014 im Durchschnitt 4,9 Monate, vor dem Landgericht als erste Instanz sogar 9,1 Monate. Das Bestreben des Gläubigers erscheint vor dem Hintergrund dieser Zahlen umso verständlicher, als er bereits einen rechtskräftigen Titel erwirkt hat (Quelle: http://justiz.nrw.de/Gerichte_Behoerden/zahlen_fakten/statistiken/justizgeschaeftsstatistik/amtsgerichte/verfahrensdauer/zivil.pdf bzw. http://justiz.nrw.de/Gerichte_Behoerden/zahlen_fakten/statistiken/justizgeschaeftsstatistik/landgerichte/verfahrensdauer/zivil_1instanz.pdf; Stand: 20.03.2016); ältere Zahlen auch bei BT/Drs. 7/2729, S. 33.

13 Nachweise zum Streitstand in Fn 14–16.

Diese Situation ist Ausgangspunkt der vorliegenden Arbeit. Bildlich präsentiert sie sich wie folgt:

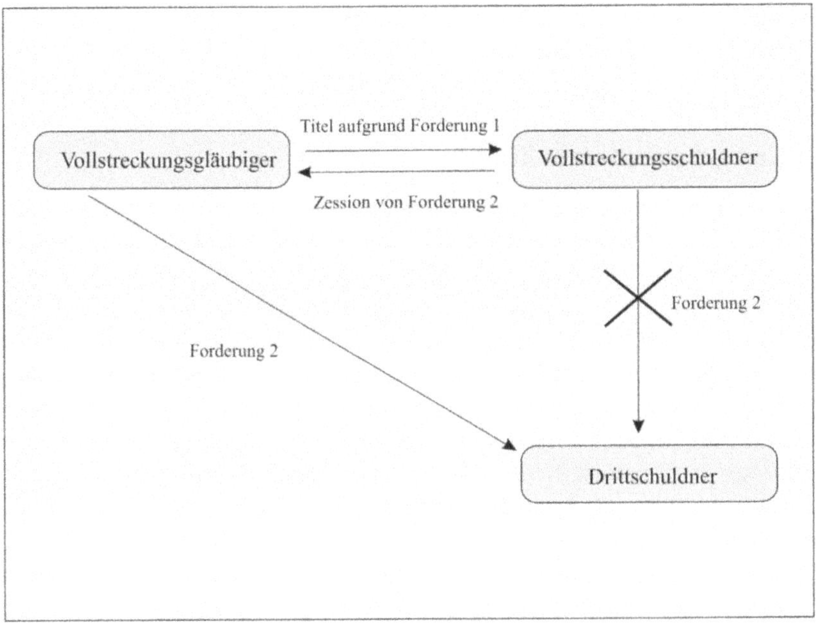

Der Vollstreckungsgläubiger hat einen Titel aus seiner Forderung 1 gegen den Schuldner erwirkt. Infolgedessen könnte der Gläubiger nun die Vollstreckung betreiben und Vermögenswerte des Schuldners pfänden lassen, z.B. dessen Forderung 2 gegen einen dritten Schuldner.

Zur Vermeidung des Vollstreckungsverfahrens bietet der Schuldner aus den o.g. Gründen an, die Forderung 2 an den Gläubiger abzutreten. Der Gläubiger nimmt das Abtretungsangebot an.

Nachdem sich herauskristallisiert hat, dass ein gerichtliches Vorgehen gegen den Drittschuldner und ggf. ein Beweisantritt erforderlich werden könnte, beantragt der Zessionar aufgrund der genannten und in Kapitel 2 noch zu analysierenden Vorteile des Vollstreckungsverfahrens die Pfändung seiner eigenen Forderung.

Die Zulässigkeit der Pfändung einer eigenen Forderung wird in der Literatur und Rechtsprechung sehr kontrovers behandelt. Die Auffassungen gehen dabei weit auseinander und umfassen das gesamte Spektrum von der Verneinung bis zu ihrer Bejahung. Eigenständige Aufsätze oder gar Abhandlungen fehlen; vereinzelt widmen Monographien diesem Thema ein paar Seiten.[14] In der Kommentarliteratur und in Lehrbüchern wird meist nur das je eigene Ergebnis mitgeteilt.[15] Nachweise aus der Rechtsprechung sind etwas häufiger zu finden; bereits das Reichsgericht musste sich dieser Problematik stellen.[16]

Diese praktisch motivierte, aber eine Reihe dogmatischer Fallstricke beinhaltende Rechtsfrage bietet daher Anlass für eine umfassende Untersuchung.

C. Gang der Untersuchung

In Kapitel 1 sind einige grds. Anmerkungen zu den Zielen, Maßnahmen und Wirkungen des Zwangsvollstreckungsrechts und seiner Einzelakte vorangestellt. Auf diese Ausführungen wird im Verlaufe der Arbeit immer wieder Bezug genommen.

Die eingehende Analyse der vom Zessionar mit der Pfändung begehrten Vorteile ist Gegenstand des Kapitels 2. Dies macht eine vergleichende Betrachtung der zwei möglichen Konstellationen erforderlich: Zum einen sind die Möglichkeiten eines Vollstreckungsgläubigers zu beleuchten, der das Abtretungsangebot seines Schuldners ausschlägt und dessen Forderung regulär als schuldnereigene Forderung pfänden lässt. In diese Position des Pfändungsgläubigers möchte der Zessionar im zugrunde liegenden Fall eintreten, indem er seine eigene Forderung pfänden lässt.

Dem gegenüberzustellen ist die Situation eines Zessionars, der nicht in den Genuss der genannten Hilfestellungen des Zwangsvollstreckungsrechts kommt, sondern u.a. auf § 402 BGB beschränkt ist. Insoweit seine Möglichkeiten hinter denen des Vollstreckungsgläubigers zurückbleiben, kann sich daraus das Rechtsschutzbedürfnis für die Pfändung einer eigenen Forderung durch den Zessionar ergeben.

Bei der Betrachtung der unterschiedlichen Vorteile des Vollstreckungsgläubigers ist zum Zwecke der Übersichtlichkeit weiter zwischen den Personen zu trennen, gegenüber denen sich die Vorteile auswirken sollen. Als Beteiligte kommen insoweit der Vollstreckungsschuldner, der zugleich Zedent ist (A.), der Dritt- bzw.

---

14 *Bürgle* S. 91 f. (dazu noch sub Kapitel 4.E.); *Gierlach* S. 124 ff.

15 Bejahend *Brox/Walker* Rn 514 (schon recht ausführlich); Stein/Jonas/*Brehm* § 829 Rn 21; *Geißler* JuS 1986, 614 (616); verneinend *Baur/Stürner/Bruns* Zwangsvollstreckung § 30.5.; *Gaul/Schilken/Becker-Eberhard* § 54 Rn 19; Thomas/Putzo/*Seiler* § 829 Rn 11; ohne Entscheidung Musielak/Voit/*Becker* § 829 Rn 8a; Saenger/*Kemper* § 829 Rn 9.

16 Unter anderem RGZ 64, 415; 86, 135; zuletzt offen lassend BGH NJW 2007, 2560 Tz 11; häufig zitiert werden zudem OLG Köln WM 1978, 383 und OLG Stuttgart BeckRS 2007, 14356; grds. bejahend auch LG Bremen RPfleger 1956, 199.

Forderungsschuldner (B.) sowie eventuelle dritte, konkurrierende Gläubiger (C.) in Betracht.

Die Pfändung einer eigenen Forderung wirft aber auch zahlreiche grundlegende dogmatische Fragestellungen auf, insb. hinsichtlich einer möglichen Akzessorietät der Vollstreckungsmaßnahmen zueinander (Kapitel 3) und der Zugehörigkeit des zu pfändenden Gegenstands zum haftenden Vermögen des Vollstreckungsgläubigers (Kapitel 4).

Im 3. Kapitel wird daher zunächst die Frage untersucht, ob eine Verwertung der bereits abgetretenen Forderung möglich ist. In einem regulären Vollstreckungsverfahren stellt die Verwertung den der Pfändung nachfolgenden, zweiten Vollstreckungsakt dar. Hat der Gläubiger die Forderung, wie hier, jedoch bereits durch eine Abtretung erworben, so ist der Pfändung eine privatrechtliche Handlung vorgeschaltet. Sollte die Abtretung Parallelen zur Forderungsüberweisung aufweisen, hätten die Parteien in diesem Moment eine der hoheitlichen Verwertung jedenfalls ähnelnde Handlung vorgenommen. Die zugrunde liegende Konstellation unterschiede sich vom Regelfall der Zwangsvollstreckung bereits dadurch, dass schon vor dem Pfändungsakt eine der Überweisung jedenfalls ähnelnde Handlung stattgefunden hätte.

Sollte deswegen eine Überweisung der Forderung nicht möglich sein, ist zu untersuchen, ob sich dies auf die Zulässigkeit der Pfändung auswirkt. Dieser Frage wird zunächst grds. hinsichtlich der Zulässigkeit isolierter Vollstreckungsmaßnahmen nachgegangen. Im Rahmen des Hauptabschnitts D werden dazu gesetzlich geregelte Fälle betrachtet (II.2.). Schließlich wird das eingangs aufgeworfene Problem, wie sich die Unmöglichkeit der Verwertung auswirkt, im konkreten Zusammenhang wieder aufgegriffen (II.3.) und eine Lösung sowohl aus der Perspektive des einfachen Rechts als auch unter Berücksichtigung des Verfassungsrechts angestrebt. Für letztere wird insb. der allgemeine Vollstreckungsanspruch, der dem Justizgewährungsanspruch entnommen werden kann, bemüht (b) bb)).

Eine zweite dogmatische Hürde stellt die materiell-rechtliche Besonderheit der Pfändung eigener Forderungen dar (Kapitel 4). Der Vollstreckungsgegenstand steht bereits dem Gläubiger zu. Die Zwangsvollstreckung indes ist im Grundsatz beschränkt auf das Schuldnervermögen.[17] Davon gibt es jedoch, teils sogar unbestrittene, Ausnahmen. Für die Vollstreckung in eigenes Vermögen, deren Sinn und Zweck zunächst nicht einleuchtet, existiert in Form des § 811 II eine explizite Vorschrift (C.), die jedoch nicht unbesehen auf die Forderungspfändung übertragen werden kann.

---

17 *Gaul/Schilken/Becker-Eberhard* § 34 Rn 1 ff.

Nach der Auflösung sämtlicher Bedenken gegen die Zulässigkeit der Pfändung einer eigenen Forderung bleibt in Kapitel 5 zum einen die Auseinandersetzung mit den klassischen Pfändungsfolgen in Form der Verstrickung und des Pfändungspfandrechts in der hier zugrunde liegenden Konstellation (B.). Zum anderen werden drei durch die Ergebnisse der Kapitel 3 und 4 entstehende, aber noch nicht untersuchte Folgeprobleme zu durchdenken sein (C.).

Die Arbeit schließt mit einer Zusammenfassung der Ergebnisse sowie einem Ausblick.

Kapitel 1. Aufgaben, Voraussetzungen und Ablauf der Zwangsvollstreckung

Gegenstand dieses ersten Kapitels werden einige einleitende Bemerkungen zum Zwangsvollstreckungsverfahren im Allgemeinen sein. Diese sind relevant für das Verständnis der spezifischen Ausführungen und Zusammenhänge in den späteren Kapiteln. Zudem sind vorab einige Prämissen zu setzen.

A. Aufgaben der Zwangsvollstreckung

Das Zwangsvollstreckungsverfahren hat den Zweck und den Anspruch, die titulierte Forderung des Gläubigers durchzusetzen.[18] Da hierfür jedoch eine Maßnahme allein nicht ausreicht, ist die parallele, vorübergehende Sicherung jedenfalls von Teilen des Schuldnervermögens erforderlich.

I. Sicherung des haftenden Vermögens des Schuldners

Indem der Schuldner dem titulierten Zahlungsbefehl nicht von sich aus nachkommt, gibt er zu verstehen, dass er entweder zahlungsunfähig ist oder sich aus anderen Gründen der Verpflichtung zu entziehen gedenkt. Dadurch droht eine Konkurrenzsituation mit möglichen anderen Gläubigern des Schuldners, die auf aktuelles und evtl. zukünftiges Vermögen zugreifen wollen. Ebenfalls steht zu befürchten, dass der Schuldner, der sich als nicht kompromissbereit erweist, sein Vermögen dem Zugriff entzieht.

In beiden Fällen ist für den Gläubiger schnelles Handeln angezeigt, um seinen Titel erfolgreich durchzusetzen. Für ein erfolgreiches Vollstreckungsverfahren sind jedoch drei Einzelakte erforderlich: die Pfändung des Gegenstands, dessen Verwertung und die Befriedigung.[19] Nur im Zusammenspiel aller drei Maßnahmen kommt ein reguläres Vollstreckungsverfahren zu einem erfolgreichen Ende. Das Ziel des Vollstreckungsverfahrens kann durch eine einzige Maßnahme noch nicht erreicht werden kann. Deswegen muss bereits die zeitlich erste Handlung den angesprochenen Risiken entgegentreten. Deshalb kann der Gläubiger u.U. schon vor dem Eintritt der Rechtskraft seines Titels bzw. sogar ohne endgültigen

---

18 BVerfGE 49, 220 (228 ff.; Sondervotum *Böhmer*); BVerfGE 46, 325 (335); *Gaul/Schilken/Becker-Eberhard* § 1 Rn 2; Musielak/Voit/*Lackmann* Vorb. §§ 704 ff. Rn 1; *Gaul* RPfleger 1971, 1 (1, 6); vgl. *Stamm* S. 12 f.

19 Dazu sub Kapitel 1.C.

Schuldtitel[20] die Sicherung von haftendem Vermögen des Schuldners verlangen. Die einschlägige Maßnahme dafür ist im ersten Fall die Sicherungsvollstreckung gem. § 720a und im zweiten Fall die Vollziehung eines angeordneten Arrests, die gem. § 930 durch eine Pfändung erfolgt.

Erst recht darf daher das Vermögen gesichert werden, wenn eine Partei rechtskräftig zur Zahlung verurteilt wurde und aufgrund dessen der jeweilige Vermögensbestandteil gepfändet wird. Diese Sicherung erfolgt durch die noch zu erörternden „Hauptwirkungen"[21] der Pfändung: die Verstrickung, das Verfügungsverbot und das Pfändungspfandrecht. Hierbei handelt es sich um rechtliche Instrumente, die eine Veräußerung der gepfändeten Sache sowohl bei Strafe verbieten, § 136 StGB, als auch den Eintritt ihrer zivilrechtlichen Wirkungen verhindern, §§ 136, 135 BGB, § 829 I 2. Zudem werden einige Gegenstände vor dem tatsächlichen Risiko einer Wegschaffung bewahrt, indem der Gerichtsvollzieher die gepfändete Sache unter den Voraussetzungen des § 808 I in Besitz nimmt. Dem Vollstreckungsgläubiger nützt schließlich die Bestrafung des Veräußernden oder die zivilrechtliche Unwirksamkeit einer Veräußerung nicht, wenn infolgedessen auf den Vermögenswert schlicht nicht mehr zugegriffen werden kann, weil dieser „nicht mehr da ist".

So soll auf verschiedene Weisen die Verfügbarkeit des haftenden Vermögens für das weitere Vollstreckungsverfahren gewährleistet werden. Man kann dies als Sicherungsfunktion der Pfändung bezeichnen.[22] Ihr kommt eine essentielle Bedeutung zu, da nur so die Befriedigung des Gläubigers gewährt werden kann.

Die Sicherung tritt im Moment der Pfändung kraft Gesetzes und damit automatisiert ein. Auf den Willen des Schuldners kommt es nicht an. Dies ist der Unterschied zu bürgerlich-rechtlichen Sicherungsmitteln wie dem praktisch weitgehend irrelevanten Faustpfandrecht oder der an dessen Stelle getretenen Sicherungsübereignung bzw. Sicherungszession. Beide setzen zwei übereinstimmende Willenserklärungen voraus. Diese werden in der Situation einer Zwangsvollstreckung selten gegeben sein, sodass der Gläubiger vor der drohenden Vereitelung des Vollstreckungserfolgs durch den Schuldner regelmäßig nicht gesichert wäre. Indem bereits die Pfändung als erste Vollstreckungshandlung automatisch zur Sicherung des

---

20 Zwar gibt es den Arrestbefehl, der Titel für die Arrestvollziehung ist, Saenger/*Kemper* § 928 Rn 1. Indes enthält dieser keine eigentliche Leistungspflicht des Schuldners, sondern es genügt bereits die Glaubhaftmachung, §§ 920 II, 294.

21 Begriff auch bei *Schwinge* S. 32.

22 Vgl. Musielak/Voit/*Lackmann* Vorb. §§ 704 ff Rn 1 („Verfahren zur (…) Sicherung privatrechtlicher Ansprüche").

Gegenstands führt, begegnet sie den genannten Risiken und erweist dem Gläubiger einen Bärendienst.

II. Befriedigung des Gläubigers als ihr Endziel

Neben die Sicherungsfunktion tritt eine weitere Funktion.[23] Durch die Sicherung des Vermögens allein lässt sich der Anspruch des Gläubigers nämlich nicht erfüllen. Letzteres ist aber das eigentliche Ziel des Vollstreckungsverfahrens. Der Gläubiger soll das erhalten, was ihm im Erkenntnisverfahren zugesprochen und tituliert worden ist; er soll befriedigt werden.[24] Zweck des Vollstreckungsverfahrens ist daher, das Ergebnis des ihm vorangegangenen Verfahrens[25] Realität werden zu lassen. Gesetzliche Anhaltspunkte hierfür finden sich z.B. in § 803 I 2 oder in § 835 II.[26] Die Durchsetzung des erhaltenen Titels und die Verwirklichung des darin verbrieften Rechts unter Einhaltung, aber zugleich unter Ausschöpfung aller zulässigen Maßnahmen[27] bilden die Legitimation für die Tätigkeit des Vollstreckungsorgans.[28]

Die geforderte Befriedigung liegt vor, wenn die infolge des Titels geschuldeten Verhältnisse erreicht sind. Die tatsächliche „Ist-Situation" muss also dem materiell-rechtlichen „Soll" entsprechen. Ist dies gelungen, herrscht Rechtsfrieden sowohl subjektiv zwischen den Parteien als auch in objektiver Hinsicht.

Für die Erreichung dieses Zustands ist maßgeblich, dass der Gläubiger den Vermögenswert nicht nur erhalten hat, sondern ihn nach materiellem Recht auch dauerhaft behalten darf. Sollte der Gläubiger infolge fehlerhafter Vollstreckungsmaßnahmen verpflichtet sein, das erhaltene Etwas wieder herauszugeben, wie

---

23 Ferner wird zwar noch die Beitreibung der Vollstreckungskosten als weitere Aufgabe der Zwangsvollstreckung genannt; z.B. *Wieser* ZZP 98 (1985) 50 (52). Dieser kommt jedoch als eigenständige Aufgabe der Vollstreckung für diese Arbeit keine Relevanz zu.

24 *Hahn* S. 448; Musielak/Voit/*Lackmann* Vorb. §§ 704 ff. Rn 1; *Gaul* GS Arens S. 89 (95, 120, 126); *ders.* ZZP 112 (1999) 135 (150 f.); *Schünemann* JZ 1985, 49; kritisch *Böhm* S. 36.

25 Im Falle eines Titels i.S.d. § 704 wäre dies das Erkenntnisverfahren, jedoch kann ein Titel auch aus einem Mahn- bzw. Vollstreckungsbescheid, einem Prozessvergleich oder ähnlichem resultieren, § 794.

26 Weitere Nachweise bei *Gaul/Schilken/Becker-Eberhard* § 1 Rn 6.

27 *Gaul* RPfleger 1971, 1 (7).

28 *Gaul/Schilken/Becker-Eberhard* § 3 Rn 1; *Wolf/Müller* NJW 2004, 1775 (1776).

z.B. bei der Vollstreckung in eine schuldnerfremde Sache, bedeutete dies demnach keine Befriedigung des Gläubigers.[29]

Dieser Zweck ist zugleich von Bedeutung für die Voraussetzungen zur Durchführung des Vollstreckungsverfahrens. Die einzelnen Maßnahmen müssen sich an der Erreichung dieses Zwecks orientieren.

Damit ist ebenfalls gesagt, was nicht Aufgabe des Zwangsvollstreckungsverfahrens ist: Obwohl der Vollstreckungsschuldner eine zentrale Rolle im Verfahren einnimmt und sich an zahlreichen Stellen Vorschriften zu dessen Schutz finden, insb. §§ 811, 850 ff., handelt es sich bei letzteren „lediglich" um Ausprägungen seiner verfassungsmäßigen Freiheitsgrundrechte. Insbesondere zu nennen sind Art. 2 II 2 und Art. 14 GG. Diese sind auch einem Vollstreckungsschuldner unbenommen. Als Schranken des Vollstreckungszugriffs hat das handelnde Organ sie zu beachten, aber sie genießen keine Priorität und ihre Wahrung ist nicht die eigentliche Aufgabe des Verfahrens.[30] Letzteres ist klar auf die Befriedigung des Gläubigers ausgerichtet.[31] Ebenfalls keine Aufgabe der Zwangsvollstreckung ist es, einen gerechten Ausgleich des verbliebenen Vermögens unter mehreren Gläubigern herzustellen. Diese Aufgabe kommt dem Gesamtvollstreckungsrecht zu, das die Insolvenzordnung[32] regelt.

III. Das Verhältnis von Sicherung und Befriedigung

Schon die Chronologie dieses Abschnitts A deutet darauf hin, dass die Sicherung eine bloße Vorstufe der Befriedigung darstellt. Dies ist nicht nur der Fall in zeitlicher Hinsicht, indem die Sicherung bereits durch die Pfändung erreicht wird, ohne dass dies zugleich die Befriedigung des Gläubigers zur Folge hätte. Auch kann die Sicherung gem. § 930 I bereits mit einem Arresttitel und damit zu einem Zeitpunkt erfolgen, in dem unmittelbar auf die Befriedigung gerichtete Handlungen noch unzulässig sind.

Indem gerade die Erreichung der Befriedigung als zweite Funktion Gegenstand und Aufgabe der ersten Funktion, der Sicherung, ist, besteht zwischen diesen eine qualitative Reihenfolge. Andernfalls erfüllte die Sicherung einen Selbstzweck und

---

29 Zu Ausgleichsansprüchen i.R.d. Zwangsvollstreckung umfassend *Böhm* S. 15, 21 ff., 62 ff. (allerdings für den Ausschluss derselben); ferner *Oertmann* AcP 96 (1905) 1 (13 ff. zum Meinungsstand, 18 ff.); *Büchler* JuS 2011, 779. Mögliche Anspruchsgrundlagen des Berechtigten der verwerteten Sache sind sowohl §§ 280 I i.V.m. 241 II, 1004 BGB als auch die Eingriffskondiktion gem. § 812 I 1, Var. 2 BGB.

30 *Stamm* S. 14 f.; *Gaul/Schilken/Becker-Eberhard* § 1 Rn 2 f.

31 *Gaul/Schilken/Becker-Eberhard* § 1 Rn 2, 5, § 3 Rn 7; *Gerhardt* ZZP 95 (1982) 467 (489).

32 BGBl 1994 I S. 2866.

diente nicht dem Gläubigerinteresse. Die Erreichung der Befriedigung überwiegt gegenüber der Sicherung[33] und letzterer kommt eher dienende Funktion zu.[34] Dies könnte darauf hindeuten, dass das Durchlaufen der Sicherungsphase nicht essentiell ist für die Erreichung des Befriedigungserfolgs. Die Zulässigkeit einer Vollstreckungsmaßnahme scheiterte dann jedenfalls nicht an dem fehlenden Durchlaufen der Sicherungsphase, wenn die Befriedigung auch auf anderem Wege erreicht werden könnte.

Auf der anderen Seite zeigen die Fälle der Sicherungs- und Arrestvollstreckung i.S.d. §§ 720a, 930, dass die Sicherung auch das alleinige, kurzfristige Ziel einer Vollstreckungsmaßnahme darstellen kann. Indem weitere Vollstreckungshandlungen zum Zeitpunkt einer Sicherungs- oder Arrestvollstreckung noch nicht zulässig sind, verfolgt der Gläubiger zunächst einzig die Sicherung des Vermögens seines Schuldners. Dass der Sicherung eine eigenständige Funktion zukommen kann, zeigt wiederum, dass auch die Befriedigung nicht stets das sofortige und unmittelbare Ergebnis jeder Vollstreckungsmaßnahme sein muss oder gar sein kann.

B. Voraussetzungen zulässiger Zwangsvollstreckung

Damit das zuständige Vollstreckungsorgan tätig werden darf, müssen mehrere Voraussetzungen erfüllt sein. Zu den allgemeinen Prozess- oder Verfahrensvoraussetzungen,[35] denen hier mangels vollstreckungsrechtlichen Bezugs nicht nachgegangen werden soll, kommen allgemeine und besondere Vollstreckungsvoraussetzungen.

I. Die „klassischen" Vollstreckungsvoraussetzungen

Unter die allgemeinen Zulässigkeitsvoraussetzungen werden vier Merkmale gefasst. Zunächst muss der Gläubiger gem. § 753 einen Antrag auf Durchführung der Vollstreckung stellen, welcher den Anfang des Vollstreckungsverfahrens markiert.[36] Zweitens muss er im Besitz eines Titels i.S.d. §§ 704, 794 sowie, drittens, der dazugehörigen Vollstreckungsklausel i.S.d. §§ 724 ff., sein. Schließlich muss der Vollstreckungstitel dem Schuldner zugestellt worden sein, §§ 750 I, 795 S. 1. In den Fällen des § 750 II erstreckt sich dieses letzte Erfordernis auch auf die

---

33 *Gaul/Schilken/Becker-Eberhard* § 1 Rn 1 („in erster Linie"), 5.

34 Vgl. *Wieser* ZZP 98 (1985) 50 (54).

35 Vgl. dazu Musielak/Voit/*Lackmann* Vorb. §§ 704 ff. Rn 19 ff.; *Baur/Stürner/Bruns* Zwangsvollstreckung § 12.7 ff.; *Brox/Walker* § 1; *Lippross* § 4.

36 *Gaul* GS Arens S. 89 (120); *Ders./Schilken/Becker-Eberhard* § 44 Rn 4.

Klausel.[37] Insoweit § 750 hierfür keine besondere Regelung trifft, richtet sich die Zustellung nach den allgemeinen Vorschriften der §§ 166 ff.[38]

Darüber hinausgehende, besondere Zulässigkeitsvoraussetzungen hat das zuständige Organ nur bei Veranlassung zu prüfen, wenn sich also aus dem Titel ergibt, dass die Vollstreckung von diesen abhängig ist.[39] In Betracht kommen die §§ 751, 756. Diese regeln die Zulässigkeit von Vollstreckungsmaßnahmen, wenn zuvor bspw. erst ein bestimmter Kalendertag abgelaufen sein, der Gläubiger die erbrachte Sicherheitsleistung nachgewiesen haben oder bei einer Verurteilung Zug um Zug die Leistung in verzugsbegründender Weise angeboten worden sein muss.[40]

Liegen diese Kriterien vor, hat das Vollstreckungsorgan dem Antrag grds. nachzukommen und die Vollstreckung durchzuführen. Andernfalls hat es ihn abzulehnen.[41]

II. Einordnung der hier problematischen Kriterien in diesen Kanon

Bei der Pfändung einer eigenen Forderung stellen sich zwei Fragen, die daher von dem eigentlichen, strengen Prüfungskanon des Vollstreckungsorgans nicht erfasst sind: die Unmöglichkeit der Verwertung (sub 1., Kapitel 3) und die Pfändung von Vermögenswerten, die dem Gläubiger selbst zustehen (sub 2., Kapitel 4).

Erachtete man die genannten Vollstreckungsvoraussetzungen als ausreichend, so brächte die Pfändung einer eigenen Forderung keine dogmatischen Probleme mit sich und stellte nicht den Gegenstand unterschiedlicher Auffassungen in Rechtsprechung und Schrifttum dar. Unproblematisch lägen vielmehr alle Voraussetzungen vor, und die Pfändung wäre zulässig.

Dies führt zu der Frage, im Rahmen welcher Prüfungsvoraussetzung die in den Kapiteln 3 und 4 eingehend zu erörternden Rechtsfragen im Vollstreckungsverfahren begegnen können. Aus welchem Grund soll das Vollstreckungsorgan

---

37 Insgesamt dazu *Stamm* §§ 11–13; ferner *Brox/Walker* §§ 2–8; *Lippross* §§ 3, 5.

38 Vgl. *Gaul/Schilken/Becker-Eberhard* § 22 Rn 12 ff.

39 § 751 spricht in seiner Überschrift von „Bedingungen". Diese werden jedoch im Unterschied zu Zeitbestimmungen definiert als zukünftige und v.a. ungewisse Ereignisse (Staudinger/*Bork* Vorb. §§ 158 ff. Rn 4), was bei dem Ablauf eines Kalendertages jedoch nicht der Fall ist. Daher ist der untechnische Begriff „hängt ab von", wie ihn der Gesetzeswortlaut selbst verwendet, vorzugswürdig.

40 Eingehend *Stamm* § 14; *Brox/Walker* § 9; *Lippross* § 6; Musielak/Voit/*Lackmann* § 751 Rn 1.

41 *Gaul* GS Arens S. 89 (120); *Brox/Walker* Rn 17.

den Pfändungsantrag überhaupt ablehnen dürfen, unabhängig von der inhaltlichen (Un-)Richtigkeit seiner Entscheidung?

Die Antwort auf diese Frage ist nicht einfach, da die Auseinandersetzung mit dieser Konstellation ohne eine Orientierung an konkreten Tatbestandsmerkmalen oder Zulässigkeitsvoraussetzungen erfolgt. Die Problematik wird vielmehr abstrakt im Wege einer Interessenabwägung und damit gewissermaßen im luftleeren Raum eruiert.[42]. Dies gilt gleichermaßen für die teils ähnliche Pfändung einer schuldnerfremden Sache oder einer schuldnerfremden Forderung.[43]

Tatsächlich ist keines der supra I. genannten Tatbestandsmerkmale als Aufhänger zur Behandlung der sich hier stellenden Rechtsfragen abschließend geeignet.

1. Unmöglichkeit der Verwertung

In Betracht kommt das Rechtsschutzbedürfnis als ein die Zulässigkeit von Vollstreckungsmaßnahmen einschränkendes Kriterium. Bei ihm handelt es sich nicht um eine spezifische Vollstreckungsvoraussetzung. Dennoch ist das Rechtsschutzbedürfnis essentiell für eine positive Bescheidung jedes Pfändungsantrags.[44] Es hat die Aufgabe, sinnvolle und potentiell fruchtbare Maßnahmen von unergiebigen zu trennen und letzteren die Zulässigkeit zu versagen. So bildet es einen Anknüpfungspunkt für Wertungen und Besonderheiten des Einzelfalls.[45] Trotz des weitgehend formalisierten und wertungsfreien Verfahrens stellt es dabei ein anerkanntes und übergreifendes Instrument des Prozessrechts dar.[46]

Da die sich hier stellenden Fragen nicht schematisch unter eine der klassischen Voraussetzungen subsumiert werden können, handelt es bei dem Rechtsschutzbedürfnis um ein geeignetes Kriterium. Aufgrund seiner Weitläufigkeit ist es wohl auch das Einfallstor von Literatur und Rechtsprechung bei der Behandlung dieser Fragestellungen, wenngleich dies nicht immer klar ausgedrückt wird.

---

42 *Baur/Stürner/Bruns* Zwangsvollstreckung § 30.5; vgl. *Brox/Walker* Rn 514 („Für die Zulässigkeit der Pfändung (…) könnte schon eine Parallele zur Pfändung einer eigenen beweglichen Sache (…) sprechen."). *Brox/Walker* verorten diese Argumentation später immerhin im Bereich des Rechtsschutzbedürfnisses; so ebenfalls OLG Köln WM 1978, 383 (385).

43 Der Vollstreckung in schuldnerfremdes Vermögen sind bereits mehrere Abhandlungen gewidmet worden, bspw. *Böhm*; *Oertmann* AcP 96 (1905) 1 (28 ff.) sowie speziell zu schuldnerfremden Forderungen *Bürgle* und *Gierlach*.

44 BVerfGE 61, 126 (135, „allgemeines Prinzip"); *Schönke* S. 13 f., 74 ff.; *Gaul/Schilken/Becker-Eberhard* § 23 Rn 33 ff.; kritisch *Lüke* Zwangsvollstreckung S. 33 f.

45 Vgl. *Sturhahn* LMK 2004, 146.

46 *Gaul/Schilken/Becker-Eberhard* § 23 Rn 33 f.

Aufgrund des Zusammenhangs zwischen dem Zweck des Verfahrens und der Ausgestaltung seiner Voraussetzungen müssen letztere so formuliert sein, dass der Verfahrenszweck erreichbar ist. Könnte die Vollstreckungsmaßnahme das Ziel des Verfahrens dauerhaft nicht erreichen, bedeutete die Pfändung für den Gläubiger keinen Vorteil. Eine solche Gefährdung des Verfahrenszwecks könnte vorliegen, wenn die Verwertung unmöglich ist.[47] Die Pfändung müsste dann unzulässig sein und eine den Schuldner belastende Maßnahme unterbleiben. Dieses Ergebnis müsste sich in den Zulässigkeitsvoraussetzungen widerspiegeln. Die Möglichkeit der Erreichung des Verfahrenszwecks ist daher als ein Unterfall des Rechtsschutzbedürfnisses und Voraussetzung der Pfändung anzusehen.

Unter dem Gesichtspunkt der Erreichung des Verfahrenszwecks wäre auch die Wahrung der verfassungsmäßigen Vorgaben ein denkbares Kriterium.[48] Auch dies wäre unter dem Gesichtspunkt des Rechtsschutzbedürfnisses zu eruieren, da ein solches für verfassungswidrige Maßnahmen ersichtlich nicht bestehen kann.

2. *Eigenes Vermögen des Gläubigers*

Ähnliches gilt für die Pfändung von eigenem Vermögen. Auch hier erschließt sich der Mehrwert für den Gläubiger nicht auf den ersten Blick. Sollte sich ergeben, dass die Vollstreckung in eigenes Vermögen für den Gläubiger keinen Nutzen brächte, so fehlte dem Vollstreckungsantrag das Rechtsschutzbedürfnis.

Ein zweites Problem könnte aus den Angaben, die der Vollstreckungstitel enthält, resultieren. Der Titel bezeichnet die im Rechtsstreit unterliegende Partei als Vollstreckungsschuldnerin und rechtfertigt die Vollstreckung nur gegen sie. Der Inhaber des zu pfändenden Gegenstands ist jedoch im Titel als Gläubiger und gerade nicht als Verpflichteter bezeichnet. Der Titelschuldner könnte somit von der in Anspruch genommenen Person abweichen, wenn eine eigene Forderung des Gläubigers den Gegenstand der Zwangsvollstreckung darstellt. Auf diese Weise könnte man die Zugehörigkeit des zu pfändenden Gegenstands zum Schuldnervermögen generell als Zulässigkeitsvoraussetzung etablieren.[49]

---

47 Dazu eingehend Kapitel 3.A.

48 Hierzu tendiert wohl *Wieser* ZZP 85 (1985) 50 (84), wenngleich er nicht die Unmöglichkeit der Verwertung untersucht hat, sondern die Verhältnismäßigkeit; vgl. dazu eingehend sub Kapitel 3.D.II.3.b).

49 So auch SchuWa/*Schuschke* § 829 Rn 18.

Zu prüfen wäre dies bei der Frage, ob der Gläubiger über einen Titel i.S.d. §§ 704, 794 verfügt.[50] Bereits an dieser Stelle kann man jedoch festhalten, dass eine solche Sichtweise allein für die Pfändung von Forderungen Geltung beanspruchen könnte. § 808 I und mit ihm das Sachpfändungsrecht orientieren sich nicht an der dinglichen Rechtslage, sondern aus Gründen der Formalisierung des Verfahrens allein am Gewahrsam.

C. Ablauf des Vollstreckungsverfahrens

Das Vollstreckungsverfahren wegen Geldforderungen in das bewegliche Vermögen umfasst regelmäßig drei Maßnahmen:[51] die Pfändung des Gegenstands, dessen Verwertung sowie, zum Ende, die Befriedigung des Gläubigers.[52] Eine kurze Betrachtung dieser Vollstreckungsmaßnahmen erscheint sowohl für das Verständnis der Intention des Gläubigers (sub Kapitel 2) als auch für die Frage der isolierten Zulässigkeit einzelner Maßnahmen (sub Kapitel 3) notwendig.

I. Pfändung

Der Pfändungsantrag kann plastisch als Eintrittskarte ins Zwangsvollstreckungsrecht beschrieben werden.[53] Der Zweck der Pfändung als einzelne Maßnahme liegt genau wie der des Vollstreckungsverfahrens insgesamt in der Befriedigung des Gläubigers.[54] Die Pfändung allein ist dafür jedoch noch nicht ausreichend.[55] Sie kann je nach Zählweise zwei oder drei Hauptwirkungen zeitigen.

1. Verstrickung und relatives Verfügungsverbot

Die regelmäßig zuerst genannte Wirkung einer Pfändung ist die Verstrickung. Darunter versteht man die Beschlagnahme des Gegenstands und seine Vorbereitung für die Verwertung.[56] Hierfür ist sie rechtliche Grundlage,[57] was nach hM

---

50 Siehe dazu sub Kapitel 4.D.III.

51 *Gaul* RPfleger 1971, 1 (4).

52 *Kuchinke* JZ 1958, 198.

53 Vgl. *Gaul/Schilken/Becker-Eberhard* § 44 Rn 4; Stein/Jonas/*Münzberg* § 803 Rn 3.

54 *Gaul/Schilken/Becker-Eberhard* § 50 Rn 1, 3.

55 *Stamm* S. 14 für die Beschlagnahme i.S.d. § 808 I.

56 *Geib* S. 16 („einziger unmittelbarer Zweck); *Lüke* Zwangsvollstreckung S. 9; *Stein* Grundfragen S. 25; *Gaul/Schilken/Becker-Eberhard* § 50 Rn 12, 14.

57 *Gierlach* S. 130; *Brox/Walker* Rn 361; *Gaul/Schilken/Becker-Eberhard* § 50 Rn 21; Musielak/Voit/*Becker* § 803 Rn 9, § 804 Rn 2.

zugleich die Hauptfunktion der Verstrickung darstellt.[58] Die Verstrickung tritt ein, wenn die Pfändung wirksam, d.h. nicht nichtig ist; ihre bloße Anfechtbarkeit infolge leichterer Fehler schadet nicht.[59]

Für die Befriedigung des Gläubigers ist die Verstrickung keine notwendige Voraussetzung. Allerdings erlangt der Gläubiger im Wege der Zwangsvollstreckung regelmäßig nur Befriedigung, wenn der gepfändete Gegenstand verwertet wurde. Letzteres wiederum kann rechtmäßig nur geschehen, wenn der Gegenstand zuvor verstrickt wurde.

Sollte die Zwangsvollstreckung theoretisch einmal ohne die vorherige Verstrickung des gepfändeten Gegenstands fortgeführt worden sein, bspw. aufgrund der Pfändung durch ein funktional unzuständiges Organ,[60] schlägt die fehlende Verstrickung nicht auf den Fortbestand des tatsächlichen Zustands durch. Die Herausgabe des aufgrund unwirksamer Vollstreckungshandlungen erlangten Geldes richtete sich vielmehr nach der Eingriffskondiktion.[61] Dort wäre als Rechtsgrund für das Behaltendürfen des Erlöses aber nicht die Verstrickung, sondern das Pfändungspfandrecht maßgeblich.[62] Dass freilich regelmäßig ohne Verstrickung auch ein Pfändungspfandrecht nicht zur Entstehung gelangt,[63] liegt an deren teilweise identischen Voraussetzungen. Es führt hingegen nicht zu einem anderen Ergebnis hinsichtlich des Zwecks der Verstrickung.

Teils als eigenständige Wirkung der Pfändung, teils als Element der Verstrickung angesehen wird das Verfügungsverbot gem. §§ 136, 135 BGB bzw.

---

58 *Stamm* S. 377; *Gaul/Schilken/Becker-Eberhard* § 50 Rn 21; *Brox/Walker* Rn 361.

59 *Lüke* Zwangsvollstreckung S. 10 f.; *Gaul/Schilken/Becker-Eberhard* § 50 Rn 22; zur Abgrenzung Kasuistik bei *Brox/Walker* Rn 363 f.

60 Dieser Fehler führt zur Nichtigkeit der Maßnahme, *Geib* S. 107 f.; *Brox/Walker* Rn 364; *Gaul* NJW 1989, 2509 (2512) allerdings mit einer Differenzierung zwischen absoluter und relativer Unzuständigkeit.

61 Eine Vindikation i.S.d. § 985 BGB aufgrund unwirksamen Eigentumserwerbs schlüge fehl, da diese bekanntermaßen nur individualisierbare Sachen und nicht den Geldwert erfasst. Dazu müssten die konkret übergebenen Geldscheine bzw. -münzen beim Vollstreckungsgläubiger allerdings noch vorhanden sein, was selten der Fall ist. Bei Erlangung des Gelds durch Banküberweisung wäre sie ohnehin nicht einschlägig, vgl. dazu Staudinger/*Gursky* § 985 Rn 90 ff. m.w.N.

62 *Brox/Walker* Rn 470; a.A.: *Böhm* S. 19, 51, 88 ("materielle Vollstreckungskraft" als Rechtsgrund); gegen diese *Gaul* GS Arens S. 89 (104); *ders./Schilken/Becker-Eberhard* § 1 Rn 5, die Verstrickung jedenfalls ist auch nach den Mindermeinungen nicht entscheidend.

63 Dies gilt jedenfalls sowohl nach der öffentlich-rechtlichen als auch nach der herrschenden gemischten Theorie des Pfändungspfandrechts.

§ 829 I 2.[64] Es führt im Falle einer Veräußerung gepfändeter Sachen oder Forderungen zu deren relativer Unwirksamkeit im Verhältnis zum Pfändungsgläubiger. Das bedeutet, dass letzterem die Veräußerung und damit der Rechtsverlust von einem potentiellen Erwerber nicht entgegengehalten werden kann.

Der Schuldner erfährt mit der Pfändung von dem baldigen Verlust seines Rechts. Die Gefahr einer Veräußerung des Gegenstands an Dritte, der das Verfügungsverbot begegnen soll, erhöht sich in diesem Moment. Nach der Verwertung indes ist der Schuldner nicht mehr berechtigt, über den gepfändeten Gegenstand zu verfügen. Das Risiko des Entzugs einzelner Vermögenswerte vor der Zwangsvollstreckung besteht daher besonders in der Phase zwischen der Pfändung und der Verwertung.[65] Folgerichtig entsteht das Verbot unabhängig von der Durchführung einer Verwertung. Setzte man eine Verwertung voraus, würde der Zweck des Verfügungsverbots geradezu konterkariert. Die einstigen Risiken, vor denen das Verbot schützen soll, bestünden dann nicht mehr; das Verfügungsverbot wäre mithin nicht mehr erforderlich. Der insoweit eindeutige Wortlaut des § 829 I 1 („Soll eine Geldforderung gepfändet werden, ...“), der auch für Satz 2 gilt („Zugleich ...“) und die Entstehungsvoraussetzungen enthält, bestätigt dieses Ergebnis.

Das Verfügungsverbot sichert auf diese Weise die tatsächliche Durchführung der Verwertung und die Möglichkeit der Befriedigung, indem der gepfändete Vermögenswert dem Schuldner belassen wird.

2. *Pfändungspfandrecht*

Anders ist dies bei der zweiten Hauptwirkung, dem Pfändungspfandrecht. Dieses ermöglicht nicht die Verwertung, sondern dient, wie eben angedeutet, dem Behaltendürfen des Surrogats in Form des Erlöses nach materiellem

---

64 Für die Eigenständigkeit *Gaul/Schilken/Becker-Eberhard* § 50 Rn 39; eingehend *Fahland* S. 91 ff. (93 f., 125); a.A. *Geib* S. 15 f.; *Baur/Stürner/Bruns* Zwangsvollstreckung § 27.1; *Brox/Walker* Rn 361.

65 Das tatsächliche Risiko einer irrtümlichen (und damit vermögensmindernden), aber befreienden Zahlung des Schuldners an den Vollstreckungsschuldner als früherem Forderungsinhaber nach erfolgter Überweisung regeln die Zessionsvorschriften der §§ 404 ff. BGB (insb. § 407 BGB) analog. Insoweit kommt es also auf die Entstehung eines Verfügungsverbots nicht an. Das Verfügungsverbot entfaltet somit keine Schutzwirkung mehr nach der hoheitlichen Verwertung. Jedoch ist das Risiko einer befreienden Leistung wegen der konstitutiven Zustellung des Arrestatoriums gem. § 829 III, welche zu positiver Kenntnis vom Inhaberwechsel i.S.d. § 407 I BGB führt, überschaubar.

Recht. Gemäß § 804 III regelt es ferner das Rangverhältnis zwischen mehreren Pfandrechtsgläubigern zugunsten des zeitlich Früheren.[66]

In seiner Entstehung ist es unabhängig von der Durchführung einer Verwertung, wie bereits der Wortlaut des § 804 I besagt („Durch die Pfändung…").[67] Welche Voraussetzungen hingegen für die Entstehung maßgeblich sind, ist abhängig von der Auffassung zur Rechtsnatur des Pfändungspfandrechts.[68] Nach allen Ansichten ist die tatsächliche Durchführung der Verwertung jedoch nicht ausschlaggebend.

3. Entstehung von Hilfsrechten

Zu diesen beiden Hauptwirkungen oder „Haupt-Rechtsfolgen" kommen sog. Hilfsrechte.[69] Hierbei handelt es sich um Vorteile tatsächlicher oder rechtlicher Art, welche die Befriedigung erleichtern sollen. Als solche kommen z.B. die Erlangung des Gewahrsams an eigenen Sachen bei der Sachpfändung i.S.d. § 811 II sowie, bei der Pfändung von Forderungen, der Anspruch auf Auskunftserteilung und Urkundenherausgabe gem. § 836 III und die Drittschuldnerauskunft gem. § 840 in Betracht. Aufgrund ihrer überragenden Bedeutung bei der Pfändung eigener Forderungen sind letztere Gegenstand eines eigenen Kapitels 2 und hier nur der Vollständigkeit halber aufgeführt.

II. Verwertung

Nach der erfolgreichen Durchführung der Pfändung wird der Gegenstand durch das handelnde Vollstreckungsorgan verwertet. Bei einer Sache erfolgt diese gem. § 814 regelmäßig durch eine öffentliche Versteigerung, bei einer Forderung gem. § 835 durch die Überweisung derselben an den Gläubiger. Letzteres kann auf

---

66 *Hahn* S. 450 f.; *Baur/Stürner/Bruns* Zwangsvollstreckung § 7.16; *Gaul* RPfleger 1971, 1 (5).

67 So auch *Lüke* Zwangsvollstreckung S. 12.

68 Diese ist sehr umstritten; zum Meinungsstand *Gaul/Schilken/Becker-Eberhard* § 50 Rn 46 ff.

69 Der Begriff der Hilfsvollstreckung findet sich z.B. bei BGHZ 157, 195 (196, 205 f.); MünchKommZPO/*Smid* § 836 Rn 11; Kindl/Meller-Hannich/Wolf/*Bendtsen* § 836 Rn 1; *Mümmler* DGVZ 1972, 161 (162 f.); Hilfsrechte meinen dementsprechend die Möglichkeit des Gläubigers, die Hilfsvollstreckung zu beantragen (sub Kapitel 2); zu unterscheiden von solchen Neben- oder Vorzugsrechten i.S.d. § 401 BGB. Bisweilen wird die Hilfsvollstreckung mit der Hilfspfändung terminologisch vermischt, so z.B. *Gaul/Schilken/Becker-Eberhard* § 55 Rn 38; zu dieser Problematik vgl. *Mümmler* DGVZ 1972, 161.

zwei Arten geschehen. Praktisch kaum relevant ist die Überweisung an Zahlungs statt i.S.d. § 835 I Var. 2, II, da der Gläubiger hier mit der Überweisung zugleich als befriedigt gilt. Diese Rechtsfolge tritt unabhängig von der Zahlung des Drittschuldners ein, sodass der Vollstreckungsgläubiger dessen Liquiditätsrisiko trägt. Wegen dieser Gefahr wird sogar ein Antrag auf Überweisung, der keine explizite Entscheidung für diese Überweisungsart enthält, gemäß dem Grundsatz der laiengünstigen Auslegung automatisch als Antrag auf Überweisung zur Einziehung i.S.d. § 835 I 1 Var. 1 ausgelegt;[70] hierbei handelt es sich um die andere Art der Forderungsüberweisung. Bei dieser ist der Gläubiger erst als befriedigt anzusehen, wenn der Drittschuldner auf die überwiesene Forderung tatsächlich gezahlt hat. Andernfalls kann der Gläubiger noch auf einen anderen Vermögenswert des Vollstreckungsschuldners zugreifen. Das Liquiditätsrisiko verbleibt demzufolge beim Vollstreckungsschuldner.[71]

Die Überweisung führt zu einer Veränderung der Rechtslage des Vermögenswerts.[72] Durch beide Überweisungsformen erhält der Pfändungsgläubiger die Möglichkeit, klageweise gegen den Drittschuldner vorzugehen. Bei einer Überweisung an Zahlungs statt klagt der Gläubiger die Forderung als eigene ein. Bei der relevanteren Überweisung zur Einziehung bleibt der Vollstreckungsschuldner zwar Forderungsinhaber, aber der Gläubiger erhält ein Einziehungsrecht.[73] Damit letzterer die ihm zustehende Geldsumme verlangen darf, bedarf es daher in beiden Fällen einer Anpassung der Rechtslage entsprechend dem eben Gesagten.

III. Befriedigung

1. Beendigung des Vollstreckungsverfahrens

Die regelmäßig letzte Maßnahme des Vollstreckungsverfahrens ist die Befriedigung des Gläubigers. Diese ist erfolgreich, wenn der geschuldete Gegenstand dauerhaft dem materiell Berechtigten zugewiesen ist. Die hierfür erforderlichen Handlungen schließen sich im Regelfall an die Verwertung an. Durch die

---

70 *Gaul/Schilken/Becker-Eberhard* § 55 Rn 60; MünchKommZPO/*Smid* § 835 Rn 11; Musielak/Voit/*Becker* § 835 Rn 2; Stein/Jonas/*Brehm* § 835 Rn 7.

71 *Schmidt-Jortzig* S. 12 f.

72 *Lüke* Zwangsvollstreckung S. 66 f.

73 *Gaul/Schilken/Becker-Eberhard* § 55 Rn 36 f.; ob der Gläubiger dann kraft eigenen Rechts oder als Prozessstandschafter für den Forderungsinhaber vorgehen kann, ist zwar umstritten (zum Meinungsstand *Gaul/Schilken/Becker-Eberhard* § 55 Rn 39), aber regelmäßig weder praktisch noch für die vorliegende Arbeit relevant.

Befriedigungshandlungen erhält der Gläubiger das, weswegen er ursprünglich seine Klage angestrengt hat, sodass sich „der Kreis schließt" und die Vollstreckung beendet ist.[74] Bei der Sachpfändung erfolgt dies durch die hoheitliche Auskehr des Erlöses an den Gläubiger.[75] Der Forderungsgläubiger hingegen ist auf sich allein gestellt, denn die Mitwirkung eines Vollstreckungsorgans im Rahmen der Einziehung vom Drittschuldner ist nicht vorgesehen.

Obwohl die Befriedigung bereits als Ziel des Verfahrens ausgemacht wurde,[76] stellt sich die Frage, ob oder inwieweit die für sie notwendigen Handlungen noch ein Teil des Zwangsvollstreckungsverfahrens sind. Dies ist eine Vorfrage für die in Kapitel 3.C. und D. vorzunehmende Prüfung der Zulässigkeit isolierter Vollstreckungsmaßnahmen.

Man könnte am vollstreckungsrechtlichen Charakter der Befriedigung zweifeln, da der Inhalt, Zeitpunkt, etc. der Befriedigung nicht eigens gesetzlich geregelt sind. Auch die Ermächtigungsgrundlagen für die vom Vollstreckungsorgan vorzunehmenden Handlungen sind bis auf den Sonderfall der Pfändung von Geld i.S.d. § 815 I in der ZPO[77] nicht zu finden. Für diese Sichtweise spräche auch der Gegenschluss zu den zeitlich früher stattfindenden Vollstreckungsmaßnahmen der Pfändung und der Verwertung, für welche die ZPO eigene Vorschriften bereithält.

So enthält z.B. der für den Sachpfändungsgläubiger wichtige § 819 keine Aussage darüber, wie dieser „an sein Geld kommt". Die Aufgabe der Norm besteht vielmehr nur in der Regelung der Untergangsgefahr nach der Zahlung des Preises durch den Ersteher an den Gerichtsvollzieher.[78] Es ist jedoch nicht geregelt, wie danach zu verfahren ist; auch andere gesetzliche Vorschriften haben keine „Auskehr" zum Gegenstand.[79] Einzig § 815 I spricht von einer Auslieferung in

---

74 Vgl. *Mothes* S. 18 (Zweck des allgemeines Vollstreckungsanspruchs ist die Herstellung materieller Gerechtigkeit, welche erst mit der Befriedigung eintritt.); ferner *Gaul/Schilken/Becker-Eberhard* § 44 Rn 7; vgl. für die Sachpfändung die beendigende Wirkung der Erlösauskehr Kindl/Meller-Hannich/Wolf/*Kindl* § 819 Rn 2; *Gaul/Schilken/Becker-Eberhard* § 53 Rn 30.

75 *Gaul/Schilken/Becker-Eberhard* § 53 Rn 21.

76 S. supra Kapitel 1.A.II.

77 Dazu BeckOK-ZPO/*Forbriger* § 815 Rn 3 ff.

78 BGHZ 179, 298 (301 f. zu dem gleichlautenden § 815 III); MünchKommZPO/*Gruber* § 819 Rn 1, 3; *Thole* JURA 2010, 605 (606; „wird mit Recht angenommen"); kritisch *Schünemann* JZ 1985, 49 (51 f.).

79 Stein/Jonas/*Münzberg* § 819 Rn 5 (mit Einschränkungen).

dem besagten Ausnahmefall.[80] Die Drittschuldnerklage ist im Zwangsvollstreckungsrecht gleichfalls nur rudimentär kodifiziert (§§ 841 f.). Im Grundsatz sind die Normen des Erkenntnisverfahrens und damit die der gewöhnlichen Leistungsklage einschlägig.[81]

Für die Einordnung von Befriedigungshandlungen als Vollstreckungsmaßnahme spricht aber, dass die Definition der Befriedigung als Endziel des Vollstreckungsverfahrens impliziert, dass eben dieses Verfahren auch geeignete Mittel bereitstellt, um das selbst gesetzte Ziel zu erreichen. Da die zeitlich vor dem Eintritt der Befriedigung durchzuführenden Handlungen allein das letztgenannte Ziel verwirklichen sollen, müssen sie auch vom Zwangsvollstreckungsverfahren umfasst sein.[82] Vor einem erfolgreichen Abschluss der Befriedigungshandlung wäre das Gesamtziel nicht erreicht. Das Ziel eines Verfahrens muss aber erreichbar sein durch Handlungen, die ein Teil desselben und daher von ihm umfasst sind. Vor allem wäre sonst die Verwertung die letzte Vollstreckungshandlung, ohne dass aber das Verfahren seinen Zweck erreicht hätte oder jemals hätte erreichen können. Jedes Vollstreckungsverfahren endete erfolglos und bliebe unvollständig.

Es ist hingegen für die Einordnung unschädlich, dass die entscheidenden Wirkungen der Befriedigungshandlung auf privatrechtlicher Ebene,[83] d.h. in der endgültigen Verschiebung der Vermögensgüter, liegen.[84] Dies steht der Annahme von öffentlich-rechtlichem Vollstreckungsrecht nicht entgegen. Prozessuale und damit öffentlich-rechtliche Maßnahmen zeitigen sowohl prozessuale als auch materielle Wirkungen.[85] Es ist gerade das Ziel des Vollstreckungsverfahrens und damit auch der Befriedigungshandlungen, den materiell-rechtlich geschuldeten Zustand herzustellen.[86]

---

80 § 817 II hat nur die Ablieferung der Sache zum Gegenstand; §§ 118 f. GVGA haben keinen die Parteien und Gerichte bindenden, sondern nur verwaltungsinternen Charakter, Kindl/Meller-Hannich/Wolf/*Kessel* Einleitung zur GVGA und GVO Rn 2; *Wieser* NJW 1988, 665 (666).

81 *Lackmann* Rn 339, 348, 353; SchuWa/*Schuschke* § 835 Rn 6 f.

82 In diese Richtung OLG Karlsruhe VersR 2007, 1078 („Dass die Durchsetzung der gepfändeten Forderung der Befriedigung des titulierten Anspruchs gegen den Schuldner dient, (…).“).

83 *Gaul* RPfleger 1971, 1 (6); *Ders.* ZZP 112 (1999) 135 (150).

84 RGZ 156, 395 (398); *Kuchinke* JZ 1958, 198 (200).

85 *Stamm* S. 43, 351; *Gaul* RPfleger 1971, 1 (4); *Kuchinke* JZ 1958, 198 (200); man denke nur an die Instrumente der Streitverkündung oder der Klageerhebung, die gem. § 204 I Nr. 1, 6 BGB materiell-rechtliche Auswirkungen zeitigen.

86 *Schünemann* JZ 1985, 49.

Deswegen handelt es sich bei der Befriedigungshandlung im Anschluss an eine Sachversteigerung grds. noch um eine Vollstreckungsmaßnahme.[87] Die Auskehr oder Ablieferung des Erlöses erfolgt auch durch den Gerichtsvollzieher, der hoheitlich Eigentum verschafft.[88] Da der Eingriff bereits zuvor durch die Ablieferung der Sache an den Ersteher erfolgt ist,[89] bedarf es nach den Anforderungen der Lehre des Gesetzesvorbehalts an dieser Stelle keiner strengen Ermächtigungsgrundlage mehr.[90] Dies erklärt die spärliche gesetzliche Regelung.

2. *Problematik bei der Forderungsüberweisung zur Einziehung*

Als problematisch könnte sich die aufgeworfene Frage, ob die Vornahme der Befriedigungshandlung noch dem Zwangsvollstreckungsverfahren zugehörig ist, hingegen im Fall einer Einziehungsklage herausstellen. Mit dieser Klage macht der Vollstreckungsgläubiger die ihm überwiesene Forderung gegen den Drittschuldner gerichtlich geltend.

Die Besonderheit dieser Konstellation liegt darin, dass trotz einer erfolgreichen Verwertung die Befriedigung aus der überwiesenen Forderung nicht sicher ist. Die Zahlung durch den Drittschuldner hängt vielmehr von weiteren Faktoren ab, z.B. von dessen Zahlungsfähigkeit. Dadurch bleibt eine fortdauernde Unsicherheit über den Erfolg der Vollstreckung selbst nach der wirksamen Verwertung und ein nicht absehbares zeitliches Ende des Vollstreckungsverfahrens. Dies und anderes unterscheidet die Einziehungsklage grundlegend von der Auskehr des Erlöses, weshalb die supra 1. genannte Ansicht in Bezug auf die Einziehungsklage auf den Prüfstand zu stellen ist.

Da die Klageerhebung zeitlich vor dem Erhalt des Geldes durch den Gläubiger erfolgt, kann dieser noch nicht befriedigt sein. Somit ist das Ziel des Vollstreckungsverfahrens noch nicht erreicht. Letzteres verlangt die Durchsetzung der verwerteten Forderung, m.a.W. ihre Erfüllung durch den Drittschuldner.[91] Damit stellte auch die Einziehungsklage nach den o.g. Grundsätzen eine Vollstreckungsmaßnahme dar. Diesem Ergebnis schließt sich die wohl herrschende Literatur[92]

---

87 Statt vieler RGZ 56, 84 (91); 67, 310 (311); *Gaul/Schilken/Becker-Eberhard* § 53 Rn 30.

88 *Prinz von Sachsen Gessaphe* Rn 307; zur Frage des Rechtscharakters des Eigentumserwerbs, originär oder derivativ vgl. *Gaul/Schilken/Becker-Eberhard* § 53 Rn 28; zur Bezeichnung MünchKommZPO/*Gruber* § 803 Rn 8; *Prinz von Sachsen Gessaphe* Rn 307.

89 *Wieser* ZZP 98 (1985) 50 (62).

90 Dieser Gedanke wir erneut sub Kapitel 4.D.III., IV. aufgegriffen.

91 BGHZ 128, 365 (368.); OLG Naumburg BeckRS 2012, 21419; Stein/Jonas/*Münzberg* Vor § 704 Rn 118; Dies./*Brehm* § 835 Rn 2; *Gaul* RPfleger 1971, 1 (8).

92 *Gaul/Schilken/Becker-Eberhard* § 44 Rn 8; Stein/Jonas/*Münzberg* Vor § 704 Rn 118.

und das OLG Sachsen-Anhalt an.[93] Im Übrigen gewinnt diese Frage in der Rechtsprechung nicht in akademisch-abstrakter Form, sondern nur anlässlich konkreter Fälle Bedeutung. Denen liegen jedoch teilweise versicherungs- oder kostenrechtliche Spezialwertungen zugrunde, die einer Generalisierung entgegenstehen.[94]

a) Grammatische Auslegung

Gegen die Einordnung der Einziehungsklage als ein Element der *Zwangs*vollstreckung streitet bereits der Begriff. Es handelt sich um keine Zwangshandlung, da die klageweise Beitreibung der überwiesenen Forderung schließlich zur höchsteigenen Disposition des Gläubigers steht.[95] Auch von hoheitlichem Handeln kann nach der erfolgreichen Durchführung der Verwertung keine Rede mehr sein. Zwangsvollstreckungsrecht wird jedoch als öffentliches Recht begriffen, welches per definitionem einen Träger hoheitlicher Gewalt berechtigt und verpflichtet.[96] Die Subsumtion der Klageerhebung durch den Gläubiger als klassisches Instrument eines Erkenntnisverfahrens unter das zum Privatrecht geradezu gegensätzliche[97] öffentliche Vollstreckungsrecht erscheint daher problematisch, wenn Träger hoheitlicher Gewalt nicht beteiligt sind. Im Unterschied zu sämtlichen anderen Vollstreckungsarten liegt der Forderungseinzug gänzlich im Belieben des Gläubigers. Das Vollstreckungsorgan wird nicht einmal auf Antrag tätig. Das für die Einziehungsklage angerufene Gericht ist trotz seiner hoheitlichen Rechtsprechungsbefugnis zur Neutralität zwischen den, sich gleichberechtigt gegenüberstehenden, Parteien verpflichtet. Die Aufgabe des Gerichts besteht lediglich in der Klärung des Bestehens und der Durchsetzbarkeit der überwiesenen Forderung. Seine Beteiligung ändert daher nichts an der rechtlichen Qualität der

---

93 OLG Sachsen-Anhalt, Urteil v. 5.4.2012, Az.: 1 U 90/11 Tz 34.

94 Exemplarisch seien genannt BGH NJW-RR 2009, 322: Ist die Einziehungsklage die Fortsetzung der Vollstreckung gegen den Vollstreckungsschuldner oder ein neuer Antrag, für dessen Kosten die Rechtsschutzversicherung, da bereits die vom Versicherungsschutz umfasste Anzahl an Vollstreckungsversuchen ausgeschöpft war, nicht mehr aufkommen muss? (keine Fortsetzung) oder OLG München MDR 1990, 331: Muss der Vollstreckungsschuldner die Kosten der Einziehungsklage als Vollstreckungskosten gem. § 788 tragen? (Keine Kosten der Vollstreckung gegen ursprünglichen Schuldner).

95 Dies ist zunächst nur ein begriffliches Argument, denn es wurde bereits gesagt, dass körperlicher Zwang oder Gewalt kein zwingendes Element einer Zwangsvollstreckungsmaßnahme ist. Hier soll allerdings der Fokus auf das hoheitliche Element gelegt werden.

96 Vgl. allgemein zu öffentlichem Recht *Sodan/Ziekow* § 67 Rn 8.

97 Vgl. Stein/Jonas/*Münzberg* Vor § 704 Rn 1.

Vollstreckungsmaßnahmen. Diese sind auf die einseitige Rechtsdurchsetzung des Gläubigers ausgerichtet.[98]

Dies spricht gegen eine Einordnung der Einziehungsklage als Vollstreckungsmaßnahme.

b) Berücksichtigung tatsächlich möglicher Geschehensabläufe

Gegen eine Einordnung der Einziehungsklage als Vollstreckungsmaßnahme spricht ferner, dass die so entstehende, mögliche Zeitspanne zwischen der Verwertung und dem Erhalt des Geldes vom Drittschuldner eine große Unsicherheit über den Erfolg des Vollstreckungsverfahrens mit sich brächte. Macht die Durchsetzung der überwiesenen Forderung gegen den Drittschuldner z.B. wiederum eine Vollstreckung in eine diesem zustehende Forderung gegen einen Vierten erforderlich, so müsste konsequenterweise diese Zwangsvollstreckung gegen den Drittschuldner als ein Teil des ursprünglichen Vollstreckungsverfahrens gegen den Vollstreckungsschuldner betrachtet werden. Vorher wäre die Befriedigung des Vollstreckungsgläubigers nicht erreicht. Dies aber führte in einen Teufelskreis, in dem die Beteiligten in keinem ernsthaften Zusammenhang mehr miteinander stünden. Eine Vollstreckung in Gegenstände des Drittschuldners wäre damit eine Zwangsvollstreckung gegen diesen und zugleich die fortgesetzte Zwangsvollstreckung gegen den ursprünglichen Vollstreckungsschuldner. Dieses Gedankenspiel könnte beliebig fortgesetzt werden und lässt die in Fn 92 f. genannte, bejahende Ansicht zunächst wenig praktikabel erscheinen.

c) Systematische und teleologische Auslegung

Dennoch lassen sich u.a. aus der Funktion der Überweisung zur Einziehung überzeugende Argumente für die bejahende Sichtweise herleiten, weswegen dieser letztlich der Vorzug gebührt.

Der wesentliche Unterschied der Einziehungsüberweisung zur Überweisung an Zahlungs statt liegt darin, dass bei der Überweisung zur Einziehung nicht der Vollstreckungsgläubiger, sondern der Vollstreckungsschuldner das Liquiditätsrisiko des Drittschuldners tragen soll. Der Vollstreckungsgläubiger indes soll davor durch die gewählte Art der Überweisung gerade geschützt werden. Der vorgenannte Schutz wird realisiert, indem der Gläubiger erst als befriedigt gilt, wenn das Geld gezahlt worden ist. Erklärte man die Zwangsvollstreckung aber bereits vor der Zahlung für abgeschlossen, würde dieser Schutz nicht erreicht. Das dann

98 Vgl. supra Kapitel 1.A.II.

formal ordnungsgemäß durchlaufene Vollstreckungsverfahren des Gläubigers wäre jedoch bereits abgeschlossen.

Stellte sich die überwiesene Forderung als wirtschaftlich wertlos heraus, da der Drittschuldner zahlungsunfähig ist, müsste der Vollstreckungsgläubiger, um nicht schutzlos zu sein, trotz der vermeintlich beendeten Zwangsvollstreckung erneut Vermögen des Vollstreckungsschuldners pfänden lassen können. Dies machte ein „Wiederaufleben" des bereits abgeschlossenen Zwangsvollstreckungsverfahrens erforderlich. Für diesen unnötigen Weg ist keine plausible Rechtfertigung ersichtlich.

Zudem soll die ggf. erforderliche gerichtliche Geltendmachung allein den Schuldner der überwiesenen Forderung schützen. Eine direkte zwangsweise Durchsetzung kann nur deshalb nicht erfolgen, weil aus der Vermutung des Gläubigers, dass dem Schuldner eine Forderung gegen den Drittschuldner zustehe, nicht auf das Bestehen der Forderung geschlossen werden darf. Der Gläubiger war schließlich bei der Begründung der Forderung regelmäßig nicht zugegen. Er wäre auch i.Ü. keine vertrauenswürdige Informationsquelle, da er seine eigenen Interessen verfolgt und nicht, wie ein Gericht, überparteilich entscheidet. Dieser vermeintliche Umweg über die Einziehungsklage zeitigt jedoch keine Auswirkungen auf deren rechtliche Qualität als Vollstreckungshandlung.

Da die Befriedigung des Forderungspfändungsgläubigers, wie bereits geschrieben, nun im Wege einer Einziehung erfolgt, kann die Zwangsvollstreckung nur dann als erfolgreich abgeschlossen angesehen werden, wenn die Einziehung erfolgreich war.[99] Die erfolgreiche Einziehung verlangt aber die Zahlung durch den Drittschuldner und nicht lediglich das Erstreiten eines Vollstreckungstitels gegen diesen. Der Gläubiger muss den Geldbetrag erhalten haben.[100] Die Einziehungsklage ist daher als Fortsetzung der durchgeführten Pfändungs- und Verwertungshandlungen zu verstehen.

Für eine solche Sichtweise spricht auch ein systematischer Gegenschluss zu § 835 II. Bei der dort behandelten Überweisung an Zahlungs statt ist die Befriedigung als mit der Verwertungshandlung abgeschlossen zu betrachten. Dies ist nach einhelliger Auffassung bei der Überweisung zur Einziehung noch nicht der Fall.[101] Wenn demnach weder die Überweisung noch die Zahlung durch den Drittschuldner als den Gläubiger befriedigendes Ereignis in Betracht kommen, so wäre

---

99 So auch OLG Sachsen-Anhalt Urteil vom 5.4.2012, Az.: 1 U 90/11 Tz 34.

100 SchuWa/*Schuschke* § 835 Rn 4; Stein/Jonas/*Münzberg* Vor § 704 Rn 118.

101 *Hahn* S. 459; *Lackmann* Rn 306; Stein/Jonas/*Münzberg* Vor § 704 Rn 118, Stein/Jonas/*Brehm* § 835 Rn 8.

darzulegen, zu welchem Zeitpunkt die Zwangsvollstreckung als abgeschlossen betrachtet werden sollte. Die Auswahl eines alternativen Zeitpunktes wäre willkürlich und nicht nachvollziehbar; zudem widerspräche sie dem genannten Sinn und Zweck der Überweisung zur Einziehung.

Die Einziehungsklage ist demnach als „verlängerter Arm der Zwangsvollstreckung" anzusehen. Wenngleich sie als gewöhnliche Leistungsklage gegen den Drittschuldner *formell* vom Verfahren gegen den Vollstreckungsschuldner getrennt ist, führt erst der erfolgreich beendete Drittschuldnerprozess zur Befriedigung des Vollstreckungsgläubigers. Dabei kann die erfolgreiche Beendigung des Drittschuldnerprozesses aus den gesehenen Gründen u.U. die Vollstreckung gegen diesen mit sich bringen. *Funktionell* ist die gesamte Phase der Einziehung deswegen noch dem erweiterten Vollstreckungsverfahren gegen den Vollstreckungsschuldner und ursprünglichen Forderungsgläubiger zuzurechnen.[102] Folglich kann an der genannten Definition der Zwangsvollstreckung festgehalten werden, dass die Befriedigung ihr Endziel ist.

D. Fazit

Die originäre Aufgabe der Pfändung ist die Befriedigung des Gläubigers; kurz- oder mittelfristig kann die Pfändung jedoch auch andere Aufgaben wahrnehmen, wie z.B. die Sicherung des haftenden Schuldnervermögens. Der Sicherung kommt dabei zudem die Funktion zu, die spätere Befriedigung zu ermöglichen. Ebenfalls interessant sind die Hilfsrechte, die durch die Pfändung entstehen können.

Die dieser Arbeit zugrunde liegenden Rechtsfragen lassen sich nicht vollständig in den klassischen Kanon der allgemeinen oder besonderen Vollstreckungsvoraussetzungen eingruppieren. Den Aufhänger der Prüfung bildet vielmehr das Rechtsschutzbedürfnis als Einfallstor für mögliche Besonderheiten des Einzelfalls.

Auf die Pfändung als das Vollstreckungsverfahren einleitende, erste Handlung folgt die Verwertungshandlung. Dies ist bei der Forderungspfändung deren Überweisung. Durch sie wird der Gläubiger in die Lage versetzt, die Einziehung zu betreiben. Erst durch eine erfolgreiche Einziehung wird der Gläubiger befriedigt. Die Befriedigung ist funktional ebenfalls als ein Teil des Vollstreckungsverfahrens anzusehen.

---

102 Vgl. auch *Lüke* 50 Jahre BGH S. 441 (452 f.).

Kapitel 2. Zweckmäßigkeit der Pfändung einer eigenen Forderung

Nach den einführenden Erläuterungen zu den Voraussetzungen, wesentlichen Aufgaben und Maßnahmen des Vollstreckungsrechts soll nun untersucht werden, was den Forderungsinhaber überhaupt veranlasst, seine eigene Forderung noch pfänden zu lassen. Systematisch ist die Intention des Gläubigers vor evtl. dogmatischen Hindernissen (sub Kapitel 3, 4) zu diskutieren, da letztere irrelevant würden, wenn erstere nicht nachvollziehbar eindeutig vorläge. Die Frage der Intention und der Vorteile der Pfändung ist letztlich ein Kriterium für die Zulässigkeit der Pfändung, da einer Vollstreckungsmaßnahme, die keinen Mehrwert hätte, das Rechtsschutzbedürfnis fehlte.[103]

Durch die Pfändung verbessert sich die Rechtsstellung des Gläubigers. Zusätzlich zu ihren in Kapitel 1.C.I. beschriebenen Hauptwirkungen kann die Pfändung eine spätere Durchsetzung der im Wege der Abtretung erhaltenen Forderung erleichtern. Man spricht in diesem Zusammenhang von *Hilfsrechten.* Eine Pfändung eröffnet dem Gläubiger Möglichkeiten sowohl gegenüber dem Zedenten (sub A.) als auch gegenüber dem Schuldner der abgetretenen Forderung (sub B.). Sogar gegenüber Dritten (sub C.) bietet die Pfändung Handlungsvarianten, derer sich ein „gewöhnlicher" Zessionar nicht bedienen darf.

A. Verbesserung der Rechtsstellung gegenüber dem Zedenten

Sowohl beim Erwerb einer Forderung durch Abtretung als auch im Wege der Vollstreckung droht dem Gläubiger i.R.d. Einziehung ein Prozess gegen den Schuldner der übertragenen Forderung, wenn letzterer nicht freiwillig leistet. In einem solchen Prozess muss der Kläger den Erwerb und die Höhe der Forderung als für ihn günstige Tatsachen darlegen und ggf. beweisen.[104]

Erwirbt der Gläubiger die Forderung durch eine privatrechtliche Abtretung, so gewährt ihm das Bürgerliche Gesetzbuch den Anspruch i.S.d. § 402. Danach kann der Zessionar vom Zedenten die Erteilung der Auskunft, die zur Geltendmachung der Forderung nötig ist, verlangen sowie die Auslieferung der dem Beweis der Forderung dienenden Urkunden, welche sich im Besitz des Zedenten befinden. Ähnliches regelt § 836 III, wenn der Forderungserwerb im Wege der

103 Vgl. OLG Köln WM 1978, 383 (385); vgl. supra Kapitel 1.B.II.

104 Vgl. oben Fn 6; vgl. auch *Stürner* S. 4.

Zwangsvollstreckung erfolgt. Beide Ansprüche dienen der effektiven Durchsetzung der Forderung.[105] Ohne sie wäre ein Forderungserwerber häufig „nicht in der Lage (…), sein Recht geltend zu machen".[106] Der Anspruch auf Auskunft und derjenige auf Herausgabe stehen sowohl i.R.d. § 402 BGB als auch bei § 836 III 1 nebeneinander.[107]

I. Vergleich der Reichweite von § 402 BGB mit § 836 III 1

1. Auskunftserteilung

Gemäß § 402 BGB kann der Zessionar verlangen, dass ihm der Zedent die Auskunft über die Forderung erteilt, die zur Geltendmachung derselben nötig ist. Diese Verpflichtung erstreckt sich in sachlicher Hinsicht auf alle „rechtserheblichen Tatsachen und Umstände".[108] In einem Streitfall ist für die Frage, ob die Auskunft „nötig" ist, ein objektiver Maßstab anzulegen. Die Sichtweise des Zessionars ist unerheblich. Wann die Auskunft tatsächlich nötig ist, lässt sich jedoch nicht pauschal, sondern nur abhängig vom Einzelfall beantworten.[109]

Auch § 836 III stellt darauf ab, ob die Auskunft zur Geltendmachung der Forderung nötig ist. Auf der Tatbestandsseite ergeben sich diesbzgl. keine Unterschiede.[110] § 402 BGB und § 836 III sind deshalb hinsichtlich der Voraussetzungen der Auskunftserteilung kongruent.[111]

2. Urkundenherausgabe

Auch hinsichtlich der Urkunden wird bisweilen eine Vergleichbarkeit von § 402 BGB und § 836 III angenommen.[112] Bei genauerem Hinsehen fällt jedoch ein möglicher Unterschied im sachlichen Anwendungsbereich auf.

---

105 BGH NJW 2003, 1256 (1256); LG Berlin, Beschluss v. 30.3.2012 = Az.: 51 T 134/10; *Medicus/Lorenz* SchuldR I Rn 804; Staudinger/*Busche* § 402 Rn 1; NK-BGB/*Kreße/B.Eckardt* § 402 Rn 1; Musielak/Voit/*Becker* § 836 Rn 6; *Stöber* MDR 2001, 301.

106 RGZ 21, 360 (368 f.); BT/Drs. 13/341, S. 35.

107 Statt vieler Prütting/Gehrlein/*Ahrens* § 836 Rn 26; einschränkend Musielak/Voit/*Becker* § 836 Rn 6.

108 Staudinger/*Busche* § 402 Rn 9.

109 *Stöber* MDR 2001, 301 (302); *Wertenbruch* DGVZ 2001, 65 f.

110 *Seuffert* § 836 Rn 3a); *Wolf/Müller* NJW 2004, 1775 (1776).

111 *Scherer* RPfleger 1995, 446 (449).

112 So schon RT-Prot. 1897/98,4 (9. Legislaturperiode), S. 601 („die dem § 402 des Bürgerlichen Gesetzbuches entsprechende Vorschrift"; elektronisch abrufbar unter: http://www.reichstagsprotokolle.de/Blatt_k9_bsb00002774_00652.html); BT/Drs. 13/341,

a) *Unterschiedlicher Wortlaut*

§ 836 III erfasst die vorhandenen Urkunden, § 402 BGB hingegen nur die zum Beweis der Forderung dienenden. Es liegt auf der Hand, dass der Wortlaut des § 836 III, der zunächst alle Urkunden einbezieht, weiter reicht als der des § 402 BGB. „Zum Beweis der Forderung“ dienen klassisch solche Urkunden, aus denen sich die Existenz der Forderung oder deren Höhe ergibt. Im praktisch relevanten Fall einer Lohnpfändung wären dies z.B. der Arbeitsvertrag oder eine Lohnabrechnung.[113]

Nach der heutigen Ansicht soll durch beide Vorschriften die Forderungseinziehung erleichtert werden. Der verfolgte Zweck soll identisch sein.[114] Dafür müsste jedoch in § 836 III die Herausgabevollstreckung auf solche Urkunden beschränkt sein, die einen Zusammenhang mit der übertragenen Forderung aufweisen.

Der Wortlaut des § 836 III wurde hinsichtlich der Urkundenherausgabe seit der ursprünglichen Fassung der Civilprozeßordnung 1877 nicht geändert. Bei der Kodifikation des damaligen § 737 II CPO a.F., heute § 836 III, war deshalb eine Orientierung am Wortlaut des § 402 BGB noch nicht möglich.

Die Materialien zu § 836 sind hinsichtlich der ursprünglichen Intention unergiebig.[115] Daher kann nur gemutmaßt werden, ob der damalige Gesetzgeber sämtliche Urkunden erfassen wollte oder ob bereits bei dem Erlass der CPO die Vorstellung bestand, dass die herauszugebende Urkunde dem Beweis der Forderung dienen müsse. Da sich für eine zwischenzeitliche Änderung der Intention ebenfalls keine Anhaltspunkte finden lassen, wird hier vom zweiten Fall ausgegangen. Hierfür spricht insbesondere, dass diese Ansicht jedenfalls bei der ersten ZPO-Novelle 1898 und damit nur kurz nach der erstmaligen Kodifikation der CPO 1871 vorherrschend war, was sich mit Nachweisen belegen lässt.[116] Da ein Gläubiger an Urkunden, die nicht der Durchsetzung der überwiesenen

S. 34 („in Anlehnung an die Vorschrift des § 402 BGB“); *Seuffert* § 836 Rn 3a; Staudinger/*Busche* § 402 Rn 6; MünchKommZPO/*Smid* § 836 Rn 11 m.w.N.; *Stöber* MDR 2001, 301.

113 Näheres hierzu bei *Stöber* Rn 623; weitere Beispiele bei LG Münster RPfleger 2002, 321; MünchKommZPO/*Smid* § 836 Rn 14; Musielak/Voit/*Becker* § 836 Rn 7a ff.; *Wertenbruch* DGVZ 2001, 65 (66, für Auskunft); speziell zur Lohnabrechnung *Scherer* RPfleger 1995, 446 (449).

114 BT/Drs. 13/341, S. 34 („in Anlehnung an die Vorschrift des § 402 BGB“).

115 *Hahn* S. 458 f.

116 RT-Prot. 1897/98,4 (9. Legislaturperiode), S. 601.

Forderung dienen können, kein Interesse haben kann, wäre eine Herausgabevollstreckung bzgl. solcher Urkunden ohnehin nicht zulässig. Es fehlte ein Rechtsschutzbedürfnis.

Folglich besteht eine deutliche Abweichung zwischen dem Wortlaut der Norm und ihrem Zweck. Der Wortlaut erlaubt eine weitere Auslegung als der Zweck der Vorschrift sie erforderte. Die heutige gesetzgeberische Vorstellung von gegenseitiger Kongruenz der §§ 402 BGB, 836 III ist damit eigentlich nur unter Verstoß gegen die grammatische Auslegung haltbar.

Relevant würde der tatbestandliche Unterschied bei Urkunden, deren Übergabe zur Vollendung des Erwerbsgeschäfts erforderlich ist,[117] wie z.B. bei Wertpapieren,[118] und bei solchen, die eben nicht zum Beweis der Forderung dienen. Solche wären nur von § 836 III, nicht hingegen von § 402 BGB erfasst.[119]

Die engere Version des § 402 BGB verlangt eine Kausalität nicht bloß zwischen der Urkunde und der Forderung, sondern auch zwischen der Urkunde und der Durchsetzung der Forderung. Insofern kann der Zessionar solche Urkunden, die zwar grds. interessant, aber für die Durchsetzung nicht erforderlich sind, nicht herausverlangen. Der Wortlaut des § 836 III 1 hingegen scheint eindeutig („vorhanden“) und die Herausgabepflicht „nicht vom Vorliegen weiterer Voraussetzungen abhängig“ zu sein.[120] Dies könnte bereits einen ersten Vorteil für den Pfändungsgläubiger darstellen.

b) Einschränkende Auslegung des § 836 III 1

Dennoch wird vertreten, dass § 836 III 1 in dem Sinne einzuschränken ist, dass eine Verbindung zwischen der Urkunde und der Durchsetzung der Forderung erforderlich sein soll. So erhielte man den gesetzgeberisch gewollten Gleichlauf von § 402 BGB und § 836 III. Dadurch nähme man dem Pfändungsgläubiger aber den Vorteil des weiteren Anwendungsbereichs des § 836 III und unterstellte dem Gesetzgeber ein Redaktionsversehen. Dass ein Redaktionsversehen ernsthaft in Betracht kommt, lässt sich jedoch der Gesetzesbegründung des heutigen Gesetzgebers entnehmen. Wie bereits gesagt, wird dort ein Gleichlauf von § 402

---

117 Staudinger/*Busche* § 402 Rn 14; in diesem Fall kann § 402 BGB nur bei gesetzlichem Forderungsübergang gem. § 412 BGB Bedeutung erlangen; Palandt/*Grüneberg* § 402 BGB Rn 3.

118 Staudinger/*Busche* § 402 Rn 14.

119 Vgl. Staudinger/*Busche* § 402 Rn 14; NK-BGB/*Kreße/B.Eckardt* § 402 Rn 5.

120 BGH NJW-RR 2006, 1576 Tz 13.

BGB und § 836 III 1 angestrebt.[121] Auf diese Weise würde vom Gläubiger ein Rechtsschutzbedürfnis hinsichtlich der konkreten Urkunde verlangt.

Nach einer anderen Ansicht soll der Gläubiger ein schutzwürdiges Interesse an der Urkunde nachweisen müssen.[122] Wieder andere verlangen eine abgeschwächte Erforderlichkeit, indem jedenfalls ein weiter Zusammenhang zwischen der Urkunde und der Forderung bestehen soll.[123] Nach der Rspr. des BGH ist die Urkunde dann von § 836 III erfasst, wenn sie „den Gläubiger als zur Empfangnahme berechtigt legitimiere (…) und den Bestand der Forderung beweise oder sonst der Ermittlung oder dem Nachweis ihrer Höhe, Fälligkeit und Einredefreiheit diene".[124] Die rezipierten Auffassungen sind sich jedoch darüber einig, dass eine Einschränkung des § 836 III angezeigt ist.

Da § 836 III die Einziehung der Forderung erleichtern[125] und nicht sonstige Gläubigerinteressen befriedigen soll, erscheint ein Bezug zur Einziehung vernünftig. Der Gläubiger muss daher über den Wortlaut hinaus auch i.R.d. § 836 III darlegen, wieso er die Urkunde für die Geltendmachung der Forderung benötigt.[126] Solche Urkunden, die für die Einziehung gänzlich irrelevant erscheinen (bspw. eine Urkunde über die Stundung bis zu einem, mittlerweile aber abgelaufenen, Datum ohne Auswirkungen auf Zinsen) wären auch gem. § 836 III nicht herauszugeben. Der Vorteil des Pfändungsgläubigers im Vergleich zum Zessionar wäre somit zwar nivelliert. Für eine solche Einschränkung des § 836 III spricht aber der Unterschied zwischen einem Vollstreckungsantrag und einer Leistungsklage gem. § 402 BGB. Die Zulässigkeit eines Vollstreckungsantrags erfordert schon nach allgemeinen Grundsätzen ein Rechtsschutzbedürfnis, das an nicht dem Beweis der Forderung dienenden Urkunden nicht bestehen kann. Daher würde jedenfalls über diese Voraussetzung der Anwendungsbereich eingeschränkt.

Gewährte § 402 BGB dem Zessionar jedoch einen Anspruch auf Herausgabe aller vorhandenen Urkunden, so wäre eine entsprechende Korrektur nicht möglich. Da das Herausgabeverlangen, auf das wegen § 402 BGB ein materiell-rechtlicher

---

121 BT/Drs. 13/341, S. 34.

122 Vgl. BGH BeckRS 2012, 07794 Tz 9 (Der Schuldner sollte ein der Hilfsvollstreckung entgegenstehendes Interesse vortragen oder erinnerungsweise geltend machen, um die Herausgabepflicht zu verhindern.); *Stöber* Rn 623.

123 *Behr* JurBüro 1994, 327.

124 Grundlegend BGH NJW 2003, 1256 (1256) m.w.N.; BGH NJW-RR 2006, 1576 Tz 8; BGH NJW-RR 2013, 766 Tz 5; LG Berlin BeckRS 2012, 07819; *Brox/Walker* Rn 647.

125 BGH NJW 2003, 1256 (1256); BGH NJW-RR 2013, 766 Tz 5; *Stöber* Rn 623; Kindl/Meller-Hannich/Wolf/*Bendtsen* § 836 Rn 9.

126 *Stöber* Rn 623; Saenger/*Kemper* § 836 Rn 13; so auch *Behr* JurBüro 1994, 327 (328).

Anspruch bestünde, mittels einer gewöhnlichen Leistungsklage geltend gemacht würde, wäre ein Rechtsschutzbedürfnis stets gegeben.

Daher erfassen beide Vorschriften im Ergebnis dieselben Urkunden,[127] wenngleich die Normen einen unterschiedlich großen Anwendungsbereich suggerieren. Ob man zu diesem Ergebnis über die Korrektur mittels des Rechtsschutzbedürfnisses kommt oder über eine Einschränkung des Wortlauts, ist zweitrangig. Nach Ansicht des Verfassers ist der Gang über das Rechtsschutzbedürfnis zu bevorzugen. Nur so kann ein Verstoß gegen den eindeutigen Wortlaut vermieden werden.

Der Normtext unterscheidet zudem hinsichtlich der Handlungspflicht: Der Zedent hat die Urkunde *auszuliefern*; dem Vollstreckungsschuldner obliegt indes deren *Herausgabe*. Während die Pflicht zur Auslieferung auf eine Bringschuld des Zedenten hindeuten mag, bei der er die Urkunde an den Sitz des Zessionars „auszuliefern" hätte, liegt der Erfüllungsort einer Herausgabehandlung nach allgemeinen Grundsätzen am Sitz des Schuldners. Eine Differenzierung sollte dadurch aber wohl nicht erfolgen.[128] Insbesondere würde sich der vermeintliche Nachteil für den Vollstreckungsgläubiger nicht auswirken, da dieser wegen § 836 III 5 ggf. den Gerichtsvollzieher mit der Herausgabevollstreckung beauftragen könnte und nicht selbst zum Sitz des Schuldners fahren müsste.

II. Bessere Durchsetzbarkeit des § 836 III

Diese Möglichkeit, den Anspruch vollstreckungsrechtlich durchzusetzen, stellt den eigentlichen Vorteil des § 836 III dar.

1. Strukturelle Unterschiede zwischen § 402 BGB und § 836 III

Auf der Ebene der Durchsetzung der übertragenen Forderung erweist sich die Pfändung als sehr vorteilhaft. Während § 402 BGB und auch § 836 III 1 zunächst nur einen Anspruch gewähren („ist verpflichtet"), regeln § 836 III 2 bis 5 die Durchsetzung desselben gleich mit. Bis 1999 war die Durchsetzung der Auskunftserteilung in § 836 III nicht geregelt. Der Gläubiger musste seinen Auskunftsanspruch gem. § 836 III 1 zunächst einklagen und anschließend i.S.d. § 888 vollstrecken.[129] Seitdem ist eine sofortige Zwangsvollstreckung beider Ansprüche möglich, weshalb insoweit bei dem Vergleich dieser zweiten Ebene nicht mehr zwischen der Auskunftserteilung und der Urkundenherausgabe unterschieden werden muss.

---

127 Vgl. auch *Scherer* RPfleger 1995, 446 (449).

128 Vgl. BeckOK-BGB/*Rohe* § 403 Rn 6 und Staudinger/*Busche* § 402 Rn 14, die auch für § 402 BGB eine bloße Übergabepflicht annehmen.

129 *Wertenbruch* DGVZ 2001, 65.

Die Regelung des § 402 BGB gewährt dem Zessionar einen materiell-rechtlichen Anspruch. Materiell-rechtliche Ansprüche sind jedoch unabhängig von ihrem Bestehen oder gar einem Anerkenntnis des Schuldners nicht aus sich heraus vollstreckbar, sondern bedürfen wegen §§ 704, 794 einer vorherigen Titulierung. Der Zessionar muss also seinen Anspruch im Wege einer Leistungsklage gegen den Zedenten gerichtlich einklagen und hierfür nötigenfalls den Instanzenweg beschreiten.

Der Vollstreckungsgläubiger kann demgegenüber gem. § 836 III 2 bis 5 nicht auf den Klageweg verwiesen werden.[130] Vielmehr ist der erstrittene Schuldtitel gegen den Vollstreckungsschuldner der Ausgangspunkt zur Durchsetzung der Hilfsrechte.[131] Ein weiteres Erkenntnisverfahren gegen den Vollstreckungsschuldner[132] ist entbehrlich.

Der Vollstreckungsgläubiger kann direkt den für die Hilfsvollstreckung zuständigen Gerichtsvollzieher beauftragen, die Verpflichtungen des Vollstreckungsschuldners durchzusetzen.[133] Eine eigene Klage, gerichtet auf die Auskunftserteilung bzw. die Herausgabe der Urkunden, wäre mangels Rechtsschutzbedürfnisses sogar unzulässig.[134]

Bereits vor der eigentlichen Darstellung der Art und Weise der Durchsetzung ist somit festzuhalten, dass in § 836 III 2 bis 5 ein wichtiger, wenn nicht gar *der* entscheidende Vorteil für den Pfändungsgläubiger zu sehen ist. Einerseits muss der Gläubiger keinen Gerichtskostenvorschuss mehr leisten, da eine Herausgabeklage nicht erforderlich ist. Andererseits spart er Zeit, was die Wahrscheinlichkeit der Befriedigung eklatant erhöht.[135]

Während des Vollstreckungsverfahrens schwebt die Insolvenz sowohl des Vollstreckungs- als auch potentieller Drittschuldner wie ein Damoklesschwert über der Befriedigung des Gläubigers. Bei einer Insolvenz des Drittschuldners könnte der Gläubiger zwar noch einen anderen Gegenstand des Vollstreckungsschuldners pfänden lassen. Dies ist jedoch nicht möglich, wenn ein solcher nicht

---

130 *Kreutzkam* JurBüro 2008, 231 (232).

131 OLG Köln WM 1978, 383 (385); zur Titelproblematik noch eingehend sub Kapitel 5.C.II.

132 LG Münster RPfleger 2002, 321 (§ 836 III verpflichtet nicht den Drittschuldner.).

133 *Stöber* Rn 625; *Brox/Walker* Rn 646; vgl. MünchKommZPO/*Smid* § 836 Rn 15; Saenger/*Kemper* § 836 Rn 14; *Wertenbruch* DGVZ 2001, 65.

134 BGH JurBüro 2010, 440 Tz 21; Musielak/Voit/*Becker* § 836 Rn 6; dasselbe gilt für eine gesonderte Pfändung der Urkunden, MünchKommZPO/*Smid* § 836 Rn 11.

135 Vgl. zu § 836 III a.F., bei dem der Auskunftsanspruch, ähnlich § 402 BGB, ebenfalls eingeklagt werden musste *Stöber* MDR 2001, 301.

mehr vorhanden ist. Bei der Zahlungsunfähigkeit des Vollstreckungsschuldners hätte der Gläubiger erst dann eine Sicherheit i.S.d. § 50 I InsO, wenn die Forderung bereits gepfändet wäre. Die Pfändung wird indes frühestens erfolgen, nachdem sich herausgestellt hat, dass die zuerst gepfändete Forderung gegen den Drittschuldner wertlos ist. Es ist also das vorrangige Anliegen des Vollstreckungsgläubigers, dieses Risiko und das der fehlenden Beweisbarkeit möglichst schnell auszuschließen.

Sollte der Gläubiger ungesichert sein, dürfte er in einem Insolvenzverfahren über das Vermögen des Vollstreckungsschuldners nur seine Insolvenzquote erwarten. Diese erreicht regelmäßig nur einen Bruchteil des Nominalwerts des Pfandgegenstands.[136] Aus den genannten Gründen kommt dem Zeitfaktor in einem Vollstreckungsverfahren daher eine fast übermächtige Bedeutung zu.[137]

Der Vorteil der direkten Vollstreckbarkeit gilt gleichermaßen, sollten sich die begehrten Urkunden bei einem nicht zur Herausgabe bereiten Dritten befinden. Der Zessionar kann aus § 402 BGB keinen Anspruch gegen den Zedenten herleiten, dass letzterer die Urkunden beschaffen muss.[138] In dem Rechtsstreit kann er allein die Abtretung des Herausgabeanspruchs des Zedenten gegen den Dritten verlangen.[139] Zugunsten eines Vollstreckungsgläubigers gilt dieser Anspruch jedoch i.R.d. Hilfsvollstreckung automatisch als „mitüberwiesen".[140] Im Anschluss daran müsste der Gläubiger gegen den unmittelbaren Besitzer aus der überwiesenen Forderung auf Herausgabe der Urkunde klagen.[141] Für ein vollstreckungsrechtliches Vorgehen gegen den Dritten genügt der Titel gegen den Vollstreckungsschuldner nicht, was aber allgemeinen Grundsätzen entspricht. Jedoch wird dem Vollstreckungsgläubiger erneut ein gesamtes streitiges Verfahren erspart.

---

136 *Kranzusch* ZInsO 2009, 1513 (1516; durchschnittlich 5,4 % in den Jahren 2002–2007).

137 Vgl. schon zur Bedeutung des § 402 BGB für den Zessionar, jurisPK-BGB/*Rosch* § 402 Rn 3.

138 JurisPK-BGB/*Rosch* § 402 Rn 20; allenfalls könnte sich eine Nebenpflicht aus dem der Verfügung zugrunde liegenden Schuldverhältnis ergeben; Staudinger/*Busche* § 402 Rn 13; MünchKommBGB/*Roth/Kieninger* § 402 Rn 7; Schulze/*Schulze* § 402 Rn 3.

139 Soergel/*Schreiber* § 402 Rn 3; jurisPK-BGB/*Rosch* § 402 Rn 20.

140 BGH JurBüro 2010, 440 Tz 20; *Stöber* Rn 626; Stein/Jonas/*Brehm* § 836 Rn 17; MünchKommZPO/*Smid* § 836 Rn 17; *Mümmler* DGVZ 1972, 161 (163).

141 MünchKommZPO/*Smid* § 836 Rn 17; SchuWa/*Schuschke* § 836 Rn 9; vgl. auch Stein/Jonas/*Brehm* § 836 Rn 17; *Wertenbruch* DGVZ 1972, 161 (163).

Sollte sich der Vollstreckungsschuldner der Verpflichtung gem. § 402 BGB oder § 836 III 1 widersetzen, so droht ihm eine Verpflichtung zum Schadensersatz.[142] Indem beide Normen ein vertragliches oder gesetzliches Schuldverhältnis i.S.d. § 280 I BGB begründen,[143] sind sie kongruent. Allerdings ist die praktische Relevanz eines Schadensersatzanspruchs i.R.d. § 836 III 1 deutlich geringer, da auch die Wahrscheinlichkeit eines Schadens geringer ist. Der Grund hierfür ist wieder, dass der Gerichtsvollzieher sofort handeln kann; ein Zeitverlust und damit ein Schaden begegnet seltener.

2. *Unterscheidung zwischen Auskunftserteilung und Urkundenherausgabe i.R.d. § 836 III*

Bei der Durchsetzung der Hilfsrechte ist innerhalb des § 836 III nun zwischen der Auskunftserteilung und der Urkundenherausgabe zu unterscheiden.

Die Urkundenherausgabe unterwirft § 836 III 5 den Regeln der Herausgabevollstreckung i.S.d. § 883.[144] Der Gerichtsvollzieher ist gemäß dessen Abs. 1 funktional zuständig[145] und beschlagnahmt die Urkunden wie bewegliche Sachen.[146] Befinden sich die Urkunden bei einem nicht zur Herausgabe bereiten Dritten, so wird der Anspruch des Vollstreckungsschuldners auf Herausgabe gegen den Dritten gem. §§ 886 i.V.m. 828 ff. an den Vollstreckungsgläubiger überwiesen.

Um den Anspruch auf Erteilung der Auskunft zwangsweise durchzusetzen, besteht nicht die Möglichkeit zu körperlicher Gewalt. Die Auskunftserteilung stellt eine nicht vertretbare Handlung dar. Der Vollstreckungsschuldner ist daher gem. § 836 III 2 verpflichtet, sie „zu Protokoll zu geben und seine Angaben an Eides statt zu versichern".[147] Die Versicherung an Eides statt ist wiederum gem. §§ 156, 161 StGB strafbewehrt. Bleibt der Schuldner unentschuldigt fern oder verweigert er sich aus anderen Gründen, so besteht gem. § 836 III 2, 4 i.V.m. §§ 802g ff. die Möglichkeit, Erzwingungshaft anzuordnen.

---

142 *Brox/Walker* Rn 646; NK-BGB/*Kreße/B.Eckardt* § 402 Rn 1.

143 Für § 836 III OLG München MDR 1990, 931 (932); Stein/Jonas/*Brehm* § 836 Rn 12; Musielak/Voit/*Becker* § 836 Rn 6; für § 402 BGHZ 171, 180 (185); Staudinger/*Busche* § 402 Rn 4; jurisPK-BGB/*Rosch* § 402 Rn 22.

144 Stein/Jonas/*Brehm* § 836 Rn 15; *Mümmler* DGVZ 1972, 161 (163).

145 *Stöber* Rn 625; *Wertenbruch* DGVZ 2001, 65 (66).

146 *Stöber* Rn 625.

147 *Gaul/Schilken/Becker-Eberhard* § 55 Rn 38.

III. Andere prozessuale Möglichkeiten

Die Bedeutung des § 836 III wäre jedoch nicht als derart überragend anzusehen, sollte der Gläubiger auch auf anderen Wegen sein Begehren einer erleichterten Beweisführung über das Bestehen der zedierten Forderung erreichen können. Dabei kommen entsprechend der vollstreckungsrechtlichen Chronologie sowohl Sachaufklärungsbefugnisse des Gerichtsvollziehers (sub 1.) als auch Pflichten der Beteiligten in einem evtl. späteren Einziehungsprozess (sub 2.) in Betracht.

1. Sachaufklärungsbefugnisse des Gerichtsvollziehers

Noch vor der eigentlichen Durchführung der klassischen Vollstreckungsmaßnahmen erfolgt die Sachaufklärung. Diese hat das Ziel, herauszufinden, über welche pfändbaren Vermögensgegenstände der Vollstreckungsschuldner verfügt.[148] I.R.d. Befugnisse zur Sachaufklärung könnte der Gerichtsvollzieher evtl. Urkunden ausfindig machen und diese dem Gläubiger aushändigen. Dabei erfüllt der Gerichtsvollzieher seinen Auftrag nur dann vollumfänglich, wenn das Vermögen einerseits formal pfändbar und andererseits wirtschaftlich wertvoll ist. Bei Forderungen ist dies der Fall, wenn ihr Schuldner freiwillig leistet oder hierzu gezwungen werden kann; für letzteres bedarf es ggf. der bereits mehrfach angesprochenen Beweismittel. Im Rahmen der Vermögensauskunft hat der Vollstreckungsschuldner diese gem. § 802c II 2 zu bezeichnen; dadurch würde dem Gläubiger die Durchsetzung gegen den Drittschuldner vereinfacht.

Diese Bezeichnungspflicht i.S.d. § 802c II 2 könnte eine Hilfsvollstreckung i.S.d. § 836 III entbehrlich werden lassen, da die Sachaufklärungsmaßnahmen regelmäßig vor einer potentiellen Hilfsvollstreckung durchgeführt werden.[149] Erwiesen sie sich als erfolgreich, bedürfte es im Anschluss keiner weitergehenden Informationen. Dies ließe das Rechtsschutzbedürfnis für eine Hilfsvollstreckung, die bereits durchgeführte Vollstreckungsmaßnahmen voraussetzt, in dieser Hinsicht entfallen.

Jedoch unterscheidet sich die Situation bei der Pfändung einer eigenen Forderung und bei der einer Pfändung vorangestellten Sachaufklärung[150] enorm. Zum

---

148 *Würdinger* JZ 2011, 177 (178, Fn 3 mit einer Differenzierung); vgl. auch *Prinz von Sachsen Gessaphe* Rn 151.

149 Vgl. *Prinz von Sachsen Gessaphe* Rn 153.

150 Die Sachaufklärung kann auch, wie schon vor der Reform 2013, im Anschluss an eine erfolglose Pfändung erfolgen, vgl. § 807. Dies ist für den Gläubiger jedoch wenig attraktiv, da erneut Zeit verstreicht, ohne dass er der Befriedigung näher kommt; vgl. zu den Vor- und Nachteilen *Prinz von Sachsen Gessaphe* Rn 174 ff.

einen hat der Vollstreckungsschuldner durch die Zession den Zugriff auf sein Vermögen bereits eröffnet und Teile desselben privatrechtlich übertragen. Dies macht eine Vollstreckung in sein „Primärvermögen", d.h. in solches Vermögen, das für sich allein und nicht nur, wie Urkunden, akzessorisch zu anderem („Sekundärvermögen") für den Gläubiger wirtschaftlich interessant ist, nicht mehr erforderlich. Sein Vermögen ist, soweit es für die titulierte Forderung des Gläubigers notwendig ist, bekannt. Zudem hat sich der Titelgläubiger auf die Zession eingelassen. Eine „Aufklärung in der Sache" mit dem Ziel, zu erfahren, über welche Gegenstände der Schuldner verfügt, erscheint damit nicht mehr nötig. Selbst in dem Fall, in dem die zedierte Forderung den Wert der titulierten Forderung nicht erreicht, führt die Sachaufklärung nicht weiter: Sie wäre in einem solchen Fall zwar zulässig und auch zweckmäßig. Sie beschränkte sich aber darauf, anderes „Primärvermögen" des Vollstreckungsschuldners als die zedierte Forderung zu finden und in die dann schuldnereigenen Forderungen zu vollstrecken. Die Sachaufklärung erfasste deshalb nach wie vor nicht die begehrten Informationen über die bereits an den Gläubiger veräußerte Forderung.

Letztlich führt diese Frage ohnehin zu einem Zirkelschuss. Eine Maßnahme der Sachaufklärung setzte wie jede andere Vollstreckungsmaßnahme voraus, dass die allgemeinen Voraussetzungen der Zwangsvollstreckung vorliegen.[151] Die Sachaufklärung müsste überhaupt zulässig sein. Nur dann hätte der Gerichtsvollzieher den Auftrag durchzuführen und nach pfändbarem Vermögen inkl. dazugehöriger Beweismittel zu suchen. Die Frage der Zulässigkeit der Zwangsvollstreckung ist aber gerade zu beantworten.

Die Sachaufklärung wäre zwar nach wie vor das zeitlich früher greifende Instrument. Es bliebe aber zu berücksichtigen, dass infolge der Zession nicht mehr nach der Forderung als Vermögensgegenstand des Vollstreckungsschuldners gesucht werden muss. Zudem gelten die Vorschriften zur Sachaufklärung schon aufgrund ihrer systematischen Stellung nicht für die Herausgabevollstreckung i.S.d. §§ 836 III 5, 883. Ein Verweis auf § 802c II 2 ist dort nicht enthalten.

Die Sachaufklärung lässt somit das Rechtsschutzbedürfnis für die Hilfsvollstreckung nicht entfallen.

2. *Beweisrechtliche Vorlagepflichten*

Macht der Inhaber der streitgegenständlichen Forderung diese nach ihrem Erwerb gerichtlich gegen den Forderungsschuldner geltend, muss er das Bestehen

---

151 BeckOK-ZPO/*Fleck* § 802a Rn 9; für die Vermögensauskunft speziell *Prinz von Sachsen Gessaphe* Rn 156; MünchKommZPO/*Wagner* § 802c Rn 4 f.

der Forderung darlegen und ggf. beweisen.[152] Zu diesem Zweck kommt in einem Erkenntnisverfahren eine Pflicht dritter Personen zur Vorlage von Urkunden in Betracht.

a) Gerichtliche Anordnung der Urkundenvorlegung gem. § 142

Zu denken ist an eine gerichtliche Vorlegungsanordnung gem. § 142. Die Vorschrift stellt ein Element der Verfahrensbeschleunigung dar und könnte daher das Interesse des Zessionars, in dem Rechtsstreit gegen den Schuldner der überwiesenen Forderung möglichst schnell Gewissheit zu erlangen, befriedigen.

Gemäß § 142 I kann ein Gericht eine Partei und, vorbehaltlich des Abs. 2, auch einen Dritten verpflichten, in einer mündlichen Verhandlung bestimmte Urkunden vorzulegen. Zusätzlich zu Urkunden, für welche die Definition der §§ 415 ff. gilt,[153] sind sonstige Unterlagen erfasst.[154] Damit könnte ein Gericht in einem Prozess den früheren Forderungsinhaber zur Vorlage bestimmter Unterlagen verpflichten.

Sollte der Regelungsgehalt des § 142 dazu führen, dass der Zessionar sämtliche erforderlichen Urkunden in der mündlichen Verhandlung ohnehin erhält, könnte ein Rückgriff auf § 836 III und damit eine Pfändung der eigenen Forderung entbehrlich sein. Der Zessionar könnte kein Rechtsschutzbedürfnis mehr für einen Vollstreckungsantrag vorweisen.

Diejenigen, die die Pfändung eigener Forderungen für zulässig halten, haben sich mit dem Konkurrenzverhältnis nicht auseinander gesetzt. Die Verfechter der Unzulässigkeit nutzen § 142 ebenfalls nicht als Argument für ihre Position. Der Frage kommt aufgrund des angesprochenen Rechtsschutzbedürfnisses eine Bedeutung zu, weshalb das Verhältnis der beiden Vorschriften zueinander zu klären ist.

Zwischen der gerichtlichen Anordnung zur Vorlegung und der Hilfsvollstreckung durch den Gerichtsvollzieher bestehen qualitative Unterschiede: Zunächst kann schon ausweislich der Überschrift des § 142 dieser den Anspruch auf Auskunftserteilung nicht ersetzen; § 142 ist auf Urkunden und sonstige Unterlagen beschränkt. Ein zweiter grundlegender Unterschied ist, dass § 836 III keine Pflicht der Partei des Einziehungsprozesses, d.h. des Drittschuldners, bestimmt. § 836 III richtet sich allein gegen den Vollstreckungsschuldner,[155] dem in einem

152 Vgl. bereits Einleitung A.
153 Musielak/Voit/*Stadler* § 142 Rn 2.
154 Dazu *Timke* S. 122 f.
155 LG Münster RPfleger 2002, 321.

Einziehungsprozess gegen den Schuldner der Forderung die Rolle des Dritten zukäme. Gemäß § 142 II kann eine Urkundenvorlegung von einem Dritten nur unter engeren Voraussetzungen verlangt werden. Nur im Hinblick darauf ist ein Vergleich interessant, denn über die entscheidenden Dokumente verfügt zumeist der Vollstreckungsschuldner.

aa) Zeitliche Dimension

Eine gerichtliche Anordnung i.S.d. § 142 kann nur während eines Verfahrens oder gem. § 273 II Nr. 5 zum Zwecke der Vorbereitung eines Termins erlassen werden.[156] Zweck des § 142 in diesem Zusammenhang ist die „Feststellung bestrittener Tatsachenbehauptungen".[157] Stets ist also die vorherige Erhebung einer Klage erforderlich, damit überhaupt ein Termin anberaumt wird, in dem ggf. eine Urkundenvorlagepflicht angeordnet werden kann. Mit der Klageerhebung jedoch nimmt der Kläger bereits ein Kostenrisiko auf sich. Dieses realisiert sich, wenn der Inhalt der vorzulegenden Urkunden der Vermutung des Klägers widerspricht und er den Prozess verliert. Zwar wäre noch während des Prozesses eine Klagerücknahme möglich. Eine Klagerücknahme in der mündlichen Verhandlung steht jedoch einerseits gem. § 269 I unter dem Vorbehalt der Einwilligung des Beklagten. Andererseits ist sie nicht kostenneutral möglich.[158]

Die Regelung des § 836 III hingegen ist unabhängig von der An- oder Rechtshängigkeit einer Einziehungsklage. Die Vorschrift dient gerade der Vorbereitung der Einziehung und nicht derjenigen eines Termins. Mit ihr sollen im Vorfeld das Risiko einer Niederlage und damit der Kosten sowie anhand dessen der Sinn einer Klageerhebung abgeschätzt werden.[159] Zwar entstehen auch für die Urkundenbeschlagnahme Vollstreckungskosten; allerdings sind diese zum einen geringer als bei einer Klage und im Vorfeld kalkulierbar, zum anderen sind sie gem. § 788 grds. vom Vollstreckungsschuldner zu tragen.[160] Diesen Zweck kann § 142 nicht erfüllen.

---

156 MünchKommZPO/*Wagner* § 144 Rn 6.

157 MünchKommZPO/*Wagner* § 144 Rn 1; ein weiterer Zweck liegt darin, undeutliches oder lückenhaftes Vorbringen der Parteien zu klären.

158 *Lüke* ZivilprozessR Rn 241; MünchKommZPO/*Becker-Eberhard* § 269 Rn 78 f.; BeckOK-ZPO/*Bacher* § 269 Rn 34.

159 *Hintzen* RPfleger 2002, 321 (322).

160 Zu den Kosten noch sub Kapitel 5.C.III.

bb) Bezugnahmeerfordernis

Des Weiteren könnten sich die Tatbestandsvoraussetzungen qualitativ unterscheiden. Anders als § 836 III setzt § 142 I die Bezugnahme einer[161] Partei auf die Urkunde voraus („auf die sich eine Partei bezogen hat"). Das Bezugnahmeerfordernis i.R.d. § 142 dient dazu, den im Zivilprozess geltenden Beibringungsgrundsatz nicht gänzlich zugunsten der Amtsermittlung zu untergraben.[162] Deshalb ist es erforderlich, dass die Anregung von der Partei ausgeht.[163]

Der Wortlaut des § 836 hingegen deutet auf ein objektives Verständnis hin („vorhandene Urkunden"). Deshalb könnte man der Auffassung zuneigen, der Gerichtsvollzieher habe eine umfängliche Durchsuchung vorzunehmen und beweiserhebliche Urkunden ggf. zu beschlagnahmen. Indes hat auch der Vollstreckungsgläubiger die begehrte Urkunde i.S.d. § 836 III gegenüber dem Gerichtsvollzieher hinreichend bestimmt zu bezeichnen.[164] Das Vollstreckungsorgan kann die Relevanz der Urkunde für die Einziehungsklage nicht beurteilen; der Formalisierungsgrundsatz steht einer solchen, materiellen Prüfung zudem bewusst entgegen. Auch hier muss deshalb die Initiative vom Vollstreckungsgläubiger ausgehen.[165]

Entgegen dem ersten Anschein ist hinsichtlich der Kenntnis des Antragstellers kein Unterschied auszumachen. Der Vollstreckungsgläubiger kann nicht den Gerichtsvollzieher beauftragen, sämtliche Unterlagen des Vollstreckungsschuldners im Hinblick auf mglw. erhebliche Urkunden von Amts wegen zu durchsuchen und diese ggf. zu beschlagnahmen. Sowohl der Vollstreckungsgläubiger als auch die beantragende Partei im Prozess müssen angeben, auf welche Urkunde sie sich beziehen.

cc) Grenzen der Vorlegungspflicht

Tatbestandliche Unterschiede könnten jedoch in Bezug auf die Schranken der Herausgabepflicht bestehen. Anders als § 836 III befreit § 142 II Dritte von der Vorlegungspflicht, sofern diese für sie unzumutbar ist oder ihnen ein Zeugnisverweigerungsrecht zusteht.[166] Herauskristallisiert hat sich i.R.d. § 836 III

---

161 *Timke* S. 125.

162 Vgl. BGHZ 171, 23 (32); *Timke* S. 126; Musielak/Voit/*Stadler* § 142 Rn 1; BeckOK-ZPO/*von Selle* § 142 Rn 9; eingehend zum Bezugnahmeerfordernis *Timke* S. 125 ff.; Stein/Jonas/*Leipold* § 142 Rn 9 ff.

163 BGHZ 173, 23 (32; „schlüssiger, auf konkrete Tatsachen bezogener Vortrag der Partei").

164 Vgl. MünchKommZPO/*Smid* § 836 Rn 15; Musielak/Voit/*Becker* § 836 Rn 8.

165 *Stöber* Rn 623, 625.

166 BT/Drs. 14/3750, S. 54.

allein, dass die Herausgabe nicht zu einer sog. „unzulässigen Ausforschung“ führen darf.[167] Dies ist einerseits die Konsequenz der Pflicht zur bestimmten Bezeichnung. Andererseits handelt es sich um eine öffentlich-rechtliche Maßnahme,[168] sodass das Vollstreckungsorgan einer Grundrechtsbindung unterliegt. Es hat insofern Art. 1 I i.V.m. Art. 2 I GG bei einer drohenden Verletzung des Persönlichkeitsrechts[169] sowie Art. 12, 14 GG bei der Verletzung von Geschäftsgeheimnissen[170] zu beachten. Erfolgt durch die Beschlagnahme über den bloßen Eingriff hinaus eine Verletzung dieser Grundrechte, wird jedoch eine Unzumutbarkeit i.S.d. § 142 II anzunehmen sein.[171] § 142 und § 836 III erweisen sich deshalb in dieser Hinsicht als deckungsgleich.

Die Unzumutbarkeit i.S.d. § 142 II kann sich auch aus tatsächlichen Zeit- oder Kostengründen ergeben.[172] Solche Einwendungen sind i.R.d. § 836 III nicht beachtlich, da der Gerichtsvollzieher ohnehin vor Ort ist und die Urkunde direkt beschlagnahmen kann.

Auch Zeugnisverweigerungsrechte i.S.d. §§ 142 II 1, Var. 2, 383 ff. finden i.R.d. § 836 III keine Berücksichtigung. Dies bedeutet für den Pfändungsgläubiger einen weiteren großen Vorteil, denn für ein Verweigerungsrecht kann gem. § 384 Nr. 1 bereits ein drohender Vermögensschaden genügen.[173] Aus diesem Grunde sind die Grenzen des § 836 III weiter und die Norm gläubigerfreundlicher als § 142.

dd) Gerichtliches Ermessen

Schließlich räumt § 142 dem Gericht Ermessen ein bei der Entscheidung, die Anordnung zu erlassen oder nicht („Das Gericht kann anordnen, …“).[174] Dieses

---

167 BGH NJW 2004, 2096 (2098); OLG München OLGZ 1991, 322 (323); OLG Hamm InVo 2000, 173 Tz 19; Steinert/Theede/*Knop* H.I. Rn 6 (9. Aufl.); *Stöber* Rn 621; MünchKommZPO/*Smid* § 836 Rn 11; Kindl/Meller-Hannich/Wolf/*Bendtsen* § 829 Rn 78; BeckOK-ZPO/*Riedel* § 829 Rn 119.1.; einschränkend BGHZ 192, 314 (319 ff.) und BGH NJW 2012, 1223 Tz 9; zu den Grenzen i.R.d. § 402 BGB *Peters* AcP 206 (2006) 843 (847 ff.).

168 OLG München OLGZ 1991, 322 (323).

169 MünchKommZPO/*Smid* § 836 Rn 13.

170 BGHZ 192, 314 (321).

171 Vgl. BGHZ 173, 23 (32); BeckOK-ZPO/*von Selle* § 142 Rn 14, 15; andeutend *Timke* S. 197, 200.

172 MünchKommZPO/*Wagner* § 144 Rn 12; BeckOK-ZPO/*von Selle* § 142 Rn 14; zu Zeit- und Kostenerwägungen i.R.d. § 142 *Timke* S. 199 f., 212 ff.

173 BGH NJW 2007, 155 Tz 6; *Timke* S. 196.

174 BT/Drs. 14/67036 S. 120, BGHZ 173, 23 (32); *Rosenberg/Schwab/Gottwald* § 109 Rn 8; Stein/Jonas/*Leipold* § 142 Rn 6 ff.; MünchKommZPO/*Wagner* § 144 Rn 3; nur,

ist zwar pflichtgemäß auszuüben;[175] es bedeutet für die Partei im Prozess jedoch eine weitere Unsicherheit. Die Kontrolle der Entscheidung durch eine Revisionsinstanz ist grds. nicht vorgesehen;[176] nur im Falle eindeutigen Verkennens des Ermessensspielraums ist eine ablehnende Entscheidung revisibel[177] und ggf. wegen der Verletzung des Anspruchs auf rechtliches Gehör i.S.d. Art. 103 I GG mit einer Verfassungsbeschwerde angreifbar.[178]

Dem Vollstreckungsorgan hingegen steht bei seiner Entscheidung kein Ermessen zu.[179] Liegen die Voraussetzungen der Hilfsvollstreckung vor, hat es diese auszuführen.

ee) Prozessuale Durchsetzung

Ein weiterer Vorzug der Herausgabevollstreckung zeigt sich, wenn die Anordnung nicht befolgt wird. Bei der Beschlagnahme von Urkunden i.S.d. § 836 III befindet sich der Gläubiger bereits im Stadium der Vollstreckung. Die Anwendung körperlichen Zwangs durch den Gerichtsvollzieher ist grds. denkbar. Dem Gericht hingegen steht diese Möglichkeit nicht offen. Einer Weigerung des Dritten, die Anordnung i.S.d. § 142 zu befolgen, kann zwar mit Ordnungsgeld oder -haft begegnet werden, §§ 142 II, 390.[180] Eine unmittelbare Durchsetzung der Anordnung, wie bei §§ 836 III, 883, ist aber nicht möglich.[181]

---

wenn die Vorlageanordnung dem Antritt des Urkundenbeweises durch die Partei i.S.d. §§ 421, 428 dient, besteht das Ermessen nicht (sub Kapitel 2.A.III.2.b).

175 MünchKommZPO/*Wagner* § 144 Rn 3; *Rosenberg/Schwab/Gottwald* § 119 Rn 44. Eine Ermessensreduktion auf Null ist möglich, *Timke* S. 181.

176 BGHZ 173, 23 (32); Stein/Jonas/*Leipold* § 142 Rn 7 („selten verletzt"); MünchKommZPO/*Wagner* § 144 Rn 3.

177 BGHZ 173, 23 (32); MünchKommZPO/*Wagner* § 144 Rn 3.

178 Vgl. MünchKommZPO/*Wagner* § 144 Rn 4.

179 *Gaul/Schilken/Becker-Eberhard* § 5 Rn 54.

180 *Timke* S. 248; MünchKommZPO/*Wagner* § 144 Rn 14; Musielak/Voit/*Stadler* § 142 Rn 8 f.; BeckOK-ZPO/*von Selle* § 142 Rn 18. Komplizierter ist die prozessuale Durchsetzung bzw. „Berücksichtigung" der Nichtbefolgung durch die Partei selbst, § 142 I. Hier ist eine zwangsweise Durchsetzung nicht zulässig. Die Weigerung darf lediglich i.R.d. freien richterlichen Beweiswürdigung Berücksichtigung finden, wobei dies bis zu einer Unterstellung der Wahrhaftigkeit der Behauptung der anderen Partei gehen kann, BT/Drs. 14/3750, S. 53; BGHZ 173, 23 (31); *Timke* S. 243 ff.; Stein/Jonas/*Leipold* § 142 Rn 35, 37; MünchKommZPO/*Wagner* § 144 Rn 13; Musielak/Voit/*Stadler* § 142 Rn 7; BeckOK-ZPO/*von Selle* § 142 Rn 17. Für den Vergleich zu § 836 III ist dies jedoch nicht maßgeblich.

181 Vgl. *Lüke* ZivilprozessR Rn 311 („kein Titel auf Vorlage der Urkunde").

Hierin liegt der qualitative Unterschied. Für den Dritten mag das Ordnungsmittel mehr oder weniger schlimm erscheinen als eine unmittelbare Vollstreckung. Für die Partei im Prozess jedoch kommt es allein auf eine möglichst schnelle Herbeischaffung des Beweismittels an, sodass für sie erneut die Hilfsvollstreckung i.S.d. § 836 III effizienter ist. Die Möglichkeit der Urkundenvorlegung gem. § 142 lässt die Herausgabevollstreckung i.S.d. § 836 III folglich nicht entbehrlich werden. Zu groß sind die qualitativen Unterschiede zwischen beiden Instituten.

b) Beweisantritt durch Urkundenvorlegung gem. §§ 428 f.

Will eine Partei im Prozess gegen den Forderungsschuldner den Beweis über die Existenz und die Höhe der Forderung antreten, so kann sie diesen u.a. durch die Vorlegung von Urkunden erbringen. Verfügt sie jedoch selbst nicht über die relevanten Dokumente, so ist sie darauf angewiesen, dass der aktuelle Besitzer mitwirkt. Im Fall der Einziehung einer durch Abtretung erworbenen Forderung gegen den Forderungsschuldner wäre der Zedent und potentielle Vollstreckungsschuldner der aktuelle Besitzer. Da dessen Mitwirkung ungewiss ist, gewähren §§ 420–431 dem Beweisführer einige Erleichterungen. Wird die Vorlegung durch einen Dritten begehrt, sind §§ 428 f. einschlägig.

Gemäß § 428 Var. 1 kann der Beweisführer den Beweis zum einen durch die Bestimmung einer Frist antreten, wenn die maßgebliche Urkunde sich im Besitz eines Dritten befindet. In diesem Fall bleibt der Zessionar zur Herbeischaffung verpflichtet. Das Gericht kann den Dritten gerade nicht laden und die Vorlegung erzwingen.[182] Die Herbeischaffung aber ist für den Zessionar nicht oder nur schwerlich möglich. Alternativ kann, unabhängig von materiell-rechtlichen Herausgabeansprüchen, auch i.R.d. §§ 428 f. das Gericht die Vorlegung gem. § 142 anordnen.[183] Abweichend vom Grundfall des § 142 hat es dabei kein Ermessen.[184]

Der entscheidende Nachteil der §§ 428 f. liegt in der schwierigen Durchsetzungsmöglichkeit der Vorlegungspflicht des Dritten durch das Gericht. Der Beweisführer hat hier zwei Möglichkeiten: Entweder er verklagt den Besitzer der Urkunde auf Herausgabe oder es ergeht eine Anordnung i.S.d. § 142. Ersteres spart im Vergleich zu einer vorherigen, „eigenständigen" Klage aus § 402 BGB keine

---

182 BT/Drs. 14/3750, S. 64; MünchKommZPO/*Schreiber* § 428 Rn 2, § 429 Rn 2, 3 („kein Zwang im laufenden Prozess").

183 BT/Drs. 14/3750, S. 64.

184 Vgl. Fn 174 und supra Kapitel 2.A.III.2.a) dd).

Zeit. § 142 hingegen hat sich bereits als im Vergleich zu § 836 III weniger effektiv erwiesen.

Gegen ein Vorgehen nach §§ 428 f. spricht des Weiteren, dass der Kläger die Erfolgsaussichten vor der Erhebung der Klage gerade nicht kennt. Ein Beweisantritt verlangt jedoch, dass der Zessionar sich bereits in einem prozessualen Stadium befindet, das er je nach dem Inhalt der Urkunde hätte vermeiden können.[185]

Schließlich muss dem Beweisführer bei allen Vorlegungspflichten i.S.d §§ 421 ff. ein materiell-rechtlicher Herausgabeanspruch gegen den Besitzer der Urkunde zustehen, §§ 429 S. 1, 1. Hs, 422.[186] Die prozessuale Herausgabepflicht wird dort nur akzessorisch zum materiellen Recht geregelt,[187] das jedoch in der Form des § 402 BGB einen solchen Herausgabeanspruch kennt.[188] Sofern keine richterliche Anordnung gem. § 142 ergeht, bleibt dem Zessionar gem. § 429 S. 1, 2. Hs. nur die Klage gegen seinen Zedenten. Diese stünde ihm aber ohnehin gem. § 402 offen und erscheint deshalb wenig attraktiv.

Einen echten Mehrwert für den Zessionar bedeuten daher weder § 142 noch §§ 428 f.

IV. Fazit

Im Verhältnis des Vollstreckungsgläubigers zu seinem -schuldner erweist sich i.E. allein § 836 III als effektiv. Im Gegensatz zum Zessionar muss der Vollstreckungsgläubiger danach seinen Urkundenherausgabe- und Auskunftserteilungsanspruch nicht erst einklagen, sondern kann den Gerichtsvollzieher direkt mit der Durchsetzung gem. §§ 836 III 2, 5 beauftragen. Die anderen Handlungsoptionen des Zessionars vermögen die genannten Vorteile nicht auszugleichen.

B. Verbesserung der Rechtsstellung gegenüber dem Forderungsschuldner

Auch im Verhältnis zum Schuldner der erworbenen Forderung kann die Pfändung vorteilhaft sein.

---

185 Vgl. supra Kapitel 2.A.III.2.a) aa).

186 MünchKommZPO/*Schreiber* § 429 Rn 1.

187 Für eine eigene prozessuale Auskunftspflicht unabhängig vom materiellen Recht *Stürner* S. 92 ff., 104; *ders.* ZZP 98 (1985) 237 (240, 245, 250 ff.).

188 MünchKommZPO/*Schreiber* § 428 Rn 1; *Rosenberg/Schwab/Gottwald* § 109 Rn 4; so bereits supra Kapitel 2.A.I.2.

I. Drittschuldnerauskunft

Gemäß § 840 I kann der Vollstreckungsgläubiger vom Drittschuldner verlangen, dass dieser ihm Auskunft erteilt über die in Abs. 1 Nr. 1 bis 5 genannten Umstände. Gemäß § 840 I Nr. 1 muss der Drittschuldner insbesondere erklären, „ob und inwieweit er die Forderung als begründet anerkenne".

1. Das Verhältnis von § 836 III zu § 840

Diese Verpflichtung besteht unabhängig von derjenigen des Vollstreckungsschuldners i.S.d. § 836 III.[189] Sie verfolgt einen davon verschiedenen Zweck. § 836 III soll den Beweis der Forderung ermöglichen bzw. erleichtern;[190] die Drittschuldnerauskunft hingegen dient der Vorbereitung auf mögliche Einwendungen des Forderungsschuldners.[191] Durch die Auskunft soll der Vollstreckungsgläubiger die Risiken einer möglichen Klage abschätzen können.[192]

Zudem richtet sich § 836 III gegen den Vollstreckungsschuldner und § 840, wie schon dessen Überschrift besagt, gegen den Drittschuldner. In sachlicher Hinsicht ist weiterhin die Reichweite der Drittschuldnerauskunft zu unterscheiden von der des § 836 III. Letztere ist nahezu unbeschränkt; sie erfasst alles, was zur Geltendmachung nötig ist und wofür der Gläubiger ein Rechtsschutzbedürfnis darlegen kann. § 840 hingegen listet einen abschließenden Fragenkatalog auf[193] und ist somit restriktiver.[194] Die Erfüllung der einen Pflicht lässt das Rechtsschutzbedürfnis für die andere nicht entfallen.[195] Schon vor diesem Hintergrund (aber auch noch sub 2.) erweist sich die Drittschuldnerauskunft als ein weniger scharfes Schwert als die Ansprüche i.S.d. § 836 I, III. Dies jedoch ist auch interessengerecht, denn der Drittschuldner ist keine originäre Partei des Vollstreckungsverfahrens. Er wird lediglich aufgrund der Wahl des haftenden Gegenstands

189 BGHZ 192, 314 (319); *Gaul/Schilken/Becker-Eberhard* § 55 Rn 19; Kindl/Meller-Hannich/Wolf/*Bendtsen* § 836 Rn 10; MünchKommZPO/*Smid* § 836 Rn 18; § 840 Rn 1; Prütting/Gehrlein/*Ahrens* § 836 Rn 16; *Behr* JurBüro 1994, 327 (328); *Scherer* RPfleger 1995, 446 (450); *Wertenbruch* DGVZ 2001, 65 (66).

190 Vgl. bereits supra Kapitel 2.A.I., II.

191 OLG Köln WM 1978, 383 (384); MünchKommZPO/*Smid* § 840 Rn 1.

192 *Linke* ZZP 87 (1974) 284 (285); MünchKommZPO/*Smid* § 840 Rn 1; Musielak/Voit/*Becker* § 840 Rn 1.

193 MünchKommZPO/*Smid* § 840 Rn 1; Musielak/Voit/*Becker* § 840 Rn 5; *Mümmler* JurBüro 1986, 333 (334).

194 Vgl. *Foerste*, NJW 1999, 904 (905).

195 *Foerste* NJW 1999, 904 (905); *Linke* ZZP 87 (1974) 284 (292).

durch den Vollstreckungsgläubiger in dieses Verfahren gezwungen.[196] Die Rechte des Drittschuldners sind daher schutzwürdiger. Eingriffe müssen sensibler ausfallen als gegenüber einem Vollstreckungsschuldner.

2. Bedeutung der Auskunft für die Einziehung der Forderung

Sinn und Zweck der Drittschuldnerauskunft ist es zunächst, die Prüfung der Erfolgsaussichten einer Klage zu ermöglichen.[197] Das mit einer Klage verbundene Kostenrisiko soll minimiert werden.[198] Mittelbar steigert die Auskunft so die Wahrscheinlichkeit der Befriedigung des Gläubigers, denn bei einer sog. „negativen Auskunft" würde der Gläubiger auf eine klageweise Geltendmachung verzichten und direkt in einen anderen Gegenstand des Vollstreckungsschuldners vollstrecken. Dies ersparte dem Gläubiger Zeit. Konkret könnte die Drittschuldnerauskunft für den Pfändungsgläubiger einer eigenen Forderung aus drei Gründen besonders nützlich sein (sub a) bis c)).

a) Beweislastumkehr i.S.d. § 840 I 1

Aufgrund des Wortlauts („anerkenne") sah man früher in der Drittschuldnererklärung ein abstraktes Schuldanerkenntnis.[199] Dadurch würde dem Gläubiger über die gepfändete Forderung hinaus gem. §§ 311 I, 241 I, 780 f. BGB ein eigenständiger materiell-rechtlicher Anspruch gewährt. Das Schuldanerkenntnis bedarf der Schriftform. Wegen des hohen Beweiswerts der gem. § 126 I BGB eigenhändig zu unterschreibenden Urkunde wäre ein Gegenbeweis im Prozess kaum denkbar.

Gegen die Annahme eines abstrakten Schuldanerkenntnisses spricht jedoch, dass dieses einen Rechtsbindungswillen des Erklärenden erfordert, zugunsten des Gläubigers einen neuen Anspruch zu begründen. Wieso der Drittschuldner dies tun sollte, ist nicht ersichtlich.[200] Vielmehr ist er kraft Gesetzes zur Auskunft verpflichtet.[201] Es belastete ihn über Gebühr hoch, wenn man deshalb eine Willenserklärung fingierte.

---

196 Vgl. Stein/Jonas/*Brehm* § 840 Rn 9; zur misslichen Lage eines Drittschuldners *Stein* FS Wach I S. 449.

197 *Linke* ZZP 87 (1974) 284 (288); *Mümmler* JurBüro 1986, 333; ähnlich *Marburger* JR 1972, 7 (10).

198 MünchKommZPO/*Smid* § 840 Rn 1.

199 RGZ 29, 337 (339); weitere Nachweise bei BGHZ 69, 328 (329).

200 BGHZ 69, 328 (330 f.); vgl. ferner OLG Köln WM 1978, 383 (384 f.); Stein/Jonas/*Brehm* § 840 Rn 15.

201 Zweifelnd Stein/Jonas/*Brehm* § 840 Rn 14.

Der Drittschuldner kann die Forderung dennoch anerkennen, nur soll dies nicht mehr durch die bloße Erteilung der Auskunft möglich sein.[202] Es müssen vielmehr zusätzliche, durch Auslegung zu ermittelnde, Indizien vorliegen.[203] Dabei müssen die Anforderungen an ein abstraktes Schuldanerkenntnis wegen der scharfen Rechtsfolgen sehr hoch sein.

Aus diesem Grunde wird auch vertreten, dass der Drittschuldnererklärung die Bedeutung eines deklaratorischen Schuldanerkenntnisses zukomme.[204] Dadurch würden dem Drittschuldner „lediglich“ solche Einwendungen und Einreden abgeschnitten, die er nicht bereits i.R.d. Auskunft vorgebracht hat.

Hiergegen spricht, dass auch ein deklaratorisches Schuldanerkenntnis einen Vertrag i.S.d. §§ 145 ff. BGB darstellt. Deshalb bedarf es erneut zweier wirksamer und übereinstimmender Willenserklärungen. Der Drittschuldner wird jedoch ungewollt in das Verfahren hineingezogen. Er hat regelmäßig nicht die Absicht, dem Vollstreckungsgläubiger mehr Rechte einzuräumen als nötig.[205]

Ähnliche Rechtsfolgen wie ein deklaratorisches Schuldanerkenntnis eröffnet die Interpretation der Drittschuldnererklärung als bloße Wissensmitteilung, die heute wohl als hM bezeichnet werden kann.[206] Die Grenzen zwischen einem deklaratorischen Anerkenntnis und den Rechtsfolgen einer bloßen Wissenserklärung sind fließend.[207]

Einer bloßen Wissenserklärung kommt keine rechtsgeschäftliche Bedeutung zu. Der Gläubiger kann die Erklärung jedoch im Einziehungsprozess vorlegen. Dies wird relevant, wenn die ursprüngliche Auskunft des Schuldners sich von dessen späterer Einlassung unterscheiden sollte.[208] Das ist nicht nur der Fall, wenn die Auskunft materiell unrichtig, sondern auch, wenn sie hinsichtlich einzelner Einwendungen bloß unvollständig ist.

---

202 Stein/Jonas/*Brehm* § 840 Rn 14.

203 Vgl. OLG Köln WM 1978, 383 (384); MünchKommZPO/*Smid* § 840 Rn 21; *Stöber* Rn 646 empfiehlt, in der Auskunft explizit auszuschließen, dass es sich um ein Anerkenntnis handele.

204 OLG München NJW 1975, 174 (bei Abgabe durch einen Kaufmann; interessanter erscheinen allerdings situative Momente statt personeller); OLG Braunschweig NJW 1977, 1888.

205 Oben Fn 200.

206 Grundlegend *Oertmann* JR 1933, 1 (3 f., „eine einfache Antwort“); BGH NJW 1978, 44; ebenso OLG Hamm InVo 1997, 193; *Jurgeleit* S. 66; MünchKommZPO/*Smid* § 840 Rn 19 f. (m.w.N. in Fn 100); BeckOK-ZPO/*Riedel* § 840 Rn 9; Thomas/Putzo/*Seiler* § 840 Rn 11; *Linke* ZZP 87 (1974) 284 (286 ff.); *Marburger* JR 1972, 7 (15).

207 Vgl. *Marburger* JR 1972, 7 (8 f.).

208 *Marburger* JR 1972, 7 (11).

Wenn der Drittschuldner also im Verlaufe des Prozesses eine Einwendung vorbringt, die er bereits i.R.d. zeitlich früheren Auskunft hätte darlegen müssen, muss er seine frühere Auskunft widerlegen und den jetzigen Vortrag beweisen. Dies wird nicht einfach sein, da die abgegebene Drittschuldnerauskunft zunächst gegen den jetzigen Vortrag streitet. Im Ergebnis führt dies zu einer Umkehr der Beweislast.[209]

Somit muss sich der Drittschuldner im Moment der Auskunftserteilung festlegen, welche Einwendungen er vorbringen will: Erteilt er eine Auskunft wahrheitsgemäß dahingehend, dass die Forderung nicht durchsetzbar sein wird, so hält dies den darauf vertrauenden Gläubiger von einer Klageerhebung ab. Unterlässt er fälschlich die Mitteilung bestimmter Einwendungen, dreht sich die Beweislast im Einziehungsprozess zu seinen Lasten um. Wie die Drittschuldnerauskunft auch ausfällt, für den Vollstreckungsgläubiger bedeutet sie einen Vorteil.

b) Einfluss auf den Lauf der Verjährung

Ein weiterer Vorteil könnte darin liegen, dass infolge der Auskunft die Verjährung der gepfändeten Forderung gehemmt werden oder neu beginnen könnte. Dies nähme dem Vollstreckungsgläubiger den Zeitdruck, den er sonst vor der Erhebung der Einziehungsklage verspürte. Zu beachten ist jedoch, dass die Drittschuldnererklärung nicht die einzige Handlung darstellt, die Auswirkungen auf den Lauf der Verjährung zeitigen könnte.

aa) Gängige Mittel zur Verhinderung des Verjährungseintritts

Gemäß §§ 203, 209 BGB wird die Verjährung bereits gehemmt, sobald zwischen dem Gläubiger und dem Schuldner Verhandlungen über die Forderung schweben. Dies kann bereits lange vor der Erhebung einer Einziehungsklage der Fall sein. Die Hemmung ist jedoch deutlich weniger wirksam als ein Neubeginn.[210]

Letzterer läge gem. § 212 I Nr. 1 Var. 1 BGB bei einer Abschlagszahlung des Drittschuldners an den Vollstreckungsgläubiger vor. Sollte eine solche Abschlagszahlung für den Drittschuldner nicht möglich sein oder aus anderen Gründen unterbleiben, wird der Gläubiger regelmäßig Klage erheben. Diese führt erneut zur Hemmung gem. § 204 I Nr. 1 BGB, die gem. dessen Abs. 2 erst sechs Monate nach Rechtskraft des Urteils oder einer anderweitigen Beendigung endet. Auch ein Mahnbescheid könnte gem. § 204 I Nr. 3 BGB die Verjährung hemmen.

---

209 Stein/Jonas/*Brehm* § 840 Rn 15.

210 Vgl. dazu *Spiro* S. 377 ff. zum Neubeginn und S. 181 ff. zur Hemmung.

Ein Neubeginn wegen Vollstreckungshandlungen i.S.d. § 212 I Nr. 2 BGB kommt nicht in Betracht, obwohl der Gläubiger bereits über einen Titel verfügt. Gegenstand der Pfändung ist aber eine Forderung des Vollstreckungsschuldners. Für § 212 I Nr. 2 BGB müsste in das Vermögen des Forderungsschuldners vollstreckt werden, gegenüber dem die Verjährung neu zu laufen beginnen soll. Gegen den Forderungsschuldner wirkt der Titel nicht; es ist zunächst eine Einziehungsklage erforderlich.

bb) Neubeginn durch die Drittschuldnererklärung

Der vorstehende Abschnitt zeigt, dass die Drittschuldnerauskunft, sollte sie zu einem Neubeginn der Verjährung führen, nicht das einzige Mittel wäre, um den erfolglosen Eintritt der Verjährung zu verhindern.

Ob die Drittschuldnerauskunft überhaupt Einfluss auf den Lauf der Verjährung hat, ist problematisch. In Betracht kommt allein der Neubeginn gem. § 212 I Nr. 1 Var. 4 BGB.[211] Nach dessen Wortlaut ist erforderlich, dass der Drittschuldner durch seine Auskunft den Anspruch „in anderer Weise (als Var. 1 bis 3) *anerkennt*".

Die Auslegung der Auskunft i.S.d. § 840 als ein solches Anerkenntnis i.S.d. § 212 BGB erscheint problematisch. Die Frage ist bereits beim abstrakten Schuldanerkenntnis in ähnlicher Form begegnet. Die hM hat dies dort verneint,[212] da die Auskunft sonst einen Bedeutungsgehalt erhielte, den ihr der Drittschuldner freiwillig nie beimessen würde.[213]

Eine pauschale Übernahme der zur Frage des Schuldanerkenntnisses entwickelten Gedanken erscheint dennoch nicht angemessen. Dort ging es um die Frage, ob ein eigenständiger Anspruch rechtsgeschäftlich begründet werden soll. Für den Neubeginn der Verjährung ist indes Voraussetzung, dass die Forderung bereits besteht. „Nur" das Schicksal einer bereits bestehenden Forderung wird untersucht, von deren Existenz der Schuldner zudem in Kenntnis ist.

Gegen einen Vergleich mit § 781 BGB spricht ferner, dass man i.R.d. § 212 BGB keine rechtsgeschäftliche Willensbetätigung verlangen kann.[214] Dies ergibt sich aus einer systematischen Auslegung: Zum einen unterfallen die §§ 204 ff.

---

211 Bejahend: BGH NJW 1978, 1914 (zu § 208 BGB a.F.); Staudinger/*Marburger* § 781 Rn 31, der dies als hM bezeichnet; BeckOK-ZPO/*Riedel* § 840 Rn 10; a.A: *Marburger* JR 1972, 7 (15).

212 Supra Kapitel 2.B.I.2.a).

213 BGH NJW 1978, 1914; vgl. BGHZ 69, 328 (330 f.); Stein/Jonas/*Brehm* § 840 Rn 17; einschränkend MünchKommZPO/*Smid* § 840 Rn 22 (einschränkend Rn 19); Staudinger/*Marburger* § 781 Rn 31; *Marburger* JR 1972, 7 (12).

214 MünchKommBGB/*Grothe* § 212 Rn 6.

nicht mehr dem Abschnitt 3 über die Rechtsgeschäfte. Zum anderen enthalten die ersten drei Varianten des § 212 I Nr. 1 BGB ebenfalls tatsächliche Handlungen.[215] Die Var. 4 ist in deren Lichte zu lesen. Das Anerkenntnis i.S.d. § 212 BGB ist daher ebenfalls im Sinne einer Wissenserklärung[216] oder eines geschäftsähnlichen Verhaltens[217] zu verstehen.

Der Hintergrund des § 212 BGB ist, den Gläubiger, der aus unterschiedlichen Gründen auf eine spätere Zahlung seines Schuldners vertrauen darf, zu schützen.[218] Die tatsächliche Handlung muss „klar und unzweideutig ergeben, dass dem Schuldner das Bestehen der Schuld bewusst ist und (dass) deswegen das Vertrauen des Gläubigers begründet (ist), der Schuldner werde sich nicht (...) auf Verjährung berufen."[219]

Ein solches Vertrauen des Vollstreckungsgläubigers ist allein gerechtfertigt, wenn der Schuldner aus *freien* Stücken die Forderung anerkennt und den Gläubiger deshalb veranlasst, zunächst keine Klage zu erheben. Kommt der Schuldner lediglich seiner *Pflicht* nach, so rechtfertigt dies kein Sicherheitsgefühl beim Gläubiger.[220] So liegt es aber bei der Drittschuldnerauskunft.[221] Zwar ist der „Auskunftsanspruch" nicht zwangsweise durchsetzbar. Indes ist seine Nichterfüllung gem. § 840 II 2 zivilrechtlich schadensersatzbewehrt. Deshalb kann von einer autonomen Entscheidung, die das Sicherheitsgefühl des Gläubigers zu rechtfertigen geeignet ist, nicht die Rede sein. Vor allem weiß der Gläubiger von dem Anlass und der fehlenden Freiwilligkeit der Informationserteilung. Er selbst hatte die Auskunft schließlich verlangt. Durch den Neubeginn der Verjährung soll schließlich auch rechtsmissbräuchliches oder gar arglistiges Verhalten sanktioniert werden. Jedoch ist der Gläubiger umso weniger schutzwürdig, je größer seine Kenntnis der fehlenden Freiwilligkeit ist.

---

215 BGH NJW 1978, 1914; OLG Brandenburg MDR 2009, 1096; MünchKommBGB/*Grothe* § 212 Rn 6.

216 Staudinger/*Peters/Jacoby* § 212 Rn 8 m.w.N.

217 MünchKommBGB/*Grothe* § 212 Rn 6; für ein „tatsächliches Verhalten" OLG Brandenburg BeckRS 2009, 10121.

218 *Spiro* S. 349.

219 BGH NJW 2007, 2843 Tz 12 m.w.N.; OLG Brandenburg BeckRS 2009, 10121; BeckOK-BGB/*Henrich* § 212 Rn 2; MünchKommBGB/*Grothe* § 212 Rn 6.

220 A.A. Stein/Jonas/*Brehm* § 840 Rn 14, wobei dort jedoch nicht zwischen dem Vertrauen, das die Einziehungsklage veranlasst und solchem Vertrauen, das den Verjährungsneubeginn rechtfertigt, unterschieden wird. In dieser Arbeit wird nur letzteres bestritten. Ersteres ist gerade die Grundlage des Schadensersatzanspruchs i.S.d. § 840 II 2.

221 In leicht anderem Kontext *Linke* ZZP 87 (1974) 284 (301).

Ein Einfluss der Auskunft auf die Verjährung ist auch aus einem anderen Grunde abzulehnen. Der Drittschuldner teilt lediglich mit, ob er die Forderung anerkennt oder nicht. Nicht Gegenstand seiner Auskunft ist, ob er sich auf Einreden zu berufen gedenkt. Auskünfte hierzu sind nicht erforderlich.[222] Die Auskunft über die Zahlungsbereitschaft i.S.d. § 840 I Nr. 1 Var. 2 bezieht sich ebenfalls nicht auf die Verjährung, sondern bspw. auf die Geltendmachung einer möglichen Stundung, Aufrechnung oder Verrechnung im Prozess.[223] § 212 BGB hingegen schützt das Vertrauen in die Auskunft im Hinblick auf den Zeitpunkt einer Klageerhebung. Damit unterscheiden sich die Bezugspunkte der Drittschuldnerauskunft und des § 212 voneinander. Die Verjährung ist gerade kein Element der Drittschuldnerauskunft. Präzisere Auskünfte hierzu gingen über das verpflichtende Maß hinaus.[224] Erteilte der Gläubiger eine dahingehende Information dennoch, könnte diese aufgrund des dann bestehenden Elements der Freiwilligkeit die Rechtsfolge des Neubeginns rechtfertigen.[225] Die gewöhnliche Drittschuldnerauskunft jedoch führt nicht zum Neubeginn der Verjährung gem. § 212 BGB.

Ansonsten würde erneut die Stellung des Dritten verschlechtert. Es entspricht aber einer grundlegenden Wertung jedes Gläubigerwechsels, also der Zession wie der Forderungsüberweisung, dass durch sie die Position des Dritten nicht beeinträchtigt werden darf.[226] Dies bringen §§ 404 ff. BGB klar zum Ausdruck, die analog § 412 BGB auch bei einer Forderungsüberweisung Anwendung finden.[227]

Diese Lösung wird auch von den Materialien der Civilprozeßordnung getragen: Bei deren Erlass ging der Gesetzgeber davon aus, dass die Pflicht zur Auskunft vergleichbar sei mit der allgemeinen Pflicht zur Abgabe eines Zeugnisses im Prozess[228]. Als allgemeine staatsbürgerliche Pflicht sei sie dem Drittschuldner

---

222 Musielak/Voit/*Becker* § 840 Rn 5.

223 Stein/Jonas/*Brehm* § 840 Rn 9; BeckOK-ZPO/*Riedel* § 840 Rn 13.

224 OLG München NJW 1975, 174 (175); Musielak/Voit/*Becker* § 840 Rn 11.

225 Vgl. Musielak/Voit/*Becker* § 840 Rn 10 f. („ausnahmsweises Anerkenntnis"); MünchKommZPO/*Smid* § 840 Rn 19 plädiert für eine Präklusion der Verjährung. Diese bedeutet keinen Neubeginn und damit keine Anwendung des § 212 BGB.

226 *Lüke* 50 Jahre BGH S. 441 (450 f.); Staudinger/*Busche* § 404 Rn 2 m.w.N.; zu Einschränkungen aus faktischen Gründen *Peters* AcP 206 (2006) 843 (847).

227 *Thole* JURA 2010, 605 (611).

228 *Hahn* S. 459; BGH NJW 2000, 651 (652); Stein/Jonas/*Brehm* § 840 Rn 14; *Oertmann*, JR 1933, 1 (2).

zuzumuten.[229] Ein Zeugnis zeitigt nur eine beweisrechtliche und keine materiellrechtliche Wirkung.[230] Es bedeutet für den Drittschuldner aber einen großen qualitativen Unterschied, ob von seiner Auskunft im Extremfall die Zahlungspflicht abhängt oder ob lediglich die Abgabe einer Auskunft verlangt wird und der Drittschuldner dafür Bleistift-, Papier- und Zeitkosten[231] auf sich nehmen muss. Nur letzteres ist mit den Motiven vereinbar.

Somit läuft die bejahende, wohl herrschende Ansicht[232] darauf hinaus, aufgrund der Begründetheit der Forderung die Schutzwürdigkeit des Schuldners herabzusetzen. Sobald eine Forderung begründet sei und der Schuldner dies wisse, könne er hinsichtlich der Nichterfüllung seiner Schuld nicht mehr schutzwürdig sein.[233] Diese Sicht allerdings verkennt das Wesen der Verjährung. Voraussetzung jeder Verjährung ist eine entstandene und nicht erloschene, also begründete, Forderung. Trotzdem soll ab einem bestimmten Zeitpunkt Rechtsfrieden einkehren und die Forderung nicht mehr durchsetzbar sein. Diese Rechtsfolge tritt auch bei voller Kenntnis des Schuldners von seiner Zahlungspflicht ein; im Prozess muss er sich schließlich auf die Verjährung berufen. Als objektives Interesse der Allgemeinheit ist der Rechtsfriede zudem einer Schutzwürdigkeitsabwägung zwischen Drittschuldner und Vollstreckungsgläubiger nicht zugänglich.

Richtigerweise kann daher die Verjährung nur neu beginnen, wenn zusätzliche Indizien, die über das obligatorische Maß der Drittschuldnerauskunft hinausgehen, das Vertrauen des Gläubigers rechtfertigen können.[234] Ungeachtet dessen sollte der Drittschuldner aus Gründen der Klarstellung seine Erklärung unter einen Vorbehalt stellen.[235]

---

229 MünchKommZPO/*Smid* § 840 Rn 19; Zöller/*Stöber* § 840 Rn 1. Ziel sei die Gewährleistung einer effektiven Forderungspfändung, BGH NJW 2000, 651 (652); SchuWa/*Schuschke* § 840 Rn 5.

230 *Marburger* JR 1972, 7 (9).

231 MünchKommZPO/*Smid* § 840 Rn 9; Musielak/Voit/*Becker* § 840 Rn 7; BeckOK-ZPO/*Riedel* § 840 Rn 19.1. Umstritten ist zudem, ob diese im Verhältnis zum Gläubiger ersatzfähig sind, was allerdings abgelehnt wird; BeckOK-ZPO/*Riedel* § 840 Rn 19.1.

232 Bejahend: BGH NJW 1978, 1914 (zu § 208 BGB a.F.); Staudinger/*Marburger* § 781 Rn 31, der dies als hM bezeichnet; BeckOK-ZPO/*Riedel* § 840 Rn 10; a.A: *Marburger* JR 1972, 7 (15).

233 Siehe oben S. 54 „von deren Existenz der Schuldner zudem in Kenntnis ist".

234 So schon oben Fn 225.

235 *Stöber* Rn 646; BeckOK-ZPO/*Riedel* § 840 Rn 10.1; vgl. die Konstellation in OLG Brandenburg MDR 2009, 1096; einschränkend Staudinger/*Peters/Jacoby* § 212 Rn 13.

cc) Fazit

Die abgegebene Auskunft als solche führt nicht gem. § 212 I Nr. 1 Var. 4 BGB zu einem Neubeginn der Verjährung.[236] Dies ist freilich für den Vollstreckungsgläubiger nicht gut, denn aufgrund der vorbereitenden und aufklärenden Funktion der Drittschuldnererklärung stellt sie häufig die zeitlich früheste Handlung des Vollstreckungsgläubigers dar. Ihre Wirkung träte schon vor etwaigen Verhandlungen oder einer Klage ein, sodass der Ablauf der Verjährungsfrist am wenigsten wahrscheinlich wäre.

Jedoch stehen dem Gläubiger einerseits die erörterten Alternativen zur Verfügung,[237] auf die er besonders schnell zurückgreifen kann, wenn der Verjährungseintritt kurz bevor stehen sollte. Andererseits steht der Pfändungsgläubiger auch nicht schlechter als ohne die Erklärung des Drittschuldners.

c) Schadensersatzanspruch gem. § 840 II 2

Ferner steht dem Gläubiger im Falle der Nichterteilung der Auskunft ein Schadensersatzanspruch gegen den Drittschuldner gem. § 840 II 2 zu. Letzterer haftet dem Gläubiger für den aus der Nichterfüllung der Auskunftsverpflichtung entstehenden Schaden. Dies ist die Kompensation dafür, dass die Auskunft nach hM nicht als selbstständiger Anspruch einklagbar ist.[238]

Unter der Nichterfüllung i.S.d. § 840 II 2 ist dabei nicht nur der Fall zu verstehen, dass der Drittschuldner gar keine Auskunft abgibt. Es ist gleichfalls der Fall erfasst, in dem die Auskunft unvollständig oder inhaltlich unrichtig ist.[239] Der zu ersetzende Schaden bemisst sich nach den §§ 249 ff. BGB;[240] geschuldet wird mithin Naturalrestitution, alternativ der dafür erforderliche Geldbetrag. Zur Bemessung der Schadenshöhe ist die unrichtige Auskunft hinwegzudenken, nicht

---

236 *Jurgeleit* S. 71 f.; Stein/Jonas/*Brehm* § 840 Rn 17; *Marburger* JR 1972, 7 (15); a.A. SchuWa/*Schuschke* § 840 Rn 8.

237 Supra Kapitel 2.B.I.2.b) aa).

238 BGHZ 91 (126 (128 ff.); MünchKommZPO/*Smid* § 840 Rn 23; *Jurgeleit* S. 62 f.; *Hintzen* RPfleger 2002, 321 (321 f.); weitere Nachweise bei *Linke* ZZP 87 (1974) 284 (290); a.A. *Linke* ZZP 87 (19874) 284 (293 f.). Für eine Durchsetzbarkeit nach öffentlichem Recht, da die Drittschuldnerauskunft eine durch Verwaltungsakt angeordnete öffentlich-rechtliche Verpflichtung darstelle, plädiert *Stamm* S. 130.

239 MünchKommZPO/*Smid* § 840 Rn 24; Stein/Jonas/*Brehm* § 840 Rn 30; Zöller/*Stöber* § 840 Rn 12.

240 *Jurgeleit* S. 153 f.; Baumbach/Lauterbach/*Hartmann* § 840 Rn 16; SchuWa/*Schuscke* § 840 Rn 11; die Auskunftspflicht begründet ein gesetzliches Schuldverhältnis, Musielak/Voit/*Becker* § 840 Rn 12 sowie Zöller/*Stöber* § 840 Rn 12.

jedoch die Wahrheit der falschen Auskunft zu fingieren.[241] Im Hinblick auf die Kausalität der Nichterfüllung für den Schaden werden nur solche Posten erfasst, die darauf beruhen, dass „dem Gläubiger weitere Pfändungsobjekte entgehen" und/ oder „dem Gläubiger im Hinblick auf die laufende Pfändung Schäden entstanden sind".[242]

Der Schadensersatzanspruch kann in den folgenden zwei Situationen für den Vollstreckungsgläubiger relevant werden:[243]

1. Die gepfändete Forderung besteht. Sie wird vom Drittschuldner aber geleugnet, weshalb eine Klage unterbleibt. Später stellt sich die Begründetheit der Forderung heraus. Sie ist jedoch jetzt nicht mehr einklagbar, z.B. wegen eingetretener Verjährung.
   Hier wäre das zu ersetzen, was der Gläubiger bei einer rechtzeitigen und richtigen Auskunft erhalten hätte. Hätte er dann den vollen Wert der Forderung oder eines anderen haftenden Gegenstands realisieren können, so wäre dies der zu ersetzende Schaden.
2. Die Forderung besteht nicht. Der Drittschuldner behauptet aber fälschlich deren Existenz oder verweigert die Auskunft komplett. So veranlasst er eine Einziehungsklage, die der Gläubiger verliert. Hier wären die Gerichts- und Anwaltskosten ersatzfähig.[244]

Voraussetzung ist jeweils, dass der Vollstreckungsgläubiger ein Verschulden des Drittschuldners nachweisen kann.[245] § 840 II 2 reduziert somit das Kostenrisiko einer Klage, bei welcher der Vollstreckungsgläubiger unterliegt, auf die Fälle, in denen er einer richtigen Auskunft misstraut. In diesem Fall ist es wohl interessengerecht, wenn der Vollstreckungsgläubiger für seine Aufwendungen selbst aufkommen muss. Die Drittschuldnerauskunft bedeutet somit eine wesentliche Erleichterung der Einziehung. Hierdurch erhöht sich die Wahrscheinlichkeit der Befriedigung des Gläubigers.[246]

---

241 OLG Dresden NJW-RR 2011, 924 (925); Musielak/Voit/*Becker* § 840 Rn 13; *Marburger* JR 1972, 7 (11).

242 MünchKommZPO/*Smid* § 840 Rn 24; vgl. auch SchuWa/*Schuschke* § 840 Rn 11.

243 Vgl. dazu *Jurgeleit* S. 153 ff.

244 MünchKommZPO/*Smid* § 840 Rn 26; SchuWa/*Schuschke* § 840 Rn 12 f.; zu beiden Stein/Jonas/*Brehm* § 840 Rn 22; *Foerste* NJW 1999, 904 (907); *Behr* JurBüro 1994, 257.

245 *Jurgeleit* S. 160; MünchKommZPO/*Smid* § 840 Rn 24; Musielak/Voit/*Becker* § 840 Rn 12; *Foerste* NJW 1999, 904 (907); *Linke* ZZP 87 (19874) 284 (307 f.); anders noch *Stein* FS Wach I S. 449 (459 f.).

246 *Foerste* NJW 1999, 904 (905); *Linke* ZZP 87 (1974) 284 (287).

3. *Äquivalenzen im Zessionsrecht?*

Nachdem die Vorteile der Drittschuldnerauskunft aufgezeigt worden sind, stellt sich erneut die Frage, inwieweit diese Möglichkeiten für den Vollstreckungsgläubiger nicht nur gut, sondern verglichen mit denen des Zessionars auch besser sind. Während i.R.d. § 836 III auf Tatbestandsebene noch ein inhaltsgleicher Anspruch des Zessionars gegeben war und sich „lediglich" dessen Durchsetzbarkeit als effektiver erwies, besteht gegen den Forderungsschuldner kein solcher Anspruch. Eine originäre Möglichkeit des Zessionars, kraft der Zession Auskunft zu verlangen, sieht das Bürgerliche Gesetzbuch nicht vor. Somit bleibt lediglich die Möglichkeit einer unverbindlichen Nachfrage; § 840 hingegen gilt nur im Zwangsvollstreckungsverfahren.[247]

Zwar könnte auch ein Auskunftsanspruch des Zedenten gegen den Forderungsschuldner gem. § 401 BGB als unselbstständiges Nebenrecht auf den Zessionar übergehen.[248] Ein solcher Anspruch könnte sich als Nebenpflicht aus dem Vertrag oder aus § 242 BGB ergeben.

Er wäre jedoch strukturell und qualitativ zu unterscheiden von § 840. Zum einen handelt es sich bei letzterem um einen originären Anspruch, der unabhängig davon existiert, ob dem Vollstreckungsschuldner als früherem Forderungsinhaber ein Auskunftsanspruch zustand. Er entsteht kraft Gesetzes mit der Pfändung.[249] Zum anderen geht ein bereits vor der Abtretung bestehender Anspruch auch im Vollstreckungsverfahren auf den Erwerber über.[250] Dies erfolgt dann nicht über § 401 BGB wie bei einer Abtretung, sondern infolge einer analogen Anwendung der §§ 412, 401 BGB. Dieses Recht wäre daher kein exklusives Recht des Zessionars. Die Drittschuldnerauskunft hingegen ist ein Institut, auf das allein der Pfändungsgläubiger zurückgreifen kann.

---

247 OLG Köln WM 1978, 383 (385).

248 BGH NJW-RR 2003, 1555 (1556); Musielak/Voit/*Becker* § 840 Rn 5; SchuWa/*Schuschke* § 840 Rn 2 (Ein Übergang des Hilfsrechts gem. § 401 BGB allein durch Pfändung, wie von *Schuschke* behauptet, ist allerdings problematisch, denn die Pfändung bewirkt keinen Forderungsübergang, auch nicht im erweiterten Sinne wie bei der Überweisung zur Einziehung.); *Foerste* NJW 1999, 904 (907).

249 Dazu noch sub Kapitel 5.C.I.2.

250 BGH NJW-RR 2003, 1555 (1556) m.w.N.; *Noack* DGVZ 1975, 97 (99).

4. *Nachteil der §§ 841 f.?*

Die Vorteile der Drittschuldnerauskunft könnten allerdings durch sich aus der Pfändung oder[251] der Überweisung ergebende Verpflichtungen des Vollstreckungsgläubigers gem. §§ 841 f. egalisiert werden. Im schlimmsten Fall könnten die Vorteile sogar überlagert werden. Folgende zwei Pflichten treffen nur einen Vollstreckungsgläubiger und nicht den Zessionar:

Im Drittschuldnerprozess muss der Vollstreckungsgläubiger dem Vollstreckungsschuldner gem. § 841 den Streit verkünden.[252] Die Streitverkündung regeln die §§ 72 ff., die hinsichtlich der Rechtsfolgen auf die Nebenintervention i.S.d. §§ 68 ff. verweisen. Die Streitverkündung soll zum einen gewährleisten, dass der Vollstreckungsschuldner den Verlauf der mündlichen Verhandlung beeinflussen kann.[253] Dies ist für den Gläubiger häufig hilfreich, da der Vollstreckungsschuldner als früherer Forderungsinhaber im Zweifel mehr Kenntnisse über die Forderung vorweisen kann als ihr jetziger Inhaber. Zum anderen soll dem Vollstreckungsschuldner gem. § 68 1. Hs. die Möglichkeit genommen werden, sich bei Unterliegen des Vollstreckungsgläubigers auf die Unrichtigkeit der Entscheidung zu berufen.

So kann der Gläubiger rasch erneut auf das Vermögen des Schuldners zugreifen, da der Bestand der ersten, streitigen Forderung mit Interventionswirkung abgelehnt worden ist. Insofern dient die Interventionswirkung gem. §§ 74, 68 dem Gläubiger, wenngleich im Falle einer unterbliebenen Streitverkündung dem Vollstreckungsschuldner gegen den Gläubiger ein Schadensersatzanspruch zustehen kann.[254]

Mit der Überweisung der Forderung zur Einziehung[255] wird der Vollstreckungsgläubiger zudem verpflichtet, die Forderung zügig beizutreiben. Verzögert er dies, macht er sich gegenüber dem Vollstreckungsschuldner gem. § 842 schadensersatzpflichtig.

Dem Vollstreckungsschuldner droht mit fortschreitender Zeit der Verlust der Realisierungsmöglichkeit seiner Forderung, ohne dass seine Verbindlichkeit gegenüber dem Vollstreckungsgläubiger erlöschen würde. Letzteres geschieht erst

251 MünchKommZPO/*Smid* § 841 Rn 1.

252 *Gaul/Schilken/Becker-Eberhard* § 55 Rn 39.

253 SchuWa/*Schuschke* § 841 Rn 1.

254 MünchKommZPO/*Smid* § 841 Rn 5; SchuWa/*Schuschke* § 841 Rn 3.

255 Bei der Überweisung an Zahlungs statt ist die Verbindlichkeit des Vollstreckungsschuldners erloschen; ein Schaden kann daher schon begrifflich in dessen Person nicht entstehen, SchuWa/*Schuschke* § 842 Rn 3.

mit der erfolgreichen Beitreibung. Diese liegt aber nach der Überweisung in den Händen des Vollstreckungsgläubigers.[256]

Das Damokles-Schwert der Schadensersatzverpflichtung ist jedoch aus zweierlei Gründen nicht besonders scharf: Zum einen wird der Vollstreckungsgläubiger, der bereits den zweiten Prozess aufgrund ursprünglich einer Forderung führen muss, regelmäßig nicht lange warten, da er um die Gefahr der potentiellen Zahlungsunfähigkeit weiß. Zum anderen kann der Gläubiger gem. § 843 auf seine erworbenen Rechte verzichten und damit einem Schadensersatzanspruch für die Zukunft entgehen.[257]

Die zunächst als Belastung oder als Nachteil erscheinenden §§ 841, 842 entpuppen sich auf den zweiten Blick entweder als Vorteil oder als für den organisiert und effizient handelnden Vollstreckungsgläubiger praktisch kaum relevant. Sie sind daher nicht geeignet, die Vorteile des § 840 zu relativieren.

II. Die Gefahr der befreienden Leistung des Drittschuldners

Attraktiv ist eine Pfändung auch aufgrund der gem. § 829 III konstitutiven Zustellung des Pfändungsbeschlusses an den Drittschuldner. Die Zustellung erfolgt zwar gem. § 829 II 1 nur auf Betreiben der Partei,[258] wird dann aber vom Gerichtsvollzieher durchgeführt. In dem Pfändungsbeschluss wird dem Drittschuldner gem. § 829 I 1 einerseits die Zahlung an den Vollstreckungsschuldner verboten bzw. einer dennoch erfolgenden Leistung die Erfüllungswirkung abgesprochen.[259] Da der Pfändungsbeschluss Angaben über Gläubiger und Schuldner der gepfändeten, angeblichen Forderung enthält,[260] erhält der Drittschuldner mit dem Pfändungsbeschluss grundsätzlich zugleich Kenntnis von dem mit der Abtretung einhergehenden Gläubigerwechsel.

---

256 SchuWa/*Schuschke* § 842 Rn 1.

257 *Gaul/Schilken/Becker-Eberhard* § 55 Rn 40.

258 *Hintzen* Rn 118; *Gaul/Schilken/Becker-Eberhard* § 55 Rn 4; Musielak/Voit/*Becker* § 829 Rn 14; hierzu auch grds. *Dressel* RPfleger 1993, 100 (101).

259 *Gierlach* S. 301 f.; vgl. auch *Jurgeleit* S. 130; zum Sinn des arrestatoriums bei gläubigereigenen Forderungen aber sub Kapitel 5.B.I.4.

260 *Gaul/Schilken/Becker-Eberhard* § 54 Rn 57, dabei gehen sie freilich vom Regelfall der schuldnereigenen Forderung aus. Bei der Pfändung einer eigenen Forderung genügt insoweit nicht die gewöhnliche Angabe von Vollstreckungsgläubiger, -schuldner und Drittschuldner auf dem Beschluss, da dies den Eindruck erwecken würde, bei der zu pfändenden Forderung handele es sich um eine des Vollstreckungsschuldners; vgl. auch OLG Köln WM 1978, 383 (385), wo die fehlende Bezeichnung des Forderungsinhabers als Vollstreckungsgläubiger als Ausnahme bezeichnet wird.

Dies kann von existentieller Bedeutung sein. Solange der Drittschuldner keine „positive Kenntnis“ von dem Gläubigerwechsel hat, kann er gem. § 407 I BGB mit befreiender Wirkung an den früheren Gläubiger leisten. Die Norm stellt eine Ausnahmevorschrift zu § 362 I BGB dar.[261] Sie schützt den guten Glauben des Forderungsschuldners an die Wahrung des status quo hinsichtlich seines Gläubigers. Zugleich ist § 407 I BGB Ausfluss der schon angesprochenen Wertung, dass der Dritte durch einen Gläubigerwechsel nicht benachteiligt werden darf.[262]

Sollte einer Leistung an den Vollstreckungsschuldner befreiende Wirkung zukommen, wäre der Gläubiger auf eine Nichtleistungskondiktion i.S.d. § 816 II BGB gegen diesen beschränkt. Der Kondiktion ist jedoch das Risiko der Entreicherung des Vollstreckungsschuldners i.S.d. § 818 III BGB immanent. Die Vorschrift gilt wegen der vorausgegangenen Abtretung bei der Pfändung einer eigenen Forderung unmittelbar; eines Rückgriffs auf § 1275 BGB bedarf es nicht.[263]

Allerdings kann der Drittschuldner gleichwohl die Kenntnis vom Gläubigerwechsel bestreiten. Dann obliegt der Beweis der positiven Kenntnis des Drittschuldners dem Gläubiger, da diese Tatsache wegen § 407 I BGB für ihn günstig ist.[264]

Die Zustellung allein führt zwar zur Wirksamkeit der Pfändung, aber nicht automatisch zur positiven Kenntnis.[265] Prozessual möglich ist eine Ersatzzustellung; denkbar sind ferner andere Kausalverläufe, die der tatsächlichen Kenntnisnahme durch den Empfänger entgegenstehen. Anderenfalls setzte man die fahrlässige Unkenntnis des Dritten mit seiner positiven Kenntnis gleich, was vor dem Hintergrund des Benachteiligungsverbots des Forderungsschuldners gerade nicht gewollt ist und auch § 407 I BGB widerspräche.[266]

Jedoch spricht eine gewisse Wahrscheinlichkeit dafür, dass mit der erfolgreichen Zustellung der Empfänger auch Notiz von der Nachricht genommen hat. Deshalb bedeutet die nachweisbare Zustellung einen Anscheinsbeweis für die

---

261 Andeutend BeckOK-BGB/*Rohe* § 407 Rn 4 und MünchKommBGB/*Roth/Kieninger* § 407 Rn 6.

262 Explizit BGHZ 105, 358 (360); BeckOK-BGB/*Rohe* § 407 Rn 1.

263 BGHZ 105, 358 (359 f.); LArbG Berlin, Urteil v. 8.10.1968, Az.: 4 Sa 56/68 Tz 18, 37 f.; MünchKommZPO/*Damrau* § 1275 Rn 1 f; Staudinger/*Wiegand* § 1275 Rn 9; *Thole* JURA 2010, 605 (611).

264 LArbG Berlin, Urteil v. 8.10.1968, Az.: 4 Sa 56/68; BeckOK-BGB/*Rohe* § 407 Rn 23; MünchKommBGB/*Roth/Kieninger* § 407 Rn 22.

265 RGZ 87, 412 (415, 418); *Hellwig* S. 126; *Jurgeleit* S. 130.

266 LArbG Berlin, Urteil v. 8.10.1968, Az.: 4 Sa 56/68 Tz 30.

positive Kenntnisnahme.[267] In der Folge muss der Forderungsschuldner diesen erschüttern. Dazu muss er den Eintritt eines solchen atypischen Kausalverlaufs darlegen, der die zu erwartende Kette zwischen der Zustellung und der Kenntnisnahme hätte durchbrechen können. Dies bedeutet für die zustellende Partei, die bei der Öffnung der Nachricht naturgemäß nicht anwesend ist, eine enorme Erleichterung.

Ob und wie hingegen ein Zessionar dem Schuldner Kenntnis verschaffen kann, regelt das Gesetz nicht. Allein entscheidend ist im Notfall, dass der Zugang der Information nachweisbar ist. Freilich kann auch der „Nur-Zessionar" eine Erklärung durch den Gerichtsvollzieher zustellen lassen. § 132 I 1 BGB setzt dies voraus, indem eine Willenserklärung auch dann als zugegangen gilt. Schließlich kann der Gerichtsvollzieher ebenfalls mit der Zustellung anderer Schriftstücke als Willenserklärungen betraut werden, wie z.B. Betriebskostenabrechnungen. Bei einer solchen Mitteilung handelt es sich, ähnlich der Zustellung eines Abtretungsvertrags, um bloße Wissenserklärungen.[268] Auch dort gelten bei nachweisbarem Zugang der Abtretungsmitteilung die Grundsätze des Anscheinsbeweises.[269] Insofern ist eine Zustellung durch den Gerichtsvollzieher, wie sie für die Pfändung konstitutiv ist, die sicherste Variante.[270]

Die Regeln für die Zustellung enthalten §§ 191 ff. i.V.m. 166 ff.; sie gelten auch i.R.d. § 829 III.[271] Der Pfändungsgläubiger hat demnach Zugriff auf dieselben Instrumente, derer sich auch der Zessionar bedienen kann. Der Vorteil liegt darin, dass die Zustellung durch den Gerichtsvollzieher bei einem Pfändungsbeschluss konstitutiv ist. Der Zessionar kann hingegen auf andere, weniger sichere Möglichkeiten zurückgreifen. Da die weniger sicheren Varianten wie der gewöhnliche Postbrief zugleich die weniger teuren sind, kann der Lockruf des Geldes durchaus siegen. Deshalb kann die Pflicht, den Gerichtsvollzieher zu beauftragen, jedenfalls für einen „unorganisierten" Gläubiger im Einzelfall einen Vorteil darstellen.[272]

---

267 Vgl. RGZ 87, 412 (418; „meist als geführt angesehen werden können"); LArbG Berlin, Urteil v. 8.10.1968, Az.: 4 Sa 56/68; MünchKommBGB/*Roth/Kieninger* § 407 Rn 34.

268 Zu diesem Fall AG Köln WuM 2008, 483.

269 BGHZ 135, 39 (43); BGH NJW-RR 2004, 1145 (1147).

270 *Mrosk* NJW 2013, 1481 (1485).

271 *Gaul/Schilken/Becker-Eberhard* § 55 Rn 4.

272 Dass dieses Problem keinesfalls nur theoretischer Natur ist, zeigt AG Köln WuM 2008, 483, wo die Vermieterin bei der Versendung der Betriebskostenabrechnung mangels Beweisbarkeit des rechtzeitigen Zugangs innerhalb der Jahresfrist des § 556

III. Fazit

Eine Pfändung bringt für den Zessionar auch gegenüber seinem neuen Schuldner essentielle Beweiserleichterungen mit sich, von denen der Gläubiger im Einziehungsprozess profitieren kann. Aufgrund der Drittschuldnerauskunft ist es ihm überhaupt erst möglich, die Erfolgschancen einer Klage abzuschätzen. Die Auskunft führt ferner zu einer Beweislastumkehr. Sollte sich die Auskunft als unrichtig erweisen, kann der Gläubiger schließlich den deswegen entstandenen Schaden gem. § 840 II 2 ersetzt verlangen. Zudem wird nach der erfolgreichen Zustellung eines Pfändungsbeschlusses die positive Kenntnis des Forderungsschuldners vom Gläubigerwechsel gem. § 407 I BGB vermutet, so dass der Forderungsschuldner regelmäßig nicht mehr mit befreiender Wirkung an den Zedenten zahlen kann.

C. Verbesserung der Rechtsstellung gegenüber evtl. Drittgläubigern

I. Schutz der Forderung durch den Pfändungsbeschluss

Schließlich kann sich der Forderungsinhaber seine Forderung auch durch die Pfändung „schützen lassen“.[273] Durch die Ausfertigung des Pfändungsbeschlusses kann er seine Rechte an der Forderung gegenüber potentiellen dritten Gläubigern einfacher und schneller behaupten, sollten diese sich ebenfalls der Inhaberschaft der Forderung berühmen. Der hoheitlich ausgestellte und real vorzeigbare Pfändungsbeschluss erfasst die formelle Rechtsposition des Zessionars.[274] Ihm kommt größere Glaubwürdigkeit zu als einer nicht belegten Behauptung bei einer nur mündlichen Abtretung[275] oder einer privatrechtlichen Urkunde.[276] So wird die Position des Forderungsinhabers im alltäglichen und schnelllebigen Rechts- und Wirtschaftsverkehr gestärkt.[277] Dies ist insb. deshalb wichtig, weil bei einer potentiellen Pfändung durch einen Drittgläubiger der Rechtspfleger

III BGB letztlich leer ausging. Hier hätten sich die Kosten für den Gerichtsvollzieher „gelohnt“ (AG Köln WuM 2008, 483 Tz 37).

273 RGZ 86, 135 (138); LArbG Berlin, Urteil v. 8.10.1968, Az.: 4 Sa 56/68 Tz 35; OLG Köln WM 1978, 383 (385).

274 OLG Stuttgart BeckRS 2007, 14356.

275 OLG Köln WM 1978, 383 (385).

276 So explizit OLG Köln WM 1978, 383 (385); vgl. auch *Brox/Walker* Rn 514. Indes kann man dies auch mit dem Argument bestreiten, dass stets „nur die angebliche Forderung“ gepfändet wird, weshalb eine zweiseitige, privatrechtliche Urkunde höhere Glaubwürdigkeit in Anspruch nehmen kann.

277 RGZ 64, 415 (420); 86, 135 (139).

keine verbindliche materielle Prüfung der Rechtslage durchführt. Eine erneute Pfändung und Überweisung derselben Forderung wäre daher möglich. Demnach könnte der Drittgläubiger auch bis auf weiteres die Einziehung betreiben. Für den Vollstreckungsgläubiger reduziert sich aber die Wahrscheinlichkeit dieser Vorgehensweise, wenn er ihr schnell und unkompliziert mit einem Beschluss, der die Forderung als seine ausweist, begegnen kann. Dann wird auch der Drittgläubiger keine Einziehungsklage erheben.

Diesen Gedanken des Forderungsschutzes durch eine Pfändung hat das Reichsgericht erstmals in zwei Entscheidungen artikuliert:[278] Jeweils wollte der Inhaber eines Nießbrauchsrechts an einem fremden Grundstück eine aus diesem erwachsene Mietforderung seines Nießbrauchsbestellers und Grundstückseigentümers pfänden[279] lassen. So wollte er seine Position stärken.[280] Das Reichsgericht hielt die Pfändung in beiden Fällen für zulässig. Die Mietforderung stand dem Nießbraucher aber bereits gem. §§ 1030, 99 III, 100 BGB zu.[281] Es handelte sich deshalb rechtlich wie wirtschaftlich um die Pfändung einer eigenen Forderung.

Anlass der Pfändung war § 1123 I BGB. Hiernach fallen Mieten grds. in den Haftungsverband der zugunsten eines Dritten bestellten Hypothek.[282] Deshalb wäre der Nießbraucher im Verhältnis zu einem vorrangigen Hypothekar unterlegen gewesen. Ausnahmsweise kann gem. § 1124 I 1, II BGB die Bestellung eines Nießbrauchs auch gegenüber dem eigentlich vorrangigen Hypothekar wirksam sein und der Berechtigte daher die Miete behalten dürfen. Dies ist der Fall, wenn die Verfügung wirksam ist und zeitlich vor der Beschlagnahme durch den Hypothekar erfolgt.[283] Nach hM jedoch stellt die Bestellung des Nießbrauchs an sich keine Verfügung über die Miete dar, sondern „nur" über das Grundstück als Ganzes.[284] Der Nießbraucher begehrte jedoch die Miete als wiederkehrende Forderung. Deshalb wäre § 1124 I 1 BGB tatbestandlich nicht einschlägig.

278 RGZ 64, 415; 86, 135.

279 Zur Problematik der Überweisung eingehend, sub Kapitel 3.A.

280 *Mattern* JR 1928, 98 (100).

281 RGZ 86, 135 (138); MünchKommBGB/*Pohlmann* § 1030 Rn 51; Staudinger/*Frank* § 1030 Rn 52; so auch schon *Stillschweig* JW 1916, 1431 Note zu 6; vgl. auch *Mattern* JR 1928, 98 (99).

282 Staudinger/*Frank* Vorb. §§ 1030 ff. Rn 93; *Mylich* WM 2010, 1923 (1924).

283 Staudinger/*Wolfsteiner* § 1124 Rn 1.

284 RGZ 68, 10 (13); 81, 146 (149); 88, 99 (101); 101, 5 (9); MünchKommBGB/*Eickmann* § 1124 Rn 20; Staudinger/*Frank* Vorb. §§ 1030 ff. Rn 94; *Mattern* JR 1928, 98 (99); a.A. *Mylich* WM 2010, 1923 (1925).

Eine solche anderweitige Verfügung i.S.d. § 1124 I BGB kann jedoch in der Pfändung und Überweisung der Mietforderung an den Nießbraucher liegen.[285] Erst aufgrund dieser Vollstreckungsmaßnahmen durfte der Gläubiger im Verhältnis zum Hypothekar die Mieten behalten. Dies bedeutete einen besonderen Schutz der zu realisierenden Forderung durch die Pfändung.[286] Freilich gilt dies nur für den Zeitraum des § 1124 II BGB. Dieser umfasst „die spätere Zeit als den zur Zeit der Beschlagnahme laufenden Kalendermonat" (1. Hs.); bei einer Beschlagnahme in der zweiten Monatshälfte ist der Folgemonat eingeschlossen (2. Hs.). In dieser Zeit gehen die Rechte des Pfändungsgläubigers über die des bloßen Nießbrauchers und Forderungsinhabers hinaus.[287] Ein weitergehender Pfändungsbeschluss wäre mangels Rechtsschutzbedürfnis unzulässig.

Ein solcher Schutz setzt aber voraus, dass die Vollstreckungsmaßnahmen eine Verfügung darstellen. Dafür genügt eine Pfändung jedenfalls dann nicht, wenn ein Pfandrecht nicht entsteht. Ob eine Überweisung richtigerweise hätte durchgeführt werden dürfen, ist noch zu untersuchen.[288]

II. Absicherung bei drohender Insolvenz des (Sicherungs-)Zedenten

Ein anderer Vorteil der Pfändung zeigt sich im Fall der Insolvenz des Zedenten. Sollte dieser dem potentiellen Pfändungsgläubiger die Forderung nur sicherungshalber abgetreten haben, steht dem Zessionar im Falle der Insolvenz des Zedenten wegen §§ 51 Nr. 1 Var. 2, 50 I InsO nur die Möglichkeit der Absonderung der Forderung zu.[289] Absonderung bedeutet, dass der Berechtigte bei der Verteilung der verwerteten Insolvenzmasse bevorzugt berücksichtigt wird.[290] Zu dieser gehört auch eine nur sicherungshalber abgetretene Forderung. Damit der Gläubiger in diesem Fall in Höhe des Nennwerts der Forderung befriedigt werden kann, müsste dem Insolvenzverwalter gem. § 166 II InsO zunächst die Einziehung zum Nennwert gelingen. Selbst dann wäre jedoch gem. § 171 InsO eine Kostenpauschale i.H.v. 9 % vom Erlös abzuziehen. Stünde die Forderung dem Zessionar rechtlich wie wirtschaftlich vollumfänglich zu und wiese keinen Sicherungscharakter auf, könnte er sie hingegen aussondern. Sie gehörte dann nicht zur Insolvenzmasse.

---

285 Staudinger/*Frank* § 1124 Rn 11 (grds. zur Pfändung) m.w.N.

286 Staudinger/*Frank* Vorb. §§ 1030 ff. Rn 99.

287 *Mattern* JR 1928, 98 (100).

288 Zu den angesprochenen Problemkreisen eingehend sub Kapitel 3.A. und Kapitel 5.B.II.

289 *Grunewald* § 21 Rn 6; *Reinicke/Tiedtke* Rn 837; MünchKommBGB/*Roth/Kieninger* § 398 Rn 114.

290 *Foerste* Rn 368.

Zur Insolvenzmasse kann nur gehören, was dem Zedenten als Insolvenzschuldner zusteht.[291] Eine bloße Absonderung der Forderung ist für den Gläubiger regelmäßig weniger attraktiv als ihre Aussonderung. Bei dieser bleibt der Gläubiger nämlich Inhaber der Forderung und hat nicht nur das Recht auf abgesonderte Befriedigung der zur Insolvenzmasse gehörenden Forderung.

Daraus resultiert das nachvollziehbare Interesse des Gläubigers, seine Forderung von Vornherein aus einer potentiellen Insolvenzmasse herauszuhalten. Dazu dürfte die Forderung aber keinen Sicherungscharakter mehr aufweisen. Dies könnte durch eine der Sicherungszession nachfolgende Vollstreckung in die dem Gläubiger bereits zustehende Forderung erfolgen. Freilich müsste die Vollstreckungshandlung gem. §§ 88 f. InsO mit einem ein- oder dreimonatigen Abstand zur Eröffnung des Insolvenzverfahrens durchgeführt werden, da sie andernfalls unwirksam würde.

Aufgrund des Forderungsübergangs bei der Überweisung an Zahlungs statt könnte die Forderung formell aus dem Vermögen des Zedenten abgespalten werden. Sie wäre dann nicht mehr Teil einer Insolvenzmasse. Allerdings hätte dies gem. § 835 II das Erlöschen der titulierten Forderung zur Folge. Da der Gläubiger auch bei einer Überweisung zur Einziehung durch die Eröffnung des Insolvenzverfahrens über das Vermögen des Zedenten und Vollstreckungsschuldners nicht daran gehindert wird, die Einziehungsklage selbst zu erheben,[292] ist dies vorzugswürdig. Damit würde auch die genannte Verwertungspauschale umgangen. Ein Risiko bedeutet die Überweisung zur Einziehung für den Gläubiger nicht, da er die titulierte Forderung ungeachtet der Vollstreckungsmaßnahmen zur Insolvenztabelle anmelden kann. Der Verwalter würde die titulierte, ursprüngliche Forderung gem. § 52 InsO „in Höhe des Ausfalls" in der Insolvenztabelle feststellen.

Freilich fragt sich, wieso sich ein Gläubiger nach der Titulierung seines Anspruchs mit einer Erfüllungsleistung „abspeisen" lassen sollte,[293] die nur sicherungshalber erfolgt. Indes zeigt BGH NJW 2007, 2560, dass es solche Fälle gibt, auch wenn die zitierte Entscheidung die insolvenzrechtliche Komponente allenfalls andeutet.[294] Eine Erklärung hierfür ist wohl, dass Vollstreckungstitel nicht

291 Auf mglw. einschlägige Tatbestände der Insolvenzanfechtung i.S.d. §§ 129 ff. InsO, die aber nach hM nur Auswirkungen auf die schuldrechtliche Zuordnung der Gegenstände zeitigen, soll nicht eingegangen werden.

292 BeckOK-ZPO/*Riedel* § 835 Rn 9.

293 Der Titel ist erforderlich, um im Anschluss überhaupt eine Pfändung betreiben zu können.

294 Sachverhalt:" Nachdem ein Antrag auf Eröffnung des Insolvenzverfahrens über ihr Vermögen mangels Masse abgelehnt worden war, wurde die *IM* im Jahre 2002 im

nur das Ergebnis von Erkenntnisverfahren sein können, § 704, sondern auch, wie in BGH NJW 2007, 2560, dasjenige einer Unterwerfung unter die sofortige Zwangsvollstreckung i.S.d. § 794 I Nr. 5. Diese stellt ihrerseits eine Form der Sicherung dar. Zudem sind in dem angesprochenen Fall zwischen der Sicherungsabtretung und der begehrten Vollstreckung vier Jahre vergangen, in denen sich die wirtschaftliche Situation des Zedenten geändert haben kann. Eine „freiwillige" Erfüllung der gesicherten Forderung kann aussichtslos erscheinen und ein zwangsweiser Zugriff attraktiv werden.

Die wirtschaftliche Begründung für die Beschränkung der Gläubigerbefugnisse auf die Absonderung ist in der fiduziarischen Sicherungsabrede zu sehen.[295] Diese weist die Forderung wirtschaftlich noch dem Vermögen des Zedenten zu.[296] Eine der Zession nachfolgende Überweisung zur Einziehung ermöglicht dem Gläubiger, die erhaltene Forderung selbst und außerhalb des Insolvenzverfahrens geltend zu machen. Dies ist mit den genannten Vorteilen verbunden. Ob jedoch eine Überweisung nach einer Sicherungsabtretung an den Vollstreckungsgläubiger möglich ist und ob dadurch der Sicherungscharakter entfällt, ist noch zu untersuchen.[297]

III. Die Gefahr einer unwirksamen Abtretung

Schließlich kann sich auch eine einvernehmlich gewollte Forderungsübertragung später als unwirksam herausstellen. Dann bliebe der Titelschuldner Inhaber der Forderung und eine Vollstreckung in die Forderung begründete die einzige Zugriffsmöglichkeit des Gläubigers auf sie. Ist die Abtretung tatsächlich unwirksam, so steht die zu pfändende Forderung noch im Schuldnervermögen. Die Vollstreckungshandlung ist damit unproblematisch zulässig und wirksam. In diesem Fall ist freilich auch eine Überweisung der Forderung an den Pfändungsgläubiger unproblematisch. Es handelt sich um den regulären Fall einer Forderungspfändung, bei dem der Vollstreckungsschuldner zugleich Forderungsinhaber ist. Um die Pfändung einer eigenen Forderung handelt es sich nur, wenn zunächst die Gefahr besteht, dass die Abtretung unwirksam sein könnte, dies aber letztlich doch nicht

---

Handelsregister gelöscht. Durch Pfändungs- und Überweisungsbeschlüsse vom 11. und 17.2.2003 wurden die Forderungen der *IM* gegen die *I* und gegen die Bekl. gepfändet und der Kl. zur Einziehung überwiesen.", BGH NJW 2007, 2560.

295 Vgl. *Reinicke/Tiedtke* Rn 773.

296 Staudinger/*Busche* Einl. §§ 398 ff. Rn 95 f.; vgl. auch MünchKommBGB/*Roth/Kieninger* § 398 Rn 114.

297 Zur Frage der Möglichkeit der Überweisung nach einer Sicherungszession, sub Kapitel 3.A.III.

der Fall ist. In diesem Fall ist man sich ohnehin einig, dass eine Pfändung zulässig wäre, wenn nämlich nach irgendeiner vertretbaren Ansicht die Forderung dem Schuldner zustehen kann.[298]

Allein die Vermeidung dieses Risikos streitet für die Zulässigkeit einer solchen Vorgehensweise, bei der aufgrund der Ungewissheit im Zeitpunkt der Pfändung letztlich auch eine eigene Forderung den Gegenstand der Pfändung darstellen kann. Damit der Pfändungsgläubiger jedoch die Forderung wie ein Zessionar einziehen kann, bedürfte es noch ihrer Überweisung.

IV. Fazit

Somit bringt eine Pfändung nach der Abtretung auch Vorteile im Verhältnis zu Dritten mit sich. Der Pfändungsbeschluss bescheinigt eine vermutliche Zugehörigkeit der Forderung zum Pfändungsgläubiger. Einige Aspekte (II., III.) jedoch lassen sich nur mit der Überweisung der Forderung realisieren.

Aufgrund der in diesem Kapitel 2 angeführten Überlegungen ist die Zweckmäßigkeit der Pfändung ist insgesamt und eindeutig zu bejahen.

298 Dazu noch sub Kapitel 4.A.III.1.

Kapitel 3. Zulässigkeit nur isoliert durchführbarer Vollstreckungsmaßnahmen

In Kapitel 2 wurde das Bedürfnis für die Zulässigkeit der Pfändung einer eigenen Forderung nachgewiesen. Jedoch muss nicht jede Maßnahme, für die es ein individuelles oder rechtspolitisches Bedürfnis gibt, allein deswegen zulässig sein.[299]

Die Problematik der angesprochenen Sonderkonstellationen besteht zum einen in der Frage nach der Möglichkeit der Verwertung sowie zum anderen in der materiell-rechtlichen Zugehörigkeit des zu pfändenden Gegenstands.[300] Sollte sich aus diesen Punkten die Unzulässigkeit der Pfändung ergeben, könnte allein das Rechtsschutzbedürfnis diese nicht überwinden. Dem ersten dogmatischen Hindernis wird hier nachgegangen, etwaige materiell-rechtliche Besonderheiten finden ihre eingehende Berücksichtigung in Kapitel 4.

A. Unmöglichkeit der Verwertung für den Pfändungsgläubiger

Pfändet der Gläubiger eine ihm abgetretene Forderung, kann der in Kapitel 1.C. beschriebene, aus drei Phasen bestehende Ablauf des Vollstreckungsverfahrens möglicherweise nicht eingehalten werden. Zunächst überträgt nämlich der potentielle Vollstreckungsschuldner die Forderung an den Vollstreckungsgläubiger. Dieser derivative Erwerb erfolgt im Wege der Abtretung. Dem folgt die begehrte Pfändung.

I. Keine Ersetzung der Überweisung durch die Abtretung

Diese der Pfändung vorausgegangene Abtretung ist Ausgangspunkt und zugleich Anlass der Untersuchung. Sie könnte funktionsäquivalent zur hoheitlichen Verwertung sein und diese ersetzen. Dann wäre eine Überweisung nicht unmöglich, sondern bereits in der Zession zu sehen.

299 Vgl. *Stein* Grundfragen S. 52 („Allein nicht alles, was wirtschaftlich und praktisch wünschenswert erscheint, ist deshalb auch rechtlich zulässig.").

300 So schon in der Einleitung C.

1. Funktionsäquivalenz

Für die Frage der Ersetzbarkeit zwangsvollstreckungsrechtlicher Handlungen durch solche des Privatrechts ist das Regel-Ausnahme-Verhältnis zwischen beiden Rechtsgebieten zu berücksichtigen. Der Schuldner eines Anspruchs schuldet ab dem Zeitpunkt der Fälligkeit die Herbeiführung des Erfolgs auf dem privatrechtlichen Weg.[301] Nur auf eine kompliziertere Weise und mittels mehrerer Phasen soll dieses Ergebnis notfalls durch ein Vollstreckungsverfahren verwirklicht werden können. Die Befriedigung durch Zwangsvollstreckung ist ein Surrogat für die privatrechtliche Erfüllung. Das dazu erforderliche Verfahren ist nur ein unliebsames Ersatzmittel des Gläubigers gegen seinen widerspenstigen Schuldner, der sich von der Autorität eines Titels nicht beeindrucken lässt.

Fraglich ist damit allein, ob nicht nur der Gesamterfolg der Vollstreckung, sondern auch die Verwertung als einzelne Vollstreckungsmaßnahme substituierbar ist. Bei einer Überweisung an Zahlungs statt wird der bisherige Forderungsinhaber mit Erlass des Überweisungsbeschlusses gänzlich aus seiner Position entfernt. Der Vollstreckungsgläubiger tritt als neuer und alleiniger Forderungsgläubiger an dessen Stelle. Dies entspricht der Situation einer Abtretung. Somit erfolgt zwar der Übergang der Forderung auf eine andere Weise und insb. ohne korrespondierende Willenserklärungen. Die Rechtsfolgen und Befugnisse des neuen Gläubigers indes sind identisch mit denen eines Zessionars.[302] Beide sind dinglich Berechtigte.

Auch das Ergebnis einer Überweisung zur Einziehung ist mit den Möglichkeiten des Privatrechts erreichbar. So kann der Vollstreckungsschuldner seinem Gläubiger eine Einziehungsermächtigung i.S.d. § 185 I BGB erteilen. Gemäß § 836 I soll die Überweisung gerade diese ersetzen.[303] Konsequenterweise ist auch eine befreiende Leistung des Forderungsschuldners an den Vollstreckungsgläubiger gem. § 362 II BGB möglich.

Es besteht somit im Hinblick auf die Forderung selbst kein Unterschied, ob die Parteien die Abtretung als ein privatrechtliches Erfüllungssurrogat wählen oder die Befriedigung des Gläubigers durch Zwangsvollstreckung herbeigeführt wird. Die für die Befriedigung des Forderungspfändungsgläubigers erforderliche Rechtslage kann sowohl hoheitlich wie privatrechtlich erreicht werden.

---

301 Vgl. *Stamm* S. 11 („Man spricht daher zutreffend von einem Gewaltmonopol und nicht von einem Befriedigungsmonopol.").

302 MünchKommZPO/*Smid* § 829 Rn 3, § 835 Rn 2.

303 Vgl. *Thole* JURA 2010, 605 (611).

2. *Wesensverschiedenheit*

Dennoch unterscheiden sich die Überweisung und die Abtretung essentiell in ihrer Rechtsnatur.

Letztere bildet ein Instrument des Privatrechts. Voraussetzung ist der beiderseitige Wille zur Übertragung der Forderung. Dieser Wille kann in der Zwangsvollstreckung naturgemäß nicht verlangt werden. Vielmehr wird das zuständige Vollstreckungsorgan durch die öffentlich-rechtlichen Normen der ZPO i.V.m. dem Titel dazu ermächtigt, die Rechtsfolgen notfalls gegen den Willen des Schuldners herbeizuführen. Dies umfasst die Befugnis, bei der Sachpfändung den Gewahrsam des Schuldners zu brechen oder im zugrunde liegenden Fall eine Forderung des Vollstreckungsschuldners an den Gläubiger zu übertragen.

Vor allem ist die Abtretung der Pfändung zeitlich vorgelagert. Man stellte das Vollstreckungsverfahren und den -ablauf in seiner Gesamtheit in Frage, wollte man sie dennoch als ein reguläres Überweisungssurrogat anerkennen. Die Möglichkeit der Einziehung ergäbe sich dann nicht aus einer hoheitlichen Befugnis, sondern aufgrund eines privaten Rechtsgeschäfts. Letzteres genügt bereits für sich genommen zur Einziehung, wohingegen die Überweisung die zweite Maßnahme des Vollstreckungsverfahrens darstellt.

Bestehende Gemeinsamkeiten in der Rechtsfolge stehen der Wesensverschiedenheit zwischen der Abtretung und der Überweisung nicht entgegen. Die Abtretung ist ein Privatrechtsgeschäft, das der Überweisung ähnelt. Es vermag die Überweisung als Element des Vollstreckungsverfahrens aber nicht zu ersetzen. Diese wäre für ein reguläres Vollstreckungsverfahren noch erforderlich.

II. Klassische Überweisung gemäß § 835

Somit stellt sich die Frage, ob nach der Abtretung eine hoheitliche Verwertung möglich ist. Dies erscheint nur schwierig vorstellbar. Die Überweisung an Zahlungs statt ist, wie gesehen, hinsichtlich ihrer Rechtsfolgen mit der Abtretung identisch. Der Gläubiger wird Inhaber der Forderung. Die Forderung müsste an eine Person überwiesen werden können, der sie bereits zusteht. Das Ziel einer Überweisung bestünde somit in der Bewirkung von Rechtsfolgen, die bereits eingetreten sind.

Der Mehrwert erschließt sich nicht. Die fehlende Durchführung einer Überweisung ist bestenfalls atypisch und die Situation deswegen überprüfungswürdig.

1. Darstellung der einschlägigen Entscheidungen des Reichsgerichts

Gleichwohl hat das Reichsgericht in zwei Entscheidungen nicht nur einen Pfändungs-, sondern in Verbindung mit diesem auch einen Überweisungsbeschluss zugunsten eines Vollstreckungsgläubigers für zulässig erachtet.[304] Zeitlich zwischen diesen beiden Entscheidungen musste der Senat zu der Problematik Stellung beziehen, dass anstelle der Überweisung eine Abtretung der eigenen Forderung begehrt wurde.[305] Auf diese Entscheidung nimmt wiederum die danach ergangene, letzte Entscheidung Bezug.

Den Entscheidungen lagen folgende Sachverhalte zugrunde:[306]

1. Der Beklagte war Inhaber eines Nießbrauchs am Grundstück des E. E hatte das auf dem Grundstück befindliche Haus vermietet, woraus ihm regelmäßige Einnahmen zustanden. Aufgrund einer titulierten, persönlichen Forderung gegen E hatte der Beklagte sich dessen Mietansprüche im November 1904 pfänden und überweisen lassen. Einen Monat später wurden die Mieten zugunsten des Klägers, dem eine vorrangige Hypothek an dem Grundstück zustand, beschlagnahmt. Nachdem der Kläger das Grundstück am 13. März des Folgejahres im Wege der Zwangsversteigerung erwarb, zog er am 1. April die Mieten ein. Die Parteien stritten darum, wem die Mieteinnahmen zustehen. Der Beklagte berief sich auf sein Pfändungspfandrecht.[307]
   Die Revision des Klägers vor dem Reichsgericht blieb ohne Erfolg; die Mieteinnahmen stünden dem Beklagten zu. Dies ergebe sich aus § 1124 BGB. Danach sei eine Verfügung über die Mieten auch gegenüber dem vorrangigen Hypothekar wirksam, sofern sie sich, wie hier, nicht i.S.d. Abs. 2 auf „eine spätere Zeit als den zur Zeit der Beschlagnahme laufenden Kalendermonat beziehe“. Einer solchen Verfügung stünden Verfügungen i.S.d. Zwangsvollstreckungsrechts gleich. Diese liege in dem Pfändungs- und Überweisungsbeschluss, der daher im Verhältnis zur Hypothek vorrangig sei. Der Gültigkeit

304 RGZ 64, 415; RGZ 86, 135; bestätigend *Hellwig/Oertmann* S. 353 f.; Stein/*Jonas* (12./13. Aufl. 1926) § 829 I 1 e) mit Verweis auf § 804 II 4 Fn 21 a); die Pfändung eigenen Vermögens könne ohne Widerspruch ordnungsgemäß zu Ende geführt werden; siehe zu den Entscheidungen bereits andeutend supra Kapitel 2.C.I.

305 RGZ 80, 311.

306 Die Sachverhalte und Wiedergabe der wesentlichen Entscheidungsgründe werden auf das für diese Arbeit Wesentliche beschränkt. Auf zwangsversteigerungs- und zwangsverwaltungsrechtliche Details wird zum Zwecke der besseren Verständlichkeit verzichtet.

307 RGZ 64, 415 (416).

des Beschlusses stehe der eingetragene Nießbrauch nicht entgegen. Die erneute Vollstreckung in die Mietforderung stärke die Rechtslage des Nießbrauchers. Ihm dürfe es nicht versagt sein, sich auf den Beschluss zu stützen. Auch ein Rechtsgeschäft werde nicht in seiner Gültigkeit beeinträchtigt, wenn dieselben Personen es unter sich nochmals vornähmen.[308]

2. Im Unterschied zur ersten Entscheidung hatte der Beklagte hier die ihm infolge des Nießbrauchs zustehende Mietforderung nicht pfänden und sich überweisen lassen, sondern sie auf eine urkundlich bestätigte Abtretung gestützt. Dem ist das Reichsgericht entgegengetreten.[309] Eine Verstärkung der Rechtsposition des Nießbrauchers durch die Abtretung sei nicht zulässig. Einen Konflikt zur vorgenannten Entscheidung sah das Gericht nicht, da der Pfändungs- und Überweisungsbeschluss „äußerlich eine Zwangsvollstreckungsmaßnahme des Staates bilde". Eine vertragsmäßige Verfügung über die Mieten sei jedenfalls nicht mehr möglich. Der Nießbraucher sei bereits kraft seines dinglichen Rechts in die Position des Berechtigten eingetreten. Die so erlangten Befugnisse könne er nicht nochmals erwerben, denn zur „Übertragung eines Rechts seien ein Übertragender und ein empfangsfähiger Erwerber" notwendig. Letzterem dürfe die Forderung im Zeitpunkt der Abtretung deshalb noch nicht selbst zugestanden haben. Sonst sei der Vertrag „auf einen unmöglichen Erfolg gerichtet und deshalb nichtig".[310]
3. Wenige Jahre später musste das Reichsgericht sich erneut damit auseinandersetzen, ob die Zwangsvollstreckung in eine Forderung, die dem Gläubiger kraft des Nießbrauchs zustand, möglich ist. Ein für die Beklagte eingetragener Nießbrauch war wieder nachrangig zur Hypothek des Klägers. Letzterer hatte das Grundstück anlässlich einer Zwangsversteigerung erworben. Die Beklagte erwirkte einen Pfändungs- und Überweisungsbeschluss gegen den Eigentümer des Grundstücks in dessen Mietforderungen. Der Kläger beantragte, diese Vollstreckungsmaßnahmen für unzulässig zu erklären.

Das Berufungsgericht gab der Klage noch statt.[311] Es begründete dies u.a. mit den tragenden Gründen der vorstehend genannten, zweiten Entscheidung. Ein Unterschied zwischen der Abtretung und der Überweisung sei nicht gerechtfertigt.

Das RG gab der dagegen gerichteten Revision statt und hob das Urteil des Berufungsgerichts auf. Die Mieten haben wirksam gepfändet werden können. Eine

308 RGZ 64, 415 (420 f.).
309 RGZ 80, 311; bestätigend *Mylich* WM 2010, 1923 (1925); a.A. *Mattern* JR 1928, 98 (99).
310 RGZ 80, 311 (315 f.).
311 Rezipiert bei RGZ 86, 135 (136).

Abtretung sei in wesentlichen Merkmalen nicht vergleichbar mit einer Pfändung. Der Nießbrauch schließe nicht aus, dass der Berechtigte sich durch eine Pfändung besonders schützen könne. Das Schutzbedürfnis ergebe sich erneut u.a. aus § 1124 BGB, da der Nießbraucher so das Konkurrenzverhältnis zu einem grds. vorrangigen Hypothekar zu seinen Gunsten beeinflussen könne. Die Maßnahme entbehre nicht der Wirksamkeit, nur weil die Beklagte kein Pfandrecht erwerbe. Ausdrücklich schloss sich der Senat der ersten Entscheidung an.[312]

2. Die Relevanz des Überweisungsbeschlusses in neueren Entscheidungen

Seit den reichsgerichtlichen Urteilen sind drei weitere Sachverhalte entschieden worden, die für die Beantwortung der in diesem Abschnitt B zu untersuchende Frage fruchtbar sein könnten. Allen Entscheidungen ist gemein, dass der Gläubiger nach dem Erwerb der Forderung im Wege der Abtretung noch einen Pfändungs- und Überweisungsbeschluss über dieselbe Forderung erwirkt hatte.

Bereits 1968 hatte das LArbG Berlin einen Fall zu entscheiden, in dem ein Zahlungsanspruch gegen den Drittschuldner davon abhängig war, ob die bereits an den Zedenten geleistete Zahlung den Drittschuldner gem. §§ 362 I, 407 I BGB befreien konnte.[313] Der an den Drittschuldner zugestellte Pfändungs- und Überweisungsbeschluss hatte seine tatsächliche Kenntnis von dem Gläubigerwechsel i.S.d. § 407 I BGB begründen sollen. Auf die rechtliche Wirksamkeit des Beschlusses kam es für den Klageanspruch indes nicht an. Das Gericht hielt es aus Gründen des Gläubigerschutzes gleichwohl für zulässig, dass dieser neben dem Pfändungs- auch einen Überweisungsbeschluss erwirkt hatte.[314]

Im Jahre 1978 entschied das OLG Köln, dass einer Drittschuldnerauskunft die Wirkung eines deklaratorischen Schuldanerkenntnisses zukomme.[315] Dem abgegebenen Anerkenntnis fehle nicht die Geschäftsgrundlage, da die Pfändung zulässig sei. Ihr stehe die vorherige Abtretung der Forderung an den Gläubiger nicht entgegen.

Der Rechtspfleger hatte mit dem Pfändungs- auch einen Überweisungsbeschluss erlassen, auf den es jedoch für die Entscheidung ebenfalls nicht ankam.

---

312 RGZ 86, 135 (138 f.).

313 LArbG Berlin, Urteil v. 8.10.1968, Az.: 4 Sa 56/68; vgl. zu dieser Problematik bereits supra Kapitel 2.B.II.

314 LArbG Berlin, Urteil v. 8.10.1968, Az.: 4 Sa 56/68 Tz 35.

315 OLG Köln WM 1978, 383; zur Problematik des Schuldanerkenntnisses schon supra Kapitel 2.B.I.2.a).

Ungeachtet dessen nahm das Gericht im Tatbestand und in den Entscheidungsgründen sowohl auf den Pfändungs- als auch auf den Überweisungsbeschluss Bezug.[316]

Zuletzt hatte sich das OLG Stuttgart 2006 mit der Problematik der Pfändung einer an den Gläubiger zur Sicherheit abgetretenen Forderung zu beschäftigen.[317] Dabei hatte die Klägerin ihren Anspruch zunächst nur auf den Pfändungs- und Überweisungsbeschluss und erst nach dem Ablauf der Verjährungsfrist auf die Abtretung gestützt. Zu prüfen war deshalb nicht in erster Linie die Wirksamkeit der Überweisung. Entscheidungserheblich war vielmehr die Frage, ob mit dem Wechsel der Aktivlegitimation eine Änderung des Streitgegenstands einhergehe. Dies war wichtig für den Lauf der Verjährung. Denn die Verjährungshemmung durch Klageerhebung gem. § 204 I Nr. 1 BGB erfasst nur den prozessualen Anspruch, wie er durch die Klageschrift anhängig gemacht wurde.[318] Diese hatte indes keinen abgetretenen, sondern „nur“ einen überwiesenen Anspruch zum Gegenstand.

Nach Auffassung des Gerichts hat es jedoch keinen Einfluss auf den Streitgegenstand, ob der Anspruch auf einen Pfändungs- und Überweisungsbeschluss oder auf eine Abtretung gestützt wird. Der Verjährungslauf werde unabhängig von der konkreten Herleitung der Aktivlegitimation gehemmt. Das Gericht konnte deshalb dahinstehen lassen, ob die Pfändung und Überweisung wirksam waren. Die Revisionsinstanz hat sich dieser Rechtsauffassung angeschlossen.[319]

3. *Kritische Würdigung der Argumente*

a) *Stellungnahme zur Position des Reichsgerichts*

Die erste Entscheidung des Reichsgerichts plädiert eindeutig für die Möglichkeit einer Überweisung, obwohl die Forderung dem Gläubiger bereits infolge eines Nießbrauchs zusteht. Die dritte Entscheidung ist ebenso zu verstehen.

Eine Differenzierung zwischen dem Nießbrauch und dem Erwerb durch eine Abtretung ist nicht angezeigt, da dem Nießbraucher die Mietforderung gem. §§ 1030, 99 III, 100 BGB ebenfalls als eigene zustehen.[320] Hiervon ging auch das Reichsgericht aus.

---

316 OLG Köln WM 1978, 313 (313 f.).

317 OLG Stuttgart BeckRS 2007, 14356.

318 BGH NJW 2007, 2560 Tz 15.

319 BGH NJW 2007, 2560 Tz 11 f.

320 Vgl. schon oben Kapitel 2.C.I.

Dies bedeutet, dass es sich entgegen den ersten Gedanken doch um eine „gewöhnliche Pfändung“ handeln könnte, die diesbzgl. keiner besonderen Rechtfertigung bedürfte.

In den Entscheidungen wird die Überweisung der Forderung auch nicht bloß formelhaft oder wegen eines tatsächlichen Zusammenhangs in einem Atemzug mit dem Pfändungsbeschluss erwähnt. Zwar hat das Reichsgericht in der ersten Entscheidung noch die Entstehung eines Pfändungspfandrechts bejaht. Daher wäre es auf die Überweisung nicht angekommen. Indes führt es ebenfalls aus, dass der Nießbraucher seinen Anspruch auf den Pfändungs- und Überweisungsbeschluss stützen dürfe.[321] Die Geltendmachung des Anspruchs setzt gerade den Erwerb der Forderung voraus. Der bloße Pfändungsbeschluss genügte dafür nicht.

Zudem stehe die Identität der Rechtsfolgen des Nießbrauchs und des Pfändungs- und Überweisungsbeschlusses der Wirksamkeit nicht entgegen. Eine Identität kann aber nur zwischen dem Nießbrauch und der Überweisung bestehen. Die Pfändung ist hiervon zu trennen. Somit kann davon ausgegangen werden, dass das Reichsgericht bewusst auch den Überweisungsbeschluss für wirksam gehalten hat.

In der dritten Entscheidung drückt das Reichsgericht dieses Ergebnis nicht ähnlich pointiert aus wie in seiner ersten Entscheidung. Zwar hatte die Beklagte noch einen Pfändungs- und Überweisungsbeschluss erwirkt.[322] In den Entscheidungsgründen indes taucht das Wort „Überweisung“ in diesem Kontext nicht mehr auf. Ungeachtet dessen ist davon auszugehen, dass das Reichsgericht auch hier das Vorliegen einer Überweisung angenommen hat. Diese Lesart folgt aus der Bezugnahme auf den Rangnachteil des Nießbrauchers gegenüber dem Hypothekar,[323] wie er auch den anderen beiden Entscheidungen zugrunde lag. Es sei einer der Gründe für die Zulässigkeit der Vollstreckungsmaßnahme, diesen Rangnachteil zu überwinden. Letzteres kann jedoch nur durch eine Verfügung i.S.d. § 1124 BGB geschehen. Da, anders als noch in der ersten Entscheidung, das RG gerade nicht von der Entstehung eines Pfandrechts ausging,[324] war die Überweisung für das Begehren des Beklagten erheblich. Allein sie als

321 RGZ 64, 415 (421).

322 RGZ 86, 135 (135).

323 RGZ 86, 135 (138).

324 RGZ 86, 135 (139); vgl. auch LArbG Berlin, Az.: 4 Sa 56/68 Tz 37, wo ein Pfändungspfandrecht bejaht wird; heute noch bejahend für gläubigereigene Gegenstände Stein/Jonas/*Münzberg* § 804 Rn 13; insg. dazu sub Kapitel 5.B.II.

rechtsgestaltender Akt konnte dem Schutzbedürfnis des Nießbrauchers Rechnung tragen.[325]

Davon abgesehen wird auch in dieser Entscheidung Bezug genommen auf die Abgrenzung zwischen der Abtretung und der hoheitlichen Verwertung. Dem Reichsgericht kann folglich nicht vorgeworfen werden, die Problematik verkannt zu haben.

Nach der Auffassung des Reichsgerichts unterscheide sich die Konstellation der ersten und dritten Entscheidung aus zwei Gründen von der zweiten Entscheidung. Zugunsten des Überweisungsbeschlusses spreche zum einen das besondere Schutzbedürfnis des Gläubigers[326] und zum anderen der äußerliche Charakter als Zwangsvollstreckungsmaßnahme.[327] Diese Argumente sind auf den Prüfstand zu stellen.

aa) Besondere Schutzbedürftigkeit des Gläubigers

Zum einen stellt das Reichsgericht auf den Schutz des Vollstreckungsgläubigers gegenüber Drittgläubigern bzw. vorrangigen Hypothekaren ab. Dieser Schutz soll durch eine Pfändung und Überweisung erreicht werden. So soll sich der Vollstreckungsgläubiger den erstrittenen Titel zunutze machen dürfen. Die Argumentation ist nachvollziehbar; sie wiederholt sich in der späteren Rechtsprechung[328] und ist schließlich auch Ausgangspunkt dieser Arbeit. Das Schutzbedürfnis des Gläubigers wurde in Kapitel 2 eingehend erörtert.

Es handelt sich um ein Zweckmäßigkeitsargument. Ein solches Argument kann einer an sich zulässigen Maßnahme entgegenstehen, wenn ein Schutzbedürfnis des Antragstellers fehlen sollte. Eine aus anderen Gründen unzulässige Maßnahme wird jedoch nicht zulässig, nur weil hieran ein Interesse besteht.[329] Sollte die Handlung auf eine unmögliche Folge gerichtet sein, kann sie nicht aus anderen Gründen zulässig sein. Der Schutz des Vollstreckungsgläubigers darf nur mit zulässigen Vollstreckungsmaßnahmen erreicht werden, nicht aber mit unmöglichen.

---

325 So schon supra Kapitel 2.C.I.; wie der Schutz des Nießbrauchers anderweitig erzielt werden kann, ist eine davon zu unterscheidende Frage, dazu *Mylich* WM 2010, 1923 (1925).

326 RGZ 86, 135 (138); ebenfalls LArbG Berlin, Urteil v. 8.10.1968, Az.: 4 Sa 56/68 Tz 35.

327 RGZ 80, 311 (316: „Mag dies auch noch besonders damit zu begründen sein, …"); 86, 135 (137).

328 LArbG Berlin, Urteil v. 8.10.1968, Az.: 4 Sa 56/68 Tz 35; OLG Köln WM 1978, 383 (385).

329 Vgl. bereits Fn 299.

Hinzu kommt, dass der Nießbraucher in der zweiten Entscheidung genauso schutzwürdig ist wie in der ersten und dritten Entscheidung. Daher ist dieses erste Kriterium nicht geeignet, eine unterschiedliche Lösung der Konstellationen zu erklären.

bb) Äußerliche Erkennbarkeit als hoheitliche Maßnahme

Der Unterschied zwischen der Überweisung und der Abtretung kann deswegen nur mit dem zweiten Aspekt begründet werden. Dieser stellt auf die besondere Autorität eines Überweisungsbeschlusses als hoheitlichen Akt ab. Daraus ergebe sich eine Vermutung für die Wirksamkeit.

Hoheitliche Akte sollen im Hinblick auf das Vertrauen und die Rechtssicherheit nur unter strengeren Voraussetzungen unwirksam sein als Geschäfte des Privatrechts. Bei hoheitlichen Akten führt z.B. die Rechtswidrigkeit nur in besonderen Fällen zur Unwirksamkeit;[330] i.Ü. ist sie unschädlich. Diese Wertung ist auch dem Zwangsvollstreckungsrecht bekannt, wenn zwischen nichtigen und bloß anfechtbaren Akten differenziert wird.[331] Da es sich bei der Pfändung und Überweisung stets um Hoheitsakte handelt, müssten sie nach dieser Logik indes immer wirksam sein. Dies ist freilich nicht der Fall. Deshalb kann aus der Rechtsnatur des Überweisungsbeschlusses allein noch nicht seine automatische Wirksamkeit folgen.

Das vom Reichsgericht verwandte Argument des besonderen Vertrauens aufgrund des hoheitlichen Charakters lädt zudem ein, einen Seitenblick in das allgemeine Verwaltungsrecht zu werfen. Auch dort tritt ein staatliches Organ mit einer besonderen Befugnis und Autorität auf. Trotz des charakteristischen Zusammenhangs zwischen dem Zwangsvollstreckungs- und dem Zivilrecht enthält ersteres an vielen Stellen Ähnlichkeiten mit dem Verwaltungsrecht.[332] Das Vertrauen in die Richtigkeit des Rechtsakts müsste in identischem Maße vorhanden sein.

Das Verwaltungsverfahrensgesetz[333] stellt in § 43 II explizit den Grundsatz auf, dass die Rechtswidrigkeit hoheitlicher Maßnahmen ihrer Wirksamkeit nicht im Wege steht. Daraus ergibt sich eine Vermutung für die Wirksamkeit. § 43 II VwVfG kodifiziert damit die soeben angesprochene Wertung. Gemäß

---

330 Vgl. BeckOK-VwVfG/*Schemmer* § 43 VwVfG Rn 3, 15.

331 Vgl. BGH NJW 1979, 2045 Tz 9.

332 Für eine partielle Vergleichbarkeit auch *Stamm* S. 360 f.; vgl. eingehend *Stamm* §§ 4, 7; eine Anwendung der verwaltungsverfahrensrechtlichen Grundsätze bejaht auch *Geib* S. 76; kritisch *Gaul* NJW 1989, 2509 (2511; „keine schlichte Gleichsetzung").

333 Bezug genommen wird jeweils auf das Bundesgesetz (BGBl 2003 I S. 102), obwohl die einzelnen Landesgesetze insoweit wortgleich sind.

§ 43 III VwVfG kann jedoch auch ein Verwaltungsakt ausnahmsweise nichtig sein. Dies ist i.d.R. der Fall, wenn der die Rechtswidrigkeit begründende Fehler schwer wiegt. Um dies näher zu bestimmen, hält das VwVfG sowohl spezielle Tatbestände als auch eine Generalklausel bereit. Ein solcher Tatbestand ist z.B. § 44 II Nr. 4.[334]

Danach ist ein Verwaltungsakt nichtig, wenn ihn aus tatsächlichen Gründen niemand ausführen kann. Die rechtliche Unmöglichkeit begründet aufgrund des klaren Wortlauts noch keine Nichtigkeit.[335] Die Anwendung dieser Norm auf Forderungen gestaltet sich zwangsläufig schwierig, da Forderungen vergeistigt sind und kein tatsächliches Element aufweisen. Indes soll bspw. ein Verwaltungsakt nichtig sein, der zum Abriss eines bereits eingestürzten Hauses verpflichtet, wenn also das Substrat weggefallen ist.[336]

Nach der Abtretung der Forderung an den Zessionar aber verfügt der Vollstreckungsschuldner ebenfalls nicht mehr über den Gegenstand des Überweisungsbeschlusses. Eine Forderung, die überwiesen werden und ihren Inhaber wechseln könnte, besteht nicht. Das Substrat des sich gegen den Schuldner richtenden Überweisungsbeschlusses wäre ebenfalls nicht vorhanden und die Wertung des § 44 II Nr. 4 VwVfG übertragbar.

Über die fehlende Berechtigung des Vollstreckungsschuldners mag der hoheitliche Charakter der Maßnahme noch hinweghelfen. Deshalb mag die Rechtsnatur der Maßnahme als Argument für eine Übertragung einer einem Drittberechtigten zustehenden Forderung an den Vollstreckungsgläubiger angeführt werden.

Die hier begegnende Problematik setzt jedoch eine Stufe zuvor an: Eine Übertragung, sei sie rechtsgeschäftlicher oder hoheitlicher Natur, erfordert neben dem Forderungsschuldner einen früheren und einen davon verschiedenen späteren Inhaber des Rechts.[337] Dieses Erfordernis der Personenverschiedenheit ergibt sich einerseits aus der begrifflichen, herkömmlichen Bedeutung des Wortes „Überweisung", das eine Veränderung impliziert. Andererseits zeigt auch § 835 II, dass ein „Übergang" der Forderung und folglich ein Wechsel der Person des Berechtigten erforderlich ist.

---

334 Das Verwaltungsverfahrensgesetz des Bundes wurde erst 1976 kodifiziert (BGBl 1976 I S. 1253 (1264)) und existierte deshalb bei Erlass der Entscheidung im Jahre 1915 noch nicht.

335 Ein solcher Fall wäre auch sehr sonderbar, *Gaul* NJW 1989, 2509 (2515; „kein Fall aus der Judikatur bekannt").

336 BeckOK-VwVfG/*Schemmer* § 44 Rn 51.

337 So RGZ 80, 311 zur Zession nach Nießbrauch.

Die erneute Übertragung der Forderung an den Gläubiger setzt aber, wie gesehen, voraus, dass der Schuldner noch über einen der Überweisung fähigen Gegenstand verfügt. Er müsste ein Recht haben, das ihm genommen werden kann. Dieses Recht dürfte dem Gläubiger im Zeitpunkt der Übertragung noch nicht zustehen, da er andernfalls nichts erhalten kann. Es existierte dann schlicht keine Forderung, deren Inhaber der Gläubiger erst werden kann und nicht bereits ist. Es fehlte ein der Überweisung an den Gläubiger fähiges Rechtsobjekt.

Ein solches müsste das Vollstreckungsorgan erst schaffen. Dazu müsste es die Forderung dem Vollstreckungsgläubiger entweder wenigstens für eine juristische Sekunde nehmen oder eine Forderung originär begründen. Nur dann wäre eine (erneute) Übertragung an den Gläubiger möglich. Bei der ersten Alternative handelt es sich um ein bloßes theoretisches Konstrukt. Gegen die zweite Variante spricht, dass eine Forderung die Rechtsbeziehung zweier Personen zueinander beschreibt, sodass bereits begrifflich eine Person ohne die Mitwirkung einer anderen Person keine Forderung begründen kann.

Eine Forderung, deren Inhaber der Vollstreckungsgläubiger noch nicht ist, existiert daher nicht mehr. Die hoheitliche Maßnahme wäre gegenstandslos.[338] Das Argument des besonderen äußerlichen Scheins ist deshalb nicht tragfähig.

Überdies kann ein besonderes Vertrauen der Beteiligten in die Wirksamkeit der Forderungsüberweisung gar nicht bestehen. Sowohl der frühere als auch der spätere Forderungsinhaber haben zwingend Kenntnis von der Forderungsübertragung. Als dingliches Rechtsgeschäft setzt die Nießbrauchsbestellung gem. § 1032 S. 1 BGB ebenso wie die Zession ihre übereinstimmenden Willenserklärungen voraus.[339] Somit kennen die Parteien die für die Unmöglichkeit der erneuten Überweisung relevanten Umstände. Sollten sie dennoch auf den Erfolg der Überweisung vertrauen, wäre dies nicht schutzwürdig. Der äußere Schein der Wirksamkeit, begründet durch die hoheitliche Rechtsnatur, ist zerstört, wenn die Parteien von den die Unwirksamkeit der Überweisung begründenden Umständen Kenntnis haben.

Die Argumentation des Reichsgerichts, der Überweisungsbeschluss sei aufgrund seines äußerlich erkennbaren, hoheitlichen Charakters schützenswerter als ein Abtretungsvertrag, kann nicht aufrechterhalten werden. Selbst der Gesetzgeber erachtet das Argument nicht für ausreichend, wie die Überlegungen zu § 44 II Nr. 4 VwVfG zeigen. Vielmehr muss mit derselben Argumentation, mit der in RGZ 80, 311 ff. die Wirksamkeit der Zession zugunsten des Nießbrauchers

---

338 Zu dieser Begrifflichkeit bei einer Zession nach Nießbrauch RGZ 86, 135 (138); zur Kritik an diesem Begriff (allerdings nur im Rahmen der Pfändung, nicht für die Überweisung) vgl. *Gierlach* S 236 ff., 309 ff.

339 MünchKommBGB/*Pohlmann* § 1032 Rn 3.

verworfen wurde, gelten, dass auch eine hoheitliche Überweisung an den Forderungsinhaber unwirksam ist. Die Gründe, die die zweite Entscheidung tragen, sind auf die erste und dritte Entscheidung zu erstrecken.

b) Stellungnahme zu den neueren Entscheidungen

Die Gründe der Entscheidungen des LArbG Berlin sowie der Oberlandesgerichte Köln und Stuttgart sind bzgl. der Überweisung einer bereits an den Gläubiger abgetreten Forderung nicht in der Weise eindeutig, wie zuvor das Reichsgericht formuliert hatte. Das liegt vmtl. auch darin begründet, dass jedenfalls in den ersten beiden Entscheidungen der Wirksamkeit der Überweisung für die streitgegenständlichen Fragen keine derartige Bedeutung beizumessen war. Gleichwohl muss davon ausgegangen werden, dass die Gerichte eine Überweisung der bereits an den Gläubiger abgetretenen Forderung für zulässig hielten.

Das LArbG Berlin hat dies noch am Erkennbarsten artikuliert und die Zulässigkeit eines Pfändungs- und Überweisungsbeschlusses bejaht, obwohl dies nicht entscheidungserheblich war.[340] Auch das OLG Stuttgart muss von der Wirksamkeit der Überweisung ausgegangen sein. Die Möglichkeit, die Aktivlegitimation auf vollstreckungsrechtliche Maßnahmen zu stützen, setzt nämlich voraus, dass dem Kläger der Anspruch überwiesen worden ist. Nur dann kann er berechtigt sein, die Forderung geltend zu machen.[341] Wäre eine Überweisung nicht in Betracht gekommen, hätte sich die Frage der Veränderung der Aktivlegitimation nicht gestellt.

Da die genannten Entscheidungen sich zu der an dieser Stelle zu untersuchenden Problematik weitgehend ausschweigen, sind sie insgesamt wenig ergiebig. Insbesondere enthalten sie keine neuen, die Ansicht des Reichsgerichts unterstützenden Argumente. Rekurriert wird auf den Schutz des Gläubigers. Um diesen zu erreichen, genügte jeweils die Pfändung. Dies gilt insb. für die zitierte Entscheidung des OLG Stuttgart. Hier begehrte der Gläubiger durch die Pfändung die „formelle Titulierung" seiner Rechtsposition als Forderungsgläubiger zum Schutz vor einem möglichen Zugriff durch konkurrierende Dritte.

Mit Gewissheit kann deshalb allein festgehalten werden, dass die Rechtsprechung sich von den Kernaussagen des Reichsgerichts in den Nießbrauchs-Entscheidungen nicht abgewendet hat. Die hiergegen in der Sache vorgebrachten Argumente gelten allerdings auch für die neueren Entscheidungen. Da die Argumente nicht

340 LArbG Berlin, Urteil v. 8.10.1968, Az.: 4 Sa 56/68 Tz 35.

341 Vgl. zu dieser Thematik noch sub. Kapitel 3.D.II.2.c) aa).

fortentwickelt worden sind, kann auf die Stellungnahme zu der Position des Reichsgerichts Bezug genommen werden.[342]

c) Vereinbarkeit dieses Ergebnisses mit der Kipp'schen Lehre von den Doppelwirkungen im Recht?

Die Unzulässigkeit einer erneuten Verwertung wird vor allem mit der denklogischen Hürde begründet, dass demjenigen, der etwas innehat, genau dieses nicht erneut gegeben werden könne. Nach *Kipp* stellt dieser argumentative Ansatz jedoch eine überkommene, naturwissenschaftliche Betrachtungsweise dar. Sie vernachlässige konkrete Bedürfnisse und Vorteile eines auf anderem Wege zu erzielenden, wenn auch identischen Ergebnisses.[343] Da bspw. die Verwirklichung zweier verschiedener Eigentumserwerbsnormen möglich sei, z.B. einmal rechtsgeschäftlicher und einmal gesetzlicher Art,[344] sei ein Doppelerwerb derselben Sache nicht grds. ausgeschlossen.[345] Fraglich ist, ob diese Sichtweise nicht dazu führen muss, dass auch der erneute Erwerb einer Forderung möglich ist.

Bei den von *Kipp* benannten Beispielen zum Sacheigentum handelt es sich um unterschiedliche Arten von Erwerbsvorgängen. Identisch soll lediglich das Ergebnis sein, d.h. der Eigentumserwerb, nicht hingegen der Weg dorthin. Der Eigentumserwerb an Sachen ist dabei sogar qualitativ äußerst verschieden, nämlich einmal rechtsgeschäftlich und einmal gesetzlich. Insoweit wäre noch eine Parallele zur Forderungsüberweisung denkbar, da auch der Erwerb der Forderung qua Überweisung gem. § 835 I Var. 2, II ein gesetzlicher ist. Auf diesem Argument hatte das Reichsgericht aufgebaut.[346]

Allerdings gehen die Unterschiede weiter: Das Bürgerliche Gesetzbuch hat mit den §§ 946 ff., 973 BGB, die *Kipp* exemplarisch nennt,[347] originäre Eigentumserwerbstatbestände geschaffen. „Originär" bedeutet, dass Eigentum „neu entsteht" und frei ist von früheren Vorgängen oder Belastungen.[348] Das erklärt auch, wieso ein originärer Eigentumserwerb an Sachen zugunsten einer Person, die schon derivativ erworben hat, möglich ist. Originäres Eigentum setzt sich

---

342 Supra Kapitel 3.A.II.3.a).

343 *Kipp* FS v. Martitz S. 211 (220 ff.).

344 *Kipp* FS v. Martitz S. 211 (221).

345 *Kipp* FS v. Martitz S. 211 (221); auf die Möglichkeit dieser Doppelwirkungen bspw. bezieht sich auch MünchKommBGB/*Pohlmann* Vorb. §§ 1030 ff. Rn 31 und stimmt der Möglichkeit der Zession zugunsten des Nießbrauchers entgegen RGZ 80, 311 zu.

346 Dazu supra Kapitel 3.A.II.1.; supra Kapitel 3.A.II.3.a) bb).

347 *Kipp* FS v. Martitz S. 211 (221).

348 Vgl. dazu *Baur/Stürner* SachenR § 53 Rn 1.

über die „Beschränkungen" des derivativen Erwerbs hinweg. Diese Konstellation ist zugleich die einzige, in der ein erneuter Erwerb möglich ist. Weder ist ein zweifacher rechtsgeschäftlicher Erwerb denkbar noch kann ein originärer Eigentümer derivativ erwerben. Jeweils wäre der potentielle Erwerber i.S.d. § 932 II BGB bösgläubig hinsichtlich der Berechtigung seines Veräußerers. Die Möglichkeit des Doppelerwerbs fußt demnach auf der Möglichkeit des originären Erwerbs. Im Anschluss an den Übergang einer Forderung im Wege der Zession oder des Nießbrauchs kann jedoch bzgl. dieser Forderung nur noch ein derivativer Erwerb in Frage kommen.[349] Der Ersitzung oder der Verarbeitung ähnliche, originäre Erwerbstatbestände gibt es bei Forderungen nicht. Ein originärer Forderungserwerb ist nur denkbar durch ihre Entstehung;[350] freilich kann sie dann noch nicht abgetreten worden sein.

Somit kann die *Kipp*'sche Theorie über die Doppelwirkungen auf Forderung nicht angewendet werden.

4. Keine Besonderheiten bei einer Überweisung zur Einziehung

Fraglich ist, ob derselbe Maßstab, der für die Überweisung an Zahlungs statt entwickelt wurde, auch für die Überweisung zur Einziehung gilt. Ein bloßer Verweis auf die eben angestrengte Argumentation genügt nicht, denn die Rechtsfolgen einer Überweisung zur Einziehung und einer Abtretung sind nicht kongruent.[351] Bei ersterer wird der Gläubiger gerade kein Inhaber der Forderung, sondern erhält lediglich ein Einziehungsrecht.

Indes ist auch eine Überweisung zur Einziehung zugunsten des Forderungsinhabers nicht möglich: Hierfür spricht, dass die Einziehungsbefugnis nur einen Ausschnitt des Vollrechts darstellt.[352] Durch die Abtretung wird dem Zedenten regelmäßig zugleich die Ermächtigung zur Einziehung übertragen. Diese steht nämlich dem Forderungsinhaber zu.[353] Damit fehlte erneut eine Befugnis, die dem Vollstreckungsschuldner genommen werden könnte. Gewissermaßen als Gegenstück hat der Zessionar diese Einziehungsbefugnis regelmäßig schon inne, weshalb der erneute Erwerb für ihn keinen Vorteil bedeutete.

---

349 In diese Richtung selbst für den Erwerb von Eigentum an Sachen *Kipp* FS v. Martitz S. 211 (221).

350 *Schmidt-Jortzig* S. 77 ff.

351 Explizit BGH NJW 2007, 2560 Tz 18; eingehend zur Überweisung zur Einziehung *Schmidt-Jortzig*.

352 Vgl. *Schmidt-Jortzig* S. 71, 76, 93.

353 *Schmidt-Jortzig* S. 78; zur Ausnahme siehe sub Kapitel 3.A.IV.

Da die Einziehungsermächtigung somit regelmäßig mit der Zession übertragen wird, müsste eine derivative Übertragung einer Befugnis auf eine Person stattfinden, die bereits im Genuss dieser Befugnis ist. Insoweit kann auf die Erklärungen zu supra 1. verwiesen werden, dass eine erneute Übertragung derselben Befugnis bei Forderungen nicht möglich ist. Hieran ändern auch die Schutzbedürftigkeit und der erkennbare, hoheitliche Charakter als Zwangsvollstreckungsmaßnahme nichts. Damit ist eine Überweisung der Forderung i.S.d. § 835 generell nicht möglich.

5. Fazit

Festzuhalten ist an dieser Stelle, dass ein und dieselbe Forderung nicht erneut an ihren Inhaber überwiesen werden kann. Zwischen einem erneuten Erwerb durch eine Abtretung, wie es das Reichsgericht in der zweiten Entscheidung zum Gegenstand hatte, und durch eine Überweisung bestehen diesbzgl. keine Unterschiede. Damit müsste im Fall der Pfändung und Überweisung einer gläubigereigenen Forderung entweder der „Ersterwerb" durch die Abtretung bzw. die Nießbrauchsbestellung oder die dennoch vorgenommene Überweisung unwirksam sein. Im ersten Fall läge eine Vollstreckung in schuldnereigenes Vermögen vor. Dies ist der Regelfall eines Vollstreckungsverfahrens und deshalb hier nicht weiter von Interesse. Ist die Abtretung hingegen wirksam, ist eine Überweisung nicht mehr möglich.

III. Der Sonderfall der Sicherungszession

Das herausgearbeitete Ergebnis zwingt zur Untersuchung einer Konstellation, in welcher der Gläubiger weder das Identische noch ein Minus, sondern *mehr* erwirbt, als ihm vor der Überweisung zustand: die Sicherungszession.[354] Konsequenterweise könnte hier die Möglichkeit einer erneuten Überweisung in Betracht kommen.

Ist die der Vollstreckung vorausgegangene Zession nur zur Sicherheit erfolgt, so ist die Abtretung im Außenverhältnis gleichwohl unbeschränkt wirksam. Parallel haben die Parteien im Innenverhältnis eine schuldrechtliche Treuhandabrede geschlossen, die dem Sicherungsnehmer die Vornahme bestimmter Handlungen untersagt. Dazu gehört z.B. die Einziehung der Forderung gegen den Schuldner, solange der Zedent seine Verpflichtungen erfüllt und die Verwertungsreife noch

---

354 Hierzu bereits supra Kapitel 2.C.II.

nicht eingetreten ist.[355] Diese Beschränkungen führen dazu, dass die Forderung wirtschaftlich dem Vermögen des Zedenten zugerechnet wird.[356] Dies zeigt sich insb. in dessen Insolvenz. Eine hoheitliche Vollstreckungsmaßnahme hingegen ist solchen Restriktionen im Innenverhältnis nicht zugänglich. Insofern könnte der Gläubiger durch eine Überweisung mehr erlangen, als er infolge der Sicherungsabtretung hat.

Dieses *Maius* könnte auf zwei Gesichtspunkte gestützt werden: Zum einen könnte der Vollstreckungsgläubiger von den Beschränkungen der Treuhandabrede befreit werden;[357] zum anderen wäre seine Forderung insolvenzfest.

Die Sicherungsabrede bildet die rechtliche Grundlage für die Beschränkung des Sicherungsnehmers. Als eigenständiger Vertrag steht sie neben der Abtretung. Sie entfaltet unabhängig davon Geltung, ob der Sicherungsnehmer die Einziehung der Forderung aufgrund der Sicherungszession oder aufgrund einer später erfolgenden Pfändung und Überweisung betreibt. Der Sicherungsvertrag verpflichtet die Parteien *aus sich heraus*. Auch eine hoheitliche Forderungsüberweisung kann die internen, vertraglichen Beschränkungen nicht überwinden. Dies folgt bereits aus dem Trennungsprinzip. Zudem darf nach dem Eintritt der Verwertungsreife auch der Sicherungszessionar gegen den Forderungsschuldner vorgehen. Die Befugnisse sind nicht restriktiver als die eines Vollstreckungsgläubigers. Vor dem Zeitpunkt der Verwertungsreife hat er daran indes ohnehin kein Interesse.

Als Begründungsansatz verbleibt folglich allein die Insolvenzfestigkeit der Forderung. Es wurde bereits herausgearbeitet, dass eine Überweisung nach einer Sicherungsabtretung für den Gläubiger vorteilhaft sein kann. Die Forderung wäre dann nicht mehr Teil des Vermögens des Vollstreckungsschuldners, sollte darüber ein Insolvenzverfahren eröffnet werden.[358] Der Sicherungscharakter hat seinen Ursprung jedoch nicht *in* der Forderung. Das Ergebnis ist allein Ausfluss des Sicherungsvertrags. Es handelt sich nicht um eine rechtliche Eigenschaft der abgetretenen Forderung in dem Sinne, dass ein Maius vorliegen könnte.

Es zeigt sich auch hier, dass trotz des ersten Anscheins der Vollstreckungsgläubiger durch eine Überweisung nicht mehr Rechte erhielte als er schon hat.

---

355 Vgl. *Medicus/Lorenz* SchuldR I Rn 805.

356 MünchKommBGB/*Roth/Kieninger* § 398 Rn 99; vgl. den Fall der Insolvenz nach Sicherungszession, supra Kapitel 2.C.II.

357 In diese Richtung LG Stuttgart, Urteil v. 26.10.2005, Az.: 21 O 530/04, S. 10 f. Entscheidungsgründe I.1.c) (Diese nicht veröffentlichte Entscheidung ist die Ausgangsentscheidung von OLG Stuttgart BeckRS 2007, 14356 und BGH NJW 2007, 2560).

358 Supra Kapitel 2.C.II.

Deshalb erweist sich eine Überweisung auch im Anschluss an eine Sicherungszession als nicht möglich.

IV. Andere Verwertungsart gem. § 844

Fraglich bleibt, ob eine Verwertung der dem Gläubiger bereits zustehenden Forderung nach den Vorschriften der ZPO möglich ist, wenn diese nicht durch Überweisung i.S.d. § 835, sondern auf eine andere Weise erfolgt. Gleich wie bei der Sachpfändung gem. § 825 steht die Verwertung auf andere Weise unter den Voraussetzungen des § 844 auch einem Forderungspfändungsgläubiger offen.

Eine andere Verwertungsart ist u.a. zulässig, wenn die Einziehung der Forderung mit Schwierigkeiten verbunden ist. Schwierigkeiten können sich aus der Zahlungsunfähigkeit des Drittschuldners ergeben.[359] Dieser stehen generelle Schwierigkeiten bei der Beitreibung der Forderung gem. § 844 I gleich.[360] Erfasst ist damit auch die hier zu untersuchende Fallgestaltung, in der erforderliche Beweismittel dem Gläubiger nicht zugänglich sind und deshalb die Beitreibung schwierig wird. Bei der Pfändung einer eigenen Forderung könnte deshalb eine anderweitige Verwertung angeordnet werden. Dies gilt freilich nur für den Fall, in dem der Vollstreckungsgläubiger durch die Zession zuvor noch nicht befriedigt ist, d.h. der Abtretung erfüllungshalber gem. §§ 398, 364 II BGB. In Betracht kommt dann bspw. ein Verkauf der Forderung an einen Dritten.[361] Die Zahlung des Kaufpreises führte die Befriedigung des Gläubigers herbei.

Die Verwertungsart i.S.d. § 844, sollte sie sich als möglich und zulässig herausstellen, ersetzt den Überweisungsbeschluss und stellt daher eine gleichwertige Verwertungsform dar.[362] Im Vergleich zur Überweisung des § 835 bildet sie jedoch die Ausnahme.[363]

Eine Verwertung i.S.d. § 844 setzt deshalb voraus, dass eine Verwertung gem. § 835 zulässig wäre.[364] Das ergibt sich daraus, dass das Vollstreckungsgericht eine Verwertung auf andere Weise nur *anstelle* der Überweisung anordnen kann. Aus diesem Grund ist auch eine anderweitige Verwertung einer gläubigereigenen Forderung nicht zulässig.

359 Saenger/*Kemper* § 844 Rn 4.

360 Dazu MünchKommZPO/*Smid* § 844 Rn 2.

361 MünchKommZPO/*Smid* § 844 Rn 12.

362 Kindl/Meller-Hannich/Wolf/*Bendtsen* § 844 Rn 5.

363 MünchKommZPO/*Smid* § 844 Rn 1; Musielak/Voit/*Becker* § 844 Rn 1; BeckOK-ZPO/*Riedel* Einl. § 844.

364 Kindl/Meller-Hannich/Wolf/*Bendtsen* § 844 Rn 5; MünchKommZPO/*Smid* § 844 Rn 8, Musielak/Voit/*Becker* § 844 Rn 3; Stein/Jonas/*Brehm* § 844 Rn 7.

Sie hätte zudem keinen Mehrwert gegenüber einem privatrechtlichen Verkauf gem. §§ 453, 433 BGB. In beiden Fällen wäre die freie Entscheidung eines Käufers erforderlich, für die Forderung einen bestimmten Preis zu zahlen. Durch § 844 erhält der Vollstreckungsgläubiger allein die Befugnis, eine für ihn *fremde* Forderung zu verkaufen. Dieser Befugnis bedarf es nicht, wenn der Gläubiger bereits Inhaber der Forderung ist. Eine Veräußerung ist dann ohne die Mitwirkung des Vollstreckungsorgans möglich.

Es bleibt somit bei dem Ergebnis, dass eine Verwertung einer eigenen Forderung nicht möglich ist. Sie kann weder per Überweisung noch auf andere Art gem. § 844 erfolgen.

V. Fazit

Dem Gläubiger kann eine Forderung, die ihm infolge einer Abtretung bereits zusteht, nicht erneut überwiesen werden. Entsprechend kann er auch nicht lediglich zur Einziehung ermächtigt werden, da dies nur einen Ausschnitt dessen darstellt, was er bereits hat. Aufgrund der Personenidentität des Forderungsinhabers und des Vollstreckungsgläubigers fehlt ein der Überweisung fähiges Rechtsobjekt.

Eine Überweisung einer eigenen Forderung ist damit, genauso wie eine erneute Abtretung, auf einen unmöglichen Erfolg gerichtet. Dafür ist es ohne Bedeutung, ob der ursprüngliche Erwerb der Forderung auf eine Sicherungsabtretung zurückzuführen oder ein fiduziarisches Element nicht vorhanden ist. Auch eine anderweitige Verwertungshandlung i.S.d. § 844 kommt nicht in Betracht.

Da eine Überweisung i.E. nicht möglich ist, scheiden die in Kapitel 2.C.II. und III. erörterten Handlungsoptionen des Zessionars aus. Sie können nicht herangezogen werden, um das Rechtsschutzbedürfnis zu begründen. Auf die übrigen Ausführungen in Kapitel 2 hat dies jedoch keinen Einfluss. Da eine Überweisung nicht möglich ist, stellt sich nun die Frage, ob sich dies auf die Zulässigkeit der Pfändung auswirkt.

B. Trennbarkeit der einzelnen Vollstreckungsmaßnahmen

I. Kein zwingendes Schema in §§ 704 ff.

Die Vorschriften des Vollstreckungsrechts bestimmen nicht, dass ein titulierter Anspruch in zulässiger Weise nur auf eine bestimmte Art und Weise durchsetzbar ist. Einerseits kann das dem Vollstreckungsverfahren immanente Ziel der Gläubigerbefriedigung schon durch die Erfüllung i.S.d. § 362 BGB erreicht werden. Die Erfüllung setzt indes eine freiwillige Zahlung des Schuldners voraus und kommt deshalb häufig nicht in Betracht. Andererseits existiert keine Norm, die eine Vollstreckungsmaßnahme von der Durchführung späterer Maßnahmen, getreu dem Motto „Alles oder Nichts", abhängig macht. Schließlich kann der Gläubiger sogar den Vollstreckungsgegenstand und damit über die zur Anwendung kommenden Rechtsgrundlagen bestimmen. Einen „gradus executionis" der Vollstreckungsgegenstände gibt es, anders als noch im gemeinen Recht, nicht.[365] Die ZPO gewährt dem Gläubiger insoweit einen Spielraum, als weder überhaupt ein Zwangsvollstreckungsverfahren noch dessen komplette oder konkrete Ausgestaltung vorgeschrieben wird.[366]

Geregelt ist, welche einzelnen Maßnahmen erforderlich sind, wenn eine Befriedigung unter gänzlichem Ausschluss privatrechtlicher Einflussnahme begehrt wird. Diese Regelungen sind verbindlich. Wegen des Vorbehalts des Gesetzes handelt es sich um einen numerus clausus.[367] Vorgegeben wird zudem das Ergebnis jeder einzelnen Vollstreckungsmaßnahme, das aus dem Charakter des Rechtsgebiets als öffentliches Eingriffsrecht folgt: Langfristiges Ziel muss, wie schon in Kapitel 1.A.II erarbeitet, stets die Befriedigung des Gläubigers sein. Vorübergehend können jedoch auch andere Intentionen legitim und berücksichtigungswürdig sein wie z.B. die Sicherung des Vollstreckungsgläubigers.

Ungeachtet dessen bestehen Wechselwirkungen zwischen den verschiedenen Maßnahmen. Dies kann nicht anders sein, nachdem sie im Regelfall einer Zwangsvollstreckung das hoheitliche Verfahren nur kumulativ erfolgreich zu Ende führen können. Die Tatsache, dass überhaupt verschiedene Vollstreckungshandlungen erforderlich sind, um das Ziel der Befriedigung zu erreichen, bedeutet zugleich, dass jede ihre eigene Berechtigung haben und eigenen Sinn aufweisen muss, der sie von den anderen unterscheidet.[368] Aus diesem Grund kann ein Gläubiger auch ein Interesse an der Durchführung nur einzelner Maßnahmen haben. Unabhängig von der bereits begrifflichen Unterscheidung der

---

365 *Stamm* S. 92 f.; *Gaul* FS Stelmachowski S. 237 (243); *Ders./Schilken/Becker-Eberhard* § 5 Rn 28 f.; a.A. aufgrund verfassungsmäßiger Vorgaben BVerfGE 49, 220 (228 ff.).

366 *Gaul/Schilken/Becker-Eberhard* § 5 Rn 17.

367 *Weyland* S. 95 („Typenzwang"); *Baur/Stürner/Bruns* Zwangsvollstreckung § 6.63 ff; vgl. *Gaul/Schilken/Becker-Eberhard* § 33 Rn 13 in leicht anderem Zusammenhang.

368 Vgl. *Gaul* RPfleger 1971, 81 (86 „selbstständig denken", 87 „fehlt Einheitlichkeit und innere Geschlossenheit", „Zwangsvollstreckung als losere Aneinanderreihung einzelner Vollstreckungsmaßnahmen"); *Kuchinke* JZ 1958, 198 möchte zwar (aus praktischen und theoretischen Gründen) eine gedankliche Vorstellungseinheit zwischen den hoheitlichen Vorgängen erreichen (um in diesem Zuge die Qualifikation des Pfändungspfandrechts als öffentlich-rechtlich zu hinterfragen), bestreitet dabei aber die Existenz der angesprochenen Prozesse nicht.

drei Phasen des Vollstreckungsverfahrens kann auch in zeitlicher (sub II.) und systematischer Hinsicht (sub III.) differenziert werden.

II. Trennbarkeit in zeitlicher Hinsicht

Der Pfändungs- und Überweisungsbeschluss wird zugunsten des Pfändungsgläubigers in aller Regel als einheitlicher Beschluss erlassen.[369] Rechtlich ist der Beschluss in den Pfändungsbeschluss und den Überweisungsbeschluss und damit in zwei Elemente zu trennen. Diese können einander auch erst mit zeitlichem Abstand folgen.[370] Dies ist nicht nur denkbar, wenn die Voraussetzungen für eine Überweisung (noch) nicht gegeben sind, sondern auch, wenn sie nicht begehrt wird.

Das Gesetz sieht eigentlich ebenfalls eine zeitliche Trennung vor. Gemäß § 834 ist der Vollstreckungsschuldner vor dem Erlass des Pfändungsbeschlusses nicht zu hören. Die Effektivität der Pfändung soll nicht gefährdet werden. Würde der Forderungsinhaber über die Pfändung der konkreten Forderung unterrichtet, könnte er die Forderung noch vor der wirksamen Pfändung an eine andere Person übertragen.[371] Da jedoch in Rechte des Vollstreckungsschuldners eingegriffen wird, ist die Anhörung gem. Art. 103 I GG spätestens in dem Moment nachzuholen, in dem eine Gefährdung des Vollstreckungserfolgs nicht mehr zu befürchten ist. Dies ist grds. mit der Zustellung des Pfändungsbeschlusses der Fall, da in dem Moment eine Verfügung über die Forderung gem. § 829 I 2 i.V.m. § 136 BGB unwirksam wäre.[372]

Indes hat sich die Praxis, in der die Beschlüsse i.d.R. zeitgleich erlassen werden,[373] hierüber mit dem Behelfsargument, die Überweisung zur Einziehung bewirke noch keinen endgültigen Rechtsverlust,[374] hinweggesetzt.[375]

---

369 *Stein* FS Wach I S. 449 (465; „die wohl ausnahmslose Regel"); *Goldschmidt* § 96 I c; vgl. *Kleinfeller* S. 653; *Stöber* Rn 583 f.; *Prinz von Sachsen Gessaphe* Rn 330.

370 *Hahn* S. 458 („getrennt gehalten"); BGH NJW-RR 2009, 997 Tz 14; *Gierlach* S. 291; Kindl/Meller-Hannich/Wolf/*Bendtsen* § 829 Rn 3, § 835 Rn 3; Musielak/Voit/*Becker* § 835 Rn 3; BeckOK-ZPO/*Riedel* § 829 Rn 43; *Hoeren* NJW 1991, 410 f.

371 Musielak/Voit/*Becker* § 834 Rn 1.

372 MünchKommZPO/*Smid* § 834 Rn 1; Musielak/Voit/*Becker* § 834 Rn 2; vgl. ferner Saenger/*Kemper* § 834 Rn 5 („steht nichts im Wege").

373 Oben Fn 369.

374 Vgl. *Gaul/Schilken/Becker-Eberhard* § 54 Rn 54, § 55 Rn 32; daher anders bei der Überweisung an Zahlungs statt MünchKommZPO/*Smid* § 834 Rn 9.

375 MünchKommZPO/*Smid* § 834 Rn 1; kritisch *Hoeren* NJW 1991, 410.

Für den Vollstreckungsgläubiger bedeuteten eine Trennung der Beschlüsse und die Beschränkung auf die Pfändung keinen unmittelbaren rechtlichen Nachteil. Schließlich unterliegt das Schuldnervermögen ab diesem Zeitpunkt einem Verfügungsverbot, sodass eine Verwertung nicht sofort erfolgen müsste. Die Wirkungen des Pfändungsbeschlusses dauern an, bis der Überweisungsbeschluss erlassen ist. Eine zeitliche Grenze, wie bspw. beim Mahnbescheid i.S.d. § 701, gibt es nicht.

Einzig im Fall der Eröffnung eines Insolvenzverfahrens über das Vermögen des Vollstreckungsschuldners könnte der Gläubiger die Forderung nicht mehr aufgrund seines Pfändungspfandrechts absondern, wenn zudem das Pfändungspfandrecht weniger als einen bzw. drei Monat vor der Antragstellung entstanden ist. Gemäß § 88 I, II InsO würde die Sicherung dann rückwirkend unwirksam. Dies wird als Rückschlagsperre bezeichnet.[376] Allein deshalb ist dem Gläubiger im eigenen Interesse eine rasche Beantragung der Überweisung anzuraten. Es steht allerdings zu seiner freien Disposition.

Nicht nur möglich, sondern sogar gesetzlich vorgeschrieben ist die Einhaltung einer Wartezeit bei der Vollstreckung in körperliche Sachen. § 816 I erlaubt die Verwertung frühestens eine Woche nach der Pfändung. Die Pfändung und Verwertung einer Sache sind nicht zwei bloße Rechtsakte, sondern erfordern tatsächliche Geschehensabläufe. Gemäß § 816 III ist z.B. eine öffentliche Ankündigung unter Bezeichnung der zu versteigernden Gegenstände erforderlich. Diese kann denklogisch erst nach Pfändung erfolgen. Die zeitliche Differenz ist deshalb nicht nur zum Schutz des Schuldners, sondern bereits aus Praktikabilitätsgründen erforderlich.

III. Gesetzessystematische Sicht

Die gezeigte Trennbarkeit lässt sich auch durch eine systematische Betrachtung des Gesetzes stützen. Aufgrund der Qualifizierung des Zwangsvollstreckungsrechts als öffentliches Eingriffsrecht und vor dem Hintergrund des Art. 20 III GG muss jede hoheitliche Maßnahme von einer Rechtsgrundlage gedeckt sein.[377] Dem entspricht die ZPO, indem sie für jede Maßnahme eine eigene Regelung vorsieht. Die einschlägigen Ermächtigungsgrundlagen sind in den §§ 808, 814, 817 für die Sach- und in §§ 829, 835 für die Forderungspfändung enthalten. Dabei

---

376 Dazu BFHE 209, 34 (36); *Stöber* Rn 577e; *Brox/Walker* Rn 389; *Foerste* Rn 167 f.; der Antrag auf Eröffnung eines Insolvenzverfahrens selbst ist hingegen für die Pfändung zunächst irrelevant, Rn 577c; *Prinz von Sachen Gessaphe* Rn 288.

377 *Gaul* ZZP 112 (1999) 135 (139, 151).

unterscheidet der Gesetzgeber bei jedem beweglichen Gegenstand zwischen der Pfändung und der Verwertung. Jede Norm enthält stets nur die Voraussetzung einer einzelnen Maßnahme. Jede Maßnahme wird auf Tatbestands- wie Rechtsfolgenebene strikt getrennt.[378]

Trotz dieser Trennbarkeit wird das weitere Verfahren einer Vollstreckung in körperliche Sachen nach dessen Beginn gem. § 91 II 1 GVGA in der Praxis ohne einen erneuten Antrag des Gläubigers, d.h. von Amts wegen, durchgeführt.[379] Die Versteigerung geschieht vielmehr automatisch, solange kein gegenläufiges Interesse des Gläubigers erkennbar ist und die Voraussetzungen vorliegen. Diese Vorgehensweise ist darauf zurückzuführen, dass es regelmäßig dem Interesse des Gläubigers entspricht, möglichst zügig seinen Erlös zu erhalten. Es stellt kein Plädoyer für eine rechtliche Einheitlichkeit des Vollstreckungsverfahrens dar.

C. Durchführung einer nachfolgenden ohne vorherige Maßnahme

Ein isolierter Zugriff auf einzelne Vollstreckungshandlungen ist nun in zweierlei Weise denkbar. Zum einen kann die Durchführung der zeitlich früheren Handlung ohne die ihr gewöhnlich folgende Handlung begehrt werden, wenn bspw. ein Gläubiger bloß einen Pfändungsantrag stellt. Zum anderen ist auch das Gegenteil vorstellbar: die sofortige und alleinige Durchführung einer Vollstreckungshandlung, die eigentlich erst im Verlauf des Verfahrens relevant würde, wenn also die vorherigen Handlungen durchgeführt wurden und deren Wirkungen eingetreten sind.

Schon auf den ersten Blick zeigt sich, dass diese zweite Konstellation deutlich schwieriger zu legitimieren sein und v.a. deutlich seltsamer wirken dürfte als ihr Gegenteil. Beantragt würde eine Maßnahme aus der Mitte des Vollstreckungsverfahrens, die zugeschnitten ist auf eine Situation, in der andere Handlungen bereits stattgefunden haben. Setzen einige Vollstreckungshandlungen eine bestimmte, nicht naturgegebene Rechtslage voraus, so bedeutet dies, dass diese Rechtslage zuvor „hergestellt" worden sein muss.[380] Dies ist der Grund dafür, dass Vollstreckungshandlungen, denen hoheitliche Rechtsqualität zukommt,[381] letztlich

---

378 *Hahn* S. 458.

379 *Gaul/Schilken/Becker-Eberhard* § 53 Rn 1 (für die Sachvollstreckung; dies gilt nicht für die Forderungsverwertung, *Dies.* § 55 Rn 32).

380 Vgl. MünchKommZPO/*Smid* § 829 Rn 3.

381 Wie schon gesagt kann Befriedigung beim Gläubiger eintreten, auch wenn zuvor keine Pfändung erfolgt ist. Dies erfordert aber die Mitwirkung des Schuldners.

aufeinander aufbauen. Die Verwertungsvorschriften § 814 I und § 835 I zeigen eine klare chronologische Ordnung:[382] „Die gepfändete Forderung…" bzw. „Die gepfändeten Sachen…".[383] Die Rechtsgrundlagen für die jeweilige Verwertungshandlung setzen tatbestandsmäßig eine erfolgte Pfändung voraus.[384] Andernfalls stellte eine dennoch durchgeführte Verwertung mangels Vorliegens ihrer tatbestandlichen Voraussetzungen einen rechtswidrigen Eingriff ins Schuldnervermögen dar.[385] Diese Rechtswidrigkeit spiegelt sich wider in Ausgleichsansprüchen, die dem Benachteiligten nach dem Ende des Vollstreckungsverfahrens zustehen können. Ohne eine Pfändung erlangt der Gläubiger kein Pfändungspfandrecht, sodass er den Erlös nicht behalten darf. Der Schuldner könnte letzteren also kondizieren oder bei Nichtigkeit der Verwertung ggf. sogar vindizieren. Da dies allerdings dem Ziel des Vollstreckungsverfahrens widerspräche, hätte eine derartige Vollstreckungsmaßnahme zu unterbleiben.

Indes könnte die zeitlich frühere Handlung doch entbehrlich sein, wenn die Befugnis des Vollstreckungsorgans zur Durchführung auf dessen, von der Wahrung der regulären Reihenfolge unabhängiger, staatlich-hoheitlicher Rechtsstellung beruhte.[386] Dann dürfte das Organ jede Handlung kraft seiner Rechtsposition durchführen und die vorherige Handlung wäre als Grundlage nicht erforderlich. Nach *Kuchinke* soll die Rechtsmacht zur Verwertung des Gegenstands allein auf der hoheitlichen Stellung des Vollstreckungsorgans beruhen.[387] Konkret bedeutete dies, dass eine Verwertung auch ohne vorherige Pfändung erfolgen könnte.

---

382 Kindl/Meller-Hannich/Wolf/*Kindl* § 817 Rn 2 für Pfändung und Verwertung; *Stein* Grundfragen S. 56, der die Pfändung als Grundlage jeder weiteren Vollstreckungshandlung ansieht.

383 So explizit auch BGHZ 127, 146 (152); SchuWa/*Schuschke* § 835 Rn 2; Stein/Jonas/*Brehm* § 835 Rn 1; Zöller/*Stöber* § 835 Rn 2; vgl. MünchKommZPO/*Smid* § 829 Rn 3.

384 A.A. offenbar *Stamm* S. 436, 438, der aufgrund der streitbaren dogmatischen Einordnung der Maßnahmen ins reine Zivilrecht für eine Alternativität zwischen Pfändung und Überweisung plädiert. Folglich hält er eine Überweisung an Zahlungs statt ohne vorherige Pfändung für möglich. Seine Ausführungen beziehen sich jedoch vmtl. eher auf die Situation de lege ferenda; vgl. dazu ferner sub Kapitel 3.D.II.2.c) aa).

385 Vgl. *Stamm* S. 401, der sogar von Enteignung spricht; vgl. auch *Lüke* 50 Jahre BGH S. 441 (452).

386 In diese Richtung argumentiert *Kuchinke* JZ 1958, 198 (201), auch wenn er die Folge so nicht explizit ausspricht.

387 *Kuchinke* JZ 1958, 198 (201).

Die damit angesprochene Frage nach der Grundlage der Verwertung ist eine sehr umstrittene und fußt auf dem Meinungsstreit zur Rechtsnatur und zum Inhalt des Pfändungspfandrechts.[388]

Zwar ist die Frage, ob die Verwertungshandlung „nur“ die Pfändung,[389] den weitergehenden Zustand der Verstrickung[390] oder gar die Entstehung eines Pfandrechts[391] verlangt, höchst strittig.[392] Sie hat aber keine Auswirkungen auf die hier zu beantwortende Frage. Denn nach jeder der drei Varianten ist zumindest die Durchführung der Pfändung erforderlich. Entweder nämlich ist diese selbst unmittelbare Grundlage der Verwertung oder sie wird es mittelbar, indem eine ihrer beiden Hauptwirkungen zur Grundlage erhoben wird. Die bloße Vornahme der Pfändungshandlung ist der kleinste gemeinsame Nenner der drei aufgeführten Ansichten. Ohne den „Meinungsstreit“ über die Grundlage der Verwertung auflösen zu müssen, kann festgehalten werden, dass sich eine Pfändung stets als nötig erweist.

Selbst wenn man *Kuchinkes* Herleitung der Vollstreckungsbefugnis aus der staatlich-hoheitlichen Rechtsstellung des Organs zugeneigt sein sollte, bestünde diese Befugnis nicht unbeschränkt. Mindestvoraussetzungen blieben die tatbestandlichen Grenzen der Rechtsgrundlage. Dies unterstreichen die bereits zitierten Normen (§§ 814, 835), deren Wortlaut zwar nicht den Eintritt etwaiger Wirkungen, m.a.W. nicht einen (Teil-)Erfolg der Pfändung, wohl aber deren Durchführung verlangt.[393]

Im Ergebnis stimmt *Kuchinke* dem trotz der supra Fn 387 zitierten Äußerung selbst zu. Er begründet die Wechselwirkungen und die Akzessorietät der einzelnen Vollstreckungsmaßnahmen mit- und zueinander mit der gewöhnlichen „Stufenfolge“ der Vollstreckung.[394] Ungeachtet des hoheitlichen Handels des

---

388 Zum Meinungsstand MünchKommZPO/*Gruber* § 804 Rn 4–14.

389 So *Stein* Grundfragen S. 56.

390 So die gemischte Theorie, die bis heute hM ist, vgl. darstellend *Lüke* JZ 1957, 239 (240 f.); *Schwinge* S. 108; *Gaul/Schilken/Becker-Eberhard* § 50 Rn 21, 90; Musielak/Voit/*Becker* § 804 Rn 2.

391 Dies ist Auffassung der heute nicht mehr vertretenen rein privatrechtlichen und der öffentlich-rechtlichen Theorie, vgl. für die öffentlichrechtliche Theorie *Lüke* JZ 1957, 239 (240 f.); *Stamm* S. 368. Unterschieden wird bei den Anforderungen an die Entstehung dieses Pfandrechts.

392 Zum Meinungsstand *Lüke* JZ 1957, 239 (240); Gaul/Schilken/Becker-Eberhard § 50 Rn 21.

393 Aus anderen Gründen soll jedoch die volle Wirksamkeit der Pfändung erforderlich sein, vgl. BGHZ 127, 146 (152) m.w.N.

394 *Kuchinke* JZ 1958, 198 (201).

Vollstreckungsorgans müsse sich eine fehlerhafte Pfändung in der Folge auswirken, da Verfahrensordnungen zur Wahrung ihrer rechtlichen Autorität Folgen an Fehler knüpfen müssten.[395] Dies wäre jedoch nicht möglich, wenn die Verwertung gänzlich von der Pfändung unabhängig wäre und das Vollstreckungsorgan seine Handlung ohne Rücksicht auf eine durchgeführte Pfändung legitimieren könnte.[396]

Ohne eine Pfändung kann eine hoheitliche Verwertungshandlung somit auch nach dieser Ansicht nicht durchgeführt werden.[397] Die in der Überschrift aufgeworfene Frage ist daher zu verneinen. Ein praktisches Interesse eines Vollstreckungsgläubigers wäre ohnehin schwerlich nachvollziehbar.

D. Zulässigkeit der vorherigen Maßnahme ohne anschließende Durchführung der Nachfolgenden

Problematisch nicht aufgrund einer möglicherweise fehlenden Grundlage, sondern aufgrund des Sinns der konkret begehrten Vollstreckungshandlung selbst ist der Fall, in dem ein Gläubiger eine Maßnahme beantragt, ohne dass die Zwangsvollstreckung danach fortgeführt würde. Die Sinnfrage stellt sich, da staatliche Ressourcen in Anspruch genommen werden sollen, ohne dass der gewöhnliche Ablauf eingehalten und so das Verfahrensziel erreicht würde.[398]

Das Gesetz und die vollstreckungsrechtliche Praxis kennen jedoch zahlreiche Fälle, in denen aus unterschiedlichen Gründen Vollstreckungshandlungen auch isoliert durchgeführt werden. Bei deren Darstellung und den daraus zu ziehenden Schlussfolgerungen ist erneut zwischen zwei Konstellationen zu differenzieren (sub I., II.).

I. Zulässigkeit der Verwertung ohne Befriedigung

Zunächst ist zu beleuchten, ob die Zulässigkeit der Verwertung von dem Erfolg des Vollstreckungsverfahrens, also von der Befriedigung des Gläubigers, abhängig ist. Die Bejahung dieser Frage hätte Indizwirkung für die entscheidende Konstellation der Pfändung ohne Verwertung. Beiden Ausgangsfällen gemein ist die nämlich Problematik, ob die Zulässigkeit einer Vollstreckungsmaßnahme

---

395 *Kuchinke* JZ 1958, 198 (201).

396 *Kuchinke* JZ 1958, 198 (201).

397 So auch Stein/Jonas/*Münzberg* § 814 Rn 2; Dies./*Brehm* § 835 Rn 2 f. („logisch vorangehender, die Überweisung bedingender Akt").

398 OLG Köln WM 1978, 383 (385, „überflüssige Belastung der staatlichen Vollstreckungsorgane").

von der Durchführung der ihr für gewöhnlich folgenden Handlung abhängig ist oder nicht.

Hier stellt sich zunächst die Frage, wieso ein Gläubiger, der im Vollstreckungsverfahren bereits so weit fortgeschritten ist, auf diesen letzten Akt verzichten sollte bzw. ob es überhaupt einen praktischen Anwendungsfall dieser theoretischen Konstellation geben kann.

1. Mögliche Anwendungsfälle

Nach der erfolgreichen Durchführung der Verwertungshandlungen steht der Gläubiger nicht mehr vor einer in rechtlicher Hinsicht problematischen Situation. Seiner Befriedigung ist der Weg bereitet. Diese kann nur noch scheitern, wenn er selbst sie nicht forciert, gar ihre Unterbrechung verlangt oder sie aus Gründen misslingt, die außerhalb seiner Person liegen. Für die Suche nach praktisch relevanten Fällen ist zu unterscheiden zwischen der Vollstreckung in Sachen (a) und derjenigen in Forderungen (b).

a) Sachvollstreckung

Im Rahmen der Pfändung körperlicher Sachen ist es denkbar, dass der Gerichtsvollzieher es pflichtwidrig unterlässt, den vom Ersteigerer erhaltenen Erlös an den Gläubiger auszukehren. Trotz der wirksamen Verwertung träte dann aufgrund von Passivität oder sperrigem, rechtswidrigem Verhalten des Gerichtsvollziehers keine Befriedigung des Gläubigers ein. Der Gerichtsvollzieher käme seiner öffentlich-rechtlichen Pflicht nicht nach, wozu ihn der Gläubiger allerdings im Wege der Erinnerung gem. § 766 II zwingen könnte.[399]

Geht der Versteigerungserlös vor der Auskehr an den Gläubiger unter, kann letzterem ein Amtshaftungsanspruch gem. § 839 BGB, Art. 34 GG zustehen.[400] Dieser ist auf Schadensersatz gerichtet, wodurch dem Gläubiger wiederum Befriedigung zuteil würde. Fehlt jedoch das hierfür erforderliche Verschulden auf Seiten des Hoheitsträgers, befindet sich der Vollstreckungsgläubiger in einem Dilemma. Zwar liegt ohne Erlösauskehr keine materiell-rechtliche Befriedigung vor.[401] Wegen §§ 815 III, 819 ist der Schuldner jedoch von seiner Pflicht entbunden und muss nicht erneut zahlen.[402] Das Gesetz bürdet das Verlustrisiko

---

399 *Gaul/Schilken/Becker-Eberhard* § 37 Rn 20; Musielak/Voit/*Lackmann* § 766 Rn 18.

400 Stein/Jonas/*Münzberg* § 819 Rn 13.

401 HM, vgl. nur *Gaul/Schilken/Becker-Eberhard* § 53 Rn 29; MünchKommZPO/*Gruber* § 819 Rn 16.

402 Selbst bei Abhandenkommen des Gelds, *Brox/Walker* Rn 453.

dem Gläubiger auf. Somit läge hier ein Fall der Verwertung ohne anschließende Befriedigung vor. Die Verwertungshandlungen blieben wirksam, insb. wären die Handlungen zugunsten des Ersteigerers rechtlich voll wirksam. Die o.g. Gefahrtragungsregeln lösen diesen Fall zulasten des Gläubigers. Die befreiende Wirkung der Zahlung des Schuldners ist nicht von der Erlösauskehr durch den Gerichtsvollzieher abhängig. Die Verwertung würde nicht nachträglich unwirksam.

Praktisch häufiger kommt eine Verwertung ohne Befriedigung vor, wenn eine nicht im Eigentum des Vollstreckungsschuldners stehende, d.h. schuldnerfremde, Sache versteigert wird.[403] Nach allgemeiner Meinung steht dies der Verstrickung nicht entgegen,[404] da der Gerichtsvollzieher nur die Gewahrsamsverhältnisse zu prüfen hat. Das Eigentum ist im Grundsatz ohne Bedeutung.[405] Hingegen erlangt der Vollstreckungsgläubiger kein Pfändungspfandrecht, da dessen Entstehung nach der herrschenden[406] gemischt privat-öffentlich-rechtlichen Theorie auch von den materiell-rechtlichen Vorschriften über das Pfandrecht abhängig ist. Dies hat zur Folge, dass der ursprüngliche Eigentümer der Sache den Erlös vom Gläubiger kondizieren kann. Die Versteigerung hingegen bleibt als hoheitlicher Vorgang wirksam, sodass der Gerichtsvollzieher dem Ersteher rechtsbeständig Eigentum verschaffen kann.

Die Wirksamkeit der Verwertungshandlung bleibt somit unberührt. Durch die materiell-rechtlichen Ausgleichsansprüche[407] des Eigentümers gegen den Vollstreckungsgläubiger hingegen wird der gewünschte Befriedigungseffekt nivelliert. Der Vollstreckungsgläubiger darf den Erlös nur bis zur Durchsetzung dieser Ansprüche behalten, denn mangels Pfandrecht hat er den Erlös ohne Rechtsgrund erlangt. Freilich bleibt der titulierte Anspruch des Gläubigers gegen dessen Schuldner bestehen.[408] Die Vollstreckung in den konkreten Gegenstand ist jedoch gescheitert und eine Befriedigung eben nicht erfolgt.

---

403 Dazu *Brox/Walker* Rn 472.

404 Statt vieler *Gaul/Schilken/Becker-Eberhard* § 50 Rn 25.

405 Vgl. aber noch sub Kapitel 4.A.

406 So selbst *Lüke* Zwangsvollstreckung S. 5 als Verfechter der öffentlichen Theorie.

407 Praktisch relevant sind der Anspruch aus §§ 280 I, 241 II i.V.m. 1004 I BGB sowie die Eingriffskondiktion i.S.d. § 812 I 1 Var. 2 BGB; vgl. dazu BGHZ 58, 207 (211 ff.); 118, 201 (204 ff.); MünchKommZPO/*Gruber* § 804 Rn 46 f.; *Büchler* JuS 2011, 779. Alle anderen denkbaren Anspruchsgrundlagen verlangen den schwer zu führenden Nachweis eines subjektiven Elements, d.h. dass der Vollstreckungsgläubiger die Schuldnerfremdheit kannte (z.B. bei §§ 687 II 1, 678 bzw. §§ 681, 667 BGB) oder fahrlässig nicht kannte (§ 823 I BGB).

408 *Kerwer* S. 180 f. mit dem Hinweis „hM"; ferner *Brox/Walker* Rn 472. Gemäß § 733 kann erneut eine Vollstreckungsklausel beantragt werden.

Im Recht der Sachpfändung kommt der zu untersuchenden Situation daher praktische Relevanz zu.

b) Forderungsvollstreckung

Der Forderungspfändungsgläubiger hingegen ist selbst mit der Einziehung der überwiesenen Forderung betraut und kann nicht mit der Unterstützung eines Vollstreckungsorgans rechnen. Daher kann hier der einfache Fall begegnen, dass der Vollstreckungsgläubiger die Einziehung entweder *gar nicht* betreibt. Alternativ könnte er sich von einer scheinbar glaubhaften Zusage des Drittschuldners, die Forderung später zu erfüllen,[409] beeinflussen lassen und deshalb *zunächst* von der Einziehung absehen. Häufig sieht ein überforderter Schuldner durch eine private Ratenzahlungs- oder Stundungsvereinbarung „Licht am Ende des Tunnels". Wird dadurch eine Klage unnötig, wird der Drittschuldner nicht mit weiteren aus einer verlorenen Einziehungsklage resultierenden Kosten belastet. Die Erfüllung der bestehenden Verbindlichkeiten wird i.E. wahrscheinlicher.[410] Dies lässt jedoch die Pfandverwertung nicht obsolet werden. Erst durch sie wird der Gläubiger regelmäßig in die Lage versetzt, im Fall der Nichtbefolgung der Vereinbarung durch den Drittschuldner Einziehungsklage zu erheben. Die Verwertung erhöht den Druck auf den Drittschuldner, der Vereinbarung nachzukommen. Die unterbleibende Einziehung der überwiesen Forderung stellt danach grds. einen Fall der Verwertung ohne Befriedigung dar.

Unterlässt der Gläubiger die Einziehung hingegen aus freien Stücken und wäre hierin ein Erlass zu sehen, so könnte dies dennoch als Befriedigungseffekt zu werten sein. Der gerade geschilderte Fall wäre dann kein geeigneter Anwendungsfall der aufgeworfenen Fragestellung (I.).

Ein Erlass gegenüber dem Drittschuldner führt dazu, dass der Anspruch gem. § 397 I BGB mit rechtsvernichtender Wirkung ex nunc erlischt.[411] Der Erlass ist wie die Zession eine abstrakte Verfügung. Er käme einer Befriedigung gleich,[412] auch wenn der Charakter als Erfüllungssurrogat bestritten wird.[413] Schließlich hätte der Gläubiger infolge des Erlasses das, was er zu jenem Zeitpunkt begehrt. Dies ist Voraussetzung für den Eintritt der Befriedigung. Dass sich sein Begehr im Verlaufe der Zeit geändert haben könnte, ist irrelevant. Der Befriedigungseffekt

---

409 *Stamm* S. 17.

410 Vgl. Musielak/Voit/*Becker* § 842 Rn 2 („nicht vorwerfbar"); vgl. auch *Noack* DGVZ 1975, 97 (103) zur Motivation eines Vollstreckungsgläubigers.

411 *Medicus/Lorenz* SchuldR I Rn 309.

412 *Medicus/Lorenz* SchuldR I Rn 309; Schulze/*Schulze* § 397 Rn 4.

413 Staudinger/*Rieble* § 397 Rn 237.

muss nicht zwingend im Erhalt von Geld bestehen, wie andere Vollstreckungsarten zeigen (§§ 883 ff.).

Jedoch erfordert ein Erlass gem. § 397 I BGB als dinglicher Vertrag[414] wie jedes zweiseitige Rechtsgeschäft Willenserklärungen mit Rechtsbindungswillen.[415] Die bloße Untätigkeit kann auch nicht konkludent als rechtsverbindliche Willensäußerung nach außen aufgefasst werden.[416] Deshalb liegt in der bloßen Nichteinziehung der Forderung als rein tatsächliches Element noch kein Angebot auf Abschluss eines Erlassvertrags. Dies muss erst Recht gelten, wenn der Vollstreckungsgläubiger mit dem Drittschuldner eine Ratenzahlungsvereinbarung getroffen hat und die Forderung deswegen nur vorübergehend nicht ernstlich einfordert. Eine solche Vereinbarung manifestiert gerade den Willen, die Forderung nicht aufzugeben. Daher tritt durch die, auch über einen längeren Zeitraum mögliche, Nichteinziehung der Forderung keine Befriedigung ein.

Ferner kann die Befriedigung des Gläubigers trotz der wirksamen Verwertung auch aus Gründen, die in der Person des Drittschuldners liegen, misslingen. Dies ist etwa denkbar, wenn der Drittschuldner insolvent wird oder verstirbt. Die Forderung würde zwar Teil einer Insolvenzmasse oder des Nachlasses. Es kann jedoch vorkommen, dass diese Sondervermögen nicht zur Befriedigung aller Forderungen genügen; bei der Insolvenzmasse ist das beinahe immer der Fall. Könnte der Schuldner alle Forderungen bedienen, läge kein Grund für die Eröffnung eines Insolvenzverfahrens i.S.d. §§ 16 ff. InsO vor.

Der Vollstreckungsgläubiger kann dann die erneute Vollstreckung in eine andere Forderung des Schuldners beantragen. Dazu müsste er den Verzicht auf die aus der Verwertung erworbenen Rechte gem. § 843 S. 1 erklären.[417] In Anbetracht seiner Situation wird er dies tun. Diese Erklärung ist erforderlich, da der Gläubiger nicht gleichzeitig Rechte an der alten Forderung behalten und in einen neuen Gegenstand vollstrecken kann. Der konkrete Vollstreckungsversuch ist indes gescheitert. Im Hinblick auf den konkreten Vollstreckungsgegenstand liegt eine wirksame und zulässige Verwertung ohne Befriedigung vor.

Die Verwertung einer schuldnerfremden Forderung hingegen ist im Unterschied zur Sachpfändung[418] kein taugliches Beispiel. Nach der herrschenden Meinung wird eine schuldnerfremde Forderung durch die Pfändung schon gar

414 Statt vieler MünchKommBGB/*Schlüter* § 397 Rn 1 ff.
415 Staudinger/*Singer* Vorb. §§ 116 ff. Rn 1.
416 MünchKommBGB/*Schlüter* § 397 Rn 3; Staudinger/*Rieble* § 397 Rn 109.
417 MünchKommZPO/*Smid* § 843 Rn 1.
418 Dazu supra Kapitel 3.D.I.1.a).

nicht verstrickt.[419] Eine Anknüpfung an Rechtsscheinsträger wie den Gewahrsam sei mangels körperlicher Struktur bei Forderungen nicht möglich. Ebenfalls entsteht dort nach der herrschenden gemischten Theorie kein Pfändungspfandrecht. Da somit die Grundlage der Verwertung fehlt,[420] wäre diese rechtlich unwirksam und nicht nur anfechtbar.[421]

Im Ergebnis aber sind sowohl bei einer Sach- wie bei einer Forderungspfändung Fälle einer wirksamen Verwertung auch ohne eine erfolgreiche Befriedigung denkbar und können praktisch begegnen.

2. Eintritt der Befriedigung als Vollstreckungsvoraussetzung?

Regelmäßig wäre eine isolierte Vollstreckungsmaßnahme jedoch unzulässig, wenn sie den tatsächlichen Eintritt der Befriedigung des Gläubigers voraussetzte. Die Befriedigung wurde als Ziel des Verfahrens ausgemacht. Ferner wurde gesagt, dass sich auch eine einzelne Vollstreckungsmaßnahme an diesem Ziel messen lassen muss. Das Ziel kann freilich nicht erreicht werden, wenn der Gläubiger, wie der Ausgangsfrage (I.) zu entnehmen ist, die Befriedigungshandlung unterlässt oder die Befriedigung aus anderen Gründen misslingt. Fraglich ist somit, ob die Zwangsvollstreckung nur zulässig ist, wenn sie die Befriedigung des Gläubigers tatsächlich herbeiführt oder bereits dann, wenn sie diese bloß beabsichtigt.[422]

Ersteres erscheint problematisch, denn der Eintritt der Befriedigung ist nur teilweise vom Vollstreckungsorgan beeinflussbar. Das handelnde Organ kann z.B. nicht darauf einwirken, ob Bieter bei der Versteigerung erscheinen und das Mindestgebot i.S.d. § 817a I erreicht wird oder ob der Drittschuldner zahlungsfähig und -willig ist. Die Zulässigkeit von Vollstreckungshandlungen kann nicht davon abhängig gemacht werden, ob sich im Anschluss an die Verwertung oder in deren

---

419 BGHZ 172, 278 (283) NJW 2007, 3352 (3353); *Bürgle* S. 93; *Brox/Walker* Rn 510; *Gaul/Schilken/Becker-Eberhard* § 55 Rn 12; Musielak/Voit/*Becker* § 829 Rn 17; anders nur OLG München NJW 1954, 1124 f. und *Gierlach*.

420 Die bloße Pfändung wird heute nicht mehr als Grundlage der Verwertung betrachtet, vgl. die Darstellung in Musielak/Voit/*Becker* § 804 Rn 1 f. und Saenger/*Kemper* § 804 Rn 3 f. Daher wird von dieser Auffassung hier abgesehen (vgl. auch supra C.).

421 *Spickhoff* FS Schumann S. 443 (445, 456, 462); BeckOK-ZPO/*Riedel* § 835 Rn 5 („wirksame Pfändung"); dies gilt trotz des relativ wirkenden § 836 II, vgl. BGHZ 127, 146 (152); für die Sachversteigerung MünchKommZPO/*Gruber* § 814 Rn 5.

422 Diese Fragestellung ist zu unterscheiden von derjenigen Frage, ob die Vollstreckungsmaßnahme dieses Ziel verfolgt und für dessen Erreichung geeignet ist (dazu supra Kapitel 1.A.II., sub Kapitel 3.D.II.3.b) bb)).

Verlauf eine Tatsache offenbart, welche die Befriedigung verhindert. Verlangte man den tatsächlichen Eintritt der Befriedigung, so wäre rückwirkend über die Zulässigkeit von Vollstreckungsmaßnahmen zu entscheiden. Dies schadete der Rechtssicherheit in beträchtlichem Maße. Abzustellen ist daher auf den ex ante-Zeitpunkt. Aus diesem Grunde existiert keine Erfolgspflicht, die von äußeren Faktoren abhängig wäre und von den Vollstreckungsorganen nicht beeinflusst werden könnte.[423] Das Vollstreckungsorgan schuldet nur das Bemühen.[424] Hierbei ist es wiederum verpflichtet, sämtliche Mittel auszuschöpfen.

Festzuhalten ist, dass die Zulässigkeit von Zwangsvollstreckungsmaßnahmen jedenfalls nicht vom tatsächlichen Eintritt der Befriedigung abhängig ist. Diesen kann das Organ nämlich nicht gewährleisten. Die begehrte Maßnahme muss also nicht bereits selbst die Befriedigung des Gläubigers bewirken. Aus diesem Grunde bleibt ein isolierter Zugriff auf einzelne Vollstreckungshandlungen möglich.

3. *Keine prozessuale Bedingung*

Für die Antwort auf die Frage nach einem gegenseitigen Einfluss zwischen der Verwertungs- und der Befriedigungshandlung ist weiter eine chronologische Betrachtung hilfreich. Die durch die Verwertung bewirkten Rechtsänderungen sind mit ihrer Durchführung abgeschlossen. Erst hiernach wird die Frage nach Befriedigungshandlungen relevant. Damit der Erfolg der Befriedigung Auswirkungen auf die Verwertung haben könnte, wäre zwischen diesen beiden Maßnahmen eine Akzessorietät erforderlich.

Nach materiellem Recht könnte eine Akzessorietät durch eine auflösende Bedingung erreicht werden, wie § 158 II BGB sie für Willenserklärungen vorsieht. Im Ergebnis liefe dies allerdings auf eine unerwünschte, rückwirkende Betrachtung hinaus, deren Nachteile bereits erörtert worden sind.[425] Zudem kann die Verwertung als prozessuale Handlung[426] nicht unter eine solche Bedingung gestellt werden, da Schwebezustände im Prozessrecht vermieden werden sollten.[427] Schon im materiellen Recht sind Bedingungen restriktiv zu handhaben und daher

---

423 *Böhm* S. 37, 47.

424 Vgl. *Gaul/Schilken/Becker-Eberhard* § 6 Rn 2, 17.

425 Supra Kapitel 3.D.I.2.

426 *Gaul* GS Arens S. 89 (89, 107 ff., 111 für die öffentliche Versteigerung S. 121 f., 126 allgemein für Vollstreckungshandlungen); *ders./Schilken/Becker-Eberhard* § 5 Rn 33 ff.

427 *Gaul/Schilken/Becker-Eberhard* § 26 Rn 3a; *Lüke* ZivilprozessR Rn 212; allgemein zum Zivilprozessrecht *Rosenberg/Schwab/Gottwald* § 65 Rn 24.

explizit zu vereinbaren.[428] Dies muss für das Prozessrecht erst recht gelten, wenn sie dort im Grundsatz ausgeschlossen sind. Die §§ 704 ff. enthalten keine derartigen Regelungen, weshalb eine solche Lösung abzulehnen ist.

Daher wirken sich zeitlich spätere Entwicklungen auf bereits vollständig abgeschlossene Vorgänge grds. nicht mehr aus. Einmal verwirklichte Tatbestände sollen nicht automatisch durch spätere Veränderungen beeinflusst werden können.[429] Dies entspricht allgemeinen öffentlich-rechtlichen Maßstäben.[430]

4. *Telos des § 842 als Indiz für die Zulässigkeit*

Auch der Sinn und Zweck des § 842 streitet für die isolierte Zulässigkeit der Verwertung.[431] Darin kommt zum Ausdruck, dass dem Gläubiger die schnelle Beitreibung der überwiesenen Forderung obliegt. Bei deren Verzögerung oder Unterlassen muss der Gläubiger dem Schuldner für den daraus entstehenden Schaden haften.[432]

§ 842 regelt auf diese Weise die Folgen der verzögerten Befriedigung. Als Verzögerung ist im Wege eines erst-recht Schlusses auch die ganz unterbleibende Einziehung zu verstehen. Nach dem eindeutigen Wortlaut der Norm besteht die Rechtsfolge in der Verpflichtung zum Schadensersatz. Dem Gläubiger wird die überwiesene Forderung hingegen nicht etwa genommen. Gesetzestechnisch wäre es ohne weiteres möglich, das überwiesene Einziehungsrecht, etwa nach Ablauf einer starren oder vom Vollstreckungsschuldner zu setzenden, angemessenen Frist, wieder zurück zu übertragen. Hierfür hat sich der Gesetzgeber indes nicht entschieden. Auswirkungen auf die Zulässigkeit der Verwertung werden nicht angeordnet.

---

428 Vgl. BeckOK-BGB/*Rövekamp* § 158 Rn 37.

429 Nur i.R.d. §§ 775 Nr. 1, 3, 776 S. 1 können einmal eingetretene Wirkungen der Verwertung (ohne Zustimmung des Gläubigers, sonst gem. § 843 S. 1 möglich, dazu sub Kapitel 3.D.I.1.b.) rückwirkend aufgehoben werden. Bei diesem ist jedoch nicht das Scheitern der Befriedigung maßgeblich, sondern vielmehr ein davon zu trennender allgemeiner „Mangel" (§ 775 Nr. 1, 3), der erst im Verlauf des Vollstreckungsverfahrens entdeckt wird und dazu führt, dass die Voraussetzungen der Zwangsvollstreckung nicht mehr gegeben sind. Auch hier hat somit der Erfolg der Befriedigung keinen Einfluss auf die Zulässigkeit und die Wirkungen der Verwertung.

430 Dies würde, freilich für Gesetzesänderungen, eine echte Rückwirkung darstellen bzw. eine Rückbewirkung von Rechtsfolgen, vgl. aus neuester Zeit BVerfGE 127, 1 (16 ff.), die im Regelfall unzulässig ist, grundlegend BVerfGE 11, 139, 145; 30, 392, 401 f.

431 Dazu schon kurz supra Kapitel 2.B.I.4.

432 *Gaul/Schilken/Becker-Eberhard* § 55 Rn 39; BeckOK-ZPO/*Riedel* § 842 Rn 2.

Vielmehr kann der Gläubiger jederzeit, einseitig, grundlos und ohne negative Folgen für die Zukunft gem. § 843 S. 1 den Verzicht auf das erworbene Recht erklären.[433] Der Vollstreckungsschuldner kann den Gläubiger nicht zur Einziehung der Forderung verpflichten. Es steht im Ermessen des Gläubigers, ob er die Befriedigungshandlungen forciert oder nicht. Im letzten Fall muss er freilich „mit den Konsequenzen leben".

Der Vorschrift des § 842 immanent ist damit der Fall, dass die Befriedigung nicht erfolgreich verläuft. Die Norm bringt zum Ausdruck, welche Folgen damit im Fall der erfolgten Forderungsüberweisung einhergehen. Der Ausgleich erfolgt über einen Schadensersatzanspruch, nicht hingegen über eine prozessuale „Rückabwicklung". Auswirkungen auf die Verwertung soll die misslungene Befriedigung nicht haben.

5. *Prozessökonomische Betrachtung*

Auch die häufig begegnenden Zahlungsvereinbarungen sprechen für eine isolierte Betrachtung der Zulässigkeit einzelner Maßnahmen. Unter Umständen ist der Gerichtsvollzieher gem. § 802b II sogar zum Abschluss solcher Vereinbarungen gehalten.[434] Seitens des Vollstreckungsorgans dürfte überdies ein Interesse an außergerichtlichen Zahlungsvereinbarungen zwischen dem Gläubiger und dem Drittschuldner bestehen. Schließlich ist die Bemühung eines Richters im Drittschuldnerprozess zeit- und kostenintensiver als jede einvernehmliche Lösung. Da eine streitige Entscheidung zwangsläufig Gewinner und Verlierer hervorbringt, stellt sie ferner selten beide Parteien wirklich zufrieden.

Solche Vereinbarungen beinhalten aber, indem sie die Zahlungspflicht aufschieben, das Risiko des Fehlschlags der Befriedigung. Dass sie dennoch zulässig[435] und ggf. sogar gewünscht sind, zeigt, dass eine verzögerte Beitreibung durch den Vollstreckungsgläubiger keinen Einfluss auf die Verwertungshandlung haben soll. Andernfalls würde weder der Gesetzgeber i.S.d. § 802b II zu Zahlungsvereinbarungen ermutigen noch zöge der Gläubiger solche in Betracht.

433 Vgl. *Gaul/Schilken/Becker-Eberhard* § 55 Rn 40.

434 *Gaul/Schilken/Becker-Eberhard* § 33 Rn 7.

435 Die Zulässigkeit sog. Vollstreckungsverträge ist äußerst umstritten, vgl. *Gaul/Schilken/Becker-Eberhard* § 33 Rn 11 ff., 35 ff.; MünchKommZPO/*Rauscher* Einl. Rn 421 ff.; *Wieser* NJW 1988, 665. Bloße Zahlungsvereinbarungen oder -aufschübe sind jedoch Ausfluss der Dispositionsmaxime des Gläubigers und daher zulässig.

6. *Fazit*

Aus der Zusammenschau der in Abschnitt I angestellten Überlegungen ergibt sich, dass die Zulässigkeit der Verwertung isoliert und unabhängig von der Durchführung der ihr nachfolgenden Maßnahmen ist. Deshalb steht bereits fest, dass Vollstreckungsverfahren nicht nur dann zulässig betrieben werden können, wenn alle Maßnahmen unmittelbar aufeinander folgen und erfolgreich verlaufen. Eine prozessuale Akzessorietät zwischen der Verwertung und der Befriedigung besteht nicht.

Dieses Ergebnis ist ein starkes Indiz für eine generelle isolierte Zulässigkeit von Vollstreckungsmaßnahmen. Wäre die Zulässigkeit der Verwertung von dem Eintritt der Befriedigung abhängig gewesen, dürfte es ungleich schwerer fallen, für die Abhängigkeit der Pfändung von der Verwertung das Gegenteil argumentativ herzuleiten. Mit dem hier gewonnen Ergebnis hingegen besteht die Aufgabe „lediglich" darin, zu untersuchen, ob bzw. wieso dasselbe für die Pfändung ohne Verwertung gilt.

Auf die Frage, wie es sich bei vorhersehbarer und dauerhafter Unmöglichkeit der Befriedigung verhält, ist am Ende von Abschnitt II noch einmal einzugehen.

II. Zulässigkeit der Pfändung ohne Verwertung

Wie bereits angedeutet, begehrt der Vollstreckungsgläubiger in der hier zu untersuchenden Ausgangskonstellation nicht die Verwertung, sondern die Pfändung. Eine Verwertung ist infolge der Abtretung nicht möglich. Die vom Gläubiger begehrten Hilfsrechte setzen jedoch die Zulässigkeit der Pfändung voraus.[436]

Die Tatsache, dass die Zulässigkeit und Wirksamkeit der Verwertungshandlung nicht akzessorisch ist zum Eintritt der Befriedigung, lässt eine isolierte Durchführung einzelner Vollstreckungsmaßnahmen denkbar erscheinen.

1. *Grundsätzliche Bedenken gegen eine isolierte Pfändung*

Hinter der Zulässigkeit der Pfändung einer eigenen Forderung verbirgt sich die dogmatische Problematik, ob, und wenn ja, wie sich die fehlende Verwertung auf die Pfändung auswirkt. Dieser Frage hat sich bis dato kein Autor angenommen. Daher soll zunächst Stellung bezogen werden zu den aus Sicht des Verfassers beiden möglichen Angriffspunkten (sub a), b)).

---

436 Vgl. zu den Hilfsrechten supra Kapitel 2; zu den Voraussetzungen der Hilfsrechte eingehend sub Kapitel 5.C.I.

Dem ist voranzustellen, dass auch die Pfändung, ähnlich wie supra I.3. die Verwertung, nicht bereits analog § 158 BGB unter der Bedingung der Durchführung der folgenden Vollstreckungsmaßnahme, hier also der Pfändung, steht. Sie ist ebenso wie die Verwertung eine Prozesshandlung, die äußeren, nicht in ihr selbst begründeten, Bedingungen feindlich ist.

a) Keine „Erfüllung" der staatlichen Vollstreckungspflicht

Bedenken gegen die Zulässigkeit einer isolierten Pfändung könnten sich zunächst daraus ergeben, dass durch die Pfändung staatliche Ressourcen in Form der Vollstreckungsorgane in Anspruch genommen werden. Für diesen „Ressourcenverbrauch" bedarf es einer Rechtfertigung, da Hoheitsträger nicht um ihrer selbst willen tätig werden sollten. Diese Rechtfertigung könnte in der Erfüllung des allgemeinen Vollstreckungsanspruchs zu sehen sein.[437] Als Inhaber eines Titels, den der Gläubiger aufgrund des Verbots der Selbsthilfe[438] nicht eigenmächtig durchsetzen darf, steht ihm ein solcher öffentlich-rechtlicher Anspruch gegen den Staat zu.[439] Dieser ist auf die Durchführung der zulässigen[440] Vollstreckungsmaßnahmen gerichtet.[441] Der allgemeine Vollstreckungsanspruch ist der Grund für das hoheitliche Tätigwerden. Er hat das Ziel, dem Gläubiger Befriedigung zu verschaffen. Das ist jedoch ohne die Verwertung auf dem gewöhnlichen, rein hoheitlichen Wege nicht möglich. Indes ist gerade diese Erfüllung des Vollstreckungsanspruchs nicht vorgesehen. Die isolierte Pfändung kann sich für den Gläubiger zwar als sinnvoll erweisen. Sie führt aber ohne die Verwertung nicht zur Befriedigung durch Zwangsvollstreckung und verwirklicht damit nicht den regulären Zweck dieses Verfahrens.

Hiergegen spricht allerdings, dass der Vollstreckungsanspruch vom Gläubiger zunächst teilweise geltend gemacht werden kann. Er kann sich auf die gewünschte Vollstreckungsmaßnahme beschränken und andere aufschieben oder gar nicht in Anspruch nehmen. Dazu wiederum berechtigt die Dispositionsmaxime, die auch im Zwangsvollstreckungsverfahren Geltung beansprucht.[442] Eine

---

437 Zu diesem eingehend sub Kapitel 3.D.II.3.b) bb).

438 *Gaul* RPfleger 1971, 1.

439 Musielak/Voit/*Lackmann* Vorb. §§ 704 Rn 6; Stein/Jonas/*Münzberg* Vor § 704 Rn 16; nach a.A. richtet sich der Anspruch gegen den Vollstreckungsschuldner; *Blomeyer* RPfleger 1969, 279 (285 f.).

440 *Gaul/Schilken/Becker-Eberhard* § 6 Rn 2.

441 *Gaul/Schilken/Becker-Eberhard* § 6 Rn 1; *Gaul* RPfleger 1971, 1 (3).

442 *Gaul/Schilken/Becker-Eberhard* § 5 Rn 17, 74.

rechtsmissbräuchliche Inanspruchnahme staatlicher Ressourcen[443] ist dort nicht gegeben, wo der Gläubiger sein Ziel mit der Pfändung erreichen kann. Dieses Ziel muss nicht in der sofortigen Verwertung bestehen. Vielmehr ergibt die Pfändung auch ohne eine Verwertung Sinn. Dieser besteht insbesondere in den angesprochenen Hilfsrechten.[444] Als Korrektiv für rechtsmissbräuchliche Pfändungsanträge dient das Rechtsschutzbedürfnis mit seiner Aufgabe, sinnvolle von sinnlosen Pfändungsanträgen zu trennen.[445] Der Vollstreckungsgläubiger kann so das Ziel seines Pfändungsantrags individuell definieren,[446] sofern er sich dabei i.R.d. von der Zivilprozessordnung vorgesehenen Maßnahmen bewegt.

b) Keine Sperrwirkung des § 851 I

Jedenfalls für die Fälle der §§ 828 ff. könnte aber § 851 I die Verwertbarkeit zum Zulässigkeitskriterium einer Pfändung erheben. Gemäß § 851 I sind Forderungen der Pfändung nur *insoweit* unterworfen, als sie *übertragbar* sind. Der Wortlaut scheint eindeutig. Die Vorschrift verbindet die Möglichkeit der Übertragung mit der Zulässigkeit der Pfändung und stellt so auf den ersten Blick eine strenge, einseitige Akzessorietät zwischen der Pfändung und der Verwertung her. Die Unmöglichkeit der Verwertung könnte somit einer Pfändung entgegenstehen. Tatsächlich entnimmt *Stillschweig* diesem Paragraphen die Unzulässigkeit der Pfändung einer Forderung zugunsten des Nießbrauchers.[447] Ihm zufolge steht die Zulässigkeit einer solchen Pfändung „in schroffem Gegensatz zu der Bestimmung des § 851".

Indes, allein die Tatsache, dass dieses Argument in der Folge weder fortentwickelt noch sonst aufgegriffen wurde, streut erste Zweifel an der vermeintlichen Einfachheit, mit der *Stillschweig* die Pfändbarkeit zugunsten des Forderungsinhabers verneint. Weitere Argumente sprechen gegen eine Anwendung des § 851 I auf den hier zu untersuchenden Fall:

Zunächst streitet die systematische Stellung der Vorschrift gegen eine generelle Beschränkung der Pfändung. Inmitten der Regelungen über den sozialen Pfändungsschutz befindlich, scheint eine solch grundlegende Beschränkung

443 Vgl. die Terminologie in OLG Köln WM 1978, 383 (385): „überflüssige Belastung der staatlichen Vollstreckungsorgane".

444 So auch OLG Köln WM 1978, 383 (385).

445 Vgl. dazu *Gaul/Schilken/Becker-Eberhard* § 23 Rn 33 ff.

446 Vgl. *Schönke* S. 39, wonach für die Bestimmung des Rechtsschutzbedürfnisses vom persönlichen Interesse des Antragstellers auszugehen sei.

447 *Stillschweig* JW 1916, 1431; bestätigend *Mattern* JR 1928, 98 (100); vgl. supra Kapitel 2.C.I.; Kapitel 3.A.I.1.a).

seltsam.[448] Vielmehr zeigt die systematische Einbindung in die §§ 850 ff., dass persönlichkeitsrechtliche Belange des Schuldners geschützt werden sollen.[449] Diese Belange können sich aus der Eigenart der Forderung ergeben. Da der Schuldner im Fall der Pfändung eigener Forderungen der Abtretung jedoch im Vorfeld zugestimmt hat, bedeutete eine Vollstreckung für ihn keine weiteren persönlichkeitsrechtlichen Beeinträchtigungen.

Tatsächlich ist es nicht der Zweck des § 851 I, die Nutzung eigener Vermögenspositionen und damit die Pfändung eigener Forderungen zu verhindern.[450] Vielmehr wird ein Gleichlauf zwischen der privat- und der vollstreckungsrechtlichen Übertragbarkeit angestrebt, indem § 851 auf § 400 BGB verweist und umgekehrt.[451] Das privatrechtliche Abtretungsverbot soll nicht über den Umweg der Zwangsvollstreckung umgangen werden können.

Mit dem Begriff der „Übertragung" in § 851 ist deshalb die Abtretung und nicht die Überweisung gemeint. Dafür spricht zum einen die Terminologie der §§ 398–413 BGB (*Übertragung* einer Forderung), die sich in der Zivilprozessordnung nicht wiederfindet. Letztere nutzt allein den Begriff der Überweisung, deren Oberbegriff die Verwertung ist. Zum anderen deutet darauf § 851 II hin, der explizit auf § 399 BGB verweist.

Zwar wäre die privat- mit der vollstreckungsrechtlichen Lage kongruent, wenn § 851 auf die Pfändung einer eigenen Forderung anzuwenden wäre. Eine Abtretung an den Gläubiger ist nicht möglich, wenn dieser die Forderung bereits durch eine Zession oder im Wege einer Nießbrauchsbestellung erworben hat.[452] Jedoch ergibt sich auch die Unzulässigkeit der erneuten Abtretung nicht aus der Eigenart der Forderung, sondern aus der ungewöhnlichen Personenkonstellation. Wäre die Qualität der Forderung ursächlich, wäre bereits die erste Abtretung unzulässig gewesen.

Die Personenkonstellation ist, wie bereits angedeutet, i.R.d. § 851 nicht maßgeblich. Sowohl § 400 BGB als auch § 851 knüpfen an die materielle Eigenschaft der Forderung an. Die Unzulässigkeit der Übertragung muss ihren Ursprung in der Qualität der Forderung haben. Diese Qualität kann sich aus *gesetzlichen*

---

448 Vgl. noch sub Kapitel 4.C.II.

449 MünchKommZPO/*Smid* § 851 Rn 1.

450 Zum Zweck MünchKommZPO/*Smid* § 851 Rn 1 ff.

451 *Gaul/Schilken/Becker-Eberhard* § 54 Rn 21; Kindl/*Meller-Hannich*/Wolf § 851 Rn 1; MünchKommBGB/*Roth/Kieninger* § 400 Rn 1; MünchKommZPO/*Smid* § 851 Rn 1; *Meller-Hannich* KTS 2000, 37 (38 f., 45 f.).

452 So richtig RGZ 80, 311 ff.; diese Entscheidung bestätigend RGZ 86, 135 (137 f.); vgl. dazu eingehend supra Kapitel 3.A.II.

Verbotstatbeständen, die einem Wechsel der Forderungsinhaberschaft entgegenstehen,[453] oder aus einer Zweckbindung der Forderung ergeben.[454] Bei letzterer wiederum ist nur eine gesetzliche Zweckbindung erheblich. Eine vereinbarte Zweckbindung steht konsequenterweise einer Übertragung der Forderung nicht entgegen.[455] Die vereinbarte Zweckbindung hat ihren Ursprung nämlich nicht in der Forderung selbst, sondern in der Abrede der beiden Beteiligten. Bei einer gesetzlichen Zweckbestimmung ist eine Übertragung nur an diejenige Person zulässig, der die Leistung letztlich zugutekommen soll.[456] So sollen u.a. Persönlichkeitsrechte des Forderungsschuldners geschützt werden, da infolge der Übertragung dem neuen Gläubiger private, schützenswerte Informationen bekannt werden könnten.[457]

Die außergewöhnliche Personenkonstellation, aufgrund der die Forderung nicht erneut an den Inhaber übertragen werden kann, ist folglich nicht maßgeblich. Entscheidend ist der generelle Ausschluss der Übertragbarkeit wegen der Natur der Forderung.[458] Die an den potentiellen Pfändungsgläubiger zedierte Forderung ist aber grds. übertragbar. Nur kann sie nicht erneut an die Person des Inhabers überwiesen oder abgetreten werden. Wäre die Forderung an sich nicht übertragbar, wäre bereits die Abtretung unwirksam gewesen. Der Gläubiger könnte gar keine eigene Forderung pfänden lassen. Dies ist das entscheidende Argument.

2. *Denkbare Konstellationen einer Pfändung ohne Verwertung*

Nachdem sich erste Bedenken als überwindbar herausgestellt haben, sollen denkbare Konstellationen einer isolierten Pfändung erörtert und die zugrunde liegenden Wertungen auf ihre Übertrag- und Generalisierbarkeit untersucht werden. Dies ist die Vorbereitung für eine positive Begründung der isolierten Betrachtung der Pfändung.[459] Diese Konstellationen werden zeigen, dass eine Pfändung ohne Verwertung dem Vollstreckungsrecht keinesfalls fremd ist. Vielmehr ist sie explizit Gegenstand einiger Vorschriften und wird in diesen für zulässig erachtet.

---

453 *Lackmann* Rn 354; MünchKommZPO/*Smid* § 851 Rn 2, 5; Musielak/Voit/*Becker* § 851 Rn 2; Zöller/*Stöber* § 851 Rn 1; *Meller-Hannich* KTS 2000, 37 (46).

454 MünchKommZPO/*Smid* § 851 Rn 8 ff.; Stein/Jonas/*Brehm* § 851 Rn 19.

455 Stein/Jonas/*Brehm* § 851 Rn 20 f.; zur Ausnahme einer uneigennützigen Treuhandabrede *Lackmann* Rn 360; Stein/Jonas/*Brehm* § 851 Rn 20.

456 Stein/Jonas/*Brehm* § 851 Rn 23.

457 Vgl. schon Fn 449.

458 BeckOK-ZPO/*Riedel* Einl. § 851 („auf *einen* anderen Gläubiger übergehen kann"); *Meller-Hannich* KTS 2000, 37 (46 f.).

459 Sub Kapitel 3.D.II.3; vgl. bei Fn 539.

Die zu untersuchenden Fallkonstellationen lassen sich in drei Kategorien unterteilen: Zum einen kann die Verwertung unterbleiben, weil der Vollstreckungsgläubiger bereits nach der Pfändung befriedigt wird (a). Zum anderen kann eine Verwertung aktuell noch nicht zulässig sein, weshalb der Gläubiger zunächst nur die Pfändung begehrt (b). Schließlich kann die Verwertung auch dauerhaft unmöglich sein (c).

a) Eintritt des erstrebten Erfolgs nach der Pfändung

Eine häufig anzutreffende, faktische Wirkung der Pfändung ist, dass der Vollstreckungsschuldner nach einem „letzten Schuss vor den Bug" doch zur Besinnung kommt. In Anbetracht eines drohenden Rechtsverlusts und sich erhöhender Vollstreckungskosten kann er sich entweder Geld von dritter Seite leihen oder auf andere Weise an solches gelangen, um die Schuld gegenüber seinem Gläubiger zu begleichen.[460] Deswegen werden in der Vollstreckungswirklichkeit längst nicht alle gepfändeten Gegenstände verwertet.[461] Es ist nicht unwahrscheinlich, dass der Gläubiger bereits *nach* der Pfändung vom Schuldner das erhält, weswegen er einst die Vollstreckung beantragte. Tritt dieser Fall ein, kann er durch weiteres Vorgehen gegen den Schuldner nicht mehr erhalten, als ihm materiellrechtlich zusteht. Sollte die Vollstreckung dennoch fortgeführt werden, müsste der befriedigte Gläubiger das zu viel Erlangte wieder herausgeben. Aus Opportunitäts- und Praktikabilitätsgründen sollte er deshalb auf die Verwertung des gepfändeten Gegenstands verzichten.[462]

aa) „Bloße" Erfüllung schließt Verwertung nicht aus

Bei dieser Konstellation stellt sich zunächst die Frage, ob die Befriedigung im Anschluss an die Pfändung Auswirkungen auf die Zulässigkeit der Verwertung hat oder ob letztere möglich und prozessual zulässig ist. Erst danach ist etwaigen Auswirkungen auf die bereits durchgeführte Pfändung nachzugehen (sub bb)).

Materiell-rechtliche Fragen wie die Erfüllung sind vom zuständigen Vollstreckungsorgan aufgrund des Formalisierungsgrundsatzes grds. nicht zu prüfen. Gemäß § 767 kann der Schuldner sie nur mittels der Vollstreckungsabwehrklage

460 Vgl. *Smid* JURA 1988, 281.

461 *Gaul/Schilken/Becker-Eberhard* § 53 Rn 1; tatsächlich wird letztlich nur eine Minderheit aller gepfändeten Sachen versteigert (max. 0,8 %), *Prinz von Sachsen Gessaphe* Rn 290; *Behr*, NJW 1992, 2738.

462 Nach *Hahn* S. 442 liegt die vorläufige Einstellung auch im Interesse des Gläubigers.

einwenden. Da die Erfüllung nicht eo ipso zu einer Vernichtung des vollstreckbaren Titels führt,[463] ist eine weitere Vollstreckungsmaßnahme allerdings denkbar.

Um über das Ziel hinausschießende und damit zu materieller Ungerechtigkeit führende Vollstreckungsversuche dennoch auch prozessrechtlich zu unterbinden und diesbzgl. Rechtssicherheit herzustellen, regeln die §§ 775 f. die Folgen von nach Rechtskraft[464] des Urteils eintretenden Ereignissen. § 775 regelt den Fall der Einstellung oder Beschränkung der Zwangsvollstreckung. Im Umkehrschluss ist die Vollstreckung fortzuführen, lässt sich das eingetretene Ereignis nicht unter einen der in § 775 Nr. 1 bis 5 aufgeführten Fälle subsumieren.[465]

Der Grund für dieses Regel-Ausnahme-Verhältnis ist, dass dem Gläubiger mit dem Erhalt des Titels ein Vollstreckungsanspruch gegen den Staat zusteht. Hieraus folgt die Möglichkeit, die Zwangsvollstreckung von ihrem Anfang bis zum gewünschten Ende zu betreiben. Vorkommnisse während der Vollstreckungshandlungen müssen u.a. deswegen im Grundsatz unbeachtlich sein,[466] weil ihre Beachtlichkeit diesen Vollstreckungsanspruch beeinträchtigte. Dies gilt selbst, wenn die Ereignisse noch im Vorfeld dazu geführt hätten, dass die Vollstreckung nicht hätte beginnen[467] oder ein Urteil dieses Inhalts nicht hätte erlassen werden dürfen. Die Rechtskraft des Titels und dessen Vollstreckungsfähigkeit sollen gerade verhindern, während des Vollstreckungsverfahrens materiell-rechtliche Prüfungen durchführen zu müssen.

Von dieser Grundregel,[468] die § 775 zwar nicht ausspricht, aber systematisch voraussetzt, enthalten die Nr. 1 bis 5 weitreichende Ausnahmetatbestände. Diese schmälern die Reichweite des Grundsatzes.

---

463 Vgl. auch *Stamm* S. 315.

464 Der Vollstreckungsbeginn ist nicht frühestmöglicher Zeitpunkt, denn ggf. kann sogar der Nicht-Beginn angeordnet werden, *Gaul/Schilken/Becker-Eberhard* § 45 Rn 9; MünchKommZPO/*K. Schmidt/Brinkmann* § 775 Rn 5.

465 BGH NJW 2008, 3640 Tz 10 ("erschöpfend"); Musielak/Voit/*Lackmann* § 775 Rn 1 ("abschließend"); anders *Stamm* S. 313, 331 f. allerdings für den einleuchtenden Sonderfall einer einvernehmlichen Einigung mit Freigabeerklärung des Gläubigers. Dieser Fall dürfte zudem nicht aus §§ 775 f. analog folgen, sondern vielmehr eine Folge aus der Dispositionsmaxime des Gläubigers sein, der bei einer Einigung seinen Vollstreckungsantrag zurückziehen kann, vgl. § 64 I GVGA, *Gaul/Schilken/Becker-Eberhard* § 45 Rn 4. Daher spricht *Stamm* im Verlaufe seiner Arbeit auch von einem erst-recht Schluss, S. 332; kritisch ebenfalls *Noack* DGVZ 1975, 97.

466 *Noack* DGVZ 1976, 149.

467 *Stamm* S. 333.

468 Stein/Jonas/*Münzberg* § 775 Rn 1.

Die nicht von § 775 Nr. 1–5 erfassten Fälle zeigen, dass trotz der vorherigen Befriedigung des Gläubigers eine Verwertung prozessual zulässig sein kann. Letztere wird nicht dadurch unmöglich, dass der Gläubiger das Begehrte bereits erhalten hat, denn eine über den Wortlaut hinausgehende Anwendung des § 775 Nr. 1 bis 5 ist nicht zulässig.[469] Eine Korrektur erfolgt dann allein durch eine bereicherungsrechtliche Herausgabepflicht.

Aber selbst in den von Nr. 1 bis 5 erfassten Fällen ist eine Verwertung nicht zwangsläufig unmöglich. Erforderlich ist in jedem Fall eine Entscheidung des zuständigen Organs,[470] die Vollstreckung tatsächlich einzustellen. Bei dieser Entscheidung handelt es sich zwar um eine gebundene Entscheidung, wie dem Einleitungssatz des § 775 zu entnehmen ist („ist"), die überdies von Amts wegen zu erfolgen hat.[471] Dennoch muss das tatsächliche Geschehen erst zur Kenntnis des Vollstreckungsorgans gelangen. Eine Ermittlungspflicht von Amts wegen besteht nicht.[472] Außerdem könnte der Gläubiger in den Fällen der Nr. 4 und Nr. 5 den Vortrag des Schuldners bestreiten und die Fortsetzung der Vollstreckung verlangen.[473] Somit müssen zwischen dem Eintritt des Ereignisses und der Einstellung der Vollstreckung bestimmte Geschehnisse hinzutreten. Von einem Automatismus kann nicht gesprochen werden. Festzuhalten ist deshalb, dass eine Verwertung auch in den Fällen, in denen der Gläubiger bereits auf privatautonomem Wege Befriedigung erhalten hat, nicht unmöglich sein muss.

Dennoch wird eine Verwertung in der Praxis regelmäßig nicht erfolgen, entweder weil der Gläubiger sie nicht beantragt oder weil das zuständige Organ sie gem. § 775 für unzulässig erklärt. Die Verwertung unterbleibt entweder aus rechtlichen Gründen oder aus solchen der Opportunität.

Wird die Vollstreckung tatsächlich gem. § 775 eingestellt, liegt i.E. gar ein Fall der Unzulässigkeit der Verwertung vor.[474]

---

469 Vgl. Fn 465.

470 *Gaul/Schilken/Becker-Eberhard* § 45 Rn 6 mit einer Differenzierung zwischen einer Anordnung der Einstellung und deren Vollzug; ferner Musielak/Voit/*Lackmann* § 775 Rn 12.

471 Musielak/Voit/*Lackmann* § 775 Rn 12.

472 MünchKommZPO/*K. Schmidt/Brinkmann* § 775 Rn 24; Musielak/Voit/*Lackmann* § 775 Rn 12.

473 *Hahn* S. 442; SchuWa/*Raebel* § 775 Rn 13.

474 Musielak/Voit/*Lackmann* § 775 Rn 11.

bb) Auswirkungen auf die Pfändung gemäß §§ 775 Nr. 4, 5, 776 S. 2

Fraglich ist nun, welche Auswirkungen es auf die Zulässigkeit der Pfändung hat, dass eine Verwertung nicht mehr erfolgt.

Die freie Entscheidung des Gläubigers, aus Gründen der Praktikabilität die Vollstreckung nicht weiter zu betreiben, genügt nicht, damit die Pfändung unzulässig wird oder etwaige Wirkungen außer Kraft treten. Es ist Ausfluss seiner Dispositionsmaxime, das Verfahren fortzuführen oder dessen Stillstand mit seinen Folgen zu akzeptieren.[475]

Interessant ist daher der Fall, in dem die Einstellung oder Beschränkung gem. §§ 775 f. hoheitlich angeordnet wird. Da die Pfändung keine Vermögensverschiebungen bewirkt und sich die materiell-rechtlichen Verhältnisse am Gegenstand nicht mit endgültiger Wirkung ändern,[476] statuiert § 775 zunächst nur Wirkungen für die Zukunft. Eine trotz Einstellung durchgeführte Verwertung, die zwar fehlerhaft, aber wirksam ist,[477] begründet hingegen Rechte und Pflichten der beteiligten Personen hinsichtlich des Vollstreckungsgegenstands. Sie ist damit nur schwer wieder rückgängig zu machen. Insbesondere sind nach der Verwertung die Interessen eines schutzwürdigen Dritten, z.B. eines Ersteigerers, zu berücksichtigen. Deshalb markiert § 775 hier eine Grenze für die Fortführung des Vollstreckungsverfahrens. Ob hingegen die für den Schuldner weniger einschneidenden Wirkungen der bereits durchgeführten Pfändung rückwirkend aufgehoben werden müssen, ist eine davon zu trennende Frage. Auch hier gibt es grds. zwei Möglichkeiten, den Konflikt zu lösen: Die bereits getroffenen Maßnahmen samt ihrer Wirkungen können fortbestehen oder eben nicht.

Sofern keine Katalognummer des § 775 einschlägig und die Vollstreckung daher fortzusetzen ist, bleiben erst recht die zeitlich früher eingetretenen Pfändungswirkungen unangetastet. Ein solcher Fall wäre z.B. eine nicht beurkundete Barzahlung durch den Schuldner.[478] Liegt jedoch ein Einstellungs- oder Beschränkungsgrund i.S.d. § 775 vor, kommt § 776 zur Anwendung. Danach werden die bereits getroffenen Vollstreckungsmaßregeln entweder rückwirkend aufgehoben oder sie bleiben einstweilen bestehen. Ob dessen S. 1 oder S. 2 einschlägig ist, hängt wiederum vom vorgebrachten Einwand und der verwirklichten Katalognummer ab.

---

475 So *Gaul/Schilken/Becker-Eberhard* § 45 Rn 4.

476 *Stamm* S. 338.

477 Dies ist möglich, vgl. *Gaul/Schilken/Becker-Eberhard* § 45 Rn 29; MünchKommZPO/*K. Schmidt/Brinkmann* § 776 Rn 1.

478 Arg. ex § 775 Nr. 4; *Gaul/Schilken/Becker-Eberhard* § 45 Rn 19.

In unserem zugrunde liegenden Fall a), in dem der Schuldner die Forderung nach der Pfändung erfüllt, können nur § 775 Nr. 4 bzw. Nr. 5 einschlägig sein. Nur in diesen Fällen hat der Gläubiger erhalten oder wird in Kürze erhalten, was er mit der Zwangsvollstreckung ohnehin begehrte. Entsprechend gilt § 776 S. 2.

Danach bleiben die Pfändung und deren Wirkungen einstweilen bestehen. Eine rückwirkende Beseitigung erfolgt nicht. Der gepfändete Gegenstand bleibt verstrickt und der Gläubiger behält sein Pfändungspfandrecht,[479] sollte dieses entstanden sein. Er ist nach wie vor gesichert und die Pfändung bleibt zulässig. Die fehlende Verwertung zeitigt keine Auswirkungen auf die Pfändung.

Teilweise wird der maßgebliche Unterschied zwischen den von § 776 S. 1 und den von § 776 S. 2 erfassten Fällen darin gesehen, dass das Bestehen der Einwendungen i.S.d. § 775 Nr. 4 und 5 anders als bei Nr. 1 und 3 nicht endgültig richterlich geklärt und die vorgebrachten Dokumente weniger rechtssicher seien.[480] Darin liege zugleich der Grund dafür, dass die Unzulässigkeit der Verwertung nur i.R.d. § 776 S. 1 Einfluss auf die Pfändungswirkungen hat.

Je weniger rechtssicher das die Einwendung tragende Dokument sei, desto höher sei die Wahrscheinlichkeit eines erneuten Vollstreckungsversuchs. Entsprechend sei auch die Erhaltung der Pfändungswirkungen wichtiger. Die Fortführung der Zwangsvollstreckung sei trotz des Einwands des Schuldners realistisch. Dann müssten aber gem. § 776 S. 1 aufgehobene Vollstreckungsmaßnahmen mit „ex nunc" Wirkung neu durchgeführt werden; deren simples Wiederaufleben ist nicht möglich.[481] Dass eine solche Redundanz nicht gewünscht sein kann, liegt auf der Hand. Dem Gläubiger dürfe deshalb nicht jegliche Sicherung am Vermögen seines Schuldners genommen werden.[482]

Die vorstehende Auffassung grenzt im Ergebnis danach ab, ob die durch die Pfändung eingetretenen Wirkungen, insb. ein möglicher Rangvorteil gegenüber anderen Gläubigern,[483] vermutlich noch einmal nützlich sein werden. Ist dies der Fall, sei § 776 S. 2 einschlägig. Ansonsten komme S. 1 zur Anwendung und die Pfändung wäre aufzuheben.

Eine Übertragung dieser Wertung auf den Fall der Pfändung einer eigenen Forderung ist kaum möglich: Zum einen ist die Abtretung i.d.R. formfrei und der

---

479 *Brox/Walker* Rn 186; MünchKommZPO/*K. Schmidt/Brinkmann* § 776 Rn 11.

480 *Stamm* S. 314.

481 *Gaul/Schilken/Becker-Eberhard* § 45 Rn 41; Kindl/Meller-Hannich/Wolf/*Handke* § 776 Rn 4.

482 *Stamm* S. 314, 331.

483 Vgl. *Stamm* S. 314.

Vertrag deswegen kein „belastbares Dokument".[484] Dies spräche eher für die Anwendung der § 775 Nr. 4, 5, 776 S. 2. Zum anderen ist der Gläubiger infolge der Abtretung im Verhältnis zum Vollstreckungsschuldner hinreichend gesichert. Aus diesem Grund findet keine Verwertung mehr statt. Das Fortbestehen der Pfändungswirkungen wäre nicht erforderlich und eine Sicherung nicht interessant. Das Interesse des Gläubigers an der Pfändung basiert auf anderen Motiven.[485] Ein Sicherungsinteresse des Gläubigers i.S.d. Norm besteht nicht, was eher für § 776 S. 1 spricht.

Dieser Differenzierung ist jedoch nicht zu folgen: Es leuchtet bereits nicht ein, wieso der eine Privaturkunde über die Erfüllung ausstellende Gläubiger (Nr. 4) ein stärkeres Sicherungsinteresse haben sollte, als derjenige Gläubiger, dessen Schuldner die notwendige Sicherheitsleistung hinterlegt hat (Nr. 3). In beiden Fällen ist die Befriedigung des Gläubigers nicht gefährdet. Im ersten Fall ist sie nach materiellem Recht sogar eingetreten, was der Gläubiger überdies eingeräumt hat. Damit ist das Sicherungsinteresse geringer; ggf. ist es überhaupt nicht vorhanden. Gleichwohl müsste der Gläubiger nach der vorgenannten Auffassung im Fall der Nr. 4 schutzwürdiger sein, weshalb die Maßregeln einstweilen bestehen bleiben sollen. Dies kann nur darauf zurückzuführen sein, dass für die Entscheidung des zuständigen Vollstreckungsorgans allein die Vorlage des jeweiligen Nachweises genügt[486] und öffentliche Dokumente im Vergleich zu Privaturkunden als weniger fälschungsanfällig gelten. Aber auch dann bliebe unklar, wieso eine öffentliche Urkunde i.S.d. § 775 Nr. 4, Var. 1 und eine Privaturkunde i.S.d. Nr. 4, Var. 2 gleich behandelt werden.

Vernünftig erscheint eine Differenzierung nach der Rechtsnatur der Einwendung: Basiert sie auf einem prozessualen Vollstreckungshindernis (Nr. 1 bis 3), sind die getroffenen Maßregeln aufzuheben. Hat die Einwendung ihre Grundlage im materiellen Recht, wie z.B. die Erfüllung oder die Stundung, kommt § 776 S. 2 zur Anwendung und eine Aufhebung erfolgt nicht.[487] Über Streitigkeiten ist dann im Rahmen eines förmlichen Rechtsbehelfsverfahrens zu entscheiden. Schließlich können unterschiedliche Forderungen zwischen den Beteiligten bestehen, sodass fraglich wäre, auf welche Forderung nun konkret geleistet wurde.[488] Es

484 Vgl. Musielak/Voit/*Lackmann* § 775 Rn 1 („liquide").

485 Vgl. supra Kapitel 2.

486 *Gaul/Schilken/Becker-Eberhard* § 45 Rn 26.

487 BeckOK-ZPO/*Preuß* Einl. § 776.

488 So die Antwort des Justizrats *Kurlbaum* in der ersten Lesung der Zivilprozessordnung auf die Frage des Abgeordneten *v. Puttkamer*, zitiert nach *Hahn* S. 822; allerdings scheint dieses Beispiel in der heutigen Zeit, in der die Modalität des Postscheins

liefe dem Grundsatz der Formalisierung der Zwangsvollstreckung zuwider, bereits getroffene Maßregeln samt ihrer Wirkungen wegen streitiger materieller Einwände aufzuheben. Zwar kann die weitere Vollstreckung gem. § 775 zunächst eingestellt werden. Die Sicherung des Gläubigers darf wegen dieser Trennung in prozessuale und materielle Einwendungen jedoch nicht gefährdet werden.

Nach der erörterten Systematik der §§ 775 f. schlagen also nur bestimmte prozessuale Einwendungen auf die Zulässigkeit von Vollstreckungsmaßregeln durch. Die Unmöglichkeit der Verwertung einer eigenen Forderung beruht jedoch auf der Zession als einem materiellen Rechtsgeschäft. Folglich ähnelt die hier untersuchte Konstellation eher den §§ 775 Nr. 4, 5 als Nr. 1, 3. Entsprechend müssen die Wirkungen der Pfändung gem. § 776 S. 2 bestehen bleiben. Für diese Qualifikation spricht ebenfalls, dass die Abtretung ein Erfüllungssurrogat sein kann und § 775 Nr. 4, 5 solche Einwendungen zum Gegenstand haben.

§ 776 S. 2 ist daher ein erster Fall, in dem das Gesetz selbst aussagt, dass die Wirkungen und die Zulässigkeit der Pfändung nicht davon abhängig sein müssen, ob in der Folge eine Verwertung durchgeführt wird. Dies gilt jedenfalls, wenn das Ausbleiben der Verwertung auf materiell-rechtlichen Hindernissen beruht. Die vorübergehende Aufrechterhaltung der Pfändungswirkungen rechtfertigt und erlaubt erst die Einstellung der weiteren Vollstreckung, da sie die Befriedigung des Gläubigers sichert. Der Gläubiger muss keine tatsächliche Veräußerung des Schuldnervermögens fürchten.

Gegen eine Übernahme dieser Wertung für den dieser Arbeit zugrunde liegenden Fall spricht jedoch der unterschiedliche Zeitpunkt, zu dem die Unmöglichkeit bekannt wird. Während bei der Pfändung einer eigenen Forderung das Hindernis bereits vor der Pfändung besteht, entscheidet das Vollstreckungsorgan bei § 776 über die Fortführung der Zwangsvollstreckung erst nach der Durchführung der Pfändung. Deren tatsächliche Vornahme ist dann ohnehin irreversibel.

b) Alleiniges Interesse an den Wirkungen der Pfändung

Weiterhin kann eine Verwertung unterbleiben, wenn der Vollstreckungsgläubiger in seinem Antrag auf Einleitung des Vollstreckungsverfahrens von Vornherein nur die Pfändung des Gegenstands begehrt. Für eine Verwertung interessiert sich der Gläubiger in einem solchen Fall (noch) nicht. Im Unterschied zum soeben

---

durch einen Überweisungsträger, der nicht zwingend die konkrete, zu tilgende Schuld bezeichnen muss, ersetzt wurde, nicht mehr richtig passend, vgl. auch *Gaul/Schilken/Becker-Eberhard* § 45 Rn 20.

behandelten Fall (a) wird dies jedoch nicht erst während des Vollstreckungsverfahrens bekannt, sondern bereits bei der Antragstellung. Für diese Absicht sind unterschiedliche Gründe denkbar:

aa) Pfändung als letztes Drohmittel

Der Gläubiger könnte die Pfändung zum letztmaligen Appell an die Vernunft des Vollstreckungsschuldners nutzen. So könnte er dem Schuldner einen „letzten Schuss vor den Bug" geben. Eine solche Vorgehensweise des Gläubigers würde von § 59 II 1 GVGA gestützt. Danach ist der Gerichtsvollzieher angehalten, den Schuldner unmittelbar vor der Pfändung zur freiwilligen Leistung aufzufordern.[489]

Die Durchführung einer Pfändung geht mit dem tatsächlichen Erscheinen des Gerichtsvollziehers am Wohnsitz des Schuldners, ggf. in Begleitung von Polizisten, oder der Zustellung des Beschlusses an den Drittschuldner einher. Dies übt einen einschüchternden Effekt auf den Vollstreckungsschuldner aus.[490] Daher ist ein Pfändungsantrag ein nützliches Instrument, den Druck auf den Schuldner noch ein letztes Mal zu erhöhen. Zwar darf es nicht der einzige Zweck sein, den Schuldner unter Druck zu setzen, wenn dessen Zahlungsunfähigkeit feststeht.[491] Dann wäre nicht die Befriedigung der Zweck der Pfändung, sondern die bloße Schaffung einer Bedrohungslage und der Zweck der Maßnahme wäre nicht legitim.[492] Jedoch soll die Drohung beim Schuldner die Einsicht hervorrufen, zu zahlen. Die Nutzung des Titels in dieser Weise ist jedenfalls dann zulässig, wenn nicht positiv bekannt ist, dass der Schuldner zahlungsunfähig ist.[493]

Die Zahlung des Vollstreckungsschuldners nach der Pfändung, wie sie im obigen Fall a) als zufällige, aber begrüßenswerte Entwicklung dargestellt wurde, ist hier gerade die Absicht des Vollstreckungsgläubigers. Im Unterschied zu dort hat er von Vornherein keine Verwertung geplant, da er jedenfalls hofft, dass die Pfändung ihre Wirkung nicht verfehlen wird.

---

489 Dazu auch *Prinz von Sachsen Gessaphe* Rn 190.

490 BGHZ 39, 97 (101); *Lüke* JZ 1959, 114 (116); *Smid* JURA 1988, 281; zur Wirkung bei drohender Vollstreckung in Immobilien *Gaul* RPfleger 1971, 81 (87).

491 Vgl. BVerfGE 61, 126 (134 f.).

492 *Weyland* S. 82, 190; zum Zweck als Ausprägung des Verhältnismäßigkeitsgrundsatzes sub Kapitel 3.D.II.3.b) cc).

493 Arg. ex. *Weyland* S. 160.

bb) Ausfluss der vollstreckungsrechtlichen Dispositionsmaxime

Die Beschränkung der Vollstreckung auf die Pfändung ist als Ausfluss der Dispositionsmaxime zulässig.[494] Die Dispositionsmaxime besagt, dass der Beginn, das Ende und der Umfang der Vollstreckung im Belieben des Gläubigers stehen. Ihm obliegt auch die Entscheidung darüber, wie weit das Verfahren von den zuständigen Organen geführt wird.[495] Diese Auslegung steht in Übereinstimmung mit dem eigentlichen Grund des hoheitlichen Tätigwerdens: der Erfüllung des allgemeinen Vollstreckungsanspruchs. Der Gläubiger kann sich aufgrund der Dispositionsmaxime ganz oder teilweise auf den Vollstreckungsanspruch berufen. Deshalb kann er jederzeit vom zuständigen Organ die Beendigung der Zwangsvollstreckung verlangen,[496] ohne dass im vollstreckungsrechtlichen Sinne Befriedigung eingetreten sein muss. Wenn aber auf Verlangen des Gläubigers der Abbruch oder die Einstellung der Vollstreckung noch während des laufenden Verfahrens möglich ist, umfasst die Dispositionsmaxime erst recht die Beschränkung zu Beginn des Gesamtverfahrens. Das beschränkte Interesse des Gläubigers, nur eine Pfändung durchzuführen, führt somit nicht zur Unzulässigkeit des Antrags.[497] Jede andere Auffassung hätte eine Gewissenskontrolle des Gläubigers durch das Vollstreckungsorgan zur Folge, ob auch eine Verwertung des Gegenstands beabsichtigt sei oder nicht. Vor allem aber verböte sie dem Gläubiger, auf den einschüchternden Effekt der Pfändung zu vertrauen und letztmalig eine einvernehmliche Lösung des Konflikts zu versuchen. Ihm wäre damit diejenige Handlung untersagt, die der Gerichtsvollzieher vor der Pfändung gem. § 59 II 1 GVGA vorzunehmen verpflichtet ist. Das erschiene inkonsequent.

Bereits kann jetzt festgehalten werden, dass der Zeitpunkt der Entscheidung des Gläubigers, ob eine Verwertung erfolgen soll, nicht maßgeblich für die Zulässigkeit einer Pfändung bzw. das Fortbestehen ihrer Wirkungen sein muss. Im obigen Fall a) entstand die Unzulässigkeit der weiteren Vollstreckung gem. § 776 S. 2 erst nach der Pfändung. In der jetzigen Konstellation b) bestand bereits zu Beginn des Vollstreckungsverfahrens Klarheit darüber, dass eine Verwertung nicht erfolgen soll.

---

494 BT/Drs. 16/10069, S. 20; MünchKommZPO/*K. Schmidt/Brinkmann* § 775 Rn 6; vgl. auch *Wieser* NJW 1988, 665 (666 f.), der allerdings nur eine nachträgliche, freiwillige Entscheidung des Gläubigers erörtert. Erst recht muss dann aber auch die zu Beginn erfolgende Beschränkung zulässig sein.

495 *Wieser* NJW 1988, 665.

496 MünchKommZPO/*K. Schmidt/Brinkmann* § 775 Rn 6; *Noack* DGVZ 1975, 97 (98).

497 Anders bei Rücknahme des Antrags auf Vollstreckung, siehe *Wieser* NJW 1988, 665 (666 f.).

cc) Sicherungsvollstreckung und Arrestpfändung

Eine solche Konstellation bieten auch die §§ 720a, 930. In diesen Fällen bedarf es zur Begründung der Zulässigkeit der isolierten Pfändung keines Rückgriffs auf allgemeine Maximen. Die Vorschriften regeln einen Fall, in dem der Gläubiger auch ohne den Glauben an die spätere Zahlungsbereitschaft des Vollstreckungsschuldners zunächst nur die Pfändung beantragt. Er muss sich gar hierauf beschränken, da die Verwertung aktuell noch nicht zulässig wäre. Dies ist der Fall bei nur gegen Sicherheit vorläufig vollstreckbaren Urteilen gem. § 720a, wenn der Gläubiger keine Sicherheit leistet, und bei einem Arrest i.S.d. § 930. Die Rechtsfolgen der Sicherungs- und der Arrestvollstreckung sind ähnlich.[498] In beiden Fällen ist im Grundsatz nur die Pfändung des beweglichen Vermögens zulässig.[499] Das Gesetz beurteilt die Pfändung dabei getrennt von einer potentiellen, späteren Verwertung. Dies untermauert erneut die Sinnhaftigkeit und die Möglichkeit einer Pfändung in isolierter Form. Obwohl eine Befriedigung aktuell noch nicht möglich ist, soll der Gläubiger mit der Pfändung nicht zögern, da schon mit ihrer Durchführung die Sicherungswirkungen eintreten. Ab diesem Moment ist ein Verlust des Vermögens beim Schuldner rechtlich nicht mehr zu befürchten.[500] Die Möglichkeit zur Pfändung ohne einen rechtskräftigen Titel ist Ausdruck und Anerkennung der Schwierigkeiten, die dem Gläubiger bei der Beitreibung seines Anspruchs widerfahren können.[501]

Im Unterschied zur Pfändung einer eigenen Forderung soll die Pfändung i.S.d. §§ 720a, 930 eine evtl. spätere Verwertung sichern und vorbereiten. Wenngleich

---

498 BT/Drs. 7/2729, S. 110; *Fölsch* NJW 2009, 1128.

499 MünchKommZPO/*Götz* § 720a Rn 4; *Burchard* NJW 2002, 2219 (2221); *Fölsch* NJW 2009, 1128 (1129); zur Ausnahme des § 930 III (i.V.m. § 720a II), bei der eine Verwertung der Pfandsache, allerdings mit Hinterlegung des erzielten Erlöses, zulässig ist; siehe statt vieler Kindl/Meller-Hannich/Wolf/*Haertlein* § 930 Rn 12; Musielak/Voit/*Huber* § 930 Rn 7.

500 MünchKommZPO/*Götz* § 720a Rn 1; *Fölsch* NJW 2009, 1128; kritisch zur Vorschrift *Graf Lambsdorff* NJW 2002, 1303 ff.; darauf als Replik *Burchard* NJW 2002, 2219 ff.; vgl. auch *Brox/Walker* Rn 633.

501 *Burchard* NJW 2002, 2219 (2220 f.: „Der Gesetzgeber löst den Konflikt zwischen den schutzwürdigen Interessen von Gläubiger und Schuldner in § 720a ZPO grundsätzlich zu Gunsten des Gläubigers. Diese Wertung ist nicht zu beanstanden." und „Fazit: angesichts schlechter Zahlungsmoral (…) Waffengleichheit zwischen Gläubiger und Schuldner herzustellen"). Die Vorschrift wurde u.a. mit dem Ziel, eben diesen angesprochenen Schwierigkeiten bei der Rechtsdurchsetzung zu begegnen i.R.d. Vereinfachungsnovelle 1977 eingefügt, BT/Drs. 7/2729, S. 1, 44 f., 109 f.

weder das „Wann" noch das „Ob" der Verwertung im Zeitpunkt der Pfändung gewiss sind, soll sie hier doch zur Verstrickung des Gegenstands führen und diesen mit einem Verfügungsverbot belegen. Zugleich kann zugunsten des Gläubigers auch ein (Arrest-) Pfandrecht entstehen. Die Wirkungen der Pfändung unterscheiden sich bis auf die Verwertungsfunktion[502] nicht von denen, wie sie in einem gewöhnlichen Vollstreckungsverfahren eintreten.[503]

Zugegebenermaßen ist die Zielrichtung eine andere als bei der Pfändung einer eigenen Forderung. Letztere erfolgt nicht zum Zwecke der Sicherung des Gegenstands oder der Vorbereitung seiner Verwertung, sondern allein, damit der Forderungspfändungsgläubiger in den Genuss der Hilfsrechte gelangt. Allerdings wurde auch schon gezeigt, dass die Aufgabe der Pfändung nicht einzig in der Vorbereitung der Verwertung besteht, sondern letztere nur eine Etappe auf dem Weg zur Befriedigung des Gläubigers darstellt. Zweck und Endziel des gesamten Vollstreckungsverfahrens ist allein die Befriedigung.[504] Dies gilt auch für die Pfändung als ein Teil dieses Verfahrens. §§ 720a, 930 bezwecken die Sicherung des Gegenstands ebenfalls nicht allein für eine spätere Verwertung, sondern für die sich daran anschließende Befriedigung des Vollstreckungsgläubigers. Die Pfändung wird aber nicht unzulässig, nur weil die Sicherungswirkung aufgrund der vorangegangenen Zession entbehrlich geworden ist. Schließlich ist der Gläubiger, gewissermaßen im Gegenzug, auf die Inanspruchnahme anderer Wirkungen derselben Maßnahme angewiesen und verfolgt mit ihrer Hilfe dasselbe Endziel.

Zwar soll die Sicherungs- bzw. Arrestpfändung im Gegensatz zur Pfändung einer eigenen Forderung eine erhoffte, spätere Verwertung vorbereiten. Dennoch ist keinesfalls gewiss, ob diese jemals stattfinden wird. Die Gefahr des endgültigen Ausbleibens der Verwertung ist einer Sicherungs- bzw. Arrestpfändung immanent. Schließlich ist bis zum Zeitpunkt des Pfändungsantrags weder über die Hauptsache entschieden worden (§ 930)[505] noch steht fest, ob das Urteil in dieser Form jemals rechtskräftig werden wird (§ 720a). Diese Entwicklung ist im Zeitpunkt der Pfändung unsicher.

Die fehlende spätere Durchführung der Verwertung stellt auch kein bloßes, zu vernachlässigendes Restrisiko dar. Insbesondere die Gefährdungshaftung des Vollstreckungsgläubigers i.S.d. §§ 717 II, 945 zeigt, dass die vorläufige Entscheidung keinesfalls regelmäßig bestätigt und dadurch endgültig vollstreckbar wird. Gemäß § 717 II bzw. § 945 haftet der Vollstreckungsgläubiger dem Schuldner

---

502 Dazu Musielak/Voit/*Lackmann* § 720a Rn 4; Stein/Jonas/*Grunsky* § 930 Rn 9, 11.
503 Stein/Jonas/*Grunsky* § 930 Rn 8.
504 So auch *Lüke* JZ 1955, 484 (485); *Wieser* NJW 1988, 665 (668).
505 Vgl. *Stamm* S. 350.

für aus der Vollstreckung eines nur für vorläufig vollstreckbar erklärten Urteils, eines Arrests oder einer einstweiligen Verfügung entstandene Schäden, wenn entweder das Urteil aufgehoben bzw. abgeändert wird oder sich der Arrest bzw. die einstweilige Verfügung als ungerechtfertigt erweist bzw. aufgehoben wird.

Sollte eine Verwertung deswegen endgültig ausbleiben, wären gem. §§ 775 Nr. 1, 776 S. 1 die Wirkungen der bereits durchgeführten Pfändung aufzuheben.[506] In Kenntnis dieser Unsicherheit über den Erfolg der Zwangsvollstreckung erklärt der Gesetzgeber die Pfändung explizit für zulässig. Dem Gläubiger wird sie geradezu empfohlen, indem sie die einzige zulässige Vollstreckungsmaßnahme darstellt.

Zwar ist das Ausbleiben der Verwertung nicht endgültig gewiss, wie dies bei der Pfändung einer eigenen Forderung der Fall ist. Es liegt aber im Bereich des Möglichen. §§ 720a, 930 erlauben somit ebenfalls eine Interpretation dahingehend, dass die fehlende Verwertung keine rückwirkenden Auswirkungen auf die Zulässigkeit der Pfändung zeitigt.

c) *Anfängliche Unmöglichkeit der Verwertung*

Die beiden vorstehenden Fallkonstellationen a) und b) haben gezeigt, dass eine Beschränkung des Vollstreckungsverfahrens auf die Pfändung aus unterschiedlichen Beweggründen sinnvoll und zulässig sein kann. Im Fall einer Sicherungs- bzw. Arrestvollstreckung war diese Beschränkung sogar erforderlich. Dabei trat die Unzulässigkeit der Verwertung in Fall a) erst nach der Pfändung auf; in Fall b) war sie bereits bei der Antragstellung bekannt. Im Vergleich zur Pfändung einer eigenen Forderung weisen beide Konstellationen jedoch Unterschiede auf:

Bei der Pfändung einer eigenen Forderung besteht die Unmöglichkeit der Verwertung bereits zu Beginn des Vollstreckungsverfahrens. Sie ergibt sich ferner nicht erst aus während des Verfahrens auftretenden Ereignissen. Zudem liegt die Ursache für die fehlende Verwertung nicht in der Motivation des Gläubigers begründet. Eine erneute Überweisung brächte ihm sogar Vorteile, indem sie z.B. vor dem Risiko einer unwirksamen Abtretung schützte.[507] Die Ursache ist vielmehr darin zu sehen, dass der Gläubiger bereits Inhaber der Forderung und die Verwertung einer eigenen Forderung nicht möglich ist. Auf den Willen des Gläubigers und dessen Dispositionsbefugnis kann hier nicht abgestellt werden.

Fraglich ist, ob die Zivilprozessordnung auch für solche Fälle übertragbare Wertungen bereithält.

---

506 Stein/Jonas/*Grunsky* § 930 Rn 15.

507 Vgl. supra Kapitel 2.C.II., III.

aa) „Überweisung" zur Einziehung als substanzloser Verwertungsakt?

Nach der Ansicht *Stamms*[508] ist das gesamte praktisch relevante Recht der Zwangsvollstreckung in Forderungen so ausgestaltet, dass ein eigenständiger und in seiner Bedeutung über die Pfändung hinausgehender Verwertungsakt nicht existiert. Seiner Ansicht nach resultiert die Einziehungsbefugnis des Gläubigers hinsichtlich der gepfändeten Forderung bereits aus dem Pfändungspfandrecht. Bereits das Pfandrecht habe die Funktion eines Verwertungsrechts. Einer Überweisung zur Einziehung bedürfe es für die Erlangung der Einziehungsbefugnis nicht. Der Überweisung zur Einziehung komme daher keine eigenständige, konstitutive Bedeutung zu.

Eine Verwertung als Rechtsakt mit Substanz sei folglich bei einer Einziehungsüberweisung nicht denkbar. Dadurch werde die Pfändung jedoch nicht unzulässig. Im Gegenteil, sie sei erst recht möglich und ermögliche dem Pfändungsgläubiger gar die Einziehung der Forderung. Wenn dieser Ansicht zutreffen sollte, könnte die isolierte Pfändung der Regelfall und nicht die exotische Ausnahme sein.

(1) Dualistisches Vollstreckungssystem

Die Prämisse *Stamms* erscheint bereits aus formaler Sicht befremdlich. Schließlich hat man sich in der Zivilprozessordnung bei der Vollstreckung in bewegliches Vermögen bewusst für ein dualistisches Vollstreckungssystem entschieden.[509] Ein dualistisches Vollstreckungssystem trennt selbiges in zwei Akte: die Pfändung und die Verwertung. Dies ist eine notwendige Folge der Formalisierung des Vollstreckungsverfahrens. Dort sollen materiell-rechtliche Erwägungen keine Rolle spielen. Ferner können bereits Vermutungstatbestände[510] wie der Gewahrsam an einer Sache genügen, um bestimmte Vollstreckungsmaßnahmen zu legitimieren. Als Ausgleich dieses formalisierten Dualismus müssen Betroffene endgültigen Rechtsänderungen mit einem Rechtsbehelf begegnen können. So erklärt sich die Aufteilung in einen bloß vorläufigen, sichernden und einen späteren, rechtsgestaltenden Vollstreckungsakt. Die Entscheidung für dieses System würde ad absurdum geführt, sollte einer der beiden Vollstreckungstatbestände keinen eigenen Anwendungsbereich haben und die entscheidenden Wirkungen bereits vor der Verwertung eintreten.

Gleichwohl kann allein der Ausgestaltung des Vollstreckungsverfahrens als ein dualistisches System keine zwingende Aussage für oder gegen die Zulässigkeit

---

508 *Stamm* S. 435 ff.

509 Andeutend *Hahn* S. 454; im Grundsatz auch *Stamm* S. 349.

510 Begriff nach *Stamm* S. 54 ff., 216.

der Pfändung eigener Forderungen entnommen werden. Der Begriff des Dualismus besagt nur, dass das Vollstreckungsverfahren in einen Pfändungs- und einen Verwertungsakt aufgeteilt ist. Sofern also der Gläubiger Befriedigung durch hoheitliche Vollstreckungsmaßnahmen begehrt, kann diese nur durch Pfändung und Verwertung erfolgen. Ein dualistisches System impliziert hingegen nicht, dass eine zwingende Voraussetzung jeder einzelnen Vollstreckungsmaßnahme die Durchführung der ihr für gewöhnlich nachfolgenden ist. Die entscheidende Aussage ist darin zu sehen, dass es sich nicht um ein monistisches System handelt. Ein solches System herrscht z.B. in Frankreich vor: Seit einer Reform 1991/92 erfolgt dort die Vollstreckung in Forderungen durch *einen* Rechtsakt, der die Pfändung und Verwertung vereint: die « saisie-attribution ».[511]. In Frankreich wäre deshalb eine Forderungspfändung ohne deren Verwertung nicht denkbar.

(2) Kongruenz von Faust- und Pfändungspfandrecht?

Trotz des dualistischen Prinzips stellt nach *Stamm* die Überweisung zur Einziehung keinen substanziellen Verwertungsakt dar. Im Rahmen dieser Überweisungsart soll allein die Pfändung echte Vollstreckungswirkung entfalten.

Die Befugnis zur Einziehung ergebe sich nicht erst aus der Überweisung zur Einziehung,[512] sondern bereits aus dem Pfändungspfandrecht. Dies ist nach *Stamm* auf das zivilrechtliche Faustpfandrecht i.S.d. §§ 1204 ff. BGB zurückzuführen.[513] Letzterem wohne eine Verwertungsbefugnis inne.[514] Im Unterschied zur Überweisung an Zahlungs statt bewirke die Überweisung zur Einziehung keinen Übergang der Forderungsinhaberschaft, sondern lasse lediglich ein Einziehungsrecht zugunsten des Vollstreckungsgläubigers entstehen.[515] Da das Einziehen der Forderung aber identisch sei mit deren Verwertung, stehe dem Gläubiger diese Befugnis bereits kraft des Pfändungspfandrechts zu. Eine Überweisung zur Einziehung entfalte damit keine zusätzliche Rechtswirkung. Ihre Bedeutung beschränke sich

---

511 Der aktuelle Article L 211-2 Code des procédures civiles d'exécution lautet seit der Reform 1991/92 (Art. 43 alinéa 1er Loi No 91–650 du 9 juillet 1991): « L'acte de saisie emporte, à concurrence des sommes pour lesquelles elle est pratiquée, attribution immédiate au profit du saisissant de la créance saisie (…) »; vgl. *Bunge* S. 113 f.; *Traichel* S. 128; *Stamm* S. 429 ff.

512 So entspricht es indes der allgemeinen Meinung; MünchKommZPO/*Smid* § 835 Rn 12; BeckOK-ZPO/*Riedel* § 835 Rn 9.

513 *Stamm* S. 348 ff.; in diese Richtung auch *Hahn* S. 450.

514 *Stamm*, S. 435; *Vieweg/Werner* § 10 Rn 2.

515 Vgl. schon supra Kapitel 1.C.II.

auf die Abwahl der Überweisung an Zahlungs statt.[516] Nur letztere weise durch die Übertragung der Forderungsinhaberschaft auf den Vollstreckungsgläubiger einen eigenen Bedeutungsgehalt auf.

Sollte die Einziehungsüberweisung sich tatsächlich in einer bloßen Förmelei erschöpfen, wäre kein Grund denkbar, wieso sich die Unmöglichkeit der Überweisung auf die Zulässigkeit der Pfändung auswirken sollte. Es wäre dann vielmehr der Regelfall, dass der Pfändung kein echter Verwertungsakt mehr folgt.[517]

Stamm anerkennt als Vollstreckungsmaßnahmen somit entweder eine Pfändung, welche die Einziehungsermächtigung bereits in sich trage, oder eine „echte" Verwertung in Form einer privatrechtlichen (§ 1282 I 3 BGB) oder hoheitlichen Übertragung der Forderungsinhaberschaft.[518] Der Überweisung zur Einziehung komme eine rein deklaratorische Funktion zu, indem sie die Pfändung bestätige.[519]

Jede „Überweisung" zur Einziehung wäre daher eine Pfändung ohne Verwertung. Dies wäre zudem zu Beginn jedes Vollstreckungsverfahrens bekannt. Die Pfändung genügte für die Befriedigung des Gläubigers, indem sie durch die Sicherung und Einräumung einer Verwertungsbefugnis den Gläubiger in die Position brächte, die gemeinhin die Einziehungsüberweisung vermittelt.[520] Diese Auffassung erinnert gewolltermaßen an die bürgerlich-rechtlichen Regelungen zum Faustpfandrecht. Schließlich versucht *Stamm*, die Voraussetzungen und Wirkungen des Pfändungspfandrechts in Anlehnung an das Vertragspfandrecht zu bestimmen. Er ist einer der wenigen Verfechter der privatrechtlichen Theorie zur Rechtsnatur des Pfändungspfandrechts.[521]

Die entscheidende Frage lautet daher, ob auch das Pfändungspfandrecht dem Gläubiger eine Verwertungsbefugnis einräumt und der Überweisung somit tatsächlich nur ein deklaratorischer Charakter zukommt.

---

516 *Stamm* S. 435 ff.

517 *Stamm*, S. 436.

518 Vgl. dessen Überschrift § 19 III 2. c), S. 436.

519 *Stamm* S. 436; so auch *Hellwig* S. 115.

520 Dies scheint auch BT/Drs. 13/341, S. 34 zu § 836 III zu bestätigen („aufgrund des Pfandrechts berechtigt, die Forderung geltend zu machen"); die Formulierung ist jedoch irreführend: Da § 836 gerade die Wirkung der Überweisung und nicht die der Pfändung regelt, ist nicht nachvollziehbar, wieso der Gesetzgeber die Möglichkeiten des § 836 III an dieser Stelle kodifiziert hat, sollten sie gerade die Folge eines Pfandrechts und nicht die der Verwertung sein.

521 Dies gibt er selbst zu, siehe S. 349, Fn 63; siehe auch *Schilken* AcP 208 (2008) 850 (852); *Völzmann-Stickelbrock* JZ 2008, 355 (356).

Indes genügt nicht einmal bei vertraglichen Pfandrechten die bloße Entstehung der Sicherheit für die Verwertungsbefugnis des Gläubigers. Diese Faustpfandrechte sind indes der Ausgangspunkt von *Stamms* Argumentation. Gemäß §§ 1282 I 1, 1228 II 1 BGB muss dort erst die Fälligkeit der gesicherten Forderung eintreten.[522] Eine solche Hürde ist bei vertraglichen Pfandrechten sinnvoll, denn diese bestehen über einen längeren Zeitraum und sind viel stärker als Pfändungspfandrechte auf Sicherung angelegt.[523] Ein Faustpfandrecht wird allein zur Sicherheit bestellt, auch wenn ein Zahlungsausfall nicht erwartet wird. Es sichert den nicht erhofften Zahlungsausfall ab. Dieser begründet die Pfandreife, die Voraussetzung der Einziehung ist.

Der Faustpfandgläubiger geht davon aus, dass sein Forderungsschuldner die Verbindlichkeit bedienen wird. Der Gläubiger ist sich zwar des Risikos bewusst, vertraut jedoch auf die Zahlungen des Sicherungsgebers. Rechnete er mit einem Zahlungsausfall, ginge er erst gar keine vertragliche Bindung ein. Eine Verwertung ist bei der Bestellung eines Faustpfandrechts unerwünscht, da dafür die Zahlungen auf die gesicherte Forderung ausbleiben müssten.

Ohnehin handelt es sich bei der Bestellung eines bürgerlich-rechtlichen Pfandrechts, anders als in der Zwangsvollstreckung, gem. § 1205 BGB um eine freiwillige und auf zwei inhaltlich überstimmende Willenserklärungen zurückgehende Entscheidung.[524] Durch die Einräumung einer solchen Sicherheit will der Forderungsschuldner seine Zuverlässigkeit und Kreditwürdigkeit „unter Beweis stellen".

Dies ist ein essentieller Unterschied zum Pfändungspfandrecht. Dieses entsteht zu einem Zeitpunkt, zu dem die Zahlungsunfähigkeit oder -unwilligkeit des Schuldners bereits feststeht.[525] Deshalb besteht ein Bedürfnis nach einem sofortigen Zugriff. Das Pfändungspfandrecht soll nicht mehr in erster Linie die Forderung absichern, sondern das noch vorhandene Vermögen des Schuldners.[526]

Weiterhin spricht auch gegen *Stamms* These, dass der Gesetzgeber dem Gläubiger mit der Überweisung zur Einziehung und der an Zahlungs statt explizit zwei Möglichkeiten zur Wahl gestellt hat.[527] Dieses Regelungskonzept und das formal gleichberechtigte Nebeneinander der Überweisungsarten würde verfehlt, wenn die Bedeutung der einen Alternative sich in der Abwahl der anderen erschöpfte

522 *Baur/Stürner* SachenR § 62 Rn 30; *Vieweg/Werner* § 10 Rn 55.
523 Vgl. *Stamm* S. 349 f.
524 *Baur/Stürner* SachenR § 55 Rn 10a, 16.
525 Vgl. *Stamm* S. 352.
526 *Stamm* S. 349; vgl. Kindl/Meller-Hannich/Wolf/*Bendtsen* § 835 Rn 1.
527 So auch *Stamm* selbst S. 436 f., der dem Wortlaut des § 835 I ein echtes Wahlrecht entnimmt.

und eine der beiden Optionen keine inhaltlichen Wirkungen zeitigte. Dem Gesetzeswortlaut lässt sich keine solche Beschränkung entnehmen, wie *Stamm* sie herzuleiten versucht.[528] Bereits dies widerspricht seiner Ansicht, der Überweisung zur Einziehung käme kein eigener Bedeutungsgehalt zu.

Einer Vergleichbarkeit des Faust- und des Pfändungspfandrechts steht schließlich auch der Gegenschluss aus § 804 II entgegen. Gemäß § 804 II sind die Wirkungen der beiden Sicherungsmittel *nur* zwischen mehreren Gläubigern identisch.[529] Das Verhältnis des Gläubigers zu seinem Schuldner und Sicherungsgeber wird in § 804 II nicht angesprochen. Auch die Rangwahrung i.S.d. § 804 III beinhaltet nur einen Schutz des Vollstreckungsgläubigers gegenüber Drittgläubigern.

E contrario und aus den anderen, genannten Gründen ist das Verhältnis zum Schuldner und/ oder Sicherungsgeber bei der Zwangsvollstreckung nicht kongruent mit demjenigen beim Vertragspfand.[530] Dies sowie die systematische Verortung im öffentlichen Prozessrecht[531] sind die entscheidenden Argumente gegen die Prämisse *Stamms*, das Pfändungspfandrecht sei privatrechtlicher Natur. Mit der Widerlegung dieser Vorbedingung wird auch die weitere These, das Pfändungspfandrecht beinhalte bereits die volle Verwertungsbefugnis, sodass eine echte Verwertung bei der Überweisung zur Einziehung nicht erfolgen könne, angreifbar.

(3) Zwischenergebnis

Das Pfändungs- und das Faustpfandrecht zeitigen nur in Teilen ähnliche Rechtsfolgen. Das Pfändungspfandrecht allein erlaubt seinem Inhaber noch nicht die Einziehungsklage gegen den Drittschuldner.[532] Eine Verwertungsbefugnis, wie sie das Faustpfandrecht mit dem Eintritt der Fälligkeit der gesicherten Forderung gewährt, kann nicht bereits aus dem Pfändungspfandrecht hergeleitet werden.[533]

---

528 *Stamm* S. 437 f., der § 835 I entgegen seiner Wortlautanalyse zugunsten einer Ersetzungsbefugnis umzudeuten versucht.

529 *Gaul/Schilken/Becker-Eberhard* § 50 Rn 45; ausdrücklich *Kindl*/Meller-Hannich/Wolf § 804 Rn 12; MünchKommZPO/*Gruber* § 804 Rn 29; Musielak/Voit/*Becker* § 804 Rn 13; BeckOK-ZPO/*Fleck* § 804 Rn 15.

530 Kindl/Meller-Hannich/Wolf/*Kindl* § 804 Rn 12; BeckOK-ZPO/*Fleck* § 804 Rn 15.

531 Kritisch hierzu *Stamm* S. 368 f.

532 So auch *Lüke* 50 Jahre BGH S. 441 (450); *Baur/Stürner* SachenR § 62 Rn 45; Stein/Jonas/*Brehm* § 829 Rn 70, § 835 Rn 9.

533 *Lüke* Zwangsvollstreckung S. 23; *Baur/Stürner* SachenR § 62 Rn 45; *Brox/Walker* Rn 613, 633 f.; *Gaul/Schilken/Becker-Eberhard* § 55 Rn 12 f.; *Lüke* JZ 1955, 484 (485).

Folglich kommt entgegen *Stamm* der Überweisung zur Einziehung ein eigenständiger Anwendungsbereich zu. Erst sie erlaubt die klageweise Einziehung der Forderung und somit die Befriedigung. Wählt der Gläubiger die Einziehungsüberweisung, handelt es sich daher nicht um einen inhaltsleeren Verwertungsakt und nicht um eine Konstellation der Pfändung ohne Verwertung. Die Ansicht *Stamms* führte in der Praxis zu einem völligen Leerlaufen der §§ 835 ff. Dies kann kaum gewollt sein. Das System der dualistischen Forderungsvollstreckung mit verschiedenen eigenständigen Maßnahmen behält seine Gültigkeit.

bb) Rechtsfindung praeter legem

Dem geschriebenen Zivilprozessrecht ist auch keine andere Fallgestaltung bekannt, bei der die Verwertung anfänglich und dauerhaft unmöglich ist. Dies liegt daran, dass die Intention des Gesetzgebers bei der Kodifizierung der damaligen CPO ersichtlich darin bestanden hatte, die Pfändung als Teil eines in sich geschlossenen Vollstreckungsverfahrens zu etablieren. Die Befriedigung sollte entweder einvernehmlich privatrechtlich erfolgen oder mittels eines vom Anfang bis zu seinem Ende zu durchlaufenden Vollstreckungsverfahrens. Eine privatrechtliche Erfüllungshandlung, zu deren Vervollkommnung ergänzend auf hoheitliche Vollstreckungshandlungen zurückgegriffen werden muss, war aus verständlichen Gründen nicht Gegenstand der Überlegungen. An einen nur teilweise bzgl. der Zession kooperierenden Schuldner wird nicht gedacht worden sein. Es war kein gesetzgeberisches Ziel, die Pfändung allein deshalb zu ermöglichen, um nach einer Zession in den Genuss von Hilfsrechten oder anderen Vorteilen zu gelangen. Jedenfalls ist aus den Materialien kein dahingehender Hinweis ersichtlich.

Es ist daher davon auszugehen, dass es sich bei der Pfändung einer gläubigereigenen Forderung um eine sog. *praeter legem*-Situation handelt.[534] Hierfür ist es charakteristisch, dass das Gesetz weder eine positive noch eine negative Regelung trifft. Zudem darf sich anhand der jeweiligen ratio anderer Vorschriften keine eindeutige Wertung ermitteln lassen, die übertragen werden könnte.[535]

Die bis hierhin erarbeiteten Ergebnisse sprechen für eine isolierte Betrachtung der Zulässigkeit der Pfändung. Die dem scheinbar entgegenstehenden Argumente konnten sämtlich entkräftet werden. Insbesondere wird eine Pfändung auch ohne die Verwertung unter anderen Begleitumständen explizit für zulässig erachtet. Die Ursachen für die Unmöglichkeit der Verwertung waren allerdings miteinander nicht vergleichbar. Für den Fall der anfänglichen und dauerhaften

---

534 Zur Begriffsbedeutung *Köbler* S. 321.
535 *Canaris* S. 17, 20.

Unmöglichkeit konnte kein Beispiel bemüht werden. Die Voraussetzungen für einen Rückschluss von den geschilderten Einzelfällen auf eine allgemeine Wertung oder ein daraus resultierendes allgemeines Prinzip liegen nicht vor.[536]

Die Qualifikation als praeter legem impliziert jedoch, dass allein aus dem Fehlen von Anwendungsfällen im Gesetz kein Rückschluss auf einen ablehnenden Willen des Gesetzgebers gezogen werden darf. Einer solchen Konstellation ist es vielmehr immanent, dass weder eine befürwortende Regelung noch ein Verbot in den gesetzlichen Vorschriften auszumachen ist. Dies ist der Grund dafür, dass den in Kapitel 2 erörterten Zweckmäßigkeitserwägungen eine so große Bedeutung zukommt.[537]

Für die Beantwortung von *neben dem Gesetz* stehenden Fallgestaltungen kann dann auf die Gesamtrechtsordnung zurückgegriffen werden.[538] In diesem Zusammenhang genügt es nicht, dass das zu legitimierende Institut dem geschriebenen Recht nicht widerspricht. Es muss darüber hinaus von der Gesamtrechtsordnung positiv gefordert werden.[539]

d) Fazit

Eine Pfändung kann aus drei Gründen nur in isolierter Form, d.h. ohne nachfolgende Verwertung, erfolgen. Zum einen kann sich das Interesse an der Fortsetzung der Vollstreckung nach der Pfändung erledigen (Fall a). Zum anderen kann der Gläubiger von Beginn an nur die Pfändung im Auge haben. Dies geschieht, wenn er die Pfändung als bloßes Druckmittel einsetzen möchte oder die Verwertung aktuell noch nicht zulässig ist (Fall b). Eine isolierte Pfändung ist daher praktisch relevant.

Für beide Fälle existieren sowohl Beispiele in der Zivilprozessordnung als auch abstrakte, dogmatische Erklärungen. Diese zeigen, dass die fehlende Durchführung oder aktuelle Unzulässigkeit der Verwertung sich nicht auf die Zulässigkeit der Pfändung auswirkt. Dadurch wird die befürchtete Exotik einer isolierten Pfändung relativiert.

Die genannten Fälle unterscheiden sich jedoch von der Pfändung einer eigenen Forderung (Fall c) dadurch, dass bei letzterer die Verwertung von Anfang an und endgültig unmöglich ist. Hierbei handelt es sich entgegen *Stamm* nicht um den gewöhnlichen Fall einer „Überweisung“ zur Einziehung. Da sich keine

---

536 Vgl. dazu *Canaris* S. 97 f.

537 *Schwinge* S. 21.

538 Vgl. *Canaris* S. 37 f., 197.

539 Vgl. *Canaris* S. 51.

übertragbaren Fallkonstellationen hierfür finden lassen, handelt es sich um eine Problematik praeter legem. Zu deren Beantwortung ist ein Rückgriff auf allgemeine Maßstäbe zulässig und erforderlich.

3. Einfluss der Unmöglichkeit der Verwertung auf die Zulässigkeit der Pfändung

Diese abstrakt-dogmatische Begründung soll mithilfe der Funktion der einzelnen Vollstreckungsmaßnahmen (a)) und unter Rückgriff auf grundgesetzliche Wertmaßstäbe (b)) erfolgen.

a) Die Funktion der Pfändung im Vollstreckungsgefüge

aa) Entkopplung der „Förderungsinstrumente" der Pfändung voneinander

Die Vollstreckung und damit auch die Pfändung soll die Befriedigung des Gläubigers herbeiführen.[540] Für sie und nicht für die Verwertung bildet die Pfändung die Grundlage. An der Befriedigung muss sich deshalb die Zulässigkeit der Pfändung orientieren.

Die Pfändung kann die Befriedigung des Gläubigers allein nicht herbeiführen. Sie kann die Befriedigung jedoch auf zwei Wegen erleichtern. Der eine Weg wurde in Kapitel 2 umfassend dargestellt. Er basiert auf den Hilfsrechten, die bei der Forderungspfändung deren strukturelle Problematik - die Unkenntnis des Gläubigers über die Bonität der gepfändeten Forderung und die deswegen ggf. erforderliche streitige Einziehung ohne staatliche Hilfe - jedenfalls abmildern.[541]

Die zweite, zumeist kumulativ hinzutretende Möglichkeit stellt die Sicherung des haftenden Vermögens dar. Gesichert wird die Erreichung der Befriedigung als Endziel des Vollstreckungsverfahrens. Nicht primär geht es um die Sicherung des Vermögens zur Verwertung. Die Verwertung ist zwar häufig eine dafür entscheidende Etappe. Sie verfolgt aber keinen Selbstzweck. Letztlich stellt die Verwertung für die Befriedigung einen bloßen Zwischenschritt dar.

Welche dieser zwei Funktionen im konkreten Fall zur Anwendung kommt, hängt von der Intention des Gläubigers ab. Klassischerweise wird die Sicherung als unmittelbare Hauptfunktion der Pfändung bezeichnet. Bei einer regulären Pfändung schuldnereigenen Vermögens treten beide Funktionen kumulativ auf; bei der Pfändung i.S.d. §§ 720a, 930 geht es allein um die Sicherung.

---

540 Zu den Aufgaben des Vollstreckungsrechts supra Kapitel 1.A.

541 Zu den angesprochenen strukturellen Unterschieden noch eingehend sub Kapitel 4.D.IV.

Ist letztere nicht erforderlich, wie bei der Pfändung eigener Forderungen, so bleiben die Hilfsrechte allein maßgeblich. Ein Sicherungselement ist entbehrlich, da die zu sichernde Forderung des Vollstreckungsschuldners bereits an den Gläubiger übertragen wurde und dessen Verlust nicht mehr droht. Für die Sicherungsfunktion besteht daher bei einer Pfändung eigenen Vermögens kein Bedürfnis.

Eine volle Ausschöpfung sämtlicher denkbarer Wirkungen kann nicht verlangt werden, wenn auch nur der Eintritt einiger Folgen bereits einen Mehrwert bedeutet. Das Rechtsschutzbedürfnis muss nicht kumulativ auf sämtliche möglichen Folgen gestützt werden können. Es steht der Zulässigkeit nicht entgegen, dass der Gläubiger es nur auf einige der denkbaren Pfändungswirkungen abgesehen hat. Insbesondere kommt der Sicherung nur eine dienende, vorbereitende Funktion zu.[542] Das Rechtsschutzbedürfnis kann sich nicht nur aus den Hauptwirkungen der Pfändung ergeben, sondern auch und sogar ausschließlich aus deren Nebenwirkungen.[543]

bb) Verwertung für Befriedigung nicht zwingend erforderlich

Beide angesprochenen Wirkungen zielen auf die Befriedigung ab. Diese erfordert in einem regulären Vollstreckungsverfahren die Durchführung einer Verwertung. In diesem Fall besteht *ein* kurzfristiger Zweck der Pfändung darin, entweder selbst oder vermittels der Verstrickung die Grundlage der Verwertung darzustellen.[544]

Allerdings bedarf es der Verwertungshandlung nicht für jede denkbare Art der Befriedigung. Die Verwertung ist nur erforderlich, wenn die Befriedigung auf dem hoheitlichen, zwangsvollstreckungsrechtlichen Wege ohne jedwede Mitwirkung des Schuldners verschafft werden soll. Nur dann setzt die Befriedigung des Gläubigers die Durchführung einer Verwertung voraus. Deswegen ist nur in einem solchen Fall die Unmöglichkeit der Verwertung entscheidend für die Befriedigung des Gläubigers und damit für den Erfolg des Vollstreckungsverfahrens. Nur wenn die Verwertung entscheidend ist für das Gesamtgelingen, kann sie Auswirkungen auf die Pfändung haben. Die Zulässigkeit der Pfändung hängt nämlich, wie gesehen, ebenfalls von dem Erfolg des Vollstreckungsverfahrens ab. Folglich zeitigt die Unmöglichkeit der Verwertung *nur* Auswirkungen auf die Zulässigkeit der Pfändung, wenn letztere ein Vollstreckungsverfahren einleitet, in dem die Verwertung als Zwischenschritt für die Befriedigung unverzichtbar ist.

---

542 Supra Kapitel 1.A.III.

543 Vgl. *Schönke* S. 23 f.

544 Zum Meinungsstreit supra Kapitel 3.C.

So hätte die Pfändung einer Sache, deren Verwertung unmöglich ist, zu unterbleiben, wenn die Vollstreckung nur im Hinblick auf eine spätere Auskehr des Erlöses eingeleitet würde. Dies ergibt sich bereits aus § 803 II, der freilich noch weiter reicht. Er steht der Pfändung nicht nur entgegen, wenn die Verwertung gänzlich unmöglich ist, sondern bereits dann, wenn sie keinen hinreichend hohen Erlös verspricht.

Die Befriedigung im Anschluss an eine Forderungspfändung gestaltet sich jedoch anders, indem sie eine privatrechtliche oder klageweise Einziehung gegen den Drittschuldner erforderlich macht. Eine Voraussetzung für die Begründetheit dieser Klage ist die Einziehungsermächtigung. Wie der Kläger diese erlangt, ist nicht von Bedeutung.

Kann der Gläubiger einzig mithilfe der Verwertung Befriedigung erlangen und ist letztere aber unmöglich, kann auch die Pfändung ihren Zweck nicht erfüllen, da dann eine Befriedigung ausschiede. In diesem Fall wären die Pfändung und die Verwertung in ihrer Wirksamkeit voneinander abhängig. Sollte der Gläubiger somit auf die Überweisung der Forderung angewiesen und diese aber unmöglich sein, wäre sein Pfändungsantrag unzulässig.

Allerdings wird der Gläubiger regelmäßig nicht auf die Verwertung angewiesen sein, wenn diese unmöglich ist und er trotzdem die Pfändung beantragt. Er könnte andernfalls nämlich sein Ziel nicht erreichen, wenn es dafür auf die Verwertung ankommt.

So liegt es auch im Fall der Pfändung einer eigenen Forderung. Der Grund, weshalb es sich um eine eigene Forderung handelt, ist zugleich der Grund für die Unmöglichkeit der Verwertung. Im Anschluss an die Zession begehrt der Forderungspfändungsgläubiger keine weitere hoheitliche Vollstreckungshandlung mehr. Die Einziehungsbefugnis ergibt sich bereits aus dem Privatrechtsakt. Infolgedessen stellt die Überweisung keinen erforderlichen Teil des Vollstreckungsverfahrens mehr dar.

Die Unmöglichkeit der Verwertung wirkt sich deswegen nur aus, wenn der Gläubiger die unmögliche Maßnahme selbst, hier also den Überweisungsbeschluss, beantragt. Auf den davon zu trennenden Pfändungsbeschluss ist sie ohne Einfluss.[545] Dies gilt jedenfalls, sofern die Verwertung für den Erfolg des Verfahrens entbehrlich ist.

---

545 Vgl. BGH NJW 1979, 2045 Tz 12; bestätigend *Gaul* NJW 1989, 2509 (2515); vgl. für eine Prozesshandlung *Schönke* S. 33.

cc) Wertungswiderspruch bei Unzulässigkeit der Pfändung trotz privatrechtlicher Verwertung

Für die bis hierhin vertretene Auffassung spricht ferner eine wertungsmäßige Betrachtung der Folgen. Hielte man die Pfändung der eigenen Forderung für unzulässig, so drohte ein nicht aufzulösender Wertungswiderspruch. Der Pfändung stünde dann i.E. die privatrechtliche „Einigung" der Beteiligten im Wege.

Die der Pfändung vorausgehende Abtretung steht in ihren Rechtsfolgen der Überweisung gleich oder geht im Fall der Einziehungsüberweisung gar über sie hinaus. Hinsichtlich der Rechtsstellung in bezug auf die Einziehung bedeutet die Abtretung für den Gläubiger deshalb keinen Nachteil. Andernfalls ließe sich der Gläubiger ohnehin nicht auf eine Abtretung ein. Er müsste diese vielmehr ablehnen und auf direktem Wege das Vollstreckungsverfahren einleiten. Er würde die Erfüllung der geschuldeten Leistung verlangen oder die Forderung als schuldnereigene pfänden und sich überweisen lassen. Da die besagte Forderung dann zum Vermögen des Titelschuldners gehörte, handelte es sich um eine gewöhnliche Vollstreckung in das Vermögen des Schuldners, bei der zudem sämtliche in Kapitel 2 dargestellten Hilfsrechte entstünden.

Die Abtretung führt nun zu einer vollstreckungsrechtlichen Sonderkonstellation, in der dem Gläubiger die erörterten Hilfsrechte versagt blieben, wenn die Pfändung seiner Forderung unzulässig sein sollte. Dabei trifft ihn selbstredend keine Pflicht zur Annahme der Abtretung. Vielmehr ist die Wirksamkeit der Zession von seiner Annahmeerklärung abhängig. Er folgt mit der Annahme des Abtretungsangebots u.a. dem Wunsch des Schuldners, dass dessen (Dritt-)Schuldner durch die konstitutive Zustellung des Pfändungsbeschlusses keine Kenntnis von der prekären finanziellen Situation erhalten möge. Weiterhin erspart der Gläubiger dem Zedenten und Vollstreckungsschuldner gem. § 788 von diesem zu tragende Vollstreckungskosten. Schließlich stehen sowohl die Intention als auch die Verhaltensweise des Gläubigers in Übereinstimmung mit dem öffentlichen Interesse, das eine privatautonome und einverständliche Lösung stets einer zwangsweisen Herbeiführung der Befriedigung vorzieht. Diverse neuere Gesetze legen den Fokus auf eine einvernehmliche Problemlösung und honorieren diese durch Zeit- und Kostenvorteile.[546]

---

546 Z.B. BT/Drs. 14/3750, S. 57 zu §§ 278 f.; BT/Drs. 14/980, S. 5 zu § 15a EGZPO, wenngleich dieser gem. seinem Abs. 2 Nr. 6 auf Vollstreckungsrechtsbehelfe nicht anzuwenden ist. Hier geht es aber gerade um die Vermeidung vollstreckungsrechtlicher Maßnahmen; BT/Drs. 16/10069 zur Sachaufklärung und der Kompetenz des Gerichtsvollziehers zum Abschluss von Zahlungsvereinbarungen.

Den Titelgläubiger hingegen „bestrafte" man für eben dieses Verhalten. Verwehrte man dem Gläubiger die Pfändung seiner Forderung, müsste man ihm dringend raten, einvernehmliche Lösungen nur noch innerhalb eines laufenden Vollstreckungsverfahrens unter Hinzuziehung des jeweiligen Organs, z.B. i.R.d. §§ 802a ff., zu akzeptieren. Das Angebot an den Schuldner, das Vollstreckungsverfahren insgesamt zu vermeiden und einer einvernehmlichen Lösung die Tür zu öffnen, könnte sich sonst im späteren Verlauf als irreversibler Nachteil herausstellen.[547]

Lehnte man somit die Zulässigkeit der isolierten Pfändung ab, würde der Zessionar aufgrund dieses vorherigen, privatautonomen Versuchs der Konfliktlösung schwer benachteiligt. Dabei soll die Zession seine Position stärken und nicht schwächen. Dieser Wertungswiderspruch ließe sich nicht ausräumen und stellt deswegen ein weiteres, entscheidendes Argument für die Zulässigkeit der Pfändung dar.

b) Vereinbarkeit mit den verfassungsrechtlichen Vorgaben

Diese vorgenannte Wertung wird durch eine Einbeziehung der verfassungsrechtlichen Dimension, welche die Zulässigkeit einer isolierten Pfändung in bestimmten Konstellationen gebietet, gestützt.

aa) Zwangsvollstreckung als legitime Grundrechtsausübung

Als hoheitliche Handlung ist jede Vollstreckungsmaßnahme im Spannungsfeld des Eigentumsrechts des Gläubigers aus Art. 14 GG und des Persönlichkeits- und Eigentumsrechts des Schuldners aus Art. 2 I, 14 GG zu sehen.[548] Zu berücksichtigen sein können zudem Grundrechte Dritter, insb. das Recht des wahren Inhabers eines gepfändeten, schuldnerfremden Gegenstands aus Art. 14 GG. Schließlich sind auch Interessen der Allgemeinheit zu beachten. Die Pfändungsschutznormen des Schuldners sind z.B. Ausfluss der Art. 20 I Var. 3, 28 I 1 Var. 3 GG.

Aus den verfassungsrechtlichen Wertungen kann sich zum einen die Unzulässigkeit einer Vollstreckungsmaßnahme ergeben. Eine gegen das Grundgesetz verstoßende Vollstreckungshandlung wäre ipso iure unzulässig. Die Grundrechte können aber auch zugunsten des Gläubigers streiten. Im Einzelfall können sie gar ein Gebot zur Durchführung der Maßnahme aufstellen.

---

547 Für die o.a. Nießbrauchsfälle des Reichsgerichts *Mattern* JR 1928, 98 (99).

548 Vgl. dazu *Gaul* FS Stelmachowski S. 237 (237, 241 f.); ferner SchuWa/*Schuschke* Einführung Buch 8 Rn 5; *Gerhardt* ZZP 95 (1982) 467 (487).

(1) Schutz des Art. 14 GG bei Zwangsvollstreckungsmaßnahmen

Der Begriff des Eigentums i.S.d. Art. 14 GG umfasst im Unterschied zur zivilrechtlichen Terminologie nicht nur das Eigentum an Sachen, sondern auch Forderungen.[549] Geschützt wird bereits die bloße Inhaberschaft einer Rechtsposition.[550] Der Inhaberschaft einer Forderung kommt jedoch nur eine abstrakte Größe zu. Ihren wirtschaftlichen Wert erhält sie erst durch ihre Realisierung.[551] Diese erfolgt mangels Mitwirkung des Schuldners im Wege der Zwangsvollstreckung. Art. 14 GG gewährt deshalb zugleich das Recht, eine Eigentumsposition zu verwirklichen.[552] Dazu ist erforderlich, dass die Forderung durch einen Vollstreckungstitel festgestellt wurde, weshalb der Schutz des Art. 14 GG erst recht gegeben ist.[553] Der sachliche Schutzbereich des Art. 14 GG ist folglich bei Vollstreckungshandlungen grds. eröffnet.[554] Die Zwangsvollstreckung stellt eine legitime Form der Grundrechtsausübung durch den Gläubiger dar. Manche sprechen gar von einem Recht auf Befriedigung.[555] Jedoch ist nicht ersichtlich, gegen wen dieses Grundrecht ggf. durchgesetzt werden soll. Das Recht auf Befriedigung kann immer nur soweit gehen, dass der Staat alles ihm Mögliche tun muss. Eine Erfolgsgarantie existiert nicht.[556]

Die Eröffnung des Schutzbereichs könnte ferner zu der Annahme verleiten, Art. 14 GG erfasse jegliches Handeln mit dem Ziel der Realisierung der Eigentumsposition. Indes handelt es sich bei Art. 14 GG um ein sog. „normgeprägtes Grundrecht".[557] Gemäß dessen Abs. 1 S. 2 werden Inhalt und Schranken des grundrechtlichen Eigentumsschutzes und damit die Formen möglichen Grundrechtsgebrauchs[558] durch die einfachen Gesetze bestimmt. Im Gegensatz zu dem

---

549 BVerfGE 68, 193 (222); BVerfGE 83, 201; BGHZ 160, 197 (200); *Gaul* FS Stelmachowski S. 237 (242); Maunz/Dürig/*Papier* Art. 14 GG Rn 201; *Münzberg* DGVZ 1988, 81 (85).

550 *Berg* JuS 2005, 961 (964).

551 Vgl. allgemein *Hufen* § 5 Rn 5 („real Geltung für den Einzelnen zu erlangen").

552 *Pieroth/Schlink/Kingreen/Poscher* Rn 992, 995.

553 Für das von Art. 1 Zusatzprotokoll zur EMRK garantierte Recht auf Achtung des Eigentums ausdrücklich EGMR NJW 2004, 273 (274, „Distomo").

554 *Stamm* S. 16; vgl. auch *Gerhardt* ZZP 95 (1982) 467 (487); diesen Gedankengang vollzieht ebenfalls, allerdings zur EMRK, EGMR NJW 2004, 273 („Distomo").

555 BGHZ 141, 173 (177); BGHZ 157, 195 (203); BGH NJW 2004, 2096 (2098); *Timme* NJW 2008, 1677.

556 Vgl. bereits supra Kapitel 3.D.I.2.

557 Merten/Papier/*Kloepfer* § 43 Rn 76; Epping/Hillgruber/*Axer* Art. 14 GG Rn 7 ff.; *Berg* JuS 2005, 961 (962).

558 Begriff bei *Pieroth/Schlink/Kingreen/Poscher* Rn 216.

sonst üblichen Duktus, dass der verfassungsrechtliche Schutzbereich nicht unter Heranziehung des einfachen Rechts bestimmt werden dürfe, ist die Rückbesinnung auf solche Vorschriften i.R.d. Art. 14 I GG gerade erforderlich.[559] Nur so kann der Eigentumsbegriff mit Inhalt gefüllt werden. Diesem Charakter entsprechend stellen die Vorschriften des Zwangsvollstreckungsrechts sowohl eine einfachgesetzliche Konkretisierung des Schutzbereichs als auch Inhalts- und Schrankenbestimmungen i.S.d. Art. 14 I 2 GG dar.

Eigentum i.S.d. Grundgesetzes ist danach nur, was einfache Gesetze als Eigentum definieren. Daher schließt Art. 14 GG nur von der Zivilprozessordnung vorgesehene Maßnahmen zur Durchsetzung des Eigentumsrechts in seinen Schutzbereich ein. Der Schutz erstreckt sich nicht auf jede erdenkliche und von Menschenhand realisierbare Möglichkeit, mit der ein Titel verwirklicht werden kann. Folter oder andere unzulässige Maßnahmen der Selbsthilfe sind nicht geschützt. Geschützt ist jedoch die Durchführung einer Pfändung, um damit dem Titel mit hoheitlicher Hilfe zu wirtschaftlichem Wert zu verhelfen. Die Grenze der zulässigen gesetzgeberischen Ausgestaltung des Eigentumsbegriffs liegt erst dort, wo das einfachrechtliche Eigentum „seinen Namen nicht mehr verdiente".[560]

(2) Folgen der Eröffnung des Schutzbereichs

Aufgrund der Inbezugnahme des einfachen Rechts durch Art. 14 GG bedeutete es einen Zirkelschluss, sollte man nun versuchen, die Zulässigkeit der isolierten Pfändung als Grundrechtsgebrauch *unmittelbar* aus Art. 14 I GG abzuleiten. Zwar ist eine Pfändung eine grundsätzlich zulässige Vollstreckungsmaßnahme und folglich von Art. 14 GG umfasst. Für die isolierte Pfändung kann das Eigentumsgrundrecht allein jedoch keine abschließende Antwort geben, da für diese spezielle Form der Pfändung die Zulässigkeit gerade nicht ausdrücklich feststeht. Die ZPO enthält hierüber, wie gesehen, keine eindeutigen Aussagen. Art. 14 GG erfasst aber nur zulässige Maßnahmen.[561] Ob dies der Fall ist, ist gerade zu prüfen.

Eine Umkehr der Argumentationslinie dahingehend, dass jede nicht verbotene Maßnahme automatisch erlaubt ist, ist ebenfalls nicht möglich. Zwar streitet der grundrechtliche Schutz der Vollstreckungstätigkeit für deren Zulässigkeit. Indes greift die Vollstreckungsmaßnahme regelmäßig in Grundrechte

---

559 *Pieroth/Schlink/Kingreen/Poscher* Rn 977; Epping/Hillgruber/*Axer* Art. 14 GG Rn 9; dazu Maunz/Dürig/*Papier* Art. 14 GG Rn 35 ff.

560 *Pieroth/Schlink/Kingreen/Poscher* Rn 978; dazu auch *Berg* JuS 2005, 961 (962 f.).

561 *Gaul/Schilken/Becker-Eberhard* § 6 Rn 2.

des Schuldners ein. Deshalb gilt das Prinzip des Vorbehalts des Gesetzes[562] und das bloße Schweigen des Gesetzes als Rechtsgrundlage genügt nicht. Andernfalls wäre jede Vollstreckungsmaßnahme, die nicht explizit verboten ist,[563] zulässig und das Vollstreckungsorgan wäre in seiner Verfahrensgestaltung weitgehend frei.

Zu überlegen ist indes, ob nicht aus der Eröffnung des Schutzbereichs ein a priori geltender Abwägungsvorsprung zugunsten des Gläubigers resultiert.[564] Hierfür spricht, dass die Pfändung für den Schuldner stets erst den Anfang eines Vollstreckungsverfahrens markiert. Unter anderem aus diesem Grunde werden die Interessen des Schuldners allenfalls am Rande berührt.[565] Außerdem werden dessen Gegenstände durch die Pfändung nicht endgültig veräußert. Ein solcher Abwägungsvorsprung allein hülfe dem Gläubiger jedoch auch nicht abschließend, da im Einzelfall doch eine endgültige Entscheidung nötig würde.

Es muss somit vorerst bei der Feststellung bleiben, dass die Verwirklichung eines Vollstreckungstitels durch die Pfändung zwar von Art. 14 GG geschützt ist. Hieraus resultiert jedenfalls die grds. Legitimität derartigen Vorgehens. Es wäre hingegen verfrüht, allein aus dem Bestehen einer Eigentumsposition die Zulässigkeit einer isolierten Pfändung zu folgern.

(3) Anspruch auf Durchführung der Pfändung aus den Grundrechten?

Nach der klassischen Abwehrfunktion der Grundrechte kann der Berechtigte hoheitliche Eingriffe in den Schutzbereich seiner Grundrechte aktiv abwehren (status negativus).[566] Wenn das Vollstreckungsorgan jedoch den Pfändungsantrag für unzulässig hält und ihm deshalb nicht nachkommt, greift es nicht *aktiv* in Rechte des Vollstreckungsgläubigers ein. Vielmehr *unterlässt* es die begehrte Handlung. Ein solches Unterlassen kann sich ähnlich grundrechtsgefährdend auswirken, wenn das Grundrecht allein durch staatliches Tätigwerden zu seiner vollen Entfaltung gelangen kann.[567] Grundrechte können daher dem Berechtigten das

---

562 Statt vieler Maunz/Dürig/*Herzog/Grzeszick* Art. 20 GG Rn VI.75.

563 In anderem Kontext, aber ähnliche Aussage BVerfGE 31, 229 (241).

564 Einen generellen Abwägungsvorsprung des Vollstreckungsgläubigers angesichts des Ziels der Zwangsvollstreckung, der Durchsetzung seines Titels, nehmen *Gerhardt* ZZP 95 (1982) 467 (489, „prävaliert"); *Bittmann* RPfleger 1983, 261 (263); *Weyland* S. 33, 58, 208; *Wieser* ZZP 98 (1985) 427 (431) an; ebenfalls Keller/*Keller* Kapitel 1 Rn 9.

565 Dazu sub Kapitel 4.D.

566 *Berg* JuS 2005, 961 (962); zur Entwicklung *Stern* DÖV 2010, 241 (241 ff.).

567 Merten/Papier/*Calliess* § 44 Rn 4.

Recht gewähren, vom Staat eine aktive Handlung zu fordern (status positivus).[568] Dieses Recht des Einzelnen ist Ausfluss der staatlichen Pflicht, die individuellen Grundrechte zu schützen.[569] Eine solche Pflicht kann dann entstehen, wenn durch Handlungen Dritter oder durch Unterlassen des Staates selbst Grundrechte des Berechtigten verletzt zu werden drohen.

Die Rechtsposition eines Titelgläubigers kann ohne die Mitwirkung des Schuldners allein durch Zwangsvollstreckung zu wirtschaftlichem Wert gebracht werden. Ein Vollstreckungsverfahren setzt jedoch notwendig staatliche Hilfe voraus. Daher stellte auch die Nichtvornahme der Pfändung durch das zuständige Vollstreckungsorgan einen staatlichen Eingriff in Form des Unterlassens dar.[570] Diesem Eingriff könnte der Grundrechtsberechtigte ggf. mit einem unmittelbar aus Grundrechten folgenden Anspruch auf Durchführung begegnen. Ein solcher Anspruch auf Durchführung einer prozessualen Maßnahme wäre zudem geeignet, effektiven Grundrechtsschutz durch Verfahrensgestaltung zu verwirklichen (sog. Grundrechtsschutz durch Verfahren).[571] Für die Ausgestaltung des Verfahrensrechts sind die Grundrechte ähnlich bedeutsam wie für das materielle Recht.[572] Ansprüche auf staatliches Tätigwerden können in zwei Konstellationen praktisch werden (sub (a), (b)). In beiden Fällen sind sie zurückhaltend zu handhaben.[573]

(a) Schutz vor Handlungen Dritter

Zum einen kann der Staat zu einer bestimmten Maßnahme verpflichtet sein, wenn durch Handlungen Privater die Grundrechte Anderer ungerechtfertigt beeinträchtigt werden.[574] Diese Konstellation wird klassischerweise mit dem Begriff der „Schutzpflicht" in Verbindung gebracht. Das BVerfG und ihm folgend die herrschende Literatur bejaht einen Anspruch in diesen Fällen. Allein die Begründungen sind unterschiedlich. Es wird vertreten, dass sich die Konstruktion

568 *Stern* DÖV 2010, 241 (244).

569 Merten/Papier/*Calliess* § 44 Rn 28.

570 Explizit für Art. 1 Zusatzprotokoll zur EMRK: EGMR NJW 2004, 273 (274, „Distomo").

571 Dazu Merten/Papier/*Calliess* § 44 Rn 27; Maunz/Dürig/*Papier* Art. 14 GG Rn 43 ff.; Epping/Hillgruber/*Axer* Art. 14 GG Rn 22.

572 BVerfG NVwZ 2000, 185 (186); BVerfG NJW 2009, 1259; Epping/Hillgruber/*Axer* Art. 14 GG Rn 20.

573 *Epping* Rn 16; *Pieroth/Schlink/Kingreen/Poscher* Rn 106; vgl. auch *Jarass*/Pieroth Vorb. vor Art. 1 GG Rn 7.

574 BVerfGE 39, 1 (41 f.); BVerfGE 46, 160 (164 f.); BVerfGE 115, 118 (152); BVerwG NVwZ 1999, 1234 mit Besprechung *Brüning* JuS 2000, 955; insgesamt *Epping* Rn 123; *Jarass*/Pieroth, Vorb. vor Art. 1 GG Rn 8.

der Schutzpflicht bereits aus dem Wortlaut des Art. 1 I 2, Var. 2 GG ergebe.[575] Andere leiten die Pflicht aus dem Erfordernis eines effektiven Grundrechtsschutzes her.[576] Indem die Grundrechte eine objektive Werteordnung schaffen, verpflichten sie den Staat zur Wahrung dieser Ordnung und damit zum Tätigwerden, sobald eine Beeinträchtigung Einzelner droht.[577]

Ein solcher Fall ist hier jedoch nicht gegeben: Das Grundrecht auf Eigentum würde nicht durch die Handlung eines Privaten beeinträchtigt, sondern durch das Unterlassen des Staates selbst. Nur dieser ist Verpflichteter der Zwangsvollstreckungsmaßnahmen.

(b) Schutz vor Unterlassen des Staates als originär Verpflichtetem

Damit ist eine zweite Konstellation einschlägig. Hier richtet sich der Anspruch originär gegen den Staat. Der Zweck kann nicht durch das Unterlassen eines Privaten erreicht werden. Diese Konstellation ist ungleich schwieriger zu begründen.[578] Zu untersuchen ist die Möglichkeit eines aus Grundrechten resultierenden Anspruchs auf eine bestimmte, einfachgesetzlich nicht explizit geregelte, hoheitliche Maßnahme eines Vollstreckungsorgans.

Diese Situation ist spiegelbildlich zum status negativus. Hier wie dort sind zwar der eingreifende Hoheitsträger und ein privater Grundrechtsträger beteiligt. Jedoch begehrt der Grundrechtsberechtigte nicht die Untätigkeit, sondern gerade die Tätigkeit des Grundrechtsverpflichteten.

Klassischerweise werden Ansprüche auf staatliches Eingreifen relevant im Zusammenhang mit einer Untätigkeit des Gesetzgebers.[579] Diese tritt z.B. auf, wenn der Bedeutungsgehalt eines Grundrechts evident[580] weiter reicht als dessen vorhandene, einfachgesetzliche Ausgestaltung.[581] Im Rahmen der hier zu untersuchenden

---

575 BVerfGE 115, 118 (152 f.); *Epping* Rn 123 m.w.N.; Merten/Papier/*Calliess* § 44 Rn 23 f.; *Stern* DÖV 2010, 241 (244).

576 In diese Richtung BVerfGE 33, 303 (329 f.); Merten/Papier/*Calliess* § 44 Rn 5; ebenfalls *Epping* Rn 123.

577 *Stern* DÖV 2010, 241 (246).

578 Nach Maunz/Dürig/*Papier* Art. 14 GG Rn 46 sei bereits kein Bedarf für derartige Ansprüche festzustellen aufgrund des dann einschlägigen Art. 19 IV GG. Indes wirkt Art. 19 IV GG erst vor Gericht und nicht bereits bei der Entscheidung des Rechtspflegers selbst. Dies gibt *Papier* auch selbst zu, indem er Art. 19 IV GG fortlaufend auf den Rechtsschutz bezieht, vgl. Maunz/Dürig/*Papier* Art. 14 GG Rn 46.

579 *Epping* Rn 136; *Stern* § 67 IV 1 c).

580 Dazu *Stern* § 67 IV 1 c) α) („völlige Untätigkeit oder offensichtlich unzureichende Aktivität des Gesetzgebers").

581 *Stern* § 67 IV 2.

zwangsvollstreckungsrechtlichen Konstellation ist jedoch nicht der Gesetzgeber Adressat des Begehrens.

Adressat des konkreten Begehrens ist das Vollstreckungsorgan. Dies gehört nicht der legislativen Gewalt an. Von diesem Organ wird die Durchführung der Pfändung verlangt. In seiner Entscheidung im Einzelfall muss es die Wertungen des Art. 14 GG berücksichtigen. Fraglich ist daher, ob aus dem Eigentumsgrundrecht ein Anspruch auf diese konkrete Maßnahme hergeleitet werden kann.

(aa) Leerlaufen des Grundrechtsschutzes bei Unzulässigkeit der Pfändung?

Bestimmte Grundrechte statuieren bereits durch ihren bloßen Wortlaut eine Pflicht des Staates zum Tätigwerden und stellen somit Anspruchsgrundlagen dar. Dies ist der Fall bei Art. 1 I 2 GG, der von einigen deshalb gar als Legitimationsgrundlage für staatliche Schutzpflichten schlechthin herangezogen wird. Staatliche Schutzpflichten enthalten ferner Art. 3 II 2, 6 I, IV GG sowie in etwas abgeschwächter Form Art. 4 II, 6 V GG.[582] Für Art. 14 GG gilt dies zunächst nicht. Der staatliche Auftrag des Art. 14 I 2 GG erstreckt sich nur auf die einfachrechtliche Ausgestaltung des Eigentums als Institutsgarantie.

Jedoch sind die aufgezählten Fälle nicht abschließend.[583] Auch aus anderen Grundrechten können Ansprüche erwachsen, wenn ohne die begehrte staatliche Handlung das Grundrecht des Bürgers leer zu laufen droht. Folglich müsste der Grundrechtsschutz des Vollstreckungsgläubigers ohne die Pfändung ausgehebelt sein. Diese Wertung ist anhand des Einzelfalls vorzunehmen;[584] sie wurde nicht bereits durch den Gesetzgeber getroffen. Ein Anspruch aus dem Grundrecht setzt daher voraus, dass die vorzufindende Rechtslage ohne eine Pfändung offensichtlich und erheblich unter dem Schutzniveau des Grundrechts liegt.[585] Dann würde das zuständige Vollstreckungsorgan durch seine Untätigkeit das sog. Untermaßverbot verletzen.[586]

Vorliegend wurde bereits ausgeführt, dass angesichts der Unterschiede zwischen § 402 BGB und § 836 III 2 bis 5 die Zulässigkeit der Pfändung eigener Forderungen im Einzelfall durchaus über den Erfolg der Beitreibung der

582 *Hufen* § 5 Rn 5 (für Art. 6 GG); *Stern* § 67 II 2 a).

583 *Stern* § 67 II 2 b); *ders.* DÖV 2010, 241 (246).

584 Epping/Hillgruber/*Axer* Art. 14 GG Rn 23; vgl. Maunz/Dürig/*Papier* Art. 14 GG Rn 53.

585 Ähnlich Epping/Hillgruber/*Axer* Art. 14 GG Rn 23; *Stern* § 67 IV 1.c) α); *ders.* DÖV 2010, 241 (247 f.).

586 Epping/Hillgruber/*Axer* Art. 14 GG Rn 20; Maunz/Dürig/*Papier* Art. 14 GG Rn 45 (jeweils: „Mindeststandard“).

zedierten Forderung entscheiden kann. Das Eigentumsrecht des Gläubigers verfällt jedoch erst dann zu einer wertlosen Hülle, wenn dem Gläubiger keine rechtmäßige Möglichkeit verbleibt, seinen Titel durchzusetzen. Führte die Ablehnung des Pfändungsantrags dazu, dass der Gläubiger seine Eigentumsposition nicht verwirklichen kann, wäre Art. 14 GG für ihn gegenstandslos. Sein grundrechtlicher Schutz liefe leer. Dem hätte das Vollstreckungsorgan abzuhelfen, indem es die Pfändung durchführte.

Das Grundrecht des Zessionars würde ohne eine Pfändung nur gegenstandslos, wenn dessen rechtlichen Möglichkeiten erheblich und *evident* hinter denen eines Pfändungsgläubigers zurückblieben. Die Divergenz müsste derart gewaltig sein, dass von einer Eigentumsposition nahezu keine Rede mehr sein könnte.

Der Zessionar kann sich allein auf die Vorschriften der §§ 398 ff. BGB, insb. auf § 402 BGB, berufen. Deren Analyse war Gegenstand des Kapitels 2. Der Zessionar steht danach zwar deutlich schlechter als der Vollstreckungsgläubiger. Dennoch ist er nicht ohne Schutz. Beschränkt man die Betrachtung für diesen Zweck auf die Hilfsrechte im Verhältnis zum Zedenten und Vollstreckungsschuldner, d.h. auf § 402 BGB bzw. § 836 III,[587] handelt es sich vor allem um einen Zeitvorteil. Wie stark sich dieser auswirkt, ist stets den Umständen des Einzelfalls geschuldet. Dies führt indes nicht dazu, dass die zivilrechtlichen Möglichkeiten eines Gläubigers, seine Forderung durchzusetzen, als nicht im Einklang mit Art. 14 I GG angesehen werden.

Der Zessionar kann schließlich regelmäßig auch ohne eine Pfändung befriedigt werden. Er kann die Forderung nach den gewöhnlichen Vorschriften einziehen. Lediglich darf er sich nicht auf die geschilderten Privilegien eines Vollstreckungsgläubigers stützen.

Dennoch geht mit der Unzulässigkeit der Pfändung nicht zwangsläufig ein gänzlicher Ausfall der Rechtsposition einher. Die Einziehung ist lediglich komplizierter und ihr Gelingen riskanter. Das bloße „Schlechterstehen" indes genügt den Anforderungen an die Verletzung des Untermaßverbots und die Entstehung einer Schutzpflicht noch nicht.

Das Grundrecht droht nicht ausgehöhlt zu werden, nur weil eine Pfändung unterbleibt. Art. 14 GG gewährt dem Vollstreckungsgläubiger nicht das Recht, seinen Titel auf dem einfachsten Wege durchzusetzen. Das Grundrecht selbst stellt keine Rangfolge hinsichtlich der Qualität und Effektivität zur Verfügung gestellter Maßnahmen auf.[588]

---

587 Vgl. supra Kapitel 2.A.

588 Vgl. Maunz/Dürig/*Papier* Art. 14 GG Rn 51.

(bb) Vollstreckungsgericht als tauglicher Adressat?

Ferner ist fraglich, inwieweit sich grundrechtliche Leistungsansprüche überhaupt gegen das für Forderungspfändungen zuständige Organ richten könnten.

Gemäß § 828 I ist das Vollstreckungsgericht zuständig. Zwar ist jedes Gericht als Träger hoheitlicher Gewalt aufgrund Art. 1 III, 20 III GG bei deren Ausübung an die Grundrechte gebunden. Dennoch sind Ansprüche gegen die Rechtsprechung im Grundsatz nicht statthaft, da Gerichte allein zur „Anwendung einer vorgefundenen Norm“[589] befugt sind.

Innerhalb des Vollstreckungsgerichts ist jedoch gem. § 20 I Nr. 17 RPflG[590] der Rechtspfleger funktional zuständig. Dieser übt keine Rechtsprechung im engeren Sinne aus. Er ist zuständig aus Gründen der Funktionalität und Sachnähe.[591] Der den Pfändungsbeschluss erlassende Rechtspfleger steigt dabei nicht in eine eigenständige Sachprüfung ein, wie dies für Rechtsprechung im engeren Sinne charakteristisch ist. Seine Handlung erinnert vielmehr an die eines Verwaltungsorgans, welches das Vorliegen formeller Voraussetzungen prüft. Daher muss seine Tätigkeit schon vor dem Hintergrund des Art. 92, 1. Hs. GG gleich derjenigen des Gerichtsvollziehers oder des Grundbuchamtes zu qualifizieren sein.[592] Anderenfalls wäre eine nicht zu rechtfertigende Ungleichbehandlung des Forderungs- im Vergleich zum Sachpfändungsgläubiger die Folge.[593] Dieser Einwand könnte einem Leistungsanspruch des Gläubigers daher nicht entgegengehalten werden.

(cc) Verdichtung auf eine konkrete Maßnahme?

Sollte ein Leistungsanspruch aus Art. 14 I GG bejaht werden, bliebe weiter die Frage nach dem Umfang eines solchen Anspruchs. Das BVerfG bejaht zunächst nur die Existenz von Ansprüchen auf Teilhabe an bestehenden Einrichtungen, d.h. nur derivative Ansprüche.[594] Nicht gefolgert werden kann aus Grundrechten die Schaffung einer neuen, originären Institution. Dies widerspräche aufgrund

---

589 *Stern* § 67 IV 1 b).

590 BGBl 2013 I S. 778 (788).

591 Die Verteilung der funktionalen Zuständigkeit zwischen Vollstreckungsgericht und Gerichtsvollzieher ist immer wieder Gegenstand von rechtspolitischer Kritik; für die Schaffung eines zentralen Vollstreckungsorgans *Stamm* JZ 2012, 67; für die Übertragung der Forderungspfändung auf den Gerichtsvollzieher *Zedel* DGVZ 2012, 42.

592 Vgl. *Gaul/Schilken/Becker-Eberhard* § 27 Rn 17 f.

593 Zu weiteren strukturellen Ungleichheiten sub Kapitel 4.D.IV.

594 Grundlegend BVerfGE 33, 303 (330 ff.).

der damit verbundenen Kosten dem Grundsatz des Parlamentsvorbehalts in dessen konkreter Ausprägung der Budgethoheit.[595]

Im Rahmen der Zwangsvollstreckung indes gibt es keinen „Markt“ o.ä., als dessen Teilnehmer der Vollstreckungsgläubiger auftreten könnte. Eine Zuordnung dieser zwangsvollstreckungsrechtlichen Situation anhand der Kriterien „originär/derivativ“ fällt daher schwer. Freilich existiert ein bestehendes Vollstreckungswesen. Deswegen fielen durch den Erlass eines stattgebenden Pfändungsbeschlusses kaum eigene Kosten an. Insbesondere wäre die Prüfung des Pfändungsantrags auch im ablehnenden Falle vorzunehmen. Daher handelte es sich eher um einen derivativen Anspruch.

Jedoch müsste sich der Leistungsanspruch auf eine konkrete Maßnahme richten. Grds. kann nur die Bewirkung *eines* verfassungsmäßigen Zustandes verlangt werden. Wie dieser erreicht wird, obliegt allein dem zuständigen Vollstreckungsorgan. Sollten, wie zumeist, mehrere Möglichkeiten zu einem den Verfassungsgrundsätzen genügenden Zustand führen können, steht dem Hoheitsträger ein Ermessensspielraum zu.[596] Der Anspruch verdichtet sich nur dann auf eine konkrete Maßnahme, wenn diese allein geeignet ist, den geforderten verfassungsmäßigen Zustand herzustellen.[597]

Hier wird der Erlass eines Pfändungsbeschlusses verlangt. Dies ist jedoch nicht die einzige Möglichkeit, den Titel durchzusetzen. Die Realisierung der Forderung ist vielmehr auch ohne eine Pfändung möglich, wenngleich dies auch im Einzelfall schwieriger sein kann. Die Anforderungen an die Bejahung eines unmittelbar aus Grundrechten entstammenden Leistungsanspruchs sind sehr streng. Die dafür erforderliche Schwelle ist noch nicht erreicht.

(c) Fazit

Die Intention und grds. Vorgehensweise des Gläubigers ist vom Schutzbereich des Art. 14 GG umfasst. Ferner beeinflusst Art. 14 GG als höherrangige Rechtsnorm die Auslegung der einfachgesetzlichen Paragraphen der Zivilprozessordnung und ist deshalb vom Vollstreckungsorgan bei der Entscheidung über den Pfändungsantrag zu berücksichtigen.

---

595 BVerfGE 33, 302 (333); Isensee/Kirchhof/*Murswiek* § 192 Rn 101; *Jarass*/Pieroth Vorb. vor Art. 1 GG Rn 8; *Sodan/Ziekow* § 22 Rn 9.

596 Vgl. *Stern* DÖV 2010, 241 (248) für gesetzgeberisches Unterlassen; Entschließungsermessen des Vollstreckungsorgans besteht aber nicht, *Gaul/Schilken/Becker-Eberhard* § 5 Rn 54.

597 *Epping* Rn 16; *Stern* § 67 V 2 b) β) αα).

Für das Bestehen eines Leistungsanspruchs aus einem Grundrecht müssen die verfassungsmäßigen Vorgaben der Vorschrift jedoch *evident* unterschritten sein. Dies ist vorliegend nicht der Fall. Deshalb kann der Vollstreckungsgläubiger nicht allein aus dem Grundrecht auf Eigentum einen Anspruch auf Durchführung der Pfändung herleiten. Eine schlechthin unerträgliche und offensichtlich verfassungswidrige Situation zulasten des Titelgläubigers, die Anspruchsvoraussetzung wäre, kann nicht festgestellt werden. Eine Verwirklichung der Eigentumsposition auf andere Weise ist möglich.

bb) Einfluss des allgemeinen Vollstreckungsanspruchs

Art. 14 GG schützt in genereller Hinsicht die Verwirklichung einer Eigentumsposition, ohne einen Weg vorzugeben. Der allgemeine Vollstreckungsanspruch indes gewährt ab dem Erhalt eines Titels einen Anspruch des Gläubigers auf Durchführung der hoheitlichen Zwangsvollstreckungsmaßnahme.[598] Hier kann nicht eingewendet werden, dass eine Durchsetzung des Titels auch auf anderem Wege möglich wäre. Somit könnte sich die Zulässigkeit der Pfändung in isolierter Form aus dem allgemeinen Vollstreckungsanspruch ergeben.

(1) Normative Grundlage

Der allgemeine Vollstreckungsanspruch wurde zunächst aus den §§ 750 I, 754 hergeleitet.[599] Eine bloße einfachrechtliche Qualifikation täte ihm und seiner herausragenden Bedeutung im System der Gewaltenteilung jedoch nicht Genüge. Als Folge des staatlichen Gewaltmonopols ist er daher ebenfalls im Rechtsstaatsprinzip i.S.d. Art. 20 III GG verankert.[600] Letzteres kennt explizit den sog. Justizgewährungsanspruch, der sich nicht auf das Vollstreckungsverfahren beschränkt, sondern auch den Zugang zu Gericht u.a. einschließt. Als dessen Ausprägung begreift sich der allgemeine Vollstreckungsanspruch.[601] So argumentiert mittlerweile auch das Bundesverfassungsgericht, das die verfassungsrechtliche Komponente zunächst kumulativ zu den §§ 750 I, 754 anwendete, sich aber mittlerweile verstärkt auf erstere stützt.[602] Dabei zieht es die Freiheitsgrundrechte

---

598 *Gaul/Schilken/Becker-Eberhard* § 6 Rn 1; kritisch zu diesem *Lüke* Zwangsvollstreckung S. 35 (dort Fn 3).

599 BVerfGE 61, 126 (133).

600 *Bruns* FS Stürner I S. 257 (271; Art. 2 I, 14 I, 20 III GG).

601 BVerfGE 107, 395 (401); *Gaul/Schilken/Becker-Eberhard* § 6 Rn 17; SchuWa/*Walker* Vor § 916–945 Rn 2; *Gaul* ZZP 112 (1999) 135 (143).

602 BVerfGE 107, 395 (401 zum Justizgewährungsanspruch); siehe auch BGHZ 141, 173 (177) und *Gaul/Schilken/Becker-Eberhard* § 6 Rn 8 f.

des Gläubigers, insb. Art. 2 I GG, ebenfalls heran.[603] Ergänzend tritt Art. 14 GG hinzu, nachdem die Zwangsvollstreckung eine mögliche Variante zur Verwirklichung der Eigentumsposition darstellt. Im Ergebnis ist der allgemeine Vollstreckungsanspruch sowohl verfassungs- wie einfachrechtlich verankert.[604]

Eine positivrechtliche Bestimmung des Vollstreckungsanspruchs enthält zudem Art. 6 I EMRK.[605] Dieser gewährt das Recht auf ein faires Verfahren, wobei nicht nur der Ausspruch eines Ergebnisses umfasst ist, sondern gleichfalls dessen Durchsetzung.[606] Der EMRK kommt in Deutschland zwar formal nur der Rang eines einfachen Gesetzes zu. Allerdings sind aufgrund der völkerrechtlichen Bindung im Außenverhältnis die einfachen nationalen Gesetze im Lichte der EMRK auszulegen. Deshalb steht die EMRK funktional letztlich zwischen dem einfachen Recht und dem Grundgesetz.[607]

Der allgemeine Vollstreckungsanspruch ist somit unbestritten[608] und schon vorkonstitutionell anerkannt.[609]

(2) Dogmatischer Hintergrund

Inhaltlich ist es zunächst keine neue Erkenntnis, dass die der Zwangsvollstreckung immanente Ausübung hoheitlicher Gewalt[610] dem Staat vorbehalten ist.[611] Das Vollstreckungsorgan hat daher ein Recht zum Zwang, der Gläubiger „lediglich" ein Recht auf Zwang.[612] Der Titelgläubiger darf nicht von sich aus Vermögenswerte des Schuldners in Gewahrsam nehmen, um diese zu behalten oder sich

---

603 BVerfGE 107, 395 (401); ebenfalls *Gaul/Schilken/Becker-Eberhard* § 6 Rn 8; *Lembcke* NVwZ 2008, 42 (43); für den Justizgewährungsanspruch *Zuck* NJW 2013, 1132.

604 SchuWa/*Walker* Vor § 916–945 Rn 2; andeutend *Schumann* ZZP 96 (1983) 137 (170).

605 BGBl 2010 II S. 1198; *Meyer-Ladewig* Art. 6 EMRK Rn 51; zur Bedeutung der Norm in diesem Kontext *Redeker* NJW 2003, 2956 (2957 f.).

606 EGMR NJW 2004, 273; *Meyer-Ladewig* Art. 6 EMRK Rn 51.

607 *Herdegen* § 3 Rn 52 ff.

608 Stein/Jonas/*Schumann* Vor § 1 Rn 289 ff. zum allg. Justizgewährungsanspruch; Dies./*Münzberg* Vor § 704 Rn 16; *Gaul/Schilken/Becker-Eberhard* § 6 Rn 2; *Detterbeck* AcP 192 (1992) 325 (332).

609 *Gaul* ZZP 112 (1999) 135 (143); für den Justizgewährungsanspruch Stein/Jonas/*Brehm* Vor § 1 Rn 289. Dies ist die logische Folge davon, dass auch die Selbsthilfe bereits vor Erlass des Grundgesetzes bis auf absolute Ausnahmefälle verboten war; vgl. zur Entwicklung *Becker* NJW 1995, 2077 ff.

610 *Stamm* S. 13 ff. („Brechung des Schuldnerwillens").

611 *Stamm* S. 7; *Stein* Grundfragen S. 5; *Becker* NJW 1995, 2077; *Haurand/Vahle* DVP 2002, 223.

612 Grundlegend *Binding* S. 486; aufgegriffen als Zitat von *Stein* Grundfragen S. 5.

anderweitig aus ihnen zu befriedigen, etwa indem er diese an Dritte verkauft. Solche Selbsthilfe ist nur unter ganz engen Voraussetzungen zulässig[613] und auch stets nur zur Sicherung eines Anspruchs, niemals aber zur Befriedigung.[614] Paradigmatisch für diesen eng umgrenzten Anwendungsbereich ist § 229 BGB mit der direkten Einschränkung des § 230 BGB.[615] Eine eigenmächtige Durchsetzung des titulierten Rechts ist dem Gläubiger nicht gestattet. Er hat sich an die staatlichen Institutionen zu wenden und sich auf diese zu verlassen. Damit seine Position tatsächlichen Wert erhält, muss er die Vollstreckungsorgane aber ggf. zur Tätigkeit zwingen können. Der Anspruch auf Durchführung der Vollstreckungsmaßnahmen bildet den Ausgleich dafür, nicht von sich aus aktiv werden zu dürfen.[616] Dieser Anspruch, mit dem der Gläubiger die Durchführung der Vollstreckungsmaßnahmen erzwingen kann, wird als allgemeiner Vollstreckungsanspruch bezeichnet.[617] Sein Ziel ist es letztlich, materielle Gerechtigkeit zu gewährleisten, wie sie der erstrittene Titel vorsieht.[618]

Diese Wechselwirkung zwischen dem allgemeinen Vollstreckungsanspruch und dem Verbot der Selbsthilfe[619] ist unabdingbar, sofern der erstrittene Titel nicht seine Ernsthaftigkeit und das hoheitliche Vollstreckungswesen nicht seinen Geltungsanspruch verlieren soll.[620]

(3) Gewährleistungsgehalt

Problematischer jedoch als die Frage nach seiner Existenz ist die Bestimmung des Umfangs und der Reichweite des allgemeinen Vollstreckungsanspruchs.

---

613 SchuWa/*Walker* Vor § 916–945 Rn 2; zum Sinn dieser „Kompetenz-Aufteilung" anschaulich *Paulus* ZRP 2000, 296 ff.

614 *Gaul/Schilken/Becker-Eberhard* § 1 Rn 9.

615 MünchKommBGB/*Grothe* § 229 Rn 1; *Haurand/Vahle* DVP 2002, 223 f.

616 HM, *Brox/Walker* Rn 1; Schoch/Schneider/Bier/*Schmidt-Aßmann/Schenk* Einl. Rn 51; grundsätzlich *Coupette* BLJ 2011, 95 (97); kritisch *Stern* § 67 V 2 a) α) ββ) („Schutz individueller Rechte nicht Reflex des Verbots gewaltsamer Selbsthilfe, sondern originäre Staatsaufgabe"). *Stern* untersucht allerdings den Schutz der Rechte, nicht deren Durchsetzung. Die Durchsetzung mag jedoch ein Maius sein, welches das staatliche Monopol zu rechtfertigen geeignet wäre. Jedenfalls aber hat dies keine Auswirkungen auf die Reichweite des Vollstreckungsanspruchs, denn die Richtigkeit von *Sterns* Ansicht unterstellt, müsste der Staat ebenfalls auf jedem erdenklichen Weg für die Durchsetzung des Titels Sorge tragen.

617 *Stamm* S. 9.

618 *Mothes* S. 18.

619 *Baur/Stürner/Bruns* Zwangsvollstreckung § 1.1.

620 SchuWa/*Walker* Vor § 916–945 Rn 2.

Nahezu unstrittig ist mittlerweile, dass nicht der Vollstreckungsschuldner Anspruchsgegner ist, sondern der Staat.[621] Nur letzterer ist auch befugt, die Vollstreckung vorzunehmen und somit den Anspruch zu erfüllen. Sähe man den Anspruch als gegen den Vollstreckungsschuldner gerichtet an, stellte sich die Frage, welcher Mehrwert sich über den bereits erstrittenen Schuldtitel hinaus aus dem Vollstreckungsanspruch ergäbe. Ein Recht des Vollstreckungsgläubigers zur Gewaltanwendung wäre jedenfalls nicht inbegriffen. Deshalb würde auch die Befriedigung des Gläubigers durch den Vollstreckungsanspruch nicht wahrscheinlicher.

Ebenfalls unstrittig ist, dass der allgemeine Vollstreckungsanspruch dem Gläubiger entgegen der irreführenden Formulierung des „Rechts auf Befriedigung“[622] keinen Anspruch auf einen Erfolg einräumt. Ob Befriedigung tatsächlich verschafft werden kann, ist vom Vollstreckungsorgan nicht beeinflussbar.[623] Es überwiegt das aus dem Gedanken der Relativität der Schuldverhältnisse folgende Prinzip, dass jeder Gläubiger das Insolvenzrisiko seines Vertragspartners selbst zu tragen hat. Der Gläubiger kann daher nur verlangen, dass alles in staatlicher Macht Stehende unternommen wird, um den Titel durchzusetzen.[624] Auch eigenmächtig könnte der Vollstreckungsgläubiger im Fall der Insolvenz seines Schuldners keine Befriedigung erhalten. Zu den in staatlicher Macht stehenden Handlungen gehören auch solche, die der späteren Befriedigung zunächst nur *mittelbar* zugutekommen.[625] Über diesen „Umweg“ gelangen erneut die angesprochenen Hilfsrechte zur Anwendung.

Hingegen kann weder dem Justizgewährungsanspruch noch dem Vollstreckungsanspruch entnommen werden, für welche konkrete Maßnahme das Vollstreckungsorgan sich letztlich entscheiden muss. Der Justizgewährungsanspruch garantiert „nur“ den Zugang zum Gericht und keine günstige Sachentscheidung. Übertragen auf den Vollstreckungsanspruch bedeutet dies, dass das zuständige Organ zunächst nur verpflichtet ist, sich dem Pfändungsantrag anzunehmen und nach bestem Wissen und Gewissen und im Einklang mit geltendem Recht über ihn zu entscheiden. Gewährleistet wird folglich allein das „Ob“ der Vollstreckung,

---

621 *Gaul/Schilken/Becker-Eberhard* § 6 Rn 4; Musielak/Voit/*Lackmann* Vorb. §§ 704 ff. Rn 6; Stein/Jonas/*Münzberg* Vor § 704 Rn 16; a.A. soweit ersichtlich nur *Blomeyer* RPfleger 1969, 279 (285 f.).

622 *Gaul/Schilken/Becker-Eberhard* § 6 Rn 9 m.w.N.

623 Supra Kapitel 3.D.I.2.

624 In diese Richtung *Wieser* ZZP 98 (1985) 427 (430).

625 BVerfGE 61, 126 (134) zum Erzwingungsverfahren gem. § 901 ZPO a.F.

nicht hingegen das „Wie".[626] Ein Anspruch auf die Pfändung eines bestimmten Gegenstands oder ein Kontrollrecht bzgl. der Art und Weise der Vollstreckung folgt daher aus dem allgemeinen Vollstreckungsanspruch noch nicht.[627] Zwar kann der Gläubiger den Gerichtsvollzieher anweisen, einen bestimmten Gegenstand zu pfänden, wenn er hieran ein berechtigtes Interesse hat.[628] Dies setzt aber wieder die grds. Zulässigkeit der Pfändung voraus.

Daher gilt zunächst erneut, dass das zuständige Vollstreckungsorgan unter mehreren, neben der Pfändung denkbaren, Vollstreckungsmaßnahmen auswählen kann, um das Begehren des Vollstreckungsgläubigers zu befriedigen. Jedoch kann das Vollstreckungsorgan vorliegend gerade nicht zwischen mehreren Maßnahmen wählen, da das Vollstreckungsrecht lediglich die Pfändung als in das Verfahren einleitende Maßnahme kennt. Das Vollstreckungsorgan darf zu Beginn des Verfahrens keine andere rechtmäßige Zwangshandlung durchführen. Ohne die Pfändung kann die Befriedigung des Gläubigers durch Zwangsvollstreckung nicht erreicht werden.[629] Dies kann zu einer Reduzierung des Auswahlermessens des Vollstreckungsorgans auf null führen. Es verbliebe allein die Durchführung der Pfändung, auf die der Gläubiger zugleich einen Anspruch hätte. An dieser Stelle manifestiert sich der Unterschied zwischen Art. 14 I GG und dem Vollstreckungsanspruch.

Allerdings soll auch der Vollstreckungsanspruch nur solche Maßnahmen erfassen, die nach den Vorschriften der ZPO zulässig sind.[630] Die Zulässigkeit einer isolierten Pfändung und damit zusammenhängend die Möglichkeit der Verwertung sind aber gerade nicht positiv normiert.

(4) Der „Kompensations-Gedanke"

Der Sinn des Vollstreckungsanspruchs und daher der Ausgangspunkt der Überlegung ist eine Kompensation des Verbots der eigenmächtigen Durchsetzung des Titels:[631] „Das Recht (des Gläubigers) zum staatlichen Zwangseingriff ist das notwendige Korrelat zur Verpflichtung des Staates, dem zur Selbsthilfe

---

626 Vgl. Stein/Jonas/*Brehm* Vor § 1 Rn 291.

627 In diese Richtung MünchKommZPO/*Rauscher* Einl. Rn 384.

628 *Wieser* NJW 1988, 665 (668); allerdings sei dies Ausfluss sowohl der Dispositionsmaxime als auch des § 58 II GVGA; hierauf beschränkend ebenfalls MünchKommZPO/*Rauscher* Einl. Rn 384; in diese Richtung auch *Stamm* S. 46.

629 Supra Kapitel 3.C.

630 *Gaul/Schilken/Becker-Eberhard* § 6 Rn 2; Stein/Jonas/*Münzberg* Vor § 704 Rn 16.

631 So verfährt auch *Stamm* S. 3 f. bei seiner Untersuchung; kritisch *Stern* § 67 V 2 a) α) ββ) (siehe schon Fn 616).

nicht berechtigten Bürger (...) zur Befriedigung seiner Forderung aus dem Schuldnervermögen zu helfen."[632] *Soweit* dem Bürger demnach die Möglichkeit zur Selbsthilfe genommen wird, muss für diesen Eingriff eine Kompensation erfolgen.[633]

Die Kompensationsleistung erfolgt in Form hoheitlicher Vollstreckungsmaßnahmen. Entscheidende Bedeutung kommt hierbei der Konjunktion *„soweit"* zu. Sie bedeutet in diesem Zusammenhang, dass die Reichweite des allgemeinen Vollstreckungsanspruchs sich an der Reichweite des Verbots der Selbsthilfe orientiert.[634] Die Reichweite des allgemeinen Vollstreckungsanspruchs bestimmt sich ausgehend von dessen Aufgabe. Der Vollstreckungsanspruch existiert nicht um seiner selbst willen, sondern allein, um die an ihn gestellte Aufgabe zu erfüllen. Er umfasst daher alles, was der Vollstreckungsgläubiger selbst tun könnte, aber gerade infolge des Verbots nicht darf. Nach den oben geschilderten Prämissen ist das Vollstreckungsorgan in diesen Fällen zur Vornahme der korrespondierenden Handlungen verpflichtet.

(a) Rechtmäßiges, eigenmächtiges Vorgehen nicht zielführend

Hierfür ist zunächst der Frage nachzugehen, ob nicht ein eigenmächtiges Vorgehen des Gläubigers von den Ausnahmen der Selbsthilfe gedeckt sein könnte. Wäre dies der Fall, könnte sich der Gläubiger gerade nicht auf das Verbot eigenmächtigen Vorgehens berufen. In der Konsequenz stünde auch der allgemeine Vollstreckungsanspruch nicht als Argumentationsgrundlage zur Verfügung.

Selbsthilfehandlungen sind grds. auf Sicherungshandlungen beschränkt.[635] Maßnahmen, die zum Zwecke der Befriedigung hierüber hinausgehen, sind nicht umfasst.[636] Der Vollstreckungsgläubiger begehrt jedoch nur letztere, da er als Inhaber der Forderung bereits gesichert ist und mit den Hilfsrechten die Einziehung der zedierten Forderung gegen den Drittschuldner vorbereiten möchte.

Zudem wäre für eine rechtmäßige Selbsthilfehandlung i.S.d. § 229 BGB darzulegen, dass obrigkeitliche Hilfe nicht rechtzeitig zu erlangen war. Es dauerte jedoch regelmäßig zu lange, den Pfändungsantrag erst im Moment der Anspruchsvereitelung i.S.d. § 229 BGB zu stellen und eine Entscheidung abzuwarten. Das Bedürfnis

---

632 Zitat bei *Geib* S. 13.

633 *Baur/Stürner/Bruns* Zwangsvollstreckung § 1.1.

634 Vgl. *Baur/Stürner/Bruns* Zwangsvollstreckung § 1.1.

635 BGHSt 17, 328 (331); *Grabow* NStZ 2012, 144 (145, 146).

636 Eine Einschränkung wird vielfach gemacht, wenn die Selbsthilfehandlung allein der Beseitigung eines offensichtlich, rechtswidrigen Zustands dienst, vgl. *Grabow* NStZ 2012, 144 (146) m.w.N.

zu agieren kann spontan entstehen, etwa wenn dem Schuldner die eigene finanzielle Situation über den Kopf wächst und er in einer Kurzschlussreaktion beginnt, sein Vermögen fortzuschaffen.

Für den Gläubiger stellt ein rechtmäßiges, privatrechtliches Vorgehen somit keine zielführende Handlungsmöglichkeit dar.

(b) Taugliche, eigenmächtige Handlung denkbar

Indes könnte er ab dem Erhalt des Titels theoretisch auf seinen Vollstreckungsschuldner zugehen und versuchen, den Titel privatautonom durchzusetzen. Da die Auswahl des haftenden Gegenstands dem Gläubiger obliegt, könnte er z.B. den Gewahrsam des Schuldners an dessen Sachen brechen. Ebenfalls ist es *denkbar*, dass ein Gläubiger, dem die Forderung bereits zusteht, die begehrten, über die Forderung vorhandenen Urkunden eigenmächtig beschlagnahmt. Er verfügt schließlich über einen entsprechenden titulierten Anspruch.

Die beschriebenen Handlungsoptionen sind unabhängig davon *möglich*, ob die Gegenstände privatrechtlich veräußert werden können oder nicht. Sie sind freilich rechtswidrig, weil das Verbot der Selbsthilfe den Gläubiger daran hindert. Nur aufgrund dieses Verbots darf er die Maßnahmen nicht selbst vollziehen. Als Ausgleich hat er einen Anspruch darauf, dass der das Vollstreckungsmonopol bewahrende Staat die entsprechende Beitreibungshandlung „für"[637] ihn durchführt. Aus seinem allgemeinen Vollstreckungsanspruch kann der Gläubiger einen Anspruch auf Bewirkung der für die Befriedigung notwendigen Folgen herleiten.

Wie das Vollstreckungsorgan diese Rechtsfolgen erreicht, ist dem Gläubiger zunächst gleichgültig. Für das Endziel der Vollstreckung bleibt es irrelevant, solange nicht die gesetzlichen Vorgaben in einer Weise verletzt werden, die zur Nichtigkeit der Handlung führen. Dann würde die begehrte Rechtsfolge konterkariert. Ziel des Vollstreckungsanspruchs ist allein das positive Endergebnis.

(c) Pfändung als Äquivalent geboten

Zur Erzielung der einschlägigen Rechtsfolgen indes stellt die Pfändung die einzige dem Vollstreckungsorgan zugängliche Maßnahme dar.[638] Deswegen reduziert

637 Dabei handelt das Vollstreckungsorgan aber in neutraler Funktion und nicht als Beauftragter aufgrund eines privatrechtlichen Vertrags, RGZ 82, 85 ff.; *Gaul/Schilken/Becker-Eberhard* § 25 Rn 45 (heute hM); a.A. noch der historische Gesetzgeber, s. *Hahn* S. 440. Dennoch ist der Vollstreckungsanspruch des Vollstreckungsgläubigers jedenfalls Anlass der Tätigkeit, weshalb man durchaus sagen kann, das Vollstreckungsorgan „handele für den Gläubiger".

638 Vgl. hierzu supra Kapitel 3.C.

sich dessen Ermessen an dieser Stelle. Die nach der ZPO ausdrücklich zulässigen Maßnahmen müssen an die Anforderungen des allgemeinen Vollstreckungsanspruchs angepasst und die Normen in dessen Sinne *ausgelegt* werden. Bereits aus der allgemeinen Normenhierarchie folgt, dass die Verfassung für die Auslegung der einfachen Gesetze maßgeblich ist und nicht umgekehrt.

Wäre eine verfassungskonforme Auslegung der einfachen Vorschriften nicht möglich, wären letztere verfassungswidrig. Da jedoch §§ 803 f., 829 eine isolierte Pfändung nicht explizit verbieten, kann eine Verfassungswidrigkeit der maßgeblichen Normen nicht festgestellt werden. Eine Auslegung der Normen hin zur Irrelevanz der Verwertung für die Zulässigkeit der Pfändung ist möglich.

(d) Fazit

Als Äquivalent zum Verbot der Selbsthilfe steht dem Gläubiger ein Anspruch auf Durchführung der Zwangsvollstreckung zu, soweit diese möglich und zu seiner Befriedigung nötig ist. Dem kann an dieser Stelle nicht mehr entgegengehalten werden, dass nur in der ZPO *explizit* für zulässig gehaltene Maßnahmen erfasst seien. Die Zulässigkeit ergibt sich schließlich gerade aus dem allgemeinen Vollstreckungsanspruch. Einer eindeutigen Normierung in der ZPO bedarf es nicht.

cc) Eignung der Maßnahme als Voraussetzung

Der allgemeine Vollstreckungsanspruch ist Teil des öffentlichen Verfassungsrechts. Diesem sind Einschränkungen immanent. Bei deren Überschreiten ist die Vollstreckungsmaßnahme unzulässig. Die Herleitung der Zulässigkeit einer Pfändung mittels des Vollstreckungsanspruchs erfordert daher die Auseinandersetzung mit dessen Grenzen.

Daher ist es Voraussetzung, dass die begehrte Maßnahme den Gläubiger seinem Ziel näherbringen können muss. Dies wird als Vorbehalt der Geeignetheit bezeichnet. Das Kriterium der Geeignetheit ist ein Element des Verhältnismäßigkeitsgrundsatzes. Dieser Grundsatz ist zu beachten, sobald durch eine hoheitliche Maßnahme in Rechte Dritter eingegriffen wird. Er enthält vier Voraussetzungen: die Legitimität des Zwecks der Maßnahme, deren Geeignetheit sowie die Erforderlichkeit und Verhältnismäßigkeit im engeren Sinne.[639] Letztere wird auch als Angemessenheit bezeichnet.[640]

---

639 *Gentz* NJW 1968, 1600 (1601 ff.); *Morgenstern* NJW 1979, 2277 (2279).

640 *Pieroth/Schlink/Kingreen/Poscher* Rn 299; Maunz/Dürig/*Grzeszick* Art. 20 GG Rn VII.110; *Wieser* ZZP 98 (1985) 50 f.

Der Vorbehalt der Geeignetheit wirkt nicht bloß begrenzend als Schranke des allgemeinen Vollstreckungsanspruchs. Die Geeignetheit kann den Anspruch zugleich verstärken, wenn nämlich die begehrte Maßnahme zugleich als einzige zur Erreichung des Zwecks geeignet ist.[641] Sonst drohen erneut der Titel des Gläubigers und damit dessen Grundrecht leerzulaufen. Aus diesem Titel in Verbindung mit dem allgemeinen Vollstreckungsanspruch ergibt sich aber die Verpflichtung des Staates zur Durchsetzung der Rechtsposition.[642] Daher kann sich auch aus Verhältnismäßigkeitsgesichtspunkten eine Handlungspflicht ergeben. Nach *Wieser* ist eine als einzige zur Durchsetzung einer grundrechtlich geschützten Position geeignete Handlung konsequenterweise „geboten".[643]

Eine Maßnahme ist nach allgemeinen verfassungsrechtlichen Maßstäben geeignet, wenn „sie die Erreichung des Ziels zumindest fördert".[644] Das Ziel kann nur durch rechtmäßige Handlungen gefördert werden. Rechtswidrige Handlungen, wie die o.g. Selbsthilfe, können keine Befriedigung verschaffen, da sie zu Ersatz- und Rückgewähransprüche führen.

Nur wenn mehrere, gleich geeignete Mittel bestehen, muss das Vollstreckungsorgan das am wenigsten intensiv in die Rechte des Betroffenen eingreifende Mittel wählen. Zu fragen ist daher, ob die begehrte Maßnahme geeignet ist. In diesem Fall wäre zu erörtern, ob sie zugleich die einzige, zur Erreichung des begehrten Ziels geeignete, Maßnahme ist. Abzustellen ist dabei stets auf die abstrakte Grundkonstellation der Pfändung eigener Forderungen losgelöst von etwaigen Besonderheiten des Einzelfalls. Persönliche, finanzielle oder gesundheitliche Verhältnisse der Beteiligten sind nicht bekannt.

(1) Geltung des Verhältnismäßigkeitsgrundsatzes in der Zwangsvollstreckung

Dazu müsste der Grundsatz der Verhältnismäßigkeit zunächst anwendbar sein. Nach einigen Autoren ist eine Orientierung an dessen Grundsätzen i.R.d.

---

641 Vgl. *Wieser* ZZP 98 (1985) 427 (430).

642 BVerfGE 49, 252 (256 ff.).

643 *Wieser* ZZP 98 (1985) 427 (430: „Der Grundsatz der Geeignetheit kann nicht nur als Verbot ungeeigneter, sondern auch als Gebot geeigneter Hoheitsakte verstanden werden. (...) Man spricht in diesem Zusammenhang (....) von dem Anspruch auf Justizgewährung, (...)."); siehe auch supra Kapitel 3.D.II.3.b) bb).

644 Statt vieler Maunz/Dürig/*Grzeszick* Art. 20 GG Rn VII.112; *Wieser* ZZP 98 (1985) 427 (430).

Zwangsvollstreckungsverfahrens nicht zulässig.[645] Dies stünde einer Argumentation auf der Basis des Kriteriums der Eignung entgegen, da letzteres eine Ausprägung der Verhältnismäßigkeit ist.

In diesem Bereich ist vieles umstritten; relevant für den zugrunde liegenden Fall ist die Anwendbarkeit der Verhältnismäßigkeit im weiteren Sinne (sub (a)) sowie der Eignung selbst (sub (b)).

(a) Die Verhältnismäßigkeit im weiten Sinne

Gegen eine Einbeziehung des Verhältnismäßigkeitsgrundsatzes in den Kanon der Pfändungsvoraussetzungen wird zunächst angeführt, dieser passe nur für das Verhältnis Staat-Bürger, nicht hingegen für das Verhältnis Bürger-Bürger. Um letzteres gehe es aber inhaltlich bei der Zwangsvollstreckung eines titulierten privatrechtlichen Anspruchs. Der Staat habe sich nur in diese Beziehung gedrängt, um das Gewaltmonopol zu verteidigen und die Wahrung der Vorschriften zu garantieren.[646]

Einer solchen Ansicht ist entgegen zu treten: Der Vorrang des Gläubigerrechts kann trotz des Titels nicht unbegrenzt gelten. Der Verhältnismäßigkeitsgrundsatz wird immer relevant, wenn staatliche Organe hoheitlich in fremde Rechte eingreifen.[647] Das Zwangsvollstreckungsverfahren ist ein besonders sensibler Bereich, da hier u.U. die Vernichtung von Existenzen droht.[648]

Der Geltung des Verhältnismäßigkeitsgrundsatzes lässt sich auch nicht entgegenhalten, dass dessen Anwendung von der Rechtsnatur der zu vollstreckenden Forderung abhängig sei. Wurzele diese im öffentlichen Recht, sei das Verhältnismäßigkeitsprinzip einschlägig. Dort liege auch materiell ein vertikales Staat-Bürger-Verhältnis zugrunde, bei privatrechtlichen Forderungen hingegen nicht.[649]

---

645 *Henckel* S. 355 ff., 426 (wiedergegeben bei *Weyland* S. 26 ff.); sich darauf berufend *Jauernig/Berger* § 1 Rn 41 ff., § 31 Rn 1; einschränkend *Baur/Stürner/Bruns* Zwangsvollstreckung § 7.45 („klare Fälle schwersten Unrechts"); *Gaul/Schilken/Becker-Eberhard* § 3 Rn 47 f. (Bei zu starkem Schuldnerschutz droht Verfehlung des Zwecks; allenfalls „Willkürschranke".); *Fahland* VOP 81, 328 (329 f.: keine unmittelbare Geltung); *Stürner* NJW 1981, 1757 (1760, eindeutiger Rechtsmissbrauch und keine kasuistische Einzelfallabwägung); a.A. BVerfG NJW 1979, 1539 (1540); BVerfGE 52, 214 (219); BVerfGE 61, 126 (134); grds. und i.E. bejahend *Wieser* ZZP 98 (1985) 50 („zweifelhaft", S. 51).

646 *Henckel* S. 358, dem zustimmend *Jauernig/Berger* § 1 Rn 43; *Gerhardt* ZZP 95 (1982) 467 (490); dagegen *Weyland* S. 33, 35.

647 So explizit *Fahland* VOP 1981, 328 (329).

648 *Weyland* S. 170.

649 Vgl. *Fahland* VOP 1981, 328 (330); *Gerhardt* ZZP 95 (1982) 467 (490).

Für den betroffenen Schuldner stellt sich die Vollstreckung einer privatrechtlichen Forderung schließlich nicht anders dar als bei einer öffentlich-rechtlichen Forderung. Im Grundsatz ist deswegen das für einen Rechtsstaat elementare Prinzip der Verhältnismäßigkeit zu wahren.[650] Art. 20 III GG gilt vorbehaltlos für öffentliches Eingriffsrecht.[651]

Entsprechend beschränkt auch die Mehrzahl der Autoren ihre Ausführungen auf Teilbereiche der Verhältnismäßigkeit. Explizit tut dies z.B. *Wieser*, der nur die Verhältnismäßigkeit im engeren Sinne und die Geeignetheit untersucht.[652] *Fahland* schreibt nur terminologisch gegen den Grundsatz der Verhältnismäßigkeit. Inhaltlich stimmt sie dessen Kriterien zu,[653] nur gehe der Verhältnismäßigkeitsgrundsatz im für das Vollstreckungsverfahren speziellen Rechtsschutzbedürfnis auf.[654]

(b) Die Anwendbarkeit der Eignung

Die Frage nach der Anwendbarkeit der Eignung bereitet dann keine größeren Probleme. Insbesondere ließe sich nicht erklären, wieso dem Schuldner eine untaugliche Maßnahme zugemutet werden sollte. Der Eingriff wäre für den Gläubiger sinnlos und für den Schuldner kostentreibend. In der Terminologie *Wiesers* verursachte er nur Schaden, brächte aber keinen Nutzen.[655] Bei fehlender Eignung sollte überdies das Vollstreckungsorgan seine Arbeitskraft und -zeit nicht investieren müssen.[656]

Die Eignung einer Vollstreckungsmaßnahme ist daher entscheidend für deren Zulässigkeit.[657] An der Eignung, das Ziel des Vollstreckungsverfahrens zu erreichen, muss sich die Maßnahme messen lassen. Freilich sind die von der

---

650 So auch BGH NJW-RR 2006, 1576 Tz 14; ohne Begründung; *Weyland* S. 35.

651 Allgemein dieser Begründung zustimmend *Fahland* VOP 1981, 381 (382); ebenfalls *Detterbeck* Rn 229 („Jedes belastende, staatliche Handeln muss verhältnismäßig sein.").

652 *Wieser* ZZP 98 (1985) 50; *ders* ZZP 98 (1985) 427.

653 *Fahland* VOP 1981, 328 (332 f.).

654 Diesen Zusammenhang stellt auch *Schönke* S. 74 auf.

655 *Wieser* ZZP 98 (1985) 50 (52 f.), allerdings zur Verhältnismäßigkeit im engeren Sinne.

656 *Wieser* ZZP 98 (1985) 427 (431 f.) zu allen drei Perspektiven: der des Gläubigers, des Schuldners und des Vollstreckungsorgans; vgl. auch OLG Köln WM 1978, 383 (385, „überflüssige Belastung der staatlichen Vollstreckungsorgane").

657 Insbesondere BVerfGE 61, 126 (130, 134); *Bittmann* RPfleger 1983, 261 (262: „Steht zur Überzeugung des Gerichts fest, dass eine Anordnung keinen ihrer Zwecke erreichen kann, so darf sie nicht ergehen.", 263: „Das Grundgesetz verbietet zwecklose Erzwingungshaft."); nach *Fahland* VOP 1981, 328 (330 f.) fehlt für derartige Fälle das Rechtsschutzbedürfnis; *Wieser* ZZP 98 (1985) 50 (55); *ders.* ZZP 98 (1985) 427 (431).

Zivilprozessordnung vorgesehenen Maßnahmen bei einer von den konkreten Umständen losgelösten Betrachtung grds. erst einmal alle geeignet.

(2) Eignung einer isolierten Pfändung zur Befriedigung

Die isolierte Pfändung müsste auch ohne Verwertung für das Ziel des Vollstreckungsverfahrens geeignet sein. Das Ziel des Vollstreckungsverfahrens besteht in der Befriedigung.[658] Mittelbare Ziele wie z.B. die Sicherung des haftenden Vermögens fördern diese.[659] Die Verwertung hingegen ist lediglich der auf eine Pfändung folgende, zweite Schritt eines regulären Vollstreckungsverfahrens.

Eine diesen Grundsätzen genügende Eignung ist zu bejahen. Allein durch die Beschlagnahme oder die vom Vollstreckungsgericht erlassenen Verfügungen wird das Risiko der Veräußerung des haftenden Schuldnervermögens ausgeschlossen. Das bei körperlichen Sachen in tatsächlicher Hinsicht bestehende Risiko eines Besitzwechsels zugunsten eines unbekannten Dritten wird durch die abschreckende Wirkung der Strafbarkeit i.S.d. § 136 I StGB immerhin reduziert. Dies alles erhöht die Wahrscheinlichkeit der Befriedigung und fördert so das Ziel.

Nicht nur gefördert, sondern durch die Pfändung bereits erreicht werden deren kurzfristige und unmittelbare Ziele. Hierzu gehören die Sicherung des haftenden Vermögens und, im vorliegenden Fall, die Entstehung der Hilfsrechte. Eine Pfändung bringt den Gläubiger somit auch ohne eine nachfolgende Verwertung seinem Ziel der Befriedigung näher.

Für den Eintritt der Befriedigung selbst genügt die Pfändung jedoch nicht. Die Eignung der *isolierten* Pfändung liegt deshalb nur in den Fällen vor, in denen der Gläubiger die Befriedigung eigenständig und auf legalem Wege erreichen kann. Steht dem Gläubiger die Forderung bereits zu, ist dies möglich.

Eine isolierte Pfändung ist somit im verfassungsrechtlichen Sinne geeignet. Deshalb kann sie für den Vollstreckungsgläubiger auch interessant sein, wenn eine Verwertung nicht möglich ist.

Fraglich ist, welche Alternativen zur Pfändung in Betracht kommen. Zu denken ist zunächst an sämtliche legalen Möglichkeiten des Privatrechts, z.B. an Mahnungen oder Ratenzahlungsvereinbarungen. Ferner könnten Maßnahmen der Sachaufklärung einschlägig sein.[660] Erstere werden jedoch regelmäßig fehlgeschlagen

---

658 Supra Kapitel 1.A.II.

659 Explizit BVerfGE 61, 126 (134 f.) zur Abgabe einer eidesstattlichen Versicherung; *Bittmann* RPfleger 1983, 261 (264); *Morgenstern* NJW 1979, 2277 (2280); *Wieser* ZZP 98 (1985) 50 (53 f.).; für Aufklärungsmaßnahmen auch *Weyland* S. 210.

660 Dazu schon supra Kapitel 2.A.III.1.

sein, wenn der Weg der Zwangsvollstreckung eingeschlagen werden soll. Letztere passen insoweit nicht, als die Forderung als Vermögensgegenstand des Vollstreckungsschuldners bereits übertragen und damit i.S.d. § 802c II angegeben wurde. Andere geeignete Maßnahmen gibt es daher nicht, weshalb die Pfändung zugleich geboten ist.

4. *Fazit*

Gegen die Zulässigkeit einer isolierten Pfändung sind keine ernsthaften Argumente auszumachen. Weder begegnen solche in der Literatur noch ergeben sie sich aus § 851 I, den *Stillschweig* missinterpretiert. Auch die vom Verfasser selbst erwogenen, strukturellen Bedenken erwiesen sich als überwindbar (supra 1.).

Die in Abschnitt 2 untersuchten Fallkonstellationen der Pfändung ohne eine anschließende Verwertung unterschieden sich von der Pfändung einer eigenen Forderung dadurch, dass die Verwertung nicht anfänglich und endgültig unmöglich war. Im Übrigen brachte Gliederungsabschnitt 2 zwar keine endgültigen Schlussfolgerungen für die Pfändung gläubigereigener Forderungen; es konnten jedoch einige übertragbare Anlagen im Gesetz gefunden werden. Dadurch zeigte sich jedenfalls, dass die Zulässigkeit der Pfändung in mehreren Konstellationen nicht von der späteren Durchführung der Verwertung abhängig ist.

Diese aus der Analyse einzelner Fallkonstellationen gewonnene Tendenz bestätigte sich durch die abstrakte Untersuchung: Zunächst ist das Interesse des Pfändungsgläubigers an der zwangsweisen Durchsetzung seines Titels dessen legitimes (Grund-)Recht und vom Schutzbereich des Eigentumsgrundrechts umfasst. Die Verwirklichung dieser Eigentumsposition kann jedoch nicht ausschließlich im Wege der Zwangsvollstreckung erfolgen. Daher begründet die Eröffnung des Schutzbereichs allein noch keine Schutzpflicht. Entsprechend besteht auch aus Art. 14 GG i.V.m. der Lehre von den Schutzpflichten kein Anspruch auf die Durchführung der Pfändung.

Anders ist dies bei Einbeziehung des allgemeinen Vollstreckungsanspruchs. Dort kann der Gläubiger nicht auf die alternative Möglichkeit einer privatrechtlichen Durchsetzung des Titels verwiesen werden. Da der allgemeine Vollstreckungsanspruch den Ausgleich zum staatlichen Gewaltmonopol und dem Verbot der Selbsthilfe darstellt, muss das Vollstreckungsorgan eingreifen, wenn der erstrittene Titel für den Gläubiger ohne eine Vollstreckung zu einer wertlosen Hülle zu verkommen drohte.

Dies wäre hier der Fall, da privatrechtliches Handeln unzulässig wäre. Dem das Gewaltmonopol innehabenden Staat obliegt somit die Pflicht, die Wertlosigkeit des Titels zu vermeiden. Dies wiederum kann nur durch Vollstreckungsmaßnahmen geschehen. Da die isolierte Pfändung auch nicht explizit unzulässig ist, sind die einschlägigen Vorschriften im Lichte des Vollstreckungsanspruchs auszulegen. Dieser hat verfassungsrechtlichen Charakter. Danach ist eine isolierte Pfändung zulässig und dem Gläubiger steht grds. ein Anspruch auf Durchführung der Pfändung zu. Der Wortlaut der §§ 704 ff. steht dieser Lesart nicht entgegen. Konkret sind §§ 803 f., 829 daher nicht akzessorisch zur Möglichkeit der Verwertung.

Dieses Ergebnis verstärkt sich, wenn man die Schranken jedes öffentlich-rechtlichen Handelns berücksichtigt. Da die Vollstreckungstätigkeit öffentlich-rechtlich ist, hat das zuständige Organ den Grundsatz der Verhältnismäßigkeit zu beachten. Dieser wird indes auch dann gewahrt, wenn man die Pfändung eigener Forderungen für zulässig hält. Indem die Pfändung überdies die einzig geeignete Maßnahme zur zwangsweisen Realisierung der titulierten Rechtsposition darstellt, postuliert der Grundsatz der Eignung zudem ein „Gebot" zur Durchführung der Pfändung.

Schließlich ist das Ergebnis des vorigen Abschnitts I.6 einzuschränken. Danach sollte die fehlende Durchführung der Befriedigung keine Auswirkungen auf die Verwertung zeitigen. Die Verwertung ist ebenfalls eine hoheitliche Maßnahme. Ihre Folgen sind intensiver als die einer Pfändung. Daher muss auch die Zulässigkeit der Verwertung unter dem Vorbehalt ihrer Eignung stehen. Das o.g. Ergebnis kann daher in Fällen, in denen feststeht, dass eine Befriedigung endgültig nicht möglich ist, nicht gelten. Der Eingriff, gleichbedeutend mit dem Rechtsverlust des Vollstreckungsschuldners, ergäbe für den Gläubiger keinen Sinn.

Auf die Pfändung einer gläubigereigenen Forderung hat die vorstehende Passage jedoch keine Auswirkungen, da infolge der Abtretung dort die Befriedigung möglich ist. Eine funktionale Akzessorietät besteht nur im Verhältnis einzelner Vollstreckungsmaßnahmen zur Möglichkeit der Befriedigung, nicht hinsichtlich der Durchführung einzelner Maßnahmen oder ihres Erfolgseintritts.

Kapitel 4. Das eigene Vermögen als Vollstreckungsgegenstand

Möchte der Gläubiger seine eigene Forderung pfänden lassen, so könnten sich weitere Besonderheiten aufgrund der materiellen Rechtslage des Pfändungsgegenstands ergeben.

Gewöhnlich wird in das Vermögen derjenigen Person vollstreckt, gegen die sich der Titel richtet.[661] Ziel des Vollstreckungsantrags ist die Vermehrung des Gläubigervermögens. Er möchte etwas erhalten, das ihm nicht bereits im Zeitpunkt der potentiellen Pfändung zusteht. Dies scheint schwerlich möglich, wenn der Gläubiger bereits Inhaber des zu pfändenden Gegenstands ist. In diesem Fall vollstreckt er in eigenes Vermögen. Zwar geht es nach wie vor um die Realisierung der abgetretenen Forderung und damit um früheres Vermögen des Schuldners. Im rechtlichen Sinne wird jedoch eine gläubigereigene Forderung gepfändet. Die wirtschaftliche Betrachtungsweise ist sekundär. Die möglichen Auswirkungen dieser materiell-rechtlichen Besonderheit sind Gegenstand dieses 4. Kapitels.

A. Einfluss materiell-rechtlicher Fragen auf die Pfändung

I. Keine abschließende Aussage der Zivilprozessordnung

Wie schon zur Zulässigkeit einer isolierten Pfändung enthält die Zivilprozessordnung auch zu dieser Frage keine eindeutige, positive Aussage.[662] § 803 I hat die Vollstreckung in „*das* bewegliche Vermögen“ zum Gegenstand. §§ 804, 808 I normieren „*die* Pfändung“ bzw. „*das* Pfändungspfandrecht“. § 829 I 1 stellt die Voraussetzungen für die Pfändung „*einer*“ Geldforderung auf. Weiter geht der neuere § 811 II.[663] Dieser spricht ausdrücklich von der Pfändung gläubigereigener Sachen.

Eine generelle Beschränkung der tauglichen Vollstreckungsgegenstände auf solche des Vollstreckungsschuldners ist dem Gesetz jedenfalls nicht zu entnehmen. Zuzugeben ist, dass eine Vollstreckung in nicht dem Schuldner zustehendes Vermögen nicht die ursprüngliche Intention des historischen Gesetzgebers

---

661 BGH NJW 1957, 1877 (1878); *Bürgle* S. 19; *Gaul/Schilken/Becker-Eberhard* § 41 Rn 4.

662 *Bürgle* S. 19; *Blomeyer* RPfleger 1969, 279 (280).

663 § 811 II wurde eingefügt durch Gesetz vom 17.12.1997 mit Wirkung zum 1.1.1999, BGBl 1997 I S. 3039 (3040), vgl. BT/Drs. 13/341.

war.[664] Anders ist z.B. der umfassende Wortlaut des § 804 I nicht zu erklären, demzufolge durch die, d.h. durch jede, Pfändung ein Pfändungspfandrecht entsteht. Mittlerweile besteht nämlich Einigkeit darüber, dass ein Pfandrecht nicht durch jede Pfändung entsteht.

Das gewöhnliche Vollstreckungsverfahren zielt aufgrund der genannten Absicht der Vermögensmehrung auf das Vermögen des Vollstreckungsschuldners.[665] Sind andere Personen betroffen, handelt es sich gesetzessystematisch um Sonderfälle. Gleichwohl können diese zulässig und teilweise wirksam sein.[666]

II. Grundsätzliche Relevanz im Vollstreckungsverfahren

Die einschlägigen Vorschriften erfordern somit nicht die Eigentümerstellung oder die Forderungsinhaberschaft des Schuldners. Im Gegenteil, § 808 bspw. stellt allein auf den Gewahrsam als tatsächliches Element ab. Vor dem Hintergrund des Formalisierungsgrundsatzes bleibt die materiell-rechtliche Eigentumslage unbeachtlich.[667] Dennoch ist das materielle Recht für das Vollstreckungsverfahren nicht ohne Bedeutung.

Die Unterschiede zwischen der Vollstreckung in Vermögenswerte des Vollstreckungsschuldners, eines Drittberechtigten oder des Gläubigers liegen auf der Hand: Der Drittberechtigte kann entweder mittels der Drittwiderspruchsklage die Fortsetzung der Vollstreckung gem. §§ 771, 775 f. stoppen oder später materiell-rechtliche Ausgleichsansprüche geltend machen. Manche bezeichnen diese Ausgleichsansprüche deshalb auch als „verlängerte Drittwiderspruchsklage".[668] Bei der Vollstreckung in eine gläubigereigene Forderung ist eine hoheitliche Verwertung nicht möglich. Damit scheidet eine erfolgreiche Beendigung des Verfahrens auf regulärem Wege aus.[669] Nur bei der Vollstreckung in gläubigereigene Sachen sowie dem Regelfall des schuldnereigenen Vermögens ist dies anders. Hier kann die Zwangsvollstreckung alle drei Phasen erfolgreich durchlaufen.

Materiell-rechtliche Fragen sind deshalb sehr wohl für den Eintritt der Befriedigung und folglich für den Erfolg einer Vollstreckungsmaßnahme maßgeblich.

---

664 Ähnlich *Sturhahn* LMK 2004, 146 („unausgesprochen zu Grunde liegende Satz").

665 *Gaul/Schilken/Becker-Eberhard* § 5 Rn 47, § 41 Rn 4; Stein/Jonas/*Münzberg* Vor § 803 Rn 11.

666 Vgl. nur den Fall der Pfändung einer schuldnerfremden Sache, bei dem die hM sogar den Eintritt der Verstrickung befürwortet, oben Kapitel 3.D.I.1.a) und sogleich Fn 668.

667 Sehr kritisch *Böhm* S. 54 ff (57).

668 Begriff z.B. bei *Heiderhoff*/Skamel Rn 640; *Pfeiffer* JA 2012, 892.

669 Dazu eingehend supra Kapitel 3.

Die Eignung der Maßnahme kann also nicht allein entscheidend sein für die Bejahung ihrer Zulässigkeit. Dies wäre zu weit gefasst. Ließe man die Eignung genügen, wäre bspw. die Pfändung einer schuldnerfremden Sache unzulässig. Dort tritt wegen der materiell-rechtlichen Ausgleichsansprüche keine dauerhafte Befriedigung ein.[670] Trotzdem ist die Pfändung zulässig, wenn die Sache sich im Gewahrsam des Schuldners befindet.[671] Der Gerichtsvollzieher kann nicht erkennen, ob die Sache im Eigentum des Vollstreckungsschuldners oder einer anderen Person steht. Deswegen bedarf es eines einschränkenden Kriteriums, das die praktischen Erfordernisse des Verfahrens berücksichtigt.

Ein solches praktisches Erfordernis stellt die Effektivität der Vollstreckung dar.[672] Verlangte man dem Vollstreckungsorgan eine eingehende, inhaltliche Prüfung evtl. dinglicher Besonderheiten des Pfändungsgegenstands ab, verzögerte diese das Vollstreckungsverfahren enorm. Dies kann erhebliche Gefahren für die Befriedigung des Vollstreckungsgläubigers bedeuten[673] und der Erfüllung seines Vollstreckungsanspruchs entgegenstehen. Aus diesem Grunde genügen dem Vollstreckungsorgan schon Vermutungstatbestände, um den Gegenstand als Teil des Schuldnervermögens zu identifizieren und entsprechend als solchen zu pfänden. Das Vollstreckungsverfahren ist insoweit *formalisiert*, als es zum einen regelmäßig nicht auf die inhaltliche Richtigkeit des Titels[674] und zum anderen bei der Sachpfändung nur auf den Gewahrsam bzw. bei der Forderungspfändung auf eine hinreichend bestimmte Bezeichnung der Forderung ankommt.[675] Die dingliche Rechtslage des zu pfändenden Gegenstands wird nicht geprüft.[676] Sie hat folglich zwar Auswirkungen auf das *Ergebnis*, nicht jedoch auf den *Ablauf* des Verfahrens. Dies stellt den Ausgleich zwischen den angesprochenen Positionen der materiellen Gerechtigkeit und der Effektivität der Zwangsvollstreckung dar.

Ausnahmsweise ist die dingliche Lage bereits für den Verfahrensablauf bedeutsam, wenn die Abweichung des Gewahrsams von der Eigentumslage auch

670 Supra Kapitel 3.D.I.1.

671 *Weyland* S. 69; *Gaul/Schilken/Becker-Eberhard* § 41 Rn 4, § 51 Rn 12 f.; *Behr* NJW 1992, 2738 (2741 f.); sogar für den Eintritt von Verstrickung *Gierlach*, S. 321.

672 *Gaul/Schilken/Becker-Eberhard* § 5 Rn 39, 47.

673 *Blomeyer* RPfleger 1969, 279 (281); vgl. auch Heiderhoff/*Skamel* Rn 305.

674 *Gaul/Schilken/Becker-Eberhard* § 5 Rn 39; *Prinz von Sachsen Gessaphe* Rn 31; *Gaul* RPfleger 1971, 81 (90).

675 Vgl. dazu *Lüke* 50 Jahre BGH S. 441 (446 ff.); *Brehm/Kleinheisterkamp* JuS 1998, 781 (782).

676 *Stamm* S. 45 ff. (54); *Brox/Walker* Rn 296; *Gaul/Schilken/Becker-Eberhard* § 5 Rn 39, § 41 Rn 3.

ohne materielle Prüfung ersichtlich ist.[677] Gemeint sind die Fälle der sog. evidenten Drittberechtigung.[678] In diesen hat eine Pfändung nach hM zu unterbleiben, da das Ziel der materiellen Gerechtigkeit überwiegt und dieses *offensichtlich* nicht erreicht werden kann. Indes ist eine ernsthafte, dingliche Prüfung des Gerichtsvollziehers dann nicht erforderlich, da die Rechtslage evident ist.[679] Sollte eine Prüfung dennoch erforderlich sein, wäre das Dritteigentum nicht offensichtlich. Wirkliche Evidenz liegt daher tatbestandlich nur selten vor.[680] Bei einem Antrag auf Pfändung eigener Sachen wird die Abweichung der Gewahrsams- von der Eigentumslage bereits aus dem Antrag erkenntlich, sodass nach den genannten Grundsätzen eine Pfändung zu unterbleiben hätte.

Selbiges gilt für die Forderungspfändung, bei der nicht einmal ein dem Gewahrsam ähnlicher, nach außen sichtbarer Vermutungstatbestand existiert.[681] Die fehlende materielle Prüfbarkeit wird daher durch das Erfordernis einer hinreichend bestimmten Bezeichnung der zu pfändenden Forderung kompensiert.[682] Die konkreten Anforderungen an die Bezeichnung der Forderung sind zwar strittig, insb. bzgl. der Bezeichnung ihres Rechtsgrundes.[683] Der Gläubiger und der Schuldner als Parteien der Forderungspfändung müssen jedoch zwingend

677 *Böhm* S. 58; *Stamm* S. 57; *Gaul/Schilken/Becker-Eberhard* § 51 Rn 15 ff.; MünchKommZPO/*Gruber* § 808 Rn 22; BeckOK-ZPO/*Forbriger* § 808 Rn 18; a.A.: eine Evidenzkontrolle grds. ablehnend *Baur/Stürner/Bruns* Zwangsvollstreckung § 6.58; *Stürner* ZZP 99 (1986) 291 (315 ff.). Eine Ausnahme hiervon findet sich in § 71 II 2 GVGA, wonach der Gerichtsvollzieher evident schuldnerfremde Gegenstände ausnahmsweise pfänden soll, wenn der Gläubiger dies ausdrücklich verlangt; dies ablehnend MünchKommZPO/*Gruber* § 808 Rn 23. Unabhängig von der Rechtsnatur der GVGA wird sich der Gläubiger dadurch jedoch etwas anderes versprechen als die Befriedigung auf dem gewöhnlichen Wege; letztere ist dann nämlich nicht möglich, was der Gläubiger wissen muss. Diese andere Intention und die fehlende Eignung können dann die Rechtfertigung dieses Sonderfalls sein; vgl. MünchKommZPO/*Gruber* § 808 Rn 23. Unabhängig von dieser konkreten Streitfrage zeigt sich in der Ausnahmevorschrift des § 71 GVGA jedenfalls der o.a. Grundsatz.

678 Beispiele bei *Baur/Stürner/Bruns* Zwangsvollstreckung § 28.8, der die Prüfungspflicht des Gerichtsvollziehers entgegen § 6.58 (Fn 677) allerdings bejaht; ferner *Prinz von Sachsen Gessaphe* Rn 225.

679 Dies verkennt *Blomeyer* RPfleger 1969, 279 (283).

680 MünchKommZPO/*Gruber* § 808 Rn 22; andeutend *Prinz von Sachsen Gessaphe* Rn 225 („ganz ausnahmsweise").

681 *Blomeyer* RPfleger 1969, 279 (281).

682 Vgl. *Gaul/Schilken/Becker-Eberhard* § 54 Rn 52; SchuWa/*Schuschke* § 829 Rn 39.

683 Eingehend *Brehm/Kleinheisterkamp* JuS 1998, 781 (782); *Gierlach* S. 315 ff.

identifizierbar sein.[684] Zudem wird jede Forderung nur als „angebliche“ Forderung gepfändet, worin sich die Unsicherheit über die dingliche Rechtslage manifestiert. Da die Parteien der Forderung bezeichnet werden, erhält der funktional zuständige Rechtspfleger bei der Pfändung einer eigenen Forderung aber in jedem Fall Kenntnis von der Forderungsinhaberschaft des Vollstreckungsgläubigers. Dieser ist zugleich der Antragsteller.

Dies zeigt, dass die dingliche Rechtslage zwar vom Vollstreckungsorgan nicht zu *prüfen* ist. Dennoch können materiell-rechtliche Besonderheiten, wie in den Fällen der Evidenz, bereits i.R.d. Zulässigkeit des Pfändungsantrags ihre Wirkung entfalten und Einfluss auf den Verfahrensablauf haben.

III. Übertragung auf die Pfändung gläubigereigener Forderungen

1. Hintergrund der Evidenz und ihre Anwendbarkeit bei gläubigereigenen Forderungen

Hintergrund dieser Ausnahme bei evidenter Drittberechtigung ist, dass eine Befriedigung des Gläubigers offensichtlich nicht möglich ist, wenn der zu pfändende Gegenstand einer anderen Person gehört. Die Zwangsvollstreckungsmaßnahme wird damit offensichtlich ihren Zweck verfehlen. Da dies bereits im Zeitpunkt des Pfändungsantrags erkennbar („evident“) ist, hat auch das zuständige Vollstreckungsorgan seine Aufmerksamkeit darauf zu lenken. Diese Frage ist folglich von dessen Prüfungsumfang erfasst. Letztlich handelt es sich um eine Zweckmäßigkeitserwägung, die eine unnötige Durchführung von Vollstreckungsmaßnahmen bzw. gar deren spätere Aufhebung verhindern soll.

Auch der Sicherungseffekt der Pfändung kann seine Wirkung in den Fällen evidenter Drittberechtigung nicht entfalten, da jedenfalls der Erlös für verwertetes Vermögen Dritter analog § 1247 S. 2 BGB herauszugeben ist. Eine Weiterveräußerung des gepfändeten Gegenstands, die durch die Sicherung unterbunden werden soll, könnte für ein schnelles Durchlaufen des Vollstreckungsverfahrens sogar vorteilhaft sein. Dadurch würde eine Verwertung dieses Gegenstands, die sich im Nachhinein als wertlos herausstellt, verhindert. So würde ggf. die sofortige Pfändung eines anderen, zum Schuldnervermögen gehörenden Gegenstands veranlasst.

Bei der Pfändung in eine gläubigereigene Forderung indes ist die Befriedigung im Unterschied zu den evident schuldnerfremden Gegenständen möglich.

---

684 *Lüke* 50 Jahre BGH S. 441 (446); *Stöber* Rn 461, 491; *Gaul/Schilken/Becker-Eberhard* § 54 Rn 52; MünchKommZPO/*Smid* § 829 Rn 26.

Ein Fehlschlag der Zwangsvollstreckung droht nicht. Dies jedoch war der Hintergrund der Ausnahmesituation, in der materiell-rechtliche Erwägungen vom Vollstreckungsorgan zu beachten sind. Eine Übertragung auf die Pfändung eigener Forderungen kommt deshalb nicht in Betracht.[685]

Es zeigt sich, dass die Pfändung gläubigereigenen Vermögens nicht nur hinsichtlich der Intention des Gläubigers, sondern auch in dogmatischer Hinsicht keinen bloßen Sonderfall der Pfändung schuldnerfremden Vermögens darstellt.[686] Der Gläubiger ist nicht eine beliebige vom Schuldner verschiedene Person. Er wird nicht erst durch einen fehlerhaften Vollstreckungsakt in das Verfahren hineingezogen, sondern ist als Antragsteller originär an ihm beteiligt. Die Verhältnisse sind in rechtlicher wie tatsächlicher Hinsicht grundlegend verschieden. Infolgedessen kann auch die in Rspr. und Literatur vorzufindende Formulierung, eine Pfändung habe zu unterbleiben, „wenn die Forderung nach keiner vertretbaren Rechtsauffassung dem Schuldner zustehen kann",[687] nur für schuldnerfremde Forderungen gelten. Eine Übertragung auf die Pfändung eigener Forderungen ist nicht möglich.[688] Ein Leerlaufen des Pfändungsbeschlusses droht bei letzteren gerade nicht, wenn eine Forderung besteht, die erfasst werden kann.[689] Die Pfändung geht daher nicht ins Leere, sondern erfasst gewolltermaßen die bestehende Forderung des Gläubigers.[690]

Aufgrund dieses Unterschieds stellt die konsequente Einhaltung der zitierten Formel auch für einige ihrer Vertreter ein unlösbares Hindernis dar. Dieselben Autoren, welche die Pfändung schuldnerfremder Forderungen für nichtig erachten, bejahen ohne Sorge wenige Zeilen später die Pfändbarkeit gläubigereigener

---

685 Vgl. *Gaul/Schilken/Becker-Eberhard* § 51 Rn 17.

686 Vgl. OLG Köln WM 1978, 383 (385); ferner Musielak/Voit/*Becker* § 829 Rn 8a, 17 (Nichtigkeit bei Pfändung schuldnerfremder Forderung, bei gläubigereigener Forderung werden hingegen Rechtswirkungen bejaht); a.A. *Bürgle* S. 91, dazu noch eingehend sub Kapitel 4.D.II.

687 Z.B. BGH NJW 2004, 2096 (2097); BGH NJW-RR 2008, 733 Tz 10; BGH JurBüro 2010, 440 (442); OLG Stuttgart BeckRS 2007, 14356; *Stöber* Rn 485a m.w.N.; *Lackmann* Rn 273; Musielak/Voit/*Becker* § 829 Rn 8a; SchuWa/*Schuschke* § 829 Rn 13; Stein/Jonas/*Brehm* § 829 Rn 38; ähnlich *Oerke* DGVZ 1993, 147 (148); *Smid* JURA 1988, 281 (283); dagegen *Gierlach*, insb. S. 321 ff. und OLG München NJW 1954, 1124 (1125).

688 So auch OLG Köln WM 1978, 383 (385); OLG Stuttgart BeckRS 2007, 14356.

689 Explizit OLG Köln WM 1978, 383 (385); so rechtfertigt i.Ü. *Lüke* Zwangsvollstreckung S. 19 den Nichteintritt von Verstrickung und Pfändungspfandrecht bei der Pfändung schuldnerfremder Forderungen: Es fehle an einer Forderung, die ergriffen werden könne. Freilich sagt er nichts zu dem Fall der Pfändung einer gläubigereigenen Forderung.

690 So explizit OLG Köln WM 1978, 383 (385).

Forderungen.[691] Die These ist deshalb, indem sie nicht differenziert, widersprüchlich und nicht übertragbar.

Die Gefahr des Fehlschlags der Vollstreckung ist zudem bei dem Zugriff auf gläubigereigene Forderungen deutlich geringer als bei schuldnereigenen Forderungen. Die Pfändung schuldnereigener Forderungen ist jedoch ohne weiteres zulässig. Wegen § 834 wird der Schuldner vor der Pfändung nicht gehört.[692] Ausschlaggebend für die Entscheidung des Vollstreckungsorgans ist allein die Sichtweise des Gläubigers. Eine gläubigereigene Forderung braucht hingegen nicht als nur angebliche Forderung gepfändet zu werden. Durch die übereinstimmenden Willenserklärungen der Abtretungsparteien kann das Vollstreckungsorgan davon ausgehen, dass die zedierte Forderung besteht. Der Pfändungsgläubiger hat schließlich die entsprechende Information in Form der Abtretungserklärung i.S.d. § 398 BGB von seinem Schuldner erhalten. Infolge der bestimmten Bezeichnung der Forderung gelangt diese Erklärung auch zur Kenntnis des Vollstreckungsorgans. Somit ist die Pfändung einer eigenen Forderung mit einer viel höheren Wahrscheinlichkeit zur Erreichung des Ziels geeignet als eine reguläre Pfändung. Daraus folgt wiederum eine höhere Legitimation des Pfändungsgläubigers.

Nicht von ungefähr wird deshalb die oben wiedergegebene Formulierung, bewusst oder unbewusst, von einigen Autoren dahingehend relativiert, dass eine Pfändung nur zu unterbleiben habe, „wenn die zu pfändende Forderung nach keiner vertretbaren Auffassung *bestehen* kann".[693] In diesem Fall kann der Pfändungsbeschluss schließlich keine Forderung erfassen. Eine Bezugnahme auf die Person des Vollstreckungsschuldners erfolgt in dieser einschränkenden Variante nicht.

2. *Konformität zwischen Verpflichtetem und im Titel Bezeichnetem*

Für eine Beschränkung der Vollstreckungsgegenstände auf solche des Schuldners wird häufig auch die Zielrichtung des Titels angeführt.[694] Der Vollstreckungstitel

691 *Brox/Walker* Rn 510, 514; *Geißler* JuS 1986, 614 (616, 617 f.).

692 Dazu supra Kapitel 3.B.II.

693 OLG Frankfurt NJW 1978, 2397; KG RPfleger 1980, 197 (Orientierungssatz 2); OLG München OLGR 1996, 48; MünchKommZPO/*Smid* § 804 Rn 22; SchuWa/*Schuschke* § 829 Rn 34 (hier also eine andere Formulierung als bei Rn 13 (oben Fn 687) gewählt; „ins Leere gehend"); Thomas/Putzo/*Seiler* § 829 Rn 20 (allerdings mit einem Verweis auf BGH NJW-RR 2008, 733, das eine Formulierung wie oben Fn 687 enthält); irritierend auch *Lackmann* Rn 281 der beide Formulierungen gebraucht; ähnlich auch *Geib* S. 69.

694 Oben Fn 661.

weise einen Vollstreckungsschuldner aus und ermächtige entsprechend nur zu Eingriffen in das Vermögen dieser Person.[695] Eingriffe gegen Dritte und gegen den Gläubiger wären von dem Titel nicht gedeckt.

Diese Argumentation ist für den Bereich der Pfändung eigener Forderungen auf den Prüfstand zu stellen: Zweck des Titels ist u.a. die Bezeichnung der Person, gegen welche die Zwangsmaßnahme durchgeführt werden soll.[696] Als Zwangsmaßnahmen in diesem Sinne sieht die ZPO sowohl die Pfändung und Überweisung der Forderung, d.h. den zwangsweisen Entzug einer Rechtsposition, aber auch solche Handlungen vor, wie sie § 836 III beinhaltet. In der Regel gehen Haupt- und Hilfsmaßnahmen „Hand-in-Hand" und richten sich gegen dieselbe Person.

Durch die bloße Pfändung einer eigenen Forderung wird dem Gläubiger keine Rechtsposition entzogen. Deshalb muss er nicht als Adressat des Titels bezeichnet werden, wenngleich formal dessen Vermögen gepfändet wird. Die Übereinstimmung zwischen der Forderungszugehörigkeit und der Eingriffsermächtigung ist allein wichtig für eine zwangsweise Veränderung der Forderungsinhaberschaft, mithin für einen Eingriff „in die Forderung selbst". Ein solcher Zwangseingriff ist aber für die Befriedigung des Gläubigers nicht erforderlich und erfolgt auch nicht, da der Gläubiger die Forderung bereits im Wege der Abtretung erworben hat.

Im hier zu untersuchenden Fall beschränken sich die Zwangsmaßnahmen daher auf die des § 836 III.[697] Diesbzgl. liegt jedoch die geforderte Personenidentität vor. Es werden allein Urkunden des Schuldners weggenommen oder Auskünfte durch den Schuldner erzwungen. Diese Maßnahmen richten sich gegen die Person, die im Vollstreckungstitel als Schuldner bezeichnet wird. Letzterer ist damit Adressat der Hilfsvollstreckung, wobei die Schuld teils materieller (Urkunden), teils immaterieller Natur (Auskunft) ist. Der Titel bestimmt richtigerweise den durch ihn Verpflichteten, da die Ausübung von Zwang gegen den Pfändungsgläubiger nicht erforderlich ist.

Die Tatsache, dass die Forderung als originäres Pfändungsobjekt einem anderen zusteht als dem Vollstreckungsschuldner, stellt sich daher bis hierhin als unschädlich heraus. Das Argument, der Verpflichtete müsse zugleich der im Titel als Vollstreckungsschuldner Bezeichnete sein, kann daher der Pfändung eigener Forderungen nicht entgegengehalten werden.

---

695 *Brox/Walker* Rn 31; *Gaul/Schilken/Becker-Eberhard* § 10 Rn 61.

696 Vgl. *Brox/Walker* Rn 31; *Gaul/Schilken/Becker-Eberhard* § 10 Rn 60; *Prinz von Sachsen Gessaphe* Rn 81.

697 Dazu eingehend supra Kapitel 2.A.I., II.

B. § 811 II 1 ZPO als gesetzliche Wertung des Sachpfändungsrechts?

Da die allgemeinen Normen i.S.d. §§ 803 ff., 829 keine Differenzierung nach der Vermögenszugehörigkeit erfordern und die Fallgruppe der Evidenz nicht übertragbar ist, verbleibt bloß ein Fall, in dem gesetzlich angeordnet in anderes Vermögen als das des Schuldners vollstreckt werden darf: § 811 II 1. Diese Norm gilt zwar aufgrund ihres Wortlauts allein für bewegliche, körperliche Sachen. Im Unterschied zu der in Kapitel 3 erörterten Frage existiert aber immerhin eine Vorschrift, die das Problemfeld ausdrücklich anspricht und nähere Aufschlüsse geben könnte. Ihr Aussagegehalt ist daher zu untersuchen. Ob die herauszuarbeitenden Wertungen auf die Forderungspfändung übertragen werden können, wird unter C. eigens zu begutachten sein.

I. Generelle Aussage und mögliche Lesarten des § 811 II 1

§ 811 II 1 hebt unter bestimmten Voraussetzungen[698] die Pfändungsverbote des § 811 I Nr. 1, 4, 5 bis 7 auf. Das Verbot des § 811 I soll eine Kahlpfändung beim Schuldner verhindern.[699] Es steht über das allgemeine Maß hinaus im besonderen Spannungsfeld von Gläubiger- und Schuldnerinteressen.[700] Daneben betrifft § 811 I auch öffentliche Interessen, da die dort angesprochenen Sachen, die fast durchweg zum Existenzminimum gehören oder die Erwerbstätigkeit betreffen, dem Schuldner ermöglichen sollen, frei von Sozialleistungen der öffentlichen Hand zu leben.[701]

Ausnahmsweise bestehen diese Pfändungsverbote jedoch nicht: Soll auf Antrag des Gläubigers aufgrund eines titulierten Kaufpreiszahlungsanspruchs die von ihm unter Eigentumsvorbehalt veräußerte Sache gepfändet werden, so sind gem. § 811 II 1 die Pfändungsverbote des § 811 I Nr. 1, 4, 5 bis 7 nicht zu beachten.[702] Damit ist die Vollstreckung in eine eigene Sache des Vollstreckungsgläubigers unter den weiteren Voraussetzungen des Satzes 2 möglich.

---

698 Zu diesen *Brox/Walker* Rn 298 f.; die Nachweispflicht in Form einer Urkunde, § 811 II 2, entspricht dabei i.Ü. dem Evidenz-Gedanken, da der Gerichtsvollzieher infolgedessen nicht in eine materielle Prüfung einsteigen muss.

699 Vgl. MünchKommZPO/*Gruber* § 811 Rn 2; Begriff auch bei BeckOK-ZPO/*Forbriger* § 811 Rn 5.

700 Statt vieler MünchKommZPO/*Gruber* § 811 Rn 3.

701 MünchKommZPO/*Gruber* § 811 Rn 6; vgl. auch *Hein* ZZP 69 (1956) 231 (257).

702 So auch *Brox/Walker* Rn 297.

Im Rahmen des § 811 II ist vieles umstritten.[703] Für diese Arbeit allein interessant ist die Frage, inwieweit aus § 811 II 1 eine allgemeine Regel gefolgert werden kann oder ob es sich nur um eine auf einen Fall beschränkte Ausnahmevorschrift handelt. Dabei ist wichtig, zu schauen, worin der Grundsatz und worin die Ausnahme besteht. Zwei Lesarten der Norm sind denkbar:

1. Die Pfändung einer gläubigereigenen Sache ist im Grundsatz *unzulässig*. Nur bei einer Sicherung durch einen Eigentumsvorbehalt darf eine Vollstreckung in eigene Sachen erfolgen. Auch die genannten Pfändungsverbote des § 811 I stehen in einem solchen Fall nicht entgegen.
2. Es ist *zulässig* und wird deshalb vom Gesetz nicht weiter ausgesprochen, dass auch eine im Eigentum des Vollstreckungsgläubigers befindliche Sache der Pfändung unterliegt. Die Aussage des § 811 II 1 ist vielmehr darin zu sehen, dass in einem solchen Fall unter den weiteren Voraussetzungen des Abs. 2 nicht einmal die Pfändungsverbote des § 811 I Nr. 1, 4, 5 bis 7 gelten.

Der Fokus der Aussage des § 811 II könnte entweder auf der sachenrechtlichen Komponente (1.) oder auf den Pfändungsverboten (2.) liegen. In beiden Fällen stellt § 811 II bereits aufgrund seiner systematischen Stellung eine Ausnahmevorschrift dar.[704] Fraglich ist hingegen der Grundsatz.

II. Pfändung eigener Sachen nur bei Eigentumsvorbehalt zulässig?

Wie schon bei der Frage nach einer isolierten Pfändung weicht auch die Vollstreckung in eigenes Vermögen von der gewöhnlichen Konstellation ab, was wohl die stärksten Zweifel an ihrer Zulässigkeit begründet. Da die Vollstreckung in eigenes Vermögen selbiges in der Regel nicht vermehren kann, erschließen sich zunächst weder der wirtschaftliche Mehrwert für den Gläubiger noch, damit einhergehend, dessen Rechtsschutzbedürfnis.

Die systematische Auslegung des § 811 II 1 streitet ebenfalls nicht für eine generelle Zulässigkeit der Pfändung eigener Sachen. Die Vorschrift befindet sich inmitten des Dickichts über die Verbote der Sachpfändung. Wollte sie in grundsätzlicher Hinsicht die Pfändung eigener Sachen für zulässig erklären, hätte sich eine Positionierung innerhalb des Allgemeinen Teils oder jedenfalls in den §§ 803 ff. empfohlen. Auch ein Hinweis über beabsichtigte, dogmatische Auswirkungen

703 Dazu *Münzberg* DGVZ 1998, 81 ff.

704 Vgl. *Münzberg* FS Lüke S. 525 (544); zur Bedeutung von Ausnahmevorschriften für die Auslegung *Larenz* Methodenlehre S. 355 f.

des § 811 II in der Gesetzesbegründung ist nicht auszumachen.[705] Deshalb ist davon auszugehen, dass die Einführung des § 811 II keine grundlegende, dogmatische Veränderung mit sich gebracht hat.

Gegen eine generelle Zulässigkeit der Pfändung eigener Sachen könnte ferner der Zweck des § 811 II 1 und sein Verhältnis zur Herausgabevollstreckung i.S.d. § 883 sprechen. Diesbzgl. ist die Gesetzesbegründung aufschlussreich.[706] Aus dem Verhältnis zur Herausgabevollstreckung könnten sich wiederum Rückschlüsse ziehen lassen für die Aussage des § 811 II zur Pfändbarkeit eigener Sachen:

Ein Ziel des § 811 II ist es, dem Gläubiger den für mühsamer erachteten Weg der Herausgabeklage und die sich an diese anschließende Vollstreckung gem. § 883 zu ersparen.[707] Die Vollstreckung in eine eigene Sache kann das Ergebnis sowohl eines Anspruchs aus §§ 433 II, 449 BGB als auch einer Forderung i.S.d. § 985 BGB sein. Entsprechend erfolgt die Vollstreckung gem. §§ 808 ff. oder gem. § 883. In der Sache soll es keinen Unterschied machen, welche Vollstreckungsart der Gläubiger wählt.[708] Indem der Schuldner nicht auf den eigentlichen Weg des § 883 verwiesen werden soll, scheint das Gesetz eine Stoßrichtung vorzugeben: Für die Vollstreckung in eigene Sachen könnte die Herausgabevollstreckung der eigentliche, prioritäre Weg sein. Deshalb könnte im Regelfall einer unbedingten Veräußerung § 883 für die Vollstreckung in eigene Sachen vorrangig sein. § 811 II 1 konstituierte dann eine Ausnahme für den speziellen Fall, dass eine unter Eigentumsvorbehalt veräußerte Sache gepfändet werden soll. Aus § 811 II ergäbe sich dann keine generelle Aussage über die Pfändbarkeit eigener Sachen.

Ein Vorrang des § 883 könnte sich auch wegen dessen stärkeren Bezugs zu dinglichen Fragen und seines allgemeinen Regelungscharakters ergeben. Für gewöhnlich weist der Gläubiger i.R.d. § 808 ff. keine rechtliche Beziehung zum Vollstreckungsgegenstand auf. I.R.d. § 883 ist dies anders, denn der Gläubiger ist entweder Eigentümer oder hat aus einem anderen Rechtsgrund einen Herausgabeanspruch auf *die* konkrete Sache. § 883 ist auf die Herausgabe der Sache zugeschnitten und nicht auf deren durch die Verwertung erzielbaren Geldwert. Es käme deshalb auf die Beziehung des Gläubigers zur Sache an. Eine solche Beziehung ist bei eigenen Sachen naturgemäß vorhanden. § 811 II höbe diesen Vorrang nur für die Vollstreckung in an den Vollstreckungsschuldner verkauftes, noch eigenes Sicherungsgut auf.

---

705 BT/Drs. 13/341.

706 BT/Drs. 13/341, S. 11; *Münzberg* DGVZ 1998, 81.

707 *Hein* ZZP 69 (1956) 231 (239 f.); *Lüke* JZ 1959, 114 (117).

708 Vgl. BT/Drs. 13/341, S. 24; BGH NJW-RR 2006, 570 Tz 13.

Im Grundsatz wären eigene Sachen danach durch den Gerichtsvollzieher gem. § 883 *wegzunehmen*. Diese Vorgehensweise unterfällt nicht der Vollstreckung wegen Geldforderungen. Eine Pfändung käme nur unter den besonderen Voraussetzungen des § 811 II in Betracht. Die Folge dieser Sichtweise wäre, dass eine Vollstreckung in eigene Sachen grds. nur gem. § 883 möglich wäre. § 811 II träfe keine generelle Aussage zu dieser Frage. Eine Pfändung eigener Sachen nach den §§ 808 ff. wäre danach im Grundsatz nicht möglich.

III. § 811 II nur Ausnahme zu § 811 I

Solche Überlegungen können jedoch nicht überzeugen: Die Einführung des § 811 II hat zwar nicht zu einer Erweiterung des vollstreckungsrechtlichen Haftungsverbands geführt. Die Vorschrift ist aber schon nach ihrer Stellung im Gesetz nur als Ausnahmevorschrift zu § 811 I anzusehen. Eine Wechselwirkung mit allgemeinen Grundsätzen des Vollstreckungsrechts scheidet aus.

Vielmehr setzt § 811 II 1 seinem Zweck nach die Zulässigkeit der Pfändung eigener Sachen voraus, anstatt diese für einen Ausnahmefall erst zu postulieren.[709] Nur so ergibt es einen Sinn, *Ausnahmen* von Pfändungsverboten zu statuieren. Schon aus Gründen der Chronologie werden die in § 811 II 1 enthaltenen Ausnahmen erst bedeutsam, wenn eine Pfändung der entsprechenden Sache überhaupt zulässig ist. Letzteres muss deshalb als ungeschriebene Tatbestandsvoraussetzung des § 811 betrachtet werden.

Die Verbotstatbestände des Abs. 1, von denen § 811 II eine Ausnahme darstellt, sind jedoch unabhängig von Eigentumsverhältnissen gefasst. Elemente des materiellen Rechts haben darin keinen Platz. Die Katalognummern des Abs. 1 orientieren sich allein an der Verwendungsmöglichkeit der Sache.[710] Der Mehrwert des § 811 II ist deshalb darin zu sehen, § 811 I Nr. 1, 4 bis 5, 7 für nicht anwendbar zu erklären und hierfür weitere Voraussetzungen aufzustellen.

Zunächst greift § 811 I aber bei der Pfändung gläubigereigener Sachen. Voraussetzung ist lediglich, dass der Schuldner Gewahrsam an der Sache hat. Die Eigentumsverhältnisse sind wie regelmäßig bei Sachpfändungen irrelevant, was auch zugunsten des Vollstreckungsgläubigers gilt.[711]

Fraglich ist des Weiteren, ob dem Gesetz ein „lex specialis-Verhältnis" zwischen der Herausgabevollstreckung und § 811 II 1 bei eigenen Sachen überhaupt entnommen werden kann, wie dies supra II. erörtert wurde. § 883 stellt schließlich

---

709 *Gaul/Schilken/Becker-Eberhard* § 51 Rn 14.

710 *Brox/Walker* Rn 296; Stein/Jonas/*Münzberg* § 811 Rn 74.

711 *Gaul/Schilken/Becker-Eberhard* § 51 Rn 4, 12.

ebensowenig wie §§ 808 ff. auf die Eigentumsverhältnisse an der Sache ab.[712] Vollstreckungsgegenstand können zudem eigene (§ 985 BGB) und fremde (§§ 433 I 1, Var. 1; 604 BGB) Sachen sein. Vielmehr ist der Vollstreckungsgläubiger in der Wahl seiner Anspruchsgrundlage frei, wobei diese die Art der Vollstreckung bedingt. Dafür spricht v.a. die schon angeführte Zielsetzung des § 811 II, wonach dieser für den Gläubiger eine Vereinfachung bedeuten soll. Folglich sind beide Vollstreckungsmaßnahmen alternativ möglich, wenngleich sich die eine im Einzelfall als effizienter erweisen kann. Schließlich sind Herausgabeansprüche nicht nur bei sachenrechtlichen Anspruchsgrundlagen denkbar. Paradigmatisch ist an dieser Stelle der Übergabeanspruch gem. § 433 I 1 Var. 1, der ebenfalls der Vollstreckung gem. § 883 unterfällt.[713]

Der maßgebliche Unterschied zwischen §§ 808 ff. und § 883 liegt vielmehr darin, dass es dem Vollstreckungsgläubiger bei der Sachpfändung auf den Erlös ankommt. Hierfür ist die Erlangung des Gewahrsams an der Sache und anschließend deren Versteigerung Voraussetzung.[714] Die gesicherte Sache wird häufig nur deshalb gepfändet, weil der Schuldner über kein anderes pfändbares Vermögen verfügt. Bei § 883 begehrt der Gläubiger dagegen die konkrete Sache selbst, nicht deren Erlös. Die These, § 883 sei grds. vorrangig für die Vollstreckung in eigene Sachen, ist somit nicht überzeugend. Es handelt sich vielmehr um ein Alternativverhältnis, wobei nur hinsichtlich des Anwendungsbereichs des § 811 II inhaltliche Kongruenz besteht.

Das entscheidende Argument dafür, dass § 811 II keine Veränderung sachenrechtlicher Prinzipien i.R.d. Vollstreckungsverfahrens bezweckt, ist aber dessen Wortlaut. Dieser stellt auf eine Veräußerung unter Eigentumsvorbehalt und nicht auf die Eigentümerstellung des Veräußerers ab. Die Eigentumslage ist, wie gesehen, unbeachtlich.[715] Die Eigentümerstellung und die Berechtigung, eine Sache unter Eigentumsvorbehalt zu veräußern, fallen nicht zwingend zusammen.

Eigentumsvorbehalte existieren in mehreren Formen. Von § 811 II erfasst sind jedoch nur der einfache und der weitergeleitete Eigentumsvorbehalt.[716] Bei anderen Sicherungsformen, wie dem erweiterten Eigentumsvorbehalt und dem

---

712 Stein/Jonas/*Brehm* § 883 Rn 2.

713 SchuWa/*Walker* Vor §§ 883–898 Rn 2.

714 Stein/Jonas/*Münzberg* § 811 Rn 73.

715 *Brox/Walker* Rn 296; Saenger/*Kemper* § 811 Rn 36; Stein/Jonas/*Münzberg* § 811 Rn 74; *Münzberg* DGVZ 1998, 81 (82).

716 BT/Drs. 13/341, S. 24; MünchKommZPO/*Gruber* § 811 Rn 53 ff.; BeckOK-ZPO/*Forbriger* § 811 Rn 29; *Funke* NJW 1998, 1029 (1031); *Münzberg* DGVZ 1998, 81 (82); a.A. Thomas/Putzo/*Seiler* § 811 Rn 40 (nur einfacher Eigentumsvorbehalt).

Sicherungseigentum, ist § 811 II hingegen nicht anwendbar.[717] Beim einfachen Eigentumsvorbehalt ist der Verkäufer zugleich Eigentümer und vollstreckt damit in seine eigene Sache. Bei einem weitergeleiteten Eigentumsvorbehalt indes hat bereits der Verkäufer nur unter Eigentumsvorbehalt erworben und ist somit zum Zeitpunkt der Weiterveräußerung gar kein Eigentümer. Es handelt sich nicht um seine eigene Sache. Dennoch greift der Wortlaut des § 811 II.[718] Demnach kann es auf die dingliche Rechtslage nicht ankommen.

Die Gesetzesbegründung macht noch auf ein anderes Ziel aufmerksam: So wollte die Reform, durch die § 811 II eingeführt wurde, insgesamt die Durchsetzbarkeit von Vollstreckungstiteln verbessern und damit das Vollstreckungsverfahren effektiver gestalten.[719] Dem Gläubiger sollte es ermöglicht werden, sein Recht schneller und besser durchzusetzen.

Im Kleinen dient dem auch die o.g. Ersparnis der Herausgabeklage. Eine solche Verbesserung der Gläubigerposition würde unterstützt durch die Vollstreckung in eigenes Vermögen. Für den Weg des § 811 II entscheidet sich der Gläubiger schließlich nur, wenn er so seine Position verbessern kann und die Befriedigung wahrscheinlicher wird. Allein die Tatsache, dass zusätzlich zu dieser Novelle in den vergangenen Jahren weitere Reformen hinzugetreten sind,[720] die allesamt wenigstens auch das Ziel verfolgten, die Rechtsdurchsetzung effektiver zu gestalten und damit die Position des Gläubigers zu stärken, streitet für eine gläubigerfreundliche Auslegung.

IV. Fazit

Aus der Untersuchung des § 811 II 1 lässt sich der Schluss ziehen, dass die Regelungen des Zwangsvollstreckungsrechts die Pfändung einer eigenen Sache für zulässig erachten. Eine solche Pfändung ist neben der Veräußerung unter weitergeleitetem Eigentumsvorbehalt ein möglicher Anwendungsfall des § 811 II.

Der Vorschrift lässt sich nicht entnehmen, dass eigene Sachen nur pfändbar sein sollen, wenn sie durch Eigentumsvorbehalt gesichert worden sind (Lesart 1). Die Zulässigkeit der Pfändung eigener Sachen wird vielmehr vorausgesetzt (Lesart 2). Der Aussagegehalt liegt in der Beschränkung der Eigentumsvorbehalte

717 BT/Drs. 13/341, S. 25; MünchKommZPO/*Gruber* § 811 Rn 59.

718 HL; *Kindl*/Meller-Hannich/Wolf § 811 Rn 33; *Münzberg* DGVZ 1998, 81 (82).

719 BT/Drs. 13/341, S. 1, 10; so auch *Funke* NJW 1998, 1029.

720 V.a. das Gesetz zur Reform der Sachaufklärung in der Zwangsvollstreckung; vgl. auch die Aufzählung in *Baur/Stürner/Bruns* Zwangsvollstreckung §§ 3.25, 4.18 ff., 4.33.

sowie, natürlich, der Beschränkung der verschiedenen Verbotstatbestände auf Nr. 1, 4, 5 bis 7, die nicht anwendbar sein sollen. Ferner ist die Vereinbarung des Eigentumsvorbehalts gem. Abs. 2 S. 2 durch Urkunden nachzuweisen.

Der Gesetzgeber erkennt damit die Vollstreckung in eigenes Vermögen als u.U. sinnvoll an und setzt ihre Zulässigkeit voraus.

C. Generalisierung für eigene Gegenstände?

Damit stellt sich die Frage, ob das gefundene Ergebnis auf die Forderungspfändung übertragbar ist. Die Pfändung einer Sache und die einer Forderung weisen strukturelle Unterschiede auf, die jedenfalls einer pauschalen Übertragung entgegenstehen. Am deutlichsten zutage tritt diese Differenz bei der Betrachtung des Vollstreckungsgegenstands selbst. Eine Sache ist körperlich greifbar, weshalb „nur" der Gewahrsam des Schuldners maßgeblich ist. Das Eigentum ist im Grundsatz irrelevant. Bei einer Forderung hingegen handelt es sich um ein vergeistigtes Konstrukt. Die Zugehörigkeit der zu pfändenden Forderung zum Vermögen des Vollstreckungsschuldners muss vom Antragsteller nur vorgetragen werden. Es erfolgt keine auch nur oberflächliche Prüfung durch das Vollstreckungsorgan. Die häufig verlangte Schlüssigkeits- oder Plausibilitätsprüfung beruht schließlich wegen § 834 allein auf den Angaben des Antragstellers und kann somit kein objektives Kriterium sein. Einen dem Gewahrsam vergleichbaren, objektiven Vermutungstatbestand gibt es daher bei Forderungen nicht.

I. Systematische Auslegung

Daneben sprechen systematische Erwägungen stark gegen die Annahme, § 811 II statuiere die grds. Zulässigkeit der Pfändung eigener *Gegenstände* oder setze diese gar voraus. § 811 II ist an einer Stelle im Gesetz verortet, die nicht geeignet ist, einen Grundsatz für andere Vollstreckungsgegenstände als körperliche Sachen aufzustellen. Schlüssiger könnte vielmehr der Umkehrschluss erscheinen: Da es i.R.d. §§ 828 ff. eine ähnliche Norm nicht gibt, wäre die Pfändung eigener Forderungen unzulässig.

Dabei bleibt jedoch unberücksichtigt, dass § 811 II, wie gesehen, nicht die Zulässigkeit der Pfändung eigener Sachen festlegt. Die Norm bringt lediglich zum Ausdruck, dass die Zivilprozessordnung selbst die Pfändbarkeit voraussetzt, indem sie bestimmte Pfändungsverbote für nicht anwendbar erklärt. Insofern liegt bereits die Hauptaussage, aus welcher der entsprechende Gegenschluss gezogen würde, nicht vor. Der Fokus des § 811 II liegt auf den Pfändungsverboten, nicht auf der dinglichen Rechtslage.[721] Letzteres wäre jedoch für die Annahme eines Gegenschlusses erforderlich gewesen. Die systematische Stellung der Vorschrift erlaubt somit keine Rückschlüsse für die Frage nach der Pfändung eigener Forderungen.

II. Unterschiedliche Intention von Sach- und Forderungspfändungsgläubiger

Vielmehr zeigt der vorige Abschnitt B, dass auch eine außergewöhnliche Konstellation wie die Pfändung eigener Sachen zulässig sein kann, wenn dies zur Befriedigung beiträgt oder für sie gar unerlässlich ist. Hier spiegelt sich die Voraussetzung der Eignung wider.[722]

Der Sachpfändungsgläubiger begehrt die Auskehr des Erlöses,[723] was eine Verwertung der eigenen Sache erforderlich macht. Deshalb soll bei einer gläubigereigenen Sache sogar Verstrickung eintreten,[724] denn diese ist nach der hM die Grundlage für die erforderliche Verwertung.[725] Die Verwertung wiederum verlangt, dass der Gerichtsvollzieher spätestens bei deren Durchführung Gewahrsam an der Sache hat.[726] Dieser kann nur durch die Pfändung begründet werden.

Die Erlangung des Gewahrsams an der Sache ist eine faktische Voraussetzung für die Verwertung, da potentielle Ersteigerer den Versteigerungsgegenstand vor der Abgabe ihres Gebots in Augenschein nehmen können möchten.[727] Ein Ersteigerer möchte i.d.R. zugleich unmittelbarer Besitzer der Sache werden, um selbige nutzen zu können. Die Möglichkeit der Versteigerung ist deshalb der eigentliche Grund dafür, dass ein Gläubiger eine ihm schon gehörende Sache pfänden lässt. Die Pfändung ist nur eine mittelbare Voraussetzung für die Befriedigung, indem letztere nicht ohne eine zwischenzeitliche Gewahrsamserlangung erreichbar wäre.

---

721 Supra Kapitel 4.B.

722 Vgl. dazu supra Kapitel 3.D.II.3.b) cc).

723 Stein/Jonas/*Münzberg* § 811 Rn 73.

724 Die Versteigerung einer eigenen Sache zulassend BGHZ 15, 171 (173); 55, 59; ausdrücklich für den Eintritt der Verstrickung *Gaul/Schilken/Becker-Eberhard* § 40 Rn 71; MünchKommZPO/*Gruber* § 804 Rn 20.

725 Oben Fn 57.

726 Zu den vorherigen Besitzverhältnissen bei der Pfändung MünchKommZPO/*Gruber* § 808 Rn 50; *Brox/Walker* Rn 358 ff.

727 Vgl. *Gaul/Schilken/Becker-Eberhard* § 53 Rn 20 („regelmäßig unmittelbarer Besitz").

Eine Forderung hingegen kann aufgrund ihrer fehlenden Körperlichkeit[728] durch einen stillen Akt „ex officio“ übertragen werden. Es bedarf hierzu keines tatsächlichen Elements. Eine solche Verwertung strebt der Gläubiger bei einer eigenen Forderung aber ohnehin nicht an. Die begehrte Erleichterung der Einziehung seiner Forderung vom Drittschuldner kann bereits durch die Pfändung erreicht werden.[729] Hierin erschöpft sich die Intention des Forderungspfändungsgläubigers.

Im Ergebnis folgt somit aus der Erkenntnis der Pfändbarkeit eigener Sachen keine endgültige Klarheit für die Pfändung von Forderungen. Die konkreten Absichten und damit auch die Anwendungsbereiche sind verschieden.[730] Der Gegenschluss, demzufolge eigenes Vermögen *niemals* tauglicher Vollstreckungsgegenstand sein könne und die Vollstreckung sich allein auf das Schuldnervermögen beschränke, ist jedoch ebenfalls nicht haltbar. Das Dogma der Beschränkung des haftenden Vermögens auf das des Schuldners beansprucht nur in „gewöhnlichen“ Vollstreckungsverfahren Geltung.[731] In diesen Konstellationen begehrt der Gläubiger nicht nur wirtschaftlich, sondern auch in rechtlicher Hinsicht ein „Mehr“. Dies ist bei der Pfändung einer eigenen Forderung nicht der Fall.

III. Gemeinsamkeiten bei der Pfändung in eigenes Vermögen

Die Gläubiger beider Konstellationen allerdings eint, dass sie mit ihren Pfändungsanträgen beabsichtigen, die Befriedigung wahrscheinlicher werden zu lassen. Diesem Ziel dienen sowohl die Erlangung des Gewahrsams zum Zwecke der Versteigerung als auch die Entstehung der angesprochenen Hilfsrechte in Vorbereitung der Einziehung. Ersteres ist dabei faktisch sogar Voraussetzung für die Befriedigung. Letzteres ist regelmäßig eine starke Erleichterung, der entscheidende Wirkung zukommen kann. Beides sind zwar keine klassischen Hauptrechtsfolgen

---

728 *Geib* S. 65 f.; *Lüke* Zwangsvollstreckung S. 19.

729 Hierzu noch eingehend sub Kapitel 5.C.I.

730 RGZ 64, 415 (421, „wesentlich anders liegende Rechtsverhältnisse“); *Geib* S. 65 f.; *Lüke* Zwangsvollstreckung S. 19.

731 Vgl. OLG Köln WM 1978, 383 (385); LArbG Berlin, Urteil v. 8.10.1968, Az.: 4 Sa 56/68 Tz 35 („Die Pfändung eigener Forderungen widerspricht nicht dem Sinn der ZPO.“). Nur solche „gewöhnlichen“ Vollstreckungskonstellationen aber soll die ZPO erfassen; paradigmatisch hierfür ist § 804 I, demzufolge *der* Gläubiger durch *die* Pfändung ein Pfändungspfandrecht erwerbe, wobei jedoch nach hL ein solches Pfandrecht bei schuldnerfremden Sachen trotz ihrer Zulässigkeit nicht entsteht. Der Wortlaut lässt sich somit nicht in allen Fällen mit der hM vereinbaren (vgl. auch Fn 664).

der Pfändung. Dennoch bilden sie für den Pfändungsgläubiger ein überaus wichtiges Hilfsmittel auf dem Weg zur Erreichung seines Endziels. Dies ist die entscheidende Gemeinsamkeit der zwei Situationen, wenngleich sie dafür auf einen kleinen gemeinsamen Nenner reduziert werden müssen. Eine solche Beschränkung auf die *mittelbare Eignung* ermöglicht einen Rückschluss von der Sach- auf die Forderungspfändung. Die Zulässigkeit der Pfändung einer eigenen Sache zeigt, dass mittelbare „Durchgangsziele" für die Zulässigkeit genügen können.[732]

Ein solches mittelbares Ziel verfolgt auch der Gläubiger, der seine eigene Forderung pfänden zu lassen beabsichtigt. Die unterschiedliche Methodik, wie für den Gläubiger die Herbeiführung der Befriedigung erleichtert wird, ist allein dem strukturellen Unterschied zwischen Sachen und Forderungen geschuldet. Das maßgebliche Kriterium zur Bestimmung des wirtschaftlichen Werts einer Forderung ist neben ihrer Höhe die Wahrscheinlichkeit der Erfüllung.[733] Deshalb ist es nur konsequent, dass die Hilfsrechte gerade an dieser Stelle anknüpfen. Für die Beurteilung des Werts einer Sache jedoch ist u.a. die tatsächliche Nutzungsmöglichkeit maßgeblich, wobei diese einer anderen Person als dem Eigentümer zustehen kann. Deshalb wird zwischen Eigentum und Gewahrsam an Sachen unterschieden. Allein der Gewahrsam ermöglicht die Nutzung der Sache. Insofern ist es konsequent, wenn der Gläubiger in den Gewahrsam an der Sache eingewiesen wird. Beide Vorgehensweisen verfolgen somit strukturell dasselbe Ziel. Hinsichtlich ihrer Mittel fügen sie sich der Eigentümlichkeit des Vollstreckungsgegenstands. Es wäre unverständlich, nur dem Sachpfändungsgläubiger eine Erleichterung der Vollstreckung zu gestatten, dem Forderungspfändungsgläubiger hingegen durch entsprechendes Vorgehen dasselbe Ziel zu verwehren.

IV. Strukturelle Benachteiligung des Forderungspfändungsgläubigers

Dies verstärkte darüber hinaus die ohnehin schon bestehenden Schwierigkeiten des Forderungspfändungsgläubigers.

Der Sachpfändungsgläubiger muss bis auf die Antragstellung nicht am Vollstreckungsverfahren mitwirken. Pfändbare Gegenstände werden nötigenfalls durch den Gerichtsvollzieher ausfindig gemacht. Der Gläubiger wird bis zur Erlösauskehr hoheitlich „begleitet". Eine unterbleibende Erlösauskehr kann er gar mittels § 766 II rügen.

Bei der Forderungspfändung muss der Gläubiger hingegen essentielle Beiträge leisten. Bereits i.R.d. Pfändungsantrags ist die zu pfändende Forderung bestimmt

---

732 Vgl. erneut BVerfGE 61, 126 (134).

733 Vgl. Musielak/Voit/*Becker* § 803 Rn 14; Stein/Jonas/*Münzberg* § 803 Rn 27.

zu bezeichnen. Dies kann den Gläubiger bisweilen vor große Probleme stellen, wie diverse Gerichtsentscheidungen zeigen. Bisweilen wurden nämlich, insb. vor der Einführung der Sachaufklärungsnovelle 2013, Pfändungen gegenüber diversen potentiellen Vertragspartnern des Vollstreckungsschuldners ausgebracht, nur um Vermögenswerte des Schuldners in Erfahrung zu bringen. Als Vertragspartner kommen insb. Kreditinstitute in Betracht, bei denen der Schuldner mglw. ein Konto unterhält. Auf diese Art überschritt der Gläubiger jedoch die Grenze zur bloßen Verdachtspfändung.[734] Er sah sich hierzu veranlasst, da er mangels genauer Kenntnis über das Bestehen der Forderung nur mutmaßen konnte.

Noch essentieller ist der Beitrag des Gläubigers i.R.d. Einziehung, die gänzlich auf privatrechtlichem Wege und ohne Mitwirkung eines Vollstreckungsorgans abläuft. Überdies trifft den Vollstreckungsgläubiger die Darlegungs- und Beweislast. Dem Gläubiger wird einzig ein neutrales, staatliches Gericht zur Verfügung gestellt, das ein Erkenntnisverfahren durchführt, an dessen Ende er einen weiteren Titel erlangen kann.[735] Dies indes ist ein „Privileg", das jedem Kläger zukommt. Es vermag die genannten Disbalancen zwischen der Sach- und der Forderungspfändung nicht auszugleichen.

Die strukturelle Eigenart der Forderungspfändung, bei der Interessen eines Drittschuldners zu berücksichtigen sind, führt dazu, dass der Gläubiger sich stärker einbringen muss. Seine Situation stellt sich wesentlich schlechter dar als die eines Sachpfändungsgläubigers. Dies ist indes nicht etwa auf eine gesetzgeberische Wertentscheidung gegen die Forderungspfändung zurückzuführen. Mangels eines gradus executionis im deutschen Vollstreckungsrecht[736] steht dem Gläubiger die Wahl der haftenden Gegenstände frei. A priori sollte daher die Befriedigung auch auf jedem wählbaren Wege gleich realistisch sein; rechtspolitisch wäre dies jedenfalls anzustreben. Für die zuständigen Organe ist eine Forderungspfändung sogar angenehmer, da sie keine gewaltsame Brechung des entgegenstehenden Willens des Schuldners erforderlich macht. Die Forderungspfändung soll deswegen gar zum praktischen Leitbild erhoben werden.[737] Der Gesetzgeber hat deren

734 Vgl. BGH NJW 2004, 2096 (2098; Pfändung bei drei Kreditinstituten der Stadt (noch) nicht rechtsmissbräuchlich); LG Münster WM 1989, 968 (formularmäßige Pfändung aus sämtlichen, sich teilweise ausschließenden Rechtsverhältnissen ist unzulässig.); dazu auch *Hintzen* Rn 84 ff.; *Gaul/Schilken/Becker-Eberhard* § 54 Rn 57; *Prinz von Sachsen Gessaphe* Rn 334, 343 f.

735 Vgl. zu der theoretischen Situation der Einziehung der überwiesenen Forderung durch das Gericht, *Hellwig* S. 96 („etwas undenkbares"), 111 („nicht möglich").

736 Vgl. oben Fn 365.

737 Vgl. bereits Einleitung A.

Schwierigkeiten erkannt, wie die Reform zur Sachaufklärung zeigt. Seine Initiativen erfassen die Problematik der Folge privatautonomer Lösungsversuche jedoch (noch) nicht. Wenn aber den Forderungspfändungsgläubiger diese unüberbrückbaren Nachteile schon aufgrund der Natur des Vollstreckungsgegenstands treffen, ist wenigstens i.R.d. Möglichen eine Chancengleichheit anzustreben.

D. Keine Verletzung berechtigter Interessen

Diese Tendenz verfestigt sich, wenn man die Rechte und Interessen beider Beteiligten in die Entscheidung über die Zulässigkeit einbezieht. Beteiligt sind der Vollstreckungsgläubiger und der -schuldner. Nicht in die Betrachtung fließt hingegen der Drittschuldner ein, denn dessen Situation stellt sich mit Ausnahme der Auskunftspflicht i.S.d. § 840 nach einer Abtretung nicht anders dar als bei einer Pfändung. Etwaige Vereinbarungen zwischen dem Zedenten und dem Zessionar jedoch kann der Drittschuldner nicht verhindern. Dies ist auch nicht nötig, da er hinreichend durch die §§ 412, 404 ff. BGB vor einem Einwendungsverlust gegenüber dem neuen Gläubiger geschützt ist.[738]

I. Möglicher „erst-recht Schluss" bei eigenem Vermögen

Damit deutet sich eine weitere Besonderheit der Pfändung eigenen Vermögens an, wenn man diese mit dem Regelfall der Vollstreckung in das Schuldnervermögen vergleicht.

Zunächst kann dem Vollstreckungsschuldner schon kein dingliches Recht entzogen werden, weder das Eigentum an der Sache noch die Inhaberschaft der Forderung. Beides steht im Zeitpunkt der Pfändung dem Gläubiger zu. Im Gegensatz zur Sachpfändung wird bei einer Forderung jedoch nicht einmal Gewahrsam entzogen, da es solchen dort nicht gibt. Infolgedessen erscheint der Vollstreckungsschuldner gar nicht oder zumindest weit weniger schutzwürdig als bei einer regulären Pfändung.

Die Sachpfändung tangiert dessen Rechte somit nur in Ansätzen, indem allein der Gewahrsam entzogen wird. Bei der Pfändung der Forderung fehlt es bereits daran. Allein bei der späteren, von der eigentlichen Pfändung zu trennenden,[739] Durchsetzung der Hilfsrechte i.S.d. § 836 III können Belange des Vollstreckungsschuldners zu berücksichtigen sein.

---

738 *Oerke* DGVZ 1993, 147 (148).

739 Vgl. *Mümmler* DGVZ 1972, 161 (162: „erst dann geschieht, wenn die Maßnahmen anderer Vollstreckungsorgane (…) bereits rechtswirksam erlassen sind").

Gemeinsam ist beiden Vollstreckungsmaßnahmen zwar, dass ein Rechtsverlust hinsichtlich des zu pfändenden Gegenstands nicht zu befürchten ist. Hingegen kann i.R.d. Hilfsrechte von einer fehlenden Beeinträchtigung des Zedenten nicht mehr die Rede sein. Die angesprochenen Verpflichtungen zur Urkundenherausgabe und zur Auskunftserteilung stellen einen rechtserheblichen Eingriff von gewisser Intensität dar. Bei deren Nichtbefolgung droht gem. §§ 836 III 4, 802g I 1 sogar ein Haftbefehl. I.R.d. Gewichtung dieses Interesses ist jedoch zulasten des Vollstreckungsschuldners zu berücksichtigen, dass ihm die Forderung nicht mehr zusteht. Zur Einziehung berechtigt ist allein der Zessionar. Bestrebungen, diese zu erschweren oder gar zu verhindern, erweisen sich als nicht schutzwürdig. Der Pfändung ist eine privatautonome Abtretungserklärung vorausgegangen. Durch sie hat sich der Zedent der Forderung und damit teilweise auch des Schutzes selbst entledigt. Das Verhalten des Vollstreckungsschuldners, der zunächst einer privatrechtlichen Lösung zugestimmt hat, sich aber deren Konsequenzen aktiv verweigert, erinnert an das Rechtsprinzip des „venire contra factum proprium“ i.S.d. § 242 BGB.[740] Nach dessen Grundsätzen ist ein solches Verhalten nicht schutzwürdig und damit unbeachtlich. Zudem drohte eine inhaltsgleiche Beeinträchtigung auch nach § 402 BGB. Lediglich wäre der Zeitpunkt ohne die Pfändung ein anderer. Das Interesse des Vollstreckungsschuldners erschöpft sich somit im *zeitlichen Aspekt*. Dieser allerdings darf angesichts der titulierten Zahlungspflicht nicht zu stark gewichtet werden.

Gegen eine rechtswidrige Beeinträchtigung allein durch die Vollstreckung der Hilfsrechte stünden dem Vollstreckungsschuldner ungeachtet der Zulässigkeit der Pfändung Rechtsbehelfe gegen die Vollstreckung der Hilfsrechte zu.[741] Denkbar wäre dies z.B. bei der Offenlegung von Geschäftsgeheimnissen durch die Beschlagnahme vertraulicher Urkunden.

Letztlich fällt die Belastung des Schuldners auch deswegen milde aus, weil er zum einen auf die herauszugebenden Urkunden nicht für alle Zeit verzichten muss, sondern nach deren Gebrauch einen Anspruch auf Rückgabe gegen seinen

740 Zu dessen Anwendbarkeit im Vollstreckungsrecht *Bittmann* ZZP 97 (1984) 32 (39, 46); *Gaul/Schilken/Becker-Eberhard* § 1 Rn 38; kritisch zur Anwendung von Treu und Glauben im Vollstreckungsrecht *Hein* ZZP 69 (1956) 231 (254 ff., 261).

741 BGH BeckRS 2012, 07794 Tz 9; nur zum „Ob“ der Auskunftspflicht BT/Drs. 16/10069 S. 35; MünchKommZPO/*Gruber* § 836 Rn 18; Musielak/Voit/*Becker* § 836 Rn 6a.

Vollstreckungsgläubiger hat.[742] Zum anderen kann der Schuldner im Einzelfall seine Verpflichtung durch die Herausgabe von Kopien erfüllen.[743]

In die Entscheidung über die Pfändung sind Schuldnerbelange deshalb nur am Rande einzubeziehen.[744] Die Forderung als Rechtsverhältnis zwischen zwei Personen besteht nach der Abtretung nur noch zwischen dem Vollstreckungsgläubiger und dem Drittschuldner. Der Vollstreckungsschuldner ist nur formal Beteiligter des eigentlichen Pfändungsakts, da der eingesetzte Titel ihn als solchen ausweist. Materiell wird seine Position nicht nachteilig verändert, weil er die betroffenen Rechte zuvor privatautonom übertragen hat. Dies ist insofern wichtig, als es bei der Abwägung stark zugunsten des Gläubigers und folglich zugunsten der Zulässigkeit streitet.

Nimmt man also bei gläubigereigenen Sachen die unmittelbare Folge des Gewahrsamsentzugs und damit den intensiveren Eingriff in Schuldnerrechte hin,[745] so muss die Pfändung einer eigenen Forderung unter Interessensgesichtspunkten erst recht zulässig sein.[746] Denn die Gläubiger verfolgen dasselbe Ziel. Die Position des Schuldners jedoch wird durch die Forderungspfändung deutlich geringer tangiert.

II. Der Gedanke des „volenti non fit iniuria“

1. Die Ansicht Bürgles

Einen anderen Ansatz verfolgt *Bürgle*:

Entgegen der hier vertretenen Auffassung[747] stelle es einen Sonderfall der Schuldnerfremdheit dar, wenn der Gläubiger selbst Forderungsinhaber ist.[748] In einem solchen Fall der Pfändung schuldnerfremder Forderungen bestimmten allein die Interessen des wahren Forderungsinhabers über den Eintritt der Verstrickung. Stünden diese im Widerspruch zur Pfändung, so trete keine Verstrickung ein. Sei

742 Statt vieler MünchKommZPO/*Gruber* § 836 Rn 16; BeckOK-ZPO/*Riedel* § 836 Rn 10.1.

743 BGH NJW-RR 2013, 766 Tz 9.

744 So auch *Stein* Grundfragen S. 52.

745 Musielak/Voit/*Becker* § 808 Rn 5 bspw. rechtfertigen die generelle Pfändung von Sachen des Gläubigers mit diesem Argument.

746 Vgl. *Brox/Walker* Rn 514; die geringere Eingriffsintensität einer Forderungspfändung im Vergleich zu der in Sachen unterstreicht auch *Gierlach* S. 274 ff.

747 Supra Kapitel 4.A.III.1.

748 Vgl. bereits die Überschrift von *Bürgle* § 26: „Zustimmung des Drittberechtigten und Pfändung eigener Forderungen.“ S. 91.

der wahre Berechtigte mit der Pfändung einverstanden, könne der Gegenstand verstrickt werden.[749] Maßgeblich wäre damit die *Einwilligung* des wahren Forderungsinhabers.

Bei einem *Dritt*berechtigten als wahrem Inhaber der gepfändeten Forderung sei diese Einwilligung für den Schuldner der Forderung jedoch nicht erkennbar. Dies habe beträchtliche Rechtsunsicherheit auf Seiten des Drittschuldners zur Folge, der von der Einwilligung des Drittberechtigten keine Kenntnis habe. Dies stehe der Verstrickung entgegen. Anders verhalte es sich bei der Pfändung einer eigenen Forderung.[750] Hier sei der Gläubiger zugleich Drittberechtigter. Stelle er einen Antrag auf Pfändung seiner eigenen Forderung, sei er auch mit dessen Folgen einverstanden. Er wünsche geradezu ihren Eintritt. Somit stünden bei einer gläubigereigenen Forderung der Pfandverstrickung keine berechtigten Interessen entgegen. Dies sei für den Forderungsschuldner auch erkennbar. Dies habe die Verstrickung des Gegenstands[751] zur Folge („volenti non fit iniuria"), weshalb a maiore ad minus[752] auch die Pfändung als zulässig gewertet werden müsste.

Nach *Bürgle* hängt die vollstreckungsrechtliche Nutzungsmöglichkeit des eigenen Vermögens somit letztlich kumulativ von Zweckmäßigkeitserwägungen und der Rechtssicherheit ab.[753] Erstere wurden in einem eigenen Kapitel gewürdigt und dort bejaht (Kapitel 2). Letztere liege vor, wenn der Drittschuldner das Einverständnis des wahren Berechtigten erkennen könne.

2. Fehlende Aussagekraft der genutzten Kriterien

Dieses Einverständnis ist bei der Pfändung einer eigenen Forderung stets gegeben. Der Pfändungsbeschluss macht die Einwilligung zudem für den Schuldner erkennbar, indem er den Gläubiger als Forderungsinhaber ausweist. Der Gläubiger als Antragsteller begehrt naturgemäß den Eintritt der Wirkungen seines Antrags, sodass seine Zustimmung der Antragstellung immanent ist.

Die Einwilligung des Betroffenen kann für die Pfändung bedeutsam sein. Dies zeigt bspw. § 71 II 2 Var. 2 GVGA; danach muss das Vollstreckungsorgan eine evident im Dritteigentum befindliche Sache pfänden, wenn der Gläubiger

749 *Bürgle* S. 91 f.
750 *Bürgle* S. 91 f.
751 Dazu noch sub Kapitel 5.C.I.
752 So auch *Bürgle* selbst S. 18.
753 Vgl. *Bürgle* S. 91.

hierauf drängt.[754] Nach den Grundsätzen *Bürgles* müsste aber jeder Antrag, der weder fremde Interessen verletzt noch Rechtsunsicherheit herbeiführen kann, zulässig sein.[755] Die Zustimmung des Vollstreckungsgläubigers zur Pfändung bedeutet nichts anderes als die Einwilligung eines Antragstellers in die Durchführung seines Antrags. Diese ist immer gegeben; ihr kommt daher keine Unterscheidungskraft zu. Sie kann an sich kein differenzierendes Kriterium darstellen. Bei der Frage nach der Pfändung einer schuldnerfremden Forderung mögen seine Kriterien noch tauglich sein, da dort der angesprochene Automatismus angesichts der fehlenden Personenidentität nicht vorliegt. Bei eigenen Forderungen bringt das Kriterium der Rechtssicherheit aber i.E. keinen Gewinn.

Bürgle verwendet dieses Merkmal, da seine diesbzgl. Erörterungen im Kontext einer Gesamtarbeit zur Pfändung schuldnerfremder Forderungen erfolgen. Es ist die Konsequenz der grundverschiedenen Einordnung der Pfändung gläubigereigener Forderungen in das Gefüge möglicher vollstreckungsrechtlicher Konstellationen:[756]

Die Forderungsinhaberschaft des Gläubigers stellt für *Bürgle* nur einen Spezialfall der Schuldnerfremdheit dar. Bei schuldnerfremden Forderungen ist eine Überweisung an den Vollstreckungsgläubiger und damit ein Wechsel der Forderungsinhaberschaft aber möglich. Deshalb mag die Kenntnis des Drittschuldners von der Berechtigung der anderen beteiligten Personen wichtig sein. Wegen der drohenden Rechtsunsicherheit kann dieses Kriterium interessant werden. Der Forderungsschuldner soll wissen können, dass er mit befreiender Wirkung nunmehr allein an den Vollstreckungsgläubiger leisten kann. Dies ergibt sich aus dem *arrestatorium* i.S.d. § 829 I 1, III, auf dessen Richtigkeit sich der Drittschuldner verlassen können muss. Das Kriterium der Rechtssicherheit soll die für den Drittschuldner missliche Lage eines inhaltlich fehlerhaften arrestatoriums verhindern. Deshalb erhebt *Bürgle* es zur Voraussetzung.

Wenn man die Pfändung eigener Forderungen richtigerweise als eigenständige Konstellation und nicht als Spezialfall der Schuldnerfremdheit qualifiziert, ist ein durch das arrestatorium i.S.d. § 829 I 1 ausgesprochenes Zahlungsverbot nicht nötig. Das arrestatorium hat die Aufgabe, einer Zahlung an den Vollstreckungsschuldner die Erfüllungswirkung zu nehmen.[757] Es verhindert so die Rechtsfolge des § 362 I BGB, die bei einer Leistung an den Vollstreckungsschuldner als

754 Kritisch zur (inhaltsgleichen Vorgänger-)Vorschrift generell MünchKommZPO/*Gruber* § 808 Rn 23.
755 Zur Problematik vgl. oben Fn 299.
756 Supra Kapitel 4.D.II.1.
757 *Gierlach* S. 301 f.; SchuWa/*Schuschke* § 829 Rn 55.

Gläubiger der überwiesenen Forderung andernfalls einträte. Bei der Pfändung einer eigenen Forderung des Vollstreckungsgläubigers käme einer Zahlung an den Vollstreckungsschuldner jedoch bereits aus materiell-rechtlichen Gründen keine befreiende Wirkung zu.[758] Da die Vollstreckung in eine eigene Forderung mangels Verwertung nicht zu einer Veränderung der Personenkonstellation führt, steht auch kein fehlerhaftes arrestatorium und somit keine Rechtsunsicherheit zu befürchten. Das Nichtvorliegen der Unsicherheit aufgrund der erkennbaren Einwilligung des Gläubigers war jedoch *Bürgles* Argument dafür, die Pfändung einer eigenen Forderung zuzulassen. Die Gefahr, die das Kriterium der Rechtssicherheit zu vermeiden sucht, kann bei der Pfändung eigener Forderungen gar nicht eintreten.

Nach allem ist das Ausgangsargument *Bürgles* abzulehnen. Aus der Einwilligung des Gläubigers lässt sich kein Rückschluss ziehen. Richtig ist dennoch die Beobachtung, dass die Pfändung die Rechtssicherheit stärken kann. Dies streitet zumindest nicht gegen deren Zulässigkeit im Fall einer eigenen Forderung. Schließlich wird die Position des Forderungsgläubigers aufgrund des Pfändungsbeschlusses formell erfasst und tituliert, was die Unsicherheit über den Bestand und die Inhaberschaft verhindert bzw. jedenfalls verringert.[759]

3. *Unterbleibende Drittwiderspruchsklage*

Nach einer anderen Ansicht folgt die Verstrickung und a maiore ad minus die Zulässigkeit der Vollstreckung in eigene Gegenstände daraus, dass die Vollstreckung ordnungsgemäß zuende geführt werden könne. Mit einer Drittwiderspruchsklage sei schließlich nicht zu rechnen. Diese müsste vom Antragsteller selbst erhoben werden, der kein Dritter i.S.d. § 771 sei. Da durch die Pfändung eigener Gegenstände nicht in fremde Rechte eingegriffen werde, liege auch keine Interessenkollision vor.[760]

Dieses Argument überzeugt ebenfalls nicht: Zunächst kann der reguläre Verfahrensablauf bei der Pfändung eigener Forderungen mitnichten eingehalten werden. Die Überweisung einer eigenen Forderung hat sich als nicht möglich erwiesen.[761] Wie bereits gesehen bildet auch der Wille des die Pfändung beantragenden Gläubigers kein geeignetes Kriterium für die Begutachtung der

758 Dazu noch eingehend sub Kapitel 5.B.I.4.

759 Supra Kapitel 2.C.

760 *Bürgle* S. 92; *Stein* Grundfragen S. 53; *Brox/Walker* Rn 514; Nachweise bei *Gierlach* S. 126 Fn 248.

761 Supra Kapitel 3.A.

Zulässigkeit.[762] Eine rein tatsächliche Erwartung wäre gleichfalls nicht geeignet, rechtsdogmatische Vorbehalte zu überwinden, sofern solche bestünden. Dies führte sonst tatsächlich zu der befürchteten Rechtsunsicherheit.

Der fehlende Drittwiderspruch kann daher nicht als Argument für die Zulässigkeit bemüht werden.[763]

III. (Keine) Vollstreckung *gegen* eine Person?

Indem die Pfändung an sich nicht in Rechte anderer eingreift, kennt sie auch keinen wirklichen, materiellen Gegner. Die Bezeichnung im Titel als Vollstreckungsschuldner beinhaltet zunächst nur eine formale Zuordnung.[764] Eine Vollstreckung ohne wirklichen Adressaten oder Gegner könnte aber unzulässig sein. Normtechnisch wäre dieses Erfordernis in § 750 I 1 („für und *gegen* die") zu verankern.[765] Eine unter Verstoß gegen diese Vorschrift durchgeführte Pfändung wäre zwar nicht nichtig, aber anfechtbar[766] und deshalb unzulässig.[767]

Das Vollstreckungsverfahren stellt kein klassisch kontradiktorisches Verfahren mit zwei gleichberechtigt beteiligten Personen dar.[768] Dennoch könnte es eine Voraussetzung sein, dass es überhaupt zwei Parteien gibt, darunter einen Vollstreckungsschuldner, der diese Bezeichnung verdient.[769] In diesem Fall wären Vollstreckungsmaßnahmen wie die Pfändung einer eigenen Forderung, durch die andere nicht betroffen würden, unzulässig.

Ausweislich seines Wortlauts verlangt § 750 I 1, dass in dem Titel die Personen bezeichnet sind, für und gegen die die Zwangsvollstreckung durchgeführt werden soll. Damit muss der Titel eine Person als Vollstreckungsschuldner ausweisen, was zunächst auch bei der Pfändung einer eigenen Forderung möglich ist. Vollstreckungsschuldner ist grds. diejenige Person, gegen die sich die titulierte

---

762 Supra Kapitel 4.D.II.2.

763 So auch *Gierlach* S. 130.

764 *Baur/Stürner/Bruns* Zwangsvollstreckung § 5.2 („technische Bezeichnung").

765 Vgl. *Gaul/Schilken/Becker-Eberhard* § 10 Rn 61.

766 Stein/Jonas/*Münzberg* § 750 Rn 7.

767 BGHZ 159, 383 (387 f.); MünchKommZPO/*Heßler* § 750 Rn 93, 1.

768 *Gaul/Schilken/Becker-Eberhard* § 5 Rn 17, 19; *Fischer* RPfleger 2007, 12 (14); a.A. ohne Begründung *Lackmann* Rn 5.

769 *Brox/Walker* Rn 9; *Gaul/Schilken/Becker-Eberhard* § 5 Rn 19; Musielak/Voit/*Lackmann* Vorb. §§ 704 ff Rn 9; BeckOK-ZPO/*Ulrici* Einl. § 750 („Parteien, zwischen welchen …").

Forderung richtet[770] und gegen die deshalb vollstreckt wird.[771] Im Erkenntnisverfahren wurde der spätere Zedent verurteilt. Deshalb richtet sich der Titel gegen ihn und weist ihn als Vollstreckungsschuldner aus. Der Titel legitimiert den Zessionar zur Pfändung von Forderungen seines Zedenten.[772]

Fraglich ist aber, ob der Titel gleichfalls zur Pfändung eigener Forderungen genutzt werden darf. Dies wäre nicht der Fall, wenn der als solcher ausgewiesene Vollstreckungsschuldner zugleich diejenige Person sein muss, gegen die ein tatsächlicher Zugriff erfolgt.[773] Eine solche Person, gegen die körperliche oder geistig-rechtliche Zwangsmaßnahmen ergriffen werden könnten, gibt es bei der Pfändung eigener Forderungen nicht. Wie soeben herausgearbeitet, erfolgen Maßnahmen, die den Vollstreckungsschuldner belasten, im Rahmen des bloßen Pfändungsakts gerade nicht. Es handelt sich bei der Pfändung eigenen Vermögens inhaltlich nicht um einen Akt gegen eine Person.[774] Vielmehr könnte man von einer Vollstreckung *für* eine Person, nämlich für die des Gläubigers, sprechen. Freilich erfolgt jede Vollstreckung jedenfalls auch für den Gläubiger, da sie erst auf dessen Antrag überhaupt durchgeführt wird. Hier aber dient die Pfändung *allein* der Verbesserung der Gläubigerposition, ohne dass sich diejenige des Vollstreckungsschuldners verschlechtert. Dies stellt einen inhaltlichen Unterschied zu anderen Vollstreckungskonstellationen dar, bei denen der Vorteil des einen zwangsläufig zu einem Nachteil des anderen führt. Allein bei einer Berücksichtigung der späteren Durchsetzung der Hilfsrechte würde in Rechte des Vollstreckungsschuldners eingegriffen.

Fraglich ist, ob der Wortlaut des § 750 I 1 in diesem Zusammenhang dahingehend zu verstehen ist, dass die Zulässigkeit einer Pfändung das zwangsweise Vorgehen gegen eine Person erfordert. Denkbar sind sowohl eine formelle als auch eine materielle Auslegung des § 750 I 1 und des darin enthaltenen Begriffs

770 *Gaul/Schilken/Becker-Eberhard* § 32 Rn 6 („Träger der titulierten Verpflichtung"). Die Forderung kann sich freilich aus dem Anspruch in der Hauptsache oder aus einer Kostenforderung, z.B. bei Teilunterliegen, ergeben.

771 Saenger/*Kindl* Vorb. §§ 704 ff. Rn 13.

772 Vgl. zum Einfluss der Zession auf den Titel supra Kapitel 3.D.II.2.a) aa).

773 Begriff nach *Fischer* RPfleger 2007, 12 (19).

774 Bei der Pfändung einer eigenen Sache ist immer der Sonderfall des Gewahrsamsentzugs als „Nebenfolge" zu beachten; *Rechte* anderer werden dort jedoch auch nicht berührt.

des Vollstreckungsschuldners:[775] Ein Beispiel für erstere wäre § 253 AO;[776] eine materielle Auslegung findet sich bspw. in § 2 VwVG bzw. § 4 VwVG-NRW.[777] Der formellen Auslegung wäre bereits Genüge getan, wenn der Titel überhaupt einen Vollstreckungsschuldner enthielte.[778] Eine materielle Auslegung erforderte in diesem Zusammenhang, dass ein Vorgehen gegen die als Vollstreckungsschuldner ausgewiesene Person möglich wäre bzw. tatsächlich zu erfolgen hätte.

Gegen eine solche materielle Auslegung sprechen jedoch die nachfolgenden Argumente:

1. Zunächst muss § 750 I 1 aufgrund seiner systematischen Stellung im allgemeinen Vollstreckungsrecht (§§ 704 bis 802) für sämtliche Vollstreckungsarten Geltung beanspruchen,[779] folglich auch für die Sachpfändung. Die Pfändung einer eigenen Sache jedoch hat sich bereits als zulässig herausgestellt.[780] Zwar kann bei Sachen im Unterschied zu Forderungen wenigstens eine tatsächliche Position in Form des Gewahrsams entzogen werden. Der Begriff des Vollstreckungsschuldners wäre also bei der Pfändung gläubigereigener Sachen jedenfalls insoweit gerechtfertigt, als der Gerichtsvollzieher die Sache nötigenfalls unter Anwendung körperlichen Zwangs wegnimmt, § 808 I. Der Eingriff in ein fremdes *Recht* aber, wie es das eigentliche Ziel des Vollstreckungsverfahrens ist, ist nicht möglich.
2. Zweitens ist eine harmonische Auslegung identischer Begrifflichkeiten innerhalb desselben Gesetzes anzustreben, wenn sie nicht sogar zwingend geboten ist.[781] Der Vollstreckungsschuldner ist Partei des Vollstreckungsverfahrens. Deshalb drängt sich eine Einbeziehung des allgemeinen Parteibegriffs i.S.d. § 50 auf. Dieser gilt als allgemeine Vorschrift des Zivilprozesses[782] auch für das Vollstreckungsverfahren. Sein Wortlaut allein gibt zwar noch keinen Hinweis auf das Begriffsverständnis. Mit einer materiellen Auslegung wäre indes im Bereich des Erkenntnisverfahrens eine eklatante Rechtsunsicherheit verbunden. Die Frage, wer Partei ist, ließe sich erst beantworten, wenn rechtskräftig feststeht, wer Schuldner der streitgegenständlichen Forderung ist. Nur diese

---

775 Angelehnt an die Unterscheidung von *App* LKV 1993, 373 f., dort für den Bereich des Versicherungs- und Abgabenrechts.

776 *App* LKV 1993, 373 (373 f.).

777 Fehling/Kastner/Störmer/*Danker* § 2 VwVG Rn 1.

778 So *Gaul/Schilken/Becker-Eberhard* § 10 Rn 61, § 32 Rn 2.

779 *Braun* AcP 196 (1996) 557 (558) m.w.N.

780 Supra Kapitel 4.C.

781 *Gaul/Schilken/Becker-Eberhard* § 10 Rn 61 („Fortführung").

782 *Rosenberg/Schwab/Gottwald* § 40 Rn 1.

Person wäre zugleich Partei des Rechtsstreites. Daher ist nach ganz hM i.R.d. § 50 eine formelle Auslegung angezeigt: Es kommt nicht auf die sich dahinter verbergende, materielle Rechtslage an, sondern nur auf die äußere Bezeichnung als Partei.[783] Erstreckt man dies aus Gründen der Einheitlichkeit auf § 750, so wäre Vollstreckungsschuldner, wer als solcher bezeichnet wird. Dies ist der Zedent.

Schon deswegen folgt aus § 750 nicht, dass Vollstreckungsschuldner nur sein kann, wem materiell ein Recht entzogen wird.

3. Zuletzt erscheint es formalistisch, für diesen Zweck allein auf den Pfändungsakt abzustellen, dessen Folgen in Form der Hilfsrechte hingegen außer Betracht zu lassen. Die Pfändung einer eigenen Forderung erfolgt schließlich nicht zum Selbstzweck, sondern zielgerichtet zu ihrer anschließenden Einziehung. Gegen den Vollstreckungsschuldner möchte der Gläubiger gar nicht vorgehen. Der Gläubiger plant nur, den Dritt- bzw. Forderungsschuldner in Anspruch zu nehmen. Jedoch fehlt ihm gegen diesen eine vollstreckungsrechtliche Handhabe abgesehen von der Pfändung „gegen" den Vollstreckungsschuldner. Die Pfändung der eigenen Forderung erscheint unter diesem Aspekt als bloßes Mittel zum Zweck. Aufgrund der sich durch die Pfändung ergebenden Möglichkeiten i.S.d. § 836 III ist auch der Begriff der Zwangsmaßnahme und damit der des Vollstreckungsschuldners gerechtfertigt.

Somit wären im Ergebnis selbst die Anforderungen einer Auslegung im angesprochenen materiellen Sinne erfüllt, da sich die Urkundenherausgabe und die Erteilung der Auskunft i.S.d. § 836 III als durchsetzbare Zwangsmaßnahmen gegen den Vollstreckungsschuldner erweisen. Diese nur in tatsächlicher Hinsicht erheblichen Eingriffe ähneln dem Entzug des Gewahrsams bei der Pfändung einer eigenen Sache. Diese scheitert jedoch ebenfalls nicht an einem fehlenden Vollstreckungsschuldner. Aus diesem Grund kann auch bei der Pfändung eigener Forderungen von einem Vollstreckungsschuldner gesprochen werden. Für den hier untersuchten Zweck ist die Pfändung nicht formalistisch als isolierter Rechtsakt zu betrachten. Ihre intendierten Folgehandlungen fließen in die Betrachtung ein.

Der reine Pfändungsakt richtet sich nur formal gegen den Zedenten, was den Anforderungen der richtigen, formellen Auslegung aber bereits genügte (Arg. 1, 2). Hinzu kommen die unmittelbar folgenden Zwangsmaßnahmen, aufgrund derer der Begriff des Vollstreckungsschuldners sogar im materiellen Sinne verstanden werden könnte (Arg. 3).

---

783 *Lüke* ZivilprozessR Rn 98; *Musielak/Voit* Grundkurs Rn 223; *Rosenberg/Schwab/Gottwald* § 40 Rn 2.

IV. Dadurch Abschwächung des Gesetzmäßigkeitsprinzips

Die nur mittelbare und zudem weniger intensive Eingriffsqualität des reinen Pfändungsakts führt zu der Frage, ob es für die Pfändung eigenen Vermögens trotz der Eigenartigkeit überhaupt einer speziellen Kodifizierung bedarf oder ob nicht die bestehenden, generellen Vorschriften als Rechtsgrundlage genügen.

Vollstreckungshandlungen greifen regelmäßig in (Grund-)Rechte ein.[784] Wegen des Vorbehalts des Gesetzes muss jede zu einem solchen Eingriff führende Maßnahme in Tatbestand und Rechtsfolge konkret geregelt sein. Zwar ist die Pfändung in ihrem Ablauf und grds. auch in ihren Zulässigkeitsvoraussetzungen kodifiziert. Nicht ausdrücklich positiv geregelt ist aber die Frage, in wessen Vermögen die Vollstreckung erfolgen darf und ob daher eine Pfändung von Forderungen des Gläubigers durchgeführt werden darf.[785] Eine dahingehende, *eigene* Regelung könnte jedoch entbehrlich sein.

Besteht das hoheitliche Handeln in der Entziehung oder Gewährung finanzieller Leistungen, kann entsprechend der verwaltungsrechtlichen Terminologie zwischen der Eingriffsverwaltung einerseits und der Leistungsverwaltung andererseits unterschieden werden.[786] Bei der Eingriffsverwaltung wird in fremde Rechte eingegriffen, weshalb solche Maßnahmen einer strengen Gesetzmäßigkeit unterliegen. Bei der Leistungsverwaltung sind die konkreten Anforderungen zwar im Detail umstritten,[787] jedoch sind sie nicht so streng wie bei der Eingriffsverwaltung. Über die gesetzlichen Anforderungen an die Ermächtigungsnorm bestimmt die Intensität des Eingriffs.[788]

Anlässlich der Pfändung eigener Forderungen werden zwar keine finanziellen Mittel zugewiesen wie bei der Vergabe von Subventionen, für welche die Differenzierung zwischen der Eingriffs- und Leistungsverwaltung vorwiegend bemüht wird. Jedoch wird ebenfalls eine Leistung eines hoheitlich handelnden Organs beantragt, die zunächst nicht in fremde Rechte eingreift. Somit ist dieser Fall im Grundsatz eher der Leistungsverwaltung zuzuordnen.[789]

---

784 Supra Kapitel 3.D.II.3.b) aa).

785 Supra Kapitel 4.A.I.

786 Begriffsbestimmung z.B. bei *Peine* Rn 36 f.; dieser Begrifflichkeit bedient sich auch *Stamm* S. 365.

787 Für die Subventionsvergabe als Paradebeispiel der Leistungsverwaltung *Detterbeck* Rn 285 ff.

788 *Maurer* § 8 Rn 21; Maunz/Dürig/*Grzeszick* Art. 20 GG Rn VI.111; vgl. BeckOK-VwVfG/*Aschke* § 40 Rn 17.

789 Vgl. *Stamm* S. 23, 365.

Auch dort kann der Gesetzesvorbehalt ausnahmsweise Geltung beanspruchen,[790] denn hoheitlich handelnde Personen sollen niemals willkürlich, sondern nur in Erfüllung ihrer vorgegebenen Aufgaben tätig werden. Ein förmliches Gesetz kann in diesen Fällen z.B. notwendig werden, wenn eine für den Antragsteller begünstigende Handlung gleichzeitig in Rechte anderer eingreift.

Dass Rechte anderer durch den bloßen Pfändungsakt nicht betroffen sind, wurde jedoch soeben dargelegt.

Nach alledem sind die Anforderungen an die Rechtsgrundlage i.R.d. Leistungsverwaltung abgeschwächt und weniger streng. Diesen abgeschwächten Anforderungen vermögen §§ 704 ff. im Allgemeinen und § 829 im Besonderen zu genügen, obwohl dort das Vermögen des Gläubigers als geeigneter Haftungsgegenstand nicht ausgewiesen wird. Ebenso wenig ist schließlich das Vermögen des Schuldners ausgewiesen. Einer *gesonderten* Kodifizierung der Pfändung eigener Forderungen bedarf es *nicht*, da der Schweregrad nicht über denjenigen einer „gewöhnlichen“ Pfändung hinausgeht. Hierin manifestiert sich die geringere Eingriffsintensität.

Für die Durchführung der Hilfsvollstreckung gelten die vorstehenden Gedanken indes nicht, da den Maßnahmen i.S.d. § 836 III Eingriffscharakter zukommt. Für diese sind aber Rechtsgrundlagen vorhanden, sodass sich das Problem nicht stellt.

E. Fazit

Es kann festgehalten werden, dass die Zivilprozessordnung kein explizites Verbot der Zwangsvollstreckung in anderes Vermögen als das des Vollstreckungsschuldners ausspricht.[791] Dabei wirken sich die sachenrechtlichen Verhältnisse an dem Pfändungsgegenstand zwar grds. nicht auf den Ablauf des Verfahrens, sehr wohl aber auf dessen Ergebnis aus. Deswegen wird die Pfändung schuldnerfremder Sachen für zulässig gehalten, obwohl sie nicht zur Befriedigung des Vollstreckungsgläubigers führen kann. § 811 II 1 setzt die Zulässigkeit der Pfändung einer eigenen Sache gar voraus. Die zur Vollstreckung geeigneten Vermögensmassen sind nicht auf diejenige des Schuldners beschränkt.

Die Vorschrift erlaubt für die Forderungspfändung jedoch allenfalls den Rückschluss, dass tatsächliche Vorteile unabhängig von der Erlangung eines rechtlichen Mehrwerts für die Zulässigkeit genügen können. Die fehlende Verbesserung

790 *Detterbeck* Rn 285; kritisch *Peine* Rn 136.

791 Weitergehend OLG Köln WM 1978, 383 (385, „widerspricht auch nicht dem Sinn der ZPO“); so auch *Lüke* JZ 1959, 114 (116).

der rechtlichen Position des Antragstellers ist unschädlich, denn der Antragsteller verfolgt eine davon verschiedene Intention. Ihm geht es um die mittelbare Erleichterung der Befriedigung durch *tatsächliche* Vorteile. Dies ist die Gemeinsamkeit zwischen dem Gläubiger, der eine eigene Sache pfändet und dem Gläubiger, der in eine eigene Forderung vollstreckt. Dadurch bringt die Pfändung den Gläubiger der Befriedigung näher.

Eine tatsächliche Einwilligung des Schuldners in die Vollstreckung kann trotz der vorangegangenen Zession nicht unterstellt werden. Jedoch werden Rechte anderer Personen durch die Vollstreckung in eigenes Vermögen nicht betroffen. Allenfalls in tatsächlicher Hinsicht können Belange des Vollstreckungsschuldners berührt sein. Auch das wäre jedoch deutlich weniger intensiv als bei einem gewöhnlichen Vollstreckungsverfahren oder der Pfändung einer eigenen Sache. In einer Interessensabwägung sind die Rechte des Vollstreckungsschuldners somit nicht vorrangig zu würdigen. Dies vermag das Erfordernis einer spezifischen Ermächtigung für diesen Fall zu überwinden.

Bezug nehmend auf die in dieses Kapitel 4 einführenden Gedanken ist daher festzuhalten, dass bei objektiv fehlender Geeignetheit dies auch subjektiv für das Vollstreckungsorgan im Zeitpunkt der Bescheidung des Pfändungsantrags erkennbar sein muss. Erst dann wäre eine Durchführung der Vollstreckungsmaßnahme unzulässig. *Weyland* formuliert entsprechend, dass die Eignung aus ex ante-Perspektive zu prüfen sei.[792] Eine andere Sichtweise missachtete die Grundsätze der Formalisierung und der Effektivität des Vollstreckungsverfahrens. Ist bei der beantragten vollstreckungsrechtlichen Ausgangslage jedoch das Kriterium der Eignung, wobei mittelbare Eignung genügt,[793] bereits objektiv erfüllt, ist eine Einschränkung nicht angezeigt. Da die Pfändung gläubigereigenen Vermögens sowohl bei Forderungen als auch bei Sachen die Befriedigung über die genannten Wege fördert, ist das angesprochene einschränkende Kriterium für diese Arbeit nicht erforderlich. Es dient allein einer Harmonisierung innerhalb aller denkbaren Sonderkonstellationen.

792 *Weyland* S. 70.
793 BVerfGE 61, 126 (134).

Kapitel 5. Rechtsfolgen und Folgeprobleme

Da die beiden großen dogmatischen Bedenken einer Lösung zugeführt wurden, geht es nun um die Folgen der Pfändung einer eigenen Forderung. Diese wurden in Kapitel 2 bereits angerissen; allerdings konzentrierten sich die dortigen Ausführungen auf die tatsächlichen Auswirkungen. Zudem wurde im Wesentlichen das Verhältnis zu den Folgen einer Zession thematisiert. Hier soll es zunächst um die sog. „Haupt-Folgen“ einer Pfändung gehen (sub B.).

Gegenstand dieses Kapitels sind zudem die sich aufgrund der bis hierhin gefundenen Ergebnisse stellenden Folgefragen (sub C.). Da die Pfändbarkeit eigener Forderungen bis dato weder überhaupt eingehend noch unter den in Kapitel 3 erarbeiteten Prämissen betrachtet wurde, wird hier abermals unbekanntes Terrain betreten. In diesem Zusammenhang wird auf die Hilfsvollstreckung (sub C.I.) sowie auf die Frage des Titels (sub C.II.) einzugehen sein. Abschließend ist das für die Praxis wichtige Thema der Vollstreckungskosten darzustellen (sub C.III.).

Zunächst soll jedoch das Verhältnis zwischen der bereits behandelten Zulässigkeit und den Folgen einer Vollstreckungsmaßnahme präzisiert werden (sub A.).

A. Unterscheidung zwischen der Zulässigkeit und dem Eintritt von Rechtsfolgen

I. Bedeutung der Zulässigkeit für eine Vollstreckungsmaßnahme

Die Entstehung der Hauptfolgen und die Zulässigkeit einer Vollstreckungsmaßnahme werden vielerorts fälschlich miteinander vermischt.[794] So schreibt bspw. *Gierlach*, „das Fehlen der Verstrickung gehöre (…) zu den maßgeblichen Bedenken“ gegen die Zulässigkeit der Pfändung.[795]

Die Prüfung der allgemeinen und besonderen Zulässigkeitsvoraussetzungen stellt die erste, auf den Antrag des Gläubigers folgende, Reaktion des Vollstreckungsorgans dar.[796] Das Ergebnis dieser Prüfung entscheidet, ob die Maßnahme durchzuführen ist. Erst dann können Rechtsfolgen eintreten, mithin erst eine juristische Sekunde nach der Beschlagnahme der Sache oder der Zustellung

794 So *Geib* S. 16; *Gierlach* S. 127 ff., 265, 323 („Problem der fehlenden Verstrickung wird nicht erkannt“); Musielak/Voit/*Becker* § 829 Rn 8a, einschränkend aber Rn 17 („Sie können aber ungeachtet der Zulässigkeit nicht wirksam gepfändet werden.“).

795 *Gierlach* S. 130.

796 Vgl. bereits supra Kapitel 1.B.

des Pfändungsbeschlusses. Die Zulässigkeit an sich führt noch nicht zu einer Veränderung der Rechtslage am zu pfändenden Gegenstand. Durch die bloße Zulässigkeit wird der Gegenstand nicht verstrickt o.ä. Hingegen darf eine die Verstrickung begründende Handlung durchgeführt werden.

„Zulässigkeit" bedeutet nur, dass die Zulässigkeitsvoraussetzungen vorliegen. Ihre „Rechtsfolge" ist, dass das zuständige Organ vollstrecken *darf*. Diese Folge ist zu unterscheiden von den hier in Rede stehenden Rechtsfolgen der Pfändung als Vollstreckungshandlung. Letztere erfordern eine tatsächliche Durchführung. Es genügt nicht, dass die Maßnahme rechtmäßig durchgeführt werden dürfte. Somit ist die Rechtsfolge der Zulässigkeit eine Voraussetzung der Pfändung. Der Eintritt der Pfändungsfolgen setzt sowohl die Zulässigkeit der Vollstreckungsmaßnahme als auch, insbesondere, deren Durchführung voraus.[797] Ohne die Zulässigkeit hätte die Handlung gar nicht vorgenommen werden dürfen. Die Zulässigkeit erweist sich i.E. als Minus oder zeitliche Vorstufe zur Pfändung.

Demnach kann eine unzulässige Maßnahme grds. keine Rechtsfolgen, wie sie sie eigentlich hervorbringen soll, nach sich ziehen. Dennoch können rechtliche Veränderungen auch bei fälschlich durchgeführten und eigentlich unzulässigen Maßnahmen aus Gründen des Vertrauensschutzes in die Rechtmäßigkeit einer hoheitlichen Handlung eintreten. Da unzulässige Handlungen jedoch nicht beabsichtigt sind, können sie i.d.R. mit der Erinnerung angegriffen werden.

II. Unterscheidung zwischen formeller und materieller Wirksamkeit

Die Wirksamkeit einer Vollstreckungshandlung kann in zwei Kategorien aufgeteilt werden: eine formelle und eine materielle.[798] Die formelle Wirksamkeit ist gleichbedeutend mit dem Vorliegen sämtlicher Zulässigkeitsvoraussetzungen.[799] Unter der materiellen Wirksamkeit sind hingegen die sogleich zu erörternden rechtlichen Folgen zu verstehen. Diese sind unabhängig von den Zulässigkeitsvoraussetzungen.[800]

---

797 *Bürgle* S. 18.

798 Vgl. BAG NJW 1993, 2699 (2700).

799 Vgl. BAG NJW 1993, 2699 (2700) (formelle Wirksamkeit bei Zustellung trotz gleichzeitiger materieller Wirkungslosigkeit wegen Vorausabtretung der zu pfändenden Forderung an Dritten).

800 BAG NJW 1993, 2699 (2700); *Bürgle* S. 18, 22; *Geib* S. 68; *Blomeyer* RPfleger 1969, 279 (282). Ferner bedeutet die Tatsache, dass keine Rechtsfolgen eintreten, nicht bereits die Nichtigkeit der Pfändung, OLG Stuttgart BeckRS 2007, 14356.

Eine solche Unterscheidung ist bereits in dem System der Vollstreckungsrechtsbehelfe angelegt.[801] Dieses bildet die vorhandenen Instrumentarien des Betroffenen ab und zeigt dessen Reaktionsmöglichkeiten auf fehlerhafte Vollstreckungsmaßnahmen. Dabei wird unterschieden zwischen Rechtsbehelfen, die formelle Fehler angreifen und solchen, die materielle Mängel zum Gegenstand haben. Mit ersteren, klassischerweise der Erinnerung,[802] rügt der Kläger eine Verletzung des „vom Gerichtsvollzieher zu beobachtenden Verfahrens". Dies ist gleichbedeutend mit der Rüge fehlender Zulässigkeitsvoraussetzungen, denn die Vorschriften, die der Gerichtsvollzieher zu beobachten hat, sind gerade diejenigen, die über die Zulässigkeit der Maßnahme entscheiden. Hingegen werden Aspekte, die für die Entstehung der Hauptrechtsfolgen maßgeblich sind, regelmäßig nicht mit der Erinnerung gerügt. Um z.B. die Zugehörigkeit des gepfändeten Gegenstands zum Vermögen eines Dritten geltend zu machen, ist für diesen § 771 statthaft. In der Zivilprozessordnung selbst wird die Zulässigkeit der Vollstreckungsmaßnahme von deren Rechtsfolgen getrennt.

Die folgende Untersuchung der Pfändungsfolgen hat deshalb unabhängig von der bereits bejahten Zulässigkeit zu erfolgen.

B. (Haupt-)Rechtsfolgen bei der Pfändung einer eigenen Forderung

Die folgenden Erwägungen sollen nur in zweiter Linie darüber Aufschluss geben, ob die jeweiligen Rechtsfolgen eintreten oder nicht. Sie erheben vielmehr den Anspruch, zu klären, ob die Hauptrechtsfolgen im konkreten Fall überhaupt bedeutsam sind oder nicht. Sollte der Gläubiger die Ziele, denen die konkrete Rechtsfolge dient, nicht begehren und sollten die durch sie bewirkten Rechtsänderungen objektiv nicht förderlich sein, würde eine Diskussion über ihre Entstehung entbehrlich.

---

801 *Blomeyer* RPfleger 1969, 279 (281 f.), der zwischen Vornahme- und Ergebniszulässigkeit der Vollstreckungsmaßnahme unterscheidet (282).

802 Zwar ist der Gerichtsvollzieher nicht für die Forderungspfändung zuständig, jedoch erlässt der Rechtspfleger den Pfändungsbeschluss wegen § 834 ohne vorherige Anhörung oder Güterabwägung, sodass die Beschwerde i.S.d. § 793 hiergegen nicht statthaft ist; vgl. *Blomeyer* RPfleger 1969, 279 (284).

Als Hauptrechtsfolgen kennt das Vollstreckungsrecht zwei: die Verstrickung und das Pfändungspfandrecht, wobei umstritten ist, ob das Verfügungsverbot Teil der Verstrickung[803] oder eine eigenständige Wirkung der Pfändung ist.[804]

I. Verstrickung

Die Verstrickung ist nach hM die Grundlage der Verwertung.[805] In einer regulären Vollstreckung ist sie essentiell für den Bestand der hoheitlich erworbenen Rechtsposition des Vollstreckungsgläubigers.[806] Ihre Entstehung orientiert sich an öffentlich-rechtlichen Kriterien.[807]

1. Darstellung des Meinungsstands

Kein solches öffentlich-rechtliches Kriterium stellt die Zugehörigkeit der Forderung zum Vermögen des Schuldners dar. Hierüber entscheiden die Vorschriften des Privatrechts. Deshalb werden teils die Besonderheiten der vorliegenden Konstellation ausgeblendet und die Verstrickung eigener Forderungen explizit bejaht.[808] Zu diesen Vertretern gehören insb. jene, die eine Überweisung für zulässig erachten. Die Überweisung setzt schließlich die Verstrickung der Forderung voraus.[809] Hierzu gehört auch das Reichsgericht mit seinen Entscheidungen zum Nießbrauch.[810] Ferner müssen diejenigen, welche die Entstehung des Pfändungspfandrechts bejahen,[811] hierzu gezählt werden, da das Pfändungspfandrecht jedenfalls das Vorliegen der für die Verstrickung maßgeblichen Voraussetzungen verlangt.

---

803 So und insgesamt dazu Kapitel 1.C.I.

804 Eingehend *Fahland*.

805 *Schwinge* S. 108; *Brox/Walker* Rn 361; *Gaul/Schilken/Becker-Eberhard* § 50 Rn 21; Musielak/Voit/*Becker* § 803 Rn 9a, § 804 Rn 2.

806 Zwar bildet die Verstrickung nicht selbst den Rechtsgrund für das Behaltendürfen; dies ist Aufgabe des Pfändungspfandrechts. Jedoch ist eine Verwertung ohne Verstrickung unwirksam, zudem entstünde auch kein Pfandrecht, da die Voraussetzungen insoweit teilweise kongruent sind.

807 Musielak/Voit/*Becker* § 803 Rn 9a; *Mümmler* DGVZ 1972, 161 (164).

808 Explizit *Bürgle* S. 92; *Hoche/Wiener* Rn 210.

809 *Gierlach* S. 129; Förster/*Kann* § 804 Anm. 3b).

810 RGZ 64, 415 (416); 86, 135 (139; „noch entbehrt sie, weil sie ein Pfandrecht nicht schaffen kann, der Wirksamkeit"); supra Kapitel 3.A.II.1.

811 Bspw. LArbG Berlin, Urteil v. 8.10.1968, Az.: 4 Sa 56/68; dazu sub Kapitel 5.B.II.

Andere sind der Ansicht, die Pfändung einer Forderung, die nicht zum Vermögen des Schuldners gehöre, „gehe ins Leere" und sei schlechthin nichtig.[812] Folglich werde der Gegenstand nicht verstrickt. Schließlich gebe es bei Forderungen keinen Rechtsscheinsträger wie den Gewahrsam, der die Vollstreckung in schuldnerfremdes Vermögen rechtfertigen könnte. Diese Formel ist jedoch, wie schon gesehen, nicht konsequent.[813]

2. Würdigung der Positionen

Die Argumente erscheinen nicht neu. Die zugrunde liegende Konstellation wird, ähnlich der Qualifikation durch *Bürgle*, fälschlich als bloßer Sonderfall der Pfändung schuldnerfremden Vermögens eingeordnet. Die dafür entwickelten Lösungen werden übertragen. Den Eigenheiten der Pfändung eigener Forderungen wird nicht Rechnung getragen.

Daher ist anhand der allgemeinen Begründungsansätze der Verstrickung zu bestimmen, ob diese auch durch die Pfändung eigener Forderungen entsteht oder nicht.

Soweit ersichtlich bestehen zwei abstrakte Methoden, um den Eintritt der Verstrickung zu begründen. Nach *Geib* setzt die Verstrickung voraus, dass durch die Pfändung ein Vollstreckungsrechtsverhältnis begründet wird.[814] Unter einem Vollstreckungsrechtsverhältnis versteht *Geib* „die Gesamtheit der vollstreckungsrechtlichen Rechtsbeziehungen zwischen den engeren Beteiligten des Vollstreckungsverfahrens".[815]

Nach einer anderen, stärker verbreiteten Auffassung führt jede wirksame Pfändung zur Verstrickung des Gegenstands. Die Wirksamkeit wiederum setzt voraus, dass der Pfändung kein wesentlicher Fehler innewohnt.[816]

---

812 Musielak/Voit/*Becker* § 829 Rn 8a; Saenger/*Kemper* § 829 Rn 24 f.; ohne eigene Stellungnahme, wenngleich dieses Argument für schuldnerfremde Forderungen im späteren Verlauf seiner Arbeit ablehnend *Gierlach* S. 127 ff.

813 Vgl. dazu schon supra Kapitel 4.A.III.1.

814 *Geib* S. 108 ff.; darüber hinaus verlangt er die Wahrung der Form sowie die Handlung durch das zuständige Organ. Dies sei Ausfluss der Tatsache, dass die Pfändung hoheitlichen Charakter habe, S. 105 ff.; es ist hier jedoch nicht problematisch.

815 *Geib* S. 109; diese Begriffsdefinition verwenden auch *Gaul/Schilken/Becker-Eberhard* § 8 Rn 1; letztere sind allerdings generell kritisch zur Verwendung dieses Rechtsbegriffs in diesem Zusammenhang, Rn 26 f.; ebenfalls kritisch *Gaul* NJW 1989, 2509 (2511).

816 BGH NJW 1979, 2045 (2045 f.); grundlegend *Schwinge* S. 42; ferner Musielak/Voit/*Becker* § 803 Rn 10; SchuWa/*Walker* Vor §§ 803, 804 Rn 4; kritisch *Gaul* NJW 1989,

Die erste Auffassung erscheint problematisch: *Geib* selbst hat nicht untersucht, welche Auswirkungen die Zugehörigkeit der zu pfändenden Forderung zum Gläubigervermögen auf die Entstehung eines Vollstreckungsrechtsverhältnisses haben kann. Vielmehr hat er sich auf mögliche Auswirkungen fehlender Zulässigkeits- und allgemeiner Vollstreckungsvoraussetzungen beschränkt.[817] Daraus lässt sich jedoch noch nicht der Schluss ziehen, dass in der zugrunde liegenden Konstellation Verstrickung eintrete. Bewusst hat *Geib* seine Untersuchung nicht auf Fragen des materiellen Vollstreckungsrechts erstreckt. Immerhin bejahte das OLG München kurz zuvor die Verstrickung bei schuldnerfremden Forderungen.[818] Dies hat *Geib* erkannt,[819] aber eben nicht anhand des Vollstreckungsrechtsverhältnisses gewürdigt.

Für maßgeblich erachtet er i.R.d. §§ 828 ff. vielmehr die Bestimmbarkeit der Forderung, die jedoch der Auslegung zugänglich sei. Könne der Pfändungsantrag dahingehend ausgelegt werden, dass die Forderung zum Schuldnervermögen gehöre, so sei die Pfändung wirksam.[820] Dies hat indes mit dem angeblich entscheidenden Vollstreckungsrechtsverhältnis nichts mehr gemein.[821] Dieser Begründungsansatz erinnert darüber hinaus an die bereits mehrfach kritisch erörterte Formel, wonach eine Pfändung nichtig sei, wenn „sie nach keiner vertretbaren Auffassung dem Schuldner zustehen kann".[822] Jedenfalls berücksichtigt auch seine Argumentation die Besonderheiten bei der Pfändung eigener Forderungen nicht. Sie ist daher nicht übertragbar.

Inhaltlich ist sehr fraglich, ob die Pfändung eigener Forderungen ein Vollstreckungsrechtsverhältnis zwischen dem Gläubiger und dem Schuldner begründen kann. Immerhin verfügt der Schuldner infolge der Zession über keine materiellrechtliche Beziehung mehr zum Drittschuldner. Ferner existiert keine Forderung, die Bezugspunkt etwaiger Hauptrechte und -pflichten sein könnte. Zwischen dem Vollstreckungsgläubiger und dem -schuldner kann der Pfändungsbeschluss, lässt man die Hilfsrechte außer Betracht, keine Rechte und Pflichten begründen. Ein Vollstreckungsrechtsverhältnis käme daher nur in Betracht, wenn man die

---

2509 (2511), der zugleich die problematische Abgrenzung von *Schwinge* kritisiert, um dann für eine wertende Betrachtung zu plädieren; ebenfalls kritisch *Geib* S. 100 ff.

817 Vgl. dessen Zusammenfassung, *Geib* S. 118.

818 OLG München NJW 1954, 1124.

819 *Geib* S. 75.

820 *Geib* S. 77 f. („Bedingung").

821 Zudem findet sich die zitierte Aussage systematisch weit vor der Einführung des Vollstreckungsrechtsverhältnisses als relevantem Kriterium, *Geib* S. 77 f., 109.

822 Supra Kapitel 4.A.III.1.

Hilfsrechte i.S.d. §§ 836 III, 840 als ausreichend für die Entstehung desselben erachtete.

Gegen die Anwendung dieses Kriteriums spricht außerdem, dass es in der hier zugrunde liegenden Konstellation die ihm von *Geib* selbst zugedachte Aufgabe nicht zu erfüllen vermag. Dessen Vollstreckungsrechtsverhältnis soll die Grundlage des hoheitlichen Eingriffs in Vermögensrechte des Schuldners sein.[823] Erfolgt, wie hier,[824] ein solcher zwangsweiser Entzug jedoch nicht, bedarf es auch keiner Legitimation zu selbigem.

Schließlich führt auch die zweite Auffassung nicht zur Begründung der Verstrickung im vorliegenden Fall. Sie macht den Eintritt der Verstrickung abhängig von der Wesentlichkeit des Mangels. Jedoch bereitet schon die Bestimmung des wesentlichen Fehlers Schwierigkeiten.[825] Ein solcher soll regelmäßig vorliegen, wenn die Forderung nicht zum Schuldnervermögen gehört, da die Ermächtigung in Form des Titels sich nur gegen diesen und nicht gegen Dritte richte.[826]

Es ist schon fraglich, ob überhaupt ein Fehler vorliegen kann, wenn der Vollstreckungsgläubiger gerade das von ihm Begehrte erhält. Das Verfahren verläuft planmäßig und exakt so, wie es für den Gläubiger und für das Vollstreckungsorgan ersichtlich war. Der Fehlerbegriff muss diese Intention des Antragstellers berücksichtigen. Der Antragsteller ist schließlich zugleich der Veranlasser des Verfahrens; dessen Antrag soll umgesetzt werden. Es kann nicht entscheidend sein, dass es sich bei der Pfändung eigener Forderungen nicht um den Normalfall handelt. Für den Nachweis eines Fehlers ist davon auszugehen, was durch die Maßnahme erreicht werden soll und nicht, was durch sie gemeinhin erreicht werden könnte.

Einem Fehler wohnt ein Element des Irrtums[827] und damit eine Abweichung vom Gewollten inne. Ein solcher Irrtum liegt aber bei der Pfändung einer eigenen Forderung weder auf Seiten des Gläubigers noch in der Person des Vollstreckungsorgans vor. Zwar kann das Vollstreckungsverfahren nicht auf dem regulären, hoheitlichen Wege fortgeführt werden. Jedoch hat bekanntermaßen eine privatrechtliche Verwertungshandlung stattgefunden, die den Gläubiger sogar in eine stärkere Position bringt, als dies bei der Einziehungsüberweisung der Fall wäre.

---

823 *Geib* S. 109 f.; auch das Vollstreckungsrechtsverhältnis erfüllt keinen Selbstzweck.

824 Supra Kapitel 3.A.; Kapitel 4.D.I.4, III.

825 So auch *Geib* selbst, S. 101; ferner *Gaul/Schilken/Becker-Eberhard* § 50 Rn 22; MünchKommZPO/*Gruber* § 803 Rn 34 f.

826 So z.B. MünchKommZPO/*Gruber* § 803 Rn 38 (wo die Pfändung allerdings als „gegenstandslos" bezeichnet wird).

827 http://www.duden.de/rechtschreibung/Fehler (Stand: 20.03.2016).

3. *Irrelevanz der Verstrickung für das Begehr des Gläubigers*

Aus den vorstehenden Gründen kommt es auf den Eintritt der Verstrickung einer gläubigereigenen Forderung i.E. nicht an. Es stellt zwar ein starkes Indiz gegen das Vorliegen der Verstrickung dar, wenn sie ihre eigentliche Wirkung bereits theoretisch nicht entfalten kann. Die Verstrickung weist schließlich keinen Selbstzweck auf. Vielmehr soll sie die Verwertung und die damit verbundenen Eingriffe in das Schuldnervermögen legitimieren. Aus den genannten Gründen finden solche Eingriffe bei der Pfändung eigener Forderungen nicht statt, und eine privatrechtliche Verwertungshandlung erfordert keine Ermächtigungsgrundlage in diesem Sinne. Daher ist eine Entscheidung, ob eine eigene Forderung verstrickt wird oder nicht, i.E. ohne Bedeutung.

Der Verstrickung bedarf es auch nicht, um eine Rückabwicklung der Forderungsübertragung an den Zessionar im Wege einer Kondiktion zu verhindern. Im Regelfall der Vollstreckung in Vermögen des Schuldners wird die Verstrickung als causa der Verwertung angesehen.[828] Bei ihrem Fehlen ist eine Rückabwicklung denkbar. Die causa der Zession liegt jedoch bereits in dem Titel und der ihm zugrunde liegenden Forderung. Eine Kondiktion scheidet deswegen aus.

Da keine Verwertung stattfinden soll, bedarf es auch keiner Grundlage für selbige. Dies lässt die Verstrickung für die Pfändung einer Forderung des Gläubigers irrelevant werden.[829]

Gleiches gilt für die Begründung einer Verfügungsbefugnis, die i.d.R. mittels der Verstrickung vom Forderungsinhaber auf den Staat übergeleitet wird.[830] Zum einen besitzt der Vollstreckungsschuldner die entsprechende Befugnis nicht mehr, weshalb sie ihm nicht genommen werden kann.[831] Zum anderen soll das Vollstreckungsorgan nicht über die zu pfändende Forderung verfügen, denn sie befindet sich bereits „in den Händen" des Berechtigten.

4. *Arrestatorium und inhibitorium ebenfalls unwesentlich*

Weiterhin sind weder das arrestatorium noch das inhibitorium für den *rechtlichen* Erfolg der Pfändungsmaßnahme erforderlich.[832]

828 Vgl. oben Fn 390.

829 Dies verkennt *Gierlach* oben Fn 795.

830 BGHZ 100, 95 (103 f.) zu Sachen, wobei die Situation insoweit deckungsgleich ist; *Schwinge* S. 45; kritisch *Geib* S. 17.

831 Vgl. hierzu supra Kapitel 3.A.II.3.a).

832 Zum tatsächlichen Nutzen des zwingend zuzustellenden arrestatoriums vgl. aber supra Kapitel 2.B.II.

Das arrestatorium ist eigentlich für die Wirksamkeit konstitutiv. Es verbietet als Sicherungsinstrument i.S.d. § 829 I 1 die Zahlung des Drittschuldners an den Vollstreckungsschuldner als materiell-rechtlichen Gläubiger der Forderung. Dieser ist im Regelfall nicht identisch mit dem im vollstreckungsrechtlichen Sinne Empfangsberechtigten, an den die Forderung später überwiesen wird. Das arrestatorium verhindert die befreiende Zahlung an den Forderungsinhaber gem. § 362 I BGB. Pfändet der Gläubiger jedoch seine eigene Forderung, fallen die materiell- und die vollstreckungsrechtliche Gläubigerstellung zusammen. Eine Zahlung des Drittschuldners an den Gläubiger ist deshalb geradezu erwünscht und ein Verbot der Zahlung an den nicht mehr berechtigten Vollstreckungsschuldner entbehrlich. Eine Zahlung an diesen hätte bereits nach § 362 I BGB keine Erfüllungswirkung.

Das inhibitorium verbietet dem Schuldner gem. § 829 I 2 „jede Verfügung über die (gepfändete) Forderung". Dies ist erforderlich, da eine Pfändung noch keinen Wechsel der Forderungsinhaberschaft bewirkt und der Vollstreckungsschuldner Berechtigter bleibt. Eine Veräußerung der Forderung an einen Dritten wäre ohne das inhibitorium möglich. Dies gefährdete den Erfolg der Zwangsvollstreckung.

Wurde die Forderung jedoch bereits vor der Pfändung an den Antragsteller abgetreten, besteht das Risiko einer Verfügung durch den Zedenten und Vollstreckungsschuldner nicht mehr. Er ist nunmehr Nichtberechtigter und kann deshalb nicht wirksam verfügen. Ein gutgläubiger Forderungserwerb von diesem ist mangels Rechtsscheinsträger regelmäßig nicht möglich.[833]

Sinnvollerweise kann das Vollstreckungsgericht daher in dem Pfändungsbeschluss auf *beide* Anordnungen verzichten.

5. *Fazit*

Wird die Frage der Zulässigkeit mit derjenigen der Verstrickung vermengt oder gar beanstandet, man habe die Problematik der fehlenden Verstrickung nicht erkannt,[834] deutet dies darauf hin, dass die Intention des Pfändungsgläubigers und die Besonderheiten im Verfahrensablauf nicht in die Argumentation einbezogen wurden. Die Verstrickung kann ihren rechtlich vorgesehenen Zweck nicht erfüllen, da eine Verwertung nicht stattfindet. Deshalb entpuppt sich die Diskussion um den Eintritt der Verstrickung als unergiebig.

---

833 Ausnahmetatbestände sind §§ 405, 2366 BGB, da hier gerade Rechtsscheinsträger existieren.

834 *Gierlach* oben Fn 795.

Das arrestatorium und das inhibitorium sind infolge der Besonderheiten der Pfändung eigener Forderungen gleichfalls obsolet.

II. Pfändungspfandrecht

Fraglich ist, ob die Entstehung eines Pfändungspfandrechts als weitere Hauptfolge für den Gläubiger interessant sein kann.

1. Vorteil gegenüber bloßer Forderungsinhaberschaft

Auch wenn dies auf den ersten Blick gewöhnungsbedürftig erscheinen mag, so würde ein Pfändungspfandrecht die Position des Forderungsinhabers grds. stärken. Merkwürdig ist dies, da ein Pfandrecht nur einen Ausschnitt des Vollrechts darstellt und der Teil eines Ganzen begrifflich nicht die Gesamtheit verstärken können sollte. Auch bedeutet das bloße Pfändungspfandrecht noch keine höhere Publizität, da diese erst durch einen vorzeigbaren Beschluss erreicht wird.[835]

Indes führt das Pfändungspfandrecht, anders als die bloße Forderungsinhaberschaft, zu einer dinglichen Sicherung gegenüber Dritten. Gemäß § 804 III kommt dem Pfandrecht eine rangwahrende Wirkung zu. Sollte der Forderungsinhaber an seiner eigenen Forderung ein Pfandrecht begründen können, könnte er vor einem späteren Zugriff anderer Gläubiger auf dieselbe Forderung geschützt sein. Deren später begründetes Pfändungspfandrecht wäre nachrangig. Die Einziehung der Forderung durch einen anderen wäre wegen § 804 III nicht möglich. Anders als die bloße Inhaberschaft des Rechts kann das Pfandrecht Dritten entgegengehalten werden.

2. Entstehung des Pfändungspfandrechts?

Fraglich ist damit, ob zugunsten des Forderungsinhabers durch die Pfändung noch ein Pfändungspfandrecht entstehen kann.

Dies ist allein nach der rein öffentlich-rechtlichen Theorie denkbar. Diese ignoriert den eigentlich zivilrechtlichen Charakter der Pfandrechte, wie er bei dem Faustpfandrecht i.S.d. §§ 1204 ff. BGB als Grundform des Pfandrechts zum Ausdruck kommt. Maßgeblich für die Entstehung eines Pfändungspfandrechts sind nach dieser Theorie die Voraussetzungen, die auch für die öffentlich-rechtliche Verstrickung gelten.[836] Ein Pfändungspfandrecht soll also grds. bei jeder wirksamen Pfändung entstehen. Materiell-rechtliche Besonderheiten wie die Zugehörigkeit

835 Vgl. zur Verstrickung mit ähnlichen Argumenten *Geib* S. 66.

836 *Brox/Walker* Rn 381; *Gaul/Schilken/Becker-Eberhard* § 50 Rn 49.

des Gegenstands zum Vermögen des Schuldners sind für die öffentlich-rechtliche Theorie kein Kriterium. Auch § 1256 I 1 BGB bedeutet für sie keine Hürde.[837]

Die wohl herrschende gemischte Theorie bezieht § 1256 BGB in ihre Subsumtion ein. Danach erlischt ein Pfandrecht an einer Sache, wenn es mit dem Eigentum in derselben Person zusammentrifft (*Konsolidation*); i.V.m. §§ 1279 S. 1, 1273 BGB gilt dies für Forderungen entsprechend.[838] Ein Pfandrecht an einer eigenen Forderung ist deshalb nicht denkbar.

Zwar ist § 1256 I 1 BGB auf das Pfändungspfandrecht nicht direkt anwendbar, da es sich bei dessen Entstehung nicht um einen derivativen Erwerb handelt. § 1256 BGB setzt diesen jedoch voraus. Ein Pfandrecht muss entstanden sein, wie sich aus dem Begriff „zusammentrifft" ergibt. Wenn aber schon ein bereits entstandenes Pfandrecht nicht vom Forderungsinhaber erworben werden kann, muss erst recht die erstmalige Bestellung zu seinen Gunsten untersagt sein. Eine solche Situation der „Bestellung" wäre bei der Zwangsvollstreckung gegeben. Es handelte sich gleichfalls um einen originären Erwerb. Nach dem Rechtsgedanken des § 1256 I 1 BGB kann deshalb weder auf diesem noch auf einem derivativen Wege ein Pfandrecht an einer eigenen Forderung erworben werden.[839]

Es könnte allerdings die Ausnahme des § 1256 II BGB greifen. Hiernach gilt das Pfandrecht nicht als erloschen, soweit der Eigentümer ein rechtliches Interesse an dessen Fortbestehen hat.[840] Das notwendige Interesse könnte sich aus der dinglichen Sicherung ergeben.[841] Fraglich ist zwar, ob ein potentieller späterer Zugriff nicht bloß ein gewöhnliches „Risiko" wäre und damit für ein rechtliches Interesse i.S.d. Abs. 2 nicht genügte. Diese Frage kann indes dahinstehen.

Die Vorschrift setzt voraus, dass das Pfandrecht eines Dritten bereits besteht; die Entstehung genügt nicht.[842] Abs. 2 spricht ausdrücklich vom *Fort*bestehen. Zudem setzt die Möglichkeit des Erlöschens begrifflich die vorherige Entstehung des Rechts voraus. Somit ist jedenfalls i.E. keine Ausnahme von der Konsolidation gegeben.[843]

---

837 *Lüke* Zwangsvollstreckung S. 37 allerdings zur Sachpfändung.

838 Staudinger/*Wiegand* § 1279 Rn 1, 4, § 1273 Rn 21.

839 MünchKommBGB/*Damrau* § 1256 Rn 1; Staudinger/*Wiegand* § 1256 Rn 1.

840 Staudinger/*Wiegand* § 1256 Rn 6.

841 Supra Kapitel 5.B.II.1.

842 MünchKommBGB/*Damrau* § 1256 Rn 3 f. Diese Argumentation begegnet in ähnlicher Form auch bei der Frage eines gutgläubigen, originären Erwerbs gesetzlicher Pfandrechte.

843 *Schwinge* S. 95.

Eine Stellungnahme kann an dieser Stelle nicht erfolgen. Die inneren Widersprüche der öffentlich-rechtlichen Theorie zur Rechtsnatur des Pfändungspfandrechts[844] und die Aufarbeitung der Auseinandersetzung mit dieser, die Literatur seit Jahrzehnten beschäftigenden,[845] Frage sprengten den Rahmen der vorliegenden Arbeit. Vielmehr muss die Subsumtion genügen, dass nach der herrschenden gemischten Theorie aufgrund der o.g. Paragraphen durch die Pfändung einer eigenen Forderung kein Pfändungspfandrecht entsteht.[846]

3. *Auflösung der scheinbar widersprüchlichen Situation*

Dieses Ergebnis nötigt ein weiteres Mal zu einer wertungsmäßigen Überprüfung. Immerhin hätte ein Pfändungspfandrecht entstehen können, wenn der Gläubiger sich nicht auf die Zession eingelassen und stattdessen den regulären Weg der Pfändung und Überweisung einer dann schuldnereigenen Forderung gewählt hätte. Es wäre verwunderlich, wenn das Einverständnis zu einer privatautonomen Lösung den Gläubiger in eine schlechtere Lage brächte.

Der Wertungswiderspruch droht jedoch nur auf den ersten Blick. Dies wird deutlich, wenn man den Zugriff auf die streitgegenständliche Forderung durch Gläubiger des Vollstreckungsschuldners einerseits (sub a)) und durch eigene Gläubiger des Forderungsinhabers andererseits (sub b)) betrachtet. Es ist jeweils zu prüfen, ob sich in diesen Konstellationen eine Abtretung der Forderung für den Gläubiger als nachteilhaft erwiese oder ob ein Pfändungspfandrecht i.E. dieselben Konsequenzen mit sich brächte.

a) *Zugriff durch Gläubiger des Vollstreckungsschuldners*

Ein Zugriff durch Gläubiger des Vollstreckungsschuldners ist in keinem der beiden Fälle möglich. Bei einer Abtretung ist die Forderung aus dessen Vermögen ausgeschieden und kann nicht mehr als Gegenstand des Schuldners gepfändet werden. Verbleibt sie, wie bei einer Einziehungsüberweisung, formal in dessen Vermögen, erlangt der Vollstreckungsgläubiger jedoch ein Pfandrecht i.S.d.

---

844 *Gaul/Schilken/Becker-Eberhard* § 50 Rn 56 f.; *Gaul* RPfleger 1971, 1 (6); *Kuchinke* JZ 1958, 198 (200); *Lüke* AcP 153 (1954) 533 (547, „eine gewisse Inkonsequenz in der Konstruktion").

845 Vgl. den Einleitungssatz bei *Lüke* JZ 1957, 239.

846 RGZ 86, 135 (139); *Schwinge* S. 94 (zu Sachen); *Hoche/Wiener* Rn 210; Musielak/Voit/*Becker* § 829 Rn 8a; Saenger/*Kemper* § 829 Rn 9; a.A. noch RGZ 64, 415 (415 f.) und freilich als Vertreter der öffentlich-rechtlichen Theorie Stein/Jonas/*Münzberg* § 804 Rn 13.

§ 804 III. Dieses wäre dann gegenüber etwaigen Konkurrenzgläubigern vorrangig. Diese könnten die Forderung deshalb ebenfalls nicht einziehen. Ein Risiko wäre damit für den Pfändungsgläubiger nicht verbunden.

Die Situationen sind daher miteinander vergleichbar.

b) Zugriff durch eigene Gläubiger

Bei einer Abtretung der Forderung an den Pfändungsgläubiger können dessen Gläubiger hierauf zugreifen. Die Forderung wird wie jeder andere Gegenstand auch zum Vermögensbestandteil des Schuldners.

Bei einer Überweisung zur Einziehung wäre ein Zugriff hingegen nicht möglich. Die Forderung steht nach wie vor dem Vollstreckungsschuldner zu. Der Pfändungsgläubiger erhält nur die Einziehungsbefugnis i.S.d. § 835 I Var. 1. Diese ist akzessorisch zur Forderung und unterliegt nicht als eigenständiges Recht der Zwangsvollstreckung gegen den Einziehungsbefugten.[847] Insofern könnte sich der Erwerb im Wege der Abtretung für den Pfändungsgläubiger zunächst als nachteilhaft erweisen.

Erneut handelt es sich jedoch nur um einen scheinbaren Nachteil. Zu berücksichtigen ist, dass ein Zugriff auf die abgetretene Forderung durch Gläubiger des Zessionars voraussetzt, dass diese im Besitz eines Titels gegen ihren Schuldner und jetzigen Forderungsinhaber sind. Dieser Titel erlaubt ihnen, wie jedem anderen Gläubiger, eine freie Auswahl der zu pfändenden Vermögenswerte ihres Schuldners und damit auch die Vollstreckung in die zedierte Forderung. Der scheinbare Vorteil der Überweisung der schuldnerischen Forderung und damit einhergehend eines vorrangigen Pfandrechts erlangt deswegen nur Relevanz, wenn die Forderung den einzigen pfändbaren Vermögenswert des Zessionars darstellen sollte. In diesem Fall führte das Pfändungspfandrecht dazu, die Forderung vor einem berechtigten Zugriff „abzuschotten". Darin liegt aber nicht seine Aufgabe.

Wirtschaftlich erscheint es ohnehin nicht von Bedeutung, ob die Forderung als solche oder ob nach ihrer Einziehung vom Drittschuldner das erhaltene Geld gepfändet wird. Es ist gerade gewollt, dass sich mit dem Zuwachs des Vermögens

---

847 OLG Stuttgart RPfleger 1983, 409; Musielak/Voit/*Becker* § 835 Rn 11; SchuWa/*Schuschke* § 835 Rn 5; Stein/Jonas/*Brehm* § 835 Rn 26 mit einem allerdings verwirrenden und inhaltlich unrichtigem Fußnotenapparat (Fn 76); a.A. *Schmidt-Jortzig* S. 139 (grds. Pfändbarkeit gem. § 857 I, da privates, vermögenswertes Recht); MünchKommZPO/*Smid* § 835 Rn 12.

auch die Haftungsmasse vergrößert. Die auf den ersten Blick vorhandene Schwäche der Zession kann daher durch den bestehenden Titel gerechtfertigt werden.

Im Ergebnis hat sich gezeigt, dass der Gläubiger für den privatrechtlichen Lösungsversuch nicht „bestraft" wird, indem zu seinen Gunsten kein Pfändungspfandrecht entsteht. Praktische Auswirkungen hätte ein Pfändungspfandrecht des Forderungsinhabers nur in dem Fall seiner Inanspruchnahme zu einem nicht intendierten und illegitimen Zweck, nämlich der Isolierung des Vermögens vor berechtigtem Zugriff. Ein tatsächlicher Wertungswiderspruch liegt somit nicht vor.

C. Folgeprobleme

I. Entstehung der Hilfsrechte bei isolierter Pfändung

Unberücksichtigt geblieben ist bis jetzt die Frage, ob die begehrten und allgegenwärtigen Hilfsrechte bei einer isolierten Pfändung überhaupt entstehen. Die vorliegende Arbeit hat sich dabei zunächst der Vorgehensweise derjenigen Autoren und Gerichte, die sich zur Zulässig- oder Unzulässigkeit der Pfändung eigener Forderungen äußerten,[848] angeschlossen und die Anwendbarkeit der Hilfsrechte stillschweigend unterstellt.

Problematisch könnte die Entstehung der Hilfsrechte indes aufgrund der in Kapitel 3.A. untersuchten Unmöglichkeit der Verwertung sein. Dass diese zentrale Weichenstellung häufig nicht eingehender untersucht wird, wird freilich der Grund dafür sein, dass auch die Entstehung der Hilfsrechte nicht gesondert hinterfragt wird.

Sollte sich herausstellen, dass aufgrund der geschilderten Besonderheiten im Verfahrensablauf die Hilfsrechte überhaupt nicht entstünden, entfielen weite Teile des Rechtsschutzbedürfnisses. Für die deshalb erforderliche Betrachtung ist zu unterscheiden zwischen den beiden klassischen Hilfsrechten i.S.d. § 836 III (sub 1.) und § 840 (sub 2.).

1. Urkundenherausgabe und Auskunftserteilung

a) Überweisung als Tatbestandsvoraussetzung des § 836 III?

Mit guten Gründen kann man an der Entstehung der Hilfsrechte zweifeln. Zum einen trägt der für die Hilfsvollstreckung einschlägige § 836 die amtliche[849]

---

848 Nachweise oben bei Fn 14–16.

849 BGBl 2001 I S. 1887 (1907 i.V.m. 1924 ff.); BT/Drs. 14/4722, S. 123; seit der ZPO-Reform 2002 sind die Überschriften amtlich; daher insoweit nicht mehr korrekt *Wertenbruch* DGVZ 2001, 65.

Überschrift: „Wirkung der Überweisung"; dies stellt ein formales Argument dar. Zum anderen sollen § 836 III und auch § 840 die Einziehung erleichtern, die klassisch erst nach der Überweisung erfolgen kann. Schließlich könnte auch die systematische Stellung des § 836 III auf die Notwendigkeit einer Pfändung und Überweisung hindeuten. Sowohl § 835 als auch § 836 I, II haben die Überweisung selbst oder deren Rechtsfolgen zum Gegenstand.

Eine systematische Auslegung lässt jedoch auch ein anderes Ergebnis zu. Danach ist § 836 III in Verbindung mit den anderen Absätzen des Paragraphs zu lesen. Gemäß § 836 I „ersetzt die Überweisung die förmlichen Erklärungen des Schuldners", von denen nach materiellem Recht die Einziehungsberechtigung abhängt.

Ersetzt werden so zum einen die Formvorgaben, denen freilich im bürgerlichen Recht allein im Fall der §§ 1154 f. BGB Bedeutung zukommt.[850] Dies ist die eigentliche Aussage des § 836 I.[851] Die Überweisung zur Einziehung vollzieht aber keinen Gläubigerwechsel und ist deshalb stets formfrei.[852] Aus diesem Grunde wird § 836 I generell kaum mehr praktische Relevanz beigemessen.[853]

Zum anderen wird die Abgabe der Erklärung selbst durch Hoheitsakt fingiert.[854] Diese Erklärung stellt gewissermaßen den ersten Schritt noch vor etwaigen Formerfordernissen dar. Die prozessuale Ersetzung jedoch ist begrifflich gegenstandslos, wenn ihr „zivilrechtliches Original" bereits existiert. Der Verweis des § 836 I auf das bürgerliche Recht erscheint somit als Argument dafür, die Abtretung als Überweisungsäquivalent anzuerkennen. Diese Folge erstreckt sich dann auf § 836 III.

Für die richtige Auslegung der Norm und die Frage der Anwendbarkeit auf die Pfändung eigener Forderungen ist vom Zweck des § 836 III auszugehen (teleologische Auslegung).[855] Dieser besteht im Wesentlichen in der Abmilderung der strukturellen Problematik des Gläubigers, der das Bestehen der gepfändeten Forderung häufig nicht beweisen kann. Ihm sollen deshalb durch die Auskunft und die Urkunde wesentliche Beweismittel über die erworbene Forderung an die Hand gegeben werden.[856]

---

850 MünchKommZPO/*Smid* § 836 Rn 2; Musielak/Voit/*Becker* § 836 Rn 2; Stein/Jonas/*Brehm* § 836 Rn 1.

851 *Hellwig* S. 116.

852 Stein/Jonas/*Brehm* § 836 Rn 1.

853 Stein/Jonas/*Brehm* § 836 Rn 1; MünchKommZPO/*Smid* § 836 Rn 2.

854 BGH NJW 1993, 735 (737).

855 Dazu supra Kapitel 2.A.I., II.

856 Vgl. *Brox/Walker* Rn 647; *Wertenbruch* DGVZ 2001, 65 (66).

Damit § 836 III seinen Zweck erfüllen kann, muss die Möglichkeit bestehen, gegen den Drittschuldner vorzugehen. Der Gläubiger muss dazu in einer Position sein, die es ihm erlaubt, die Forderung gerichtlich geltend zu machen.[857] Dies bedeutet zumindest eine Einziehungsbefugnis, wie sie § 835 I Var. 1 enthält. Beweisprobleme müssen überhaupt auftauchen können, damit eine Maßnahme i.S.d. § 836 III gegen den Vollstreckungsschuldner geeignet sein kann. Solche Probleme können nur anlässlich eines Einziehungsprozesses begegnen.

Einen Prozess gegen den Schuldner einer Forderung kann jedoch nicht zwingend nur derjenige führen, dem die geltend gemachte Forderung zuvor hoheitlich überwiesen worden ist. Im Gegenteil, eine Abtretung verstärkt die Position des Gläubigers mehr als eine hoheitliche Überweisung zur Einziehung. Sie ist deshalb zumindest gleich geeignet, dem Gläubiger die Geltendmachung der Forderung zu ermöglichen.

Es kommt für die Anwendbarkeit des § 836 III nicht formalistisch auf die Existenz eines Überweisungsbeschlusses an. Ausschlaggebend sind die Rechtsfolgen, die sich aus ihm ergeben: Diese bestehen in der Befugnis, gegen den Drittschuldner in rechtserheblicher Weise, d.h. nötigenfalls im Klagewege, vorzugehen. Bedarf es dazu aufgrund eines vorherigen privaten Rechtsgeschäfts, das den Gläubiger in eine inhaltlich äquivalente Position bringt, keiner Überweisung, so ist diese auch nicht für § 836 III zu verlangen. Die zwangsweise herbeigeführte Einziehungsbefugnis wirkt nicht stärker als eine freiwillige Abtretung.

Nur eine solche Auslegung ist harmonisch mit der oben dargestellten Lesart des § 836 I. Die Zession genügt den Anforderungen des § 836 III, obwohl dessen Wortlaut auf eine Überweisung abstellt.

b) Erfordernis einer Pfändung?

Dieses Ergebnis legitimiert gleichwohl nicht zu der Annahme, dass eine privatrechtliche Verwertungshandlung für § 836 III genüge, mithin auch die Pfändung obsolet sei.[858] Zwar ist dem Wortlaut des § 836 III, anders als bei § 835, das Erfordernis der Pfändung nicht explizit zu entnehmen. Es bedarf der Pfändung auch nicht, um später eine Überweisung durchzuführen. An deren Stelle tritt bekanntermaßen die Abtretung, die keiner vorherigen Legitimation bedarf.

Dennoch kann die Möglichkeit der Geltendmachung allein nicht genügen, damit der Gläubiger auf § 836 III zugreifen kann. Zu der Verwertungshandlung muss die Pfändung als „Eintrittskarte ins Zwangsvollstreckungsrecht" hinzukommen.

857 Vgl. Prütting/Gehrlein/*Ahrens* § 836 Rn 16.
858 So auch Kindl/Meller-Hannich/Wolf/*Bendtsen* § 836 Rn 11.

Erst die Pfändung stellt den Zusammenhang zum Vollstreckungsrecht her und rechtfertigt den Zugriff auf dessen Instrumentarien. Sie dient als Grundlage für jedes weitere vollstreckungsrechtliche Vorgehen gegen einen Schuldner.

§ 836 regelt schließlich nur die Wirkung der Überweisung. Die Vorschrift enthält die Rechtsfolgen des § 835 oder von dessen Äquivalent. Die Vorschrift des § 835 verlangt indes explizit die Pfändung („die gepfändete Forderung").[859]

Eine andere Sicht nivellierte den strukturellen Unterschied zwischen § 402 BGB und § 836 III: Den Fall einer Zession ohne Pfändung regelt gerade § 402 BGB. Verzichtete man auf eine Pfändung und ließe allein die Möglichkeit der Geltendmachung genügen, läge ein rein privatrechtlicher Sachverhalt vor. Dieser ist nicht von § 836 III erfasst.

Die Abtretung kann nur die Überweisung „ersetzen". Eine Pfändung bleibt, wie erwartet, erforderlich.

c) Anforderungen an die Wirksamkeit der Pfändung

Umstritten sind jedoch die Anforderungen an die Pfändung. Fraglich ist, inwieweit § 836 III die Wirksamkeit der Pfändung und den Eintritt von Hauptrechtsfolgen voraussetzt. Wäre dies der Fall, gewönnen die Verstrickung und das Pfändungspfandrecht doch eine erhebliche Brisanz für die Zulässigkeit der Pfändung. Ohne die Hauptrechtsfolgen entstünden die Hilfsrechte nicht; damit entfiele das Rechtsschutzbedürfnis für die Pfändung.

Zu dieser Frage wird das gesamte Meinungsspektrum vertreten. Nach einer Ansicht soll bereits die bloße Durchführung der Pfändung genügen.[860] Bisweilen wird auch, etwas strenger, die formale Korrektheit der Vollstreckungsmaßnahme verlangt.[861] Nach einer a.A. muss die Pfändung gar vollumfänglich wirksam sein.[862] Keine der Auffassungen kann abschließend überzeugen.

---

859 Schon oben bei Fn 384; vgl. auch *Steder* MDR 2000, 438 (439); *Wertenbruch* DGVZ 2001, 65.

860 Vgl. BT/Drs. 13/341, S. 35 („Voraussetzung hierfür sollte das Vorliegen eines Pfändungsbeschluss (...) sein."; in anderem Zusammenhang ist allerdings die Rede vom Pfändungs- und Überweisungsbeschluss); OLG Köln WM 1978, 383 (385), beide vmtl. aber versehentlich; Musielak/Voit/*Becker* § 829 Rn 8a (Hilfsrechte trotz nichtiger Pfändung).

861 Wieczorek/Schütze/*Lüke* § 836 Rn 19 („Zustellung von Pfändungsbeschluss und Titel an Vollstreckungs- und Drittschuldner").

862 BGH JurBüro 2010, 440 (442); *Stöber* Rn 621; Kindl/Meller-Hannich/Wolf/*Bendtsen* § 836 Rn 11; Prütting/Gehrlein/*Ahrens* § 836 Rn 16; Zöller/*Stöber* § 836 Rn 9; *Smid*

Konkrete Anforderungen an die Pfändung oder die Zugehörigkeit zum Schuldnervermögen sind dem Wortlaut der Vorschrift nicht zu entnehmen. Im Regelfall der Vollstreckung in schuldnereigenes Vermögen ist für § 836 III jedoch eine Überweisung erforderlich, damit der Gläubiger die Forderung einziehen kann. Daraus ergibt sich, dass die Pfändung in einem solchen Fall jedenfalls zur Verstrickung der Forderung führen muss. Nur dann kann mittels eines Überweisungsbeschlusses die Einziehungsbefugnis zugunsten des Vollstreckungsgläubigers begründet werden, und nur dann kann § 836 III seinen Zweck erreichen. Die Verstrickung setzt wiederum die Wirksamkeit der Pfändung voraus. Liegt den Hilfsrechten i.S.d. § 836 III eine Vollstreckung in eine schuldnerische Forderung zugrunde, muss die Pfändung wirksam sein.

Fraglich ist jedoch, ob dies auch gilt, wenn eine Überweisung nicht nötig ist, um die Forderung einzuziehen und es deshalb der Verstrickung nicht bedarf.

Erneut ist vom Telos des § 836 III auszugehen. Dessen Anforderungen an die Pfändung müssen in Übereinstimmung mit dem Zweck stehen.[863] Für die Entstehung der Hilfsrechte braucht die Pfändung nur insoweit wirksam zu sein, als der Zweck des § 836 III erreicht werden kann. Dieser besteht darin, die Geltendmachung der Forderung zu erleichtern oder ggf. erst zu ermöglichen.

Ist in einem regulären Vollstreckungsverfahren eine Pfändung nichtig und eine Überweisung deshalb nicht möglich, kann der Gläubiger nicht gegen den Drittschuldner vorgehen. In diesem Fall stünde ihm auch § 836 III nicht offen. Letzterer gewährt nämlich keine Möglichkeit zur Ausforschung unabhängig von einer tatsächlichen Einziehungsbefugnis.[864] Im Umkehrschluss bedarf es der Verstrickung der Forderung und entsprechend der Wirksamkeit der Pfändung nicht, wenn dem Gläubiger die Einziehung gegen den Drittschuldner bereits aus anderen Gründen möglich ist. Dann braucht es weder eine hoheitliche Überweisung noch andere Hauptrechtsfolgen.

Richtigerweise ergeben sich die Anforderungen an die Pfändung deshalb logisch-konsequent aus der Antwort zu supra a). Entscheidend ist, dass die Pfändung die Geltendmachung der Forderung ermöglicht bzw. sich ihr zumindest

---

JURA 1988, 281 (282) ohne Begründung; *Steder* MDR 2000, 438 (439); *Stöber* MDR 2001, 301 (302).

863 Vgl. *Wolf/Müller* NJW 2004, 1775 (1776).

864 Vgl. BGH BeckRS 2012, 07794 Tz 10; OLG Hamm InVo 2000, 173 Tz 19; MünchKommZPO/*Smid* § 836 Rn 11; Prütting/Gehrlein/*Ahrens* § 836 Rn 17; *Sturhahn* LMK 2004, 146; einschränkend: BGH NJW 2012, 1223 Tz 9 zur Abgrenzung der Ausforschungspfändung von der Forderungspfändung auf Verdacht, vgl. insgesamt supra Kapitel 2.A.III.1.a) cc) bei Fn 167.

nicht widersetzt. Erfordert dies, wie im Regelfall, noch eine Überweisung, muss die Pfändung zur Verstrickung der Forderung führen. Ansonsten genügt die formelle Richtigkeit des Pfändungsbeschlusses.

Auf diese kann nicht verzichtet werden, da die Pfändung *die* maßgebliche Grundlage einer späteren Hilfsvollstreckung ist. Einen weiteren hoheitlichen Vollstreckungsakt gibt es nicht. Somit genügt i.E. ein Pfändungsbeschluss, der formell korrekt eine Forderung des Gläubigers erfasst.

d) Weigerung des Vollstreckungsschuldners notwendig?

Gemäß § 836 III 2, 1. Hs. muss der Schuldner sich zudem geweigert haben, die beantragte Auskunft abzugeben („Erteilt der Schuldner die Auskunft nicht").[865] Erst dann darf der Anspruch auf Auskunftserteilung zwangsweise durchgesetzt werden. Dieses Tatbestandsmerkmal dürfte indes keine größere Hürde darstellen. Im Vollstreckungsverfahren fehlt es stets an einer freiwilligen Leistung; andernfalls wäre eine Zwangsmaßnahme entbehrlich.

I.R.d. Herausgabevollstreckung des S. 5 muss der Gerichtsvollzieher eine Weigerung des Schuldners nicht prüfen.[866] Hierfür spricht schon der Gegenschluss zu S. 2, der die Weigerung als Tatbestandsvoraussetzung explizit fordert.

Eine Beschränkung dieses wenig aussagekräftigen Kriteriums auf die Auskunftserteilung erklärt sich in Anbetracht der unterschiedlichen Rechtsfolgen von § 836 III S. 2 bis 4 und S. 5. Bei der Herausgabevollstreckung wird i.E. „nur" die Urkunde weggenommen. Bei der Nichterteilung einer Auskunft hingegen muss der Schuldner auf Antrag des Gläubigers eine eidesstattliche Versicherung abgeben. Es besteht sogar gem. §§ 836 III 4 i.V.m. 802g die Möglichkeit, einen Haftbefehl zu beantragen. Die Auskunftsverpflichtung ist eine unvertretbare Handlung. Deren Vollstreckung stellt noch ein Relikt der Personalexekution dar,[867] das i.d.R. deutlich intensiver wirkt als eine, wenn auch zwangsweise, Beschlagnahme von Urkunden. So kann das Erfordernis der Weigerung als gewissermaßen letztes Schlupfloch für den Schuldner gerechtfertigt werden.

2. Drittschuldnerauskunft

Übersichtlicher stellt sich die Pflichtenlage des Drittschuldners gegenüber dem Vollstreckungsgläubiger dar.

---

865 BT/Drs. 13/341, S. 35; *Brox/Walker* Rn 646; *Stöber* Rn 622; *ders.* MDR 2001, 301 (302).

866 BGH NJW-RR 2006, 1576 Tz 13.

867 *Gaul/Schilken/Becker-Eberhard* § 9 Rn 21 ff.

Zwar streitet auch hier die systematische Stellung des § 840 im Anschluss an § 835 dafür, dass eine Überweisung erforderlich sein könnte. Jedoch verstieße ein solches Erfordernis sowohl gegen den Wortlaut als auch gegen den inneren Zweck der Drittschuldnerauskunft.

Die Auskunft hat der Drittschuldner gem. § 840 I binnen zwei Wochen ab Zustellung des Pfändungsbeschlusses zu erklären. Der Pfändungsbeschluss ist jedoch nicht zwingend zusammen mit dem Überweisungsbeschluss zu erlassen. Vielmehr kann zwischen beiden Beschlüssen aus verschiedenen Gründen eine gewisse Zeitspanne vergehen.[868] Bis zum Ablauf der Zwei-Wochen-Frist muss deswegen noch kein Überweisungsbeschluss erlassen worden sein. Die Erklärungspflicht des Drittschuldners bleibt davon unbeeinflusst. Schon aus diesem Grunde muss eine Pfändung der Forderung genügen.[869]

Zudem divergiert der Zweck leicht von dem des § 836 III,[870] was andere Voraussetzungen mit sich bringt. Zwar soll auch durch die Drittschuldnerauskunft die Befriedigung wahrscheinlicher werden. Bei § 840 geht es jedoch eher um die Vorbereitung einer Klage und die Einschätzung ihrer Erfolgsaussichten als um den Beweis der Forderung im Prozess selbst. Eine gerichtliche Einziehung muss noch nicht möglich sein. Auf einer imaginären Achse fände die Drittschuldnerauskunft ihre Position zeitlich vor der Auskunftsverpflichtung und auch vor einem Einziehungsprozess.[871]

Aus diesem Zweck ergibt sich Folgendes: Das Ergebnis der Drittschuldnerauskunft ist naturgemäß offen. Der Pfändungsgläubiger kann vor der Auskunft nicht wissen, ob dem gepfändeten Anspruch etwas entgegensteht oder nicht. Sollte der Drittschuldner die zutreffende Auskunft erteilen, dass die Forderung nicht besteht, muss nach der hM zugleich der Pfändungsbeschluss nichtig sein.[872] Mangels eines Vollstreckungsgegenstands ginge die Pfändung „ins Leere". Eine Überweisung wäre gleichfalls nicht wirksam. Auf diese Rechtslage hinzuweisen und von einer Klageerhebung abzuraten, ist ebenfalls ein Zweck des § 840.

---

868 BGH NJW-RR 2006, 1566 Tz 9 behandelt den Fall einer Arrestpfändung. Bereits erörtert wurde der Fall, dass der Pfändungsgläubiger (zunächst) bewusst auf die Überweisung verzichtet; siehe insgesamt supra Kapitel 3.B.II., III.

869 *Mümmler* JurBüro 1986, 333.

870 LG Koblenz BeckRS 2013, 01993; *Wertenbruch* DGVZ 2001, 65 (66); ähnlich *Scherer* RPfleger 1995, 446 (448).

871 Vgl. *Linke* ZZP 87 (1974) 284 (293); BeckOK-ZPO/*Riedel* § 836 Rn 11; für einen vergleichbaren Zweck BGH NJW-RR 2013, 766 Tz 5.

872 Statt vieler *Gaul/Schilken/Becker-Eberhard* § 55 Rn 10; a.A. *Gierlach*.

Besteht jedoch keine Forderung, kann sie auch nicht durch die Pfändung verstrickt werden. Die Pfändung wäre jedenfalls materiell unwirksam. Müsste sie für die Entstehung der Erklärungspflicht materiell wirksam sein, wäre der Drittschuldner nicht zu einer Auskunft verpflichtet, wenn die Forderung nicht besteht. Der Gläubiger soll indes gerade durch die Auskunft erfahren, ob die Forderung besteht. Davon macht er u.a. seine Entscheidung abhängig, ob er Einziehungsklage erheben soll oder nicht. Der Drittschuldner soll sich deshalb auch im Falle der materiellen Unwirksamkeit der Pfändung erklären müssen.

Konsequenterweise genügt schon die formelle Richtigkeit des Pfändungsbeschlusses.[873] Dessen materielle Wirksamkeit ist keine Voraussetzung.[874] Weitere Besonderheiten tun sich anders als bei § 836 III nicht auf. Unterschiede zwischen einem regulären Vollstreckungsverfahren und der Pfändung einer eigenen Forderung bestehen nicht.

II. Die Problematik eines (Hilfs-)Vollstreckungstitels

Als zweites stellt sich die Frage, ob auch die Hilfsvollstreckung einen Titel voraussetzt und wenn ja, worin dieser zu sehen ist.

Das Bestehen eines Titels ist eine essentielle Voraussetzung jeder Vollstreckungsmaßnahme.[875] Ohne einen Titel ist die Zwangsvollstreckung unwirksam.[876] Dies gilt auch für die Maßnahmen der Hilfsvollstreckung i.S.d. § 836 III 1.

Teils wird hierfür sogar ein eigener Vollstreckungstitel in Form eines Überweisungsbeschlusses verlangt. Andere lassen den Schuldtitel als Vollstreckungstitel genügen. Sie verlangen aber ergänzend, dass der Pfändungs- und Überweisungsbeschluss gegenüber dem Vollstreckungsorgan tatsächlich vorgelegt wird. Der Erlass eines Überweisungsbeschlusses ist bekanntlich nicht möglich. Folglich kann er weder als Titel dienen noch dem Vollstreckungsorgan vorgezeigt werden. Sollte sich dessen Existenz daher als essentiell für die Hilfsvollstreckung herausstellen, stünde dies ihrer Durchführung entgegen.

Erneut ist für die Frage, worin der Titel für die Hilfsvollstreckung i.S.d. § 836 III zu sehen ist, zwischen dessen beiden Varianten zu unterscheiden. Dies liegt daran, dass die Durchsetzung der Auskunftspflicht in § 836 III 2 bis 4 eigenständig im Gesetz geregelt ist, wohingegen der Gesetzgeber sich bei der Urkundenherausgabe

---

873 *Bürgle* S. 26 f. („gültig"); SchuWa/*Schuschke* § 840 Rn 3.

874 Vgl. BGH NJW-RR 2006, 1566 Tz 9; *Stöber* Rn 621 Fn 72, Rn 628.

875 Supra Kapitel 1.B.I.

876 *Brox/Walker* Rn 364 m.w.N.; *Steder* MDR 2000, 438 (440).

auf einen Verweis beschränkt hat. Die Antwort auf die o.g. Frage ist in beiden Fällen und vor allem in ihren Details sehr umstritten.

1. Titel zur Durchsetzung der Auskunftserteilung gem. § 836 III 2 bis 4

Die grundsätzliche Verpflichtung zur Erteilung der Auskunft ergibt sich genau wie diejenige zur Urkundenherausgabe aus dem Gesetz und nicht erst aus einer möglichen Anordnung im Pfändungs- und Überweisungsbeschluss.[877] Beide Ansprüche i.S.d. § 836 III 1 sind eine ipso iure eintretende „Wirkung der Überweisung".

Im Unterschied zu § 836 III 5 regeln die Sätze 2 bis 4 jedoch detailliert die möglichen Zwangsmaßnahmen bei einem Verstoß gegen die Pflicht des S. 1 Var. 1. Ebenfalls besagt § 836 III 2, dass die Zwangsmaßnahmen erst bei der Nichterteilung der Auskunft durch den Schuldner in Betracht kommen. Genau wie bspw. eine Wohnungsdurchsuchung i.S.d. §§ 758, 758a oder andere, detailliert geregelte Maßnahmen des Gerichtsvollziehers[878] bedarf es daher auch zur Durchsetzung der Auskunftserteilung keines gesonderten Titels. Die Befugnis fußt unmittelbar auf den genannten Sätzen.[879] In ihnen kommt die Verpflichtung des Schuldners zum Ausdruck, seine Auskunft zu Protokoll zu geben und diese an Eides statt zu versichern. Sollte er sich weigern, darf der Gerichtsvollzieher von den in S. 4 zitierten Vorschriften, insb. also von § 802g, Gebrauch machen und dem Schuldner Erzwingungshaft androhen und diese vollstrecken.

Daraus ergibt sich, dass es sich bei der Durchsetzung der Auskunftserteilung vielmehr um eine automatische Folge der Vollstreckung in Forderungen handelt als um eine originäre Vollstreckungsmaßnahme mit gesondertem Titelerfordernis. Aus diesem Grunde verlangt die überwiegende Auffassung nur die Vorlage des Schuldtitels und des Pfändungs- und Überweisungsbeschlusses, ohne letzterem alternativ oder kumulativ Titelfunktion zuzuerkennen.[880] Die Vorlage der Dokumente ist wichtig, da erst ihr Zusammenspiel die Identifizierung der gepfändeten Forderung ermöglicht. Um zu entscheiden, ob die konkrete Auskunft

---

877 BGH NJW-RR 2006, 1576 Tz 11.

878 Vgl. MünchKommZPO/*Heßler* § 758a Rn 52 f., 59 f.

879 *Stöber* Rn 622; *Wertenbruch* DGVZ 2001, 65 (66).

880 BT/Drs. 13/341, S. 35 (ergänzender Titel); *Stöber* Rn 622 (eigentlich kein Titel, aber beides vorzulegen; „gesetzliche Folge"); Kindl/Meller-Hannich/Wolf/*Bendtsen* § 836 Rn 17 (aufgrund seines Vollstreckungstitels gegen den Schuldner und aufgrund der Beschlüsse); Musielak/Voit/*Becker* § 836 Rn 6a (aber nur Grundlage, nicht Titel); SchuWa/*Schuscke* § 836 Rn 14 (beides beizufügen, aber „ohne neuen Titel"); wohl Stein/Jonas/*Brehm* § 836 Rn 12 (Vorlagepflicht, aber ohne besonderen Titel).

zur Durchsetzung der Forderung „nötig" ist, muss der Gerichtsvollzieher die Forderung aber kennen.[881]

Das Verlangen nach einem eigenständigen Titel i.R.d. § 836 III 2 bis 4 erschließt sich somit i.E. nicht,[882] da die Voraussetzungen und die Vollstreckungsart in der Vorschrift selbst geregelt sind. Durch die Pflicht zur Vorlage wird zudem die Legitimität der Vollstreckung sichergestellt.

Nach der vorzugswürdigen Ansicht mangelt es daher nicht an einem wirksamen Titel für die Auskunftserteilung; hingegen ist ein Überweisungsbeschluss vorzulegen.[883] Wohl aus Gründen der Harmonisierung beider Hilfsansprüche[884] wird dieses Ergebnis von einigen bestritten. Dem Pfändungs- und Überweisungsbeschluss wird von diesen eine originäre Titelfunktion zur Legitimierung der Auskunftserteilung eingeräumt.[885]

2. *Titel zur Urkundenbeschlagnahme gem. § 836 III 5*

Aufgrund des beschriebenen methodischen Unterschieds in der Gesetzesstruktur könnte für die Herausgabevollstreckung der über die Forderung vorhandenen Urkunden ein gesonderter Titel erforderlich sein. § 836 III 5 verweist nämlich auf die §§ 883, 886[886] und damit auf einen anderen Abschnitt der ZPO. Für §§ 883, 886 erforderlich wäre ein Herausgabetitel; vorhanden ist jedoch „lediglich" ein Zahlungstitel. Der Urkundenherausgabe kommt eine höhere Eigenständigkeit als der Auskunftserteilung zu, weshalb die Problematik des Titels erneut Bedeutung gewinnt.

Die wohl hM erkennt den Pfändungs- und Überweisungsbeschluss deshalb als eigenständigen Titel zur Durchsetzung der Urkundenherausgabe an.[887] Die

---

881 A.A. *Seuffert* § 836 Rn 3b).

882 So auch Stein/Jonas/*Brehm* § 836 Rn 12.

883 Vgl. zu den Konsequenzen sub Kapitel 5.C.II.3. und 4.

884 Zur Urkundenherausgabe sogleich sub Kapitel 5.C.II.2.

885 Diesen Grund andeutend BT/Drs. 13/341, S. 35; *Hintzen* Rn 158; *Münzberg* FS Lüke S. 525 (552, der dies zugleich kritisiert); *Steder* MDR 2000, 438 (440); nicht ganz eindeutig BeckOK-ZPO/*Riedel* § 836 Rn 9.2 („Überweisungsbeschluss als vollstreckungsrechtliche Grundlage"); eine Kombinationslösung vertritt Prütting/Gehrlein/*Ahrens* § 836 Rn 23.

886 Vgl. Kindl/Meller-Hannich/Wolf/*Bendtsen* § 836 Rn 18; SchuWa/*Schuschke* § 836 Rn 14.

887 Explizit BGHZ 157, 195 (205); *Hintzen* Rn 141; *Gaul/Schilken/Becker-Eberhard* § 55 Rn 38; *Lackmann* Rn 309; MünchKommZPO/*Smid* § 836 Rn 15; Musielak/Voit/*Becker* § 836 Rn 8; ähnlich Prütting/Gehrlein/*Ahrens* § 836 Rn 33 („unmittelbar auf

Gegenauffassung lässt den Schuldtitel i.S.d. §§ 704, 794 genügen und greift bloß ergänzend auf den Pfändungs- und Überweisungsbeschluss zurück.[888] Sie argumentiert, dass die Hilfsrechte mit dem Erlass des Überweisungsbeschlusses qua Gesetz und ohne weitere Voraussetzungen entstünden.[889] Dieses Argument ist jedoch schon i.R.d. Auskunftserteilung aufgeworfen worden. Es könnte darauf hindeuten, dass zwischen den beiden Hilfsrechten nicht unterschieden wird. So würde dem differenzierenden Gesetzeswortlaut keine Rechnung getragen.

Erneut wäre nach beiden Auffassungen ein Überweisungsbeschuss erforderlich: Nach der ersten Ansicht wäre er der unmittelbare Titel, nach der zweiten Ansicht diente er zur Präzisierung des Vollstreckungsauftrags. Zu berücksichtigen ist nämlich, dass sich aus dem Schuldtitel allein nicht ergibt, ob eine Forderung gepfändet worden ist oder eine Sache. § 836 III erfordert allerdings die Vollstreckung in eine Forderung, was erst in Verbindung mit dem jeweiligen Beschluss deutlich wird. Der Schuldtitel beinhaltet noch keinen Hinweis auf die Identität der gepfändeten Forderung. Diese muss der Gerichtsvollzieher indes kennen, um zu entscheiden, welche Urkunden „über die Forderung vorhanden" sind.[890] Die Auffassungen unterscheiden sich somit nur hinsichtlich der Wichtigkeit des Überweisungsbeschlusses; dies freilich sprechen viele nicht aus.[891]

---

der Grundlage"); Saenger/*Kemper* § 836 Rn 14; *Sydow/Busch* § 836 Rn 6 (mit Verweis auf RGZ 21, 360 (364), wobei die Entscheidung die Aussage nicht trägt: „Durch den ÜB erlangt der Gläubiger (…) das Recht, …"); *Behr* JurBüro 1994, 327; *Steder* MDR 2000, 438 (440); den Pfändungs- und Überweisungsbeschluss als Titel zu einer *umfassenden* Mitwirkungspflicht des Schuldners ablehnend BGHZ 176, 79 (83).

888 BT/Drs. 13/341, S. 35 („ergänzend"); *Seuffert* § 836 Rn 3b); Kindl/Meller-Hannich/Wolf/*Bendtsen* § 836 Rn 18 (anders allerdings in Rn 21, wo der Pfändungs- und Überweisungsbeschluss allein als Titel bezeichnet wird; dies ist vmtl. nicht so gemeint); *Mümmler* DGVZ 1972, 161 (163); *Wertenbruch* DGVZ 2001, 65 (66); ohne besonderen Titel, wobei die Beschlüsse und der Schuldtitel vorzulegen sei Stein/Jonas/*Brehm* § 836 Rn 15. Innerhalb dieser Auffassung ist man sich zudem noch uneinig über die Bedeutung des Pfändungs- und Überweisungsbeschlusses: Während ihm einige ergänzende Titelfunktion zusprechen, greifen andere hierauf nur zur näheren Bestimmung der Vollstreckungspflichten zurück, sprechen dies aber nicht aus.

889 *Seuffert* § 836 Rn 3b); *Wertenbruch* DGVZ 2001, 65 (66).

890 So schon supra Kapitel 5.C.II.1.

891 Ohnehin finden sich in der zitierten Literatur leider kaum Begründungen, sondern nur Behauptungen mit den jeweils identischen Nachweisen. Auffällig ist aber, dass teils (MünchKommZPO/*Smid* § 836 Rn 15) eine Entscheidung des Reichsgerichts zitiert wird, der hohe Autorität beigemessen wird, RGZ 21, 360. Die Entscheidung ist jedoch in ihrer Aussage keinesfalls eindeutig: „das Recht, die Herausgabe der

Schließlich könnte man auch den Schuldtitel als Vollstreckungstitel genügen lassen.

Zu den unterschiedlichen Ansichten ist Stellung zu beziehen:

Der Schuldtitel allein kann zur Legitimation der Urkundenbeschlagnahme nicht genügen. Gegen eine isolierte Inbezugnahme des Schuldtitels ohne die Beschlüsse des Vollstreckungsgerichts spricht schon, dass der Schuldtitel keinen Hinweis auf die durchzusetzende Pflicht i.S.d. § 836 III 1 enthält. Sowohl die Urkundenherausgabe als auch die Auskunftserteilung setzen voraus, dass der Schuldner nicht von sich aus auf die titulierte Verpflichtung geleistet hat. Ferner muss in eine Forderung und nicht in eine Sache vollstreckt werden. Da dies im Moment des Urteilserlasses naturgemäß noch unklar ist, kann eine Herausgabepflicht im Urteil nicht ausgesprochen werden. Da sich die Vollstreckungsmodalitäten ferner nicht aus § 836 III 5, sondern aus den eigenständigen §§ 883, 886 ergeben, besteht zwischen diesen und dem eigentlich titulierten Inhalt, nämlich einer Geldzahlungspflicht, kein Zusammenhang. Für den Gerichtsvollzieher, der nur den Schuldtitel erhält, jedoch gem. § 883 eine Urkunde aus dem Schuldnergewahrsam entfernen soll, wird dies nicht einleuchtend sein. Anders als für die Auskunft ist für die Herausgabevollstreckung daher ein eigener Titel unentbehrlich.

Dieser Problematik könnte auch ein i.R.d. Hilfsvollstreckung grds. möglicher[892] Ergänzungsbeschluss nicht abhelfen. Ein solcher Beschluss kann analog § 321 den Pfändungs- und Überweisungsbeschluss um etwaige Vollstreckungsgegenstände ergänzen.[893] Nicht ergänzt werden können hingegen der im Erkenntnisverfahren erstrittene Titel oder ein anderer Vollstreckungstitel i.S.d. § 794. Folglich kann eine Präzisierung nur hinsichtlich des Umfangs erfolgen, nicht jedoch hinsichtlich der erstmaligen Aussprache der Pflicht i.S.d. § 836 III 1. Dann läge *keine Ergänzung* des Überweisungsbeschlusses mehr vor. Ihm käme vielmehr originäre, eigenständige Qualität zu.

Für eine Relevanz des Überweisungsbeschlusses lässt sich zudem der schon angesprochene Wortlaut der Überschrift des § 836 anführen. Wenn die Urkundenherausgabe ohne erneute Klage eine Wirkung der Überweisung ist, muss der

Urkunden zu verlangen, soll aufgrund des Überweisungsbeschlusses erlangt werden", RGZ 21, 360 (364).

892 Z.B. BGH, Beschluss vom 9.2.2012, Az.: VII ZB 54/10; BGH NJW 2012, 1223; LG Heilbronn JurBüro 2011, 46; *Behr* JurBüro 1994, 327.

893 GF-ZPO/*Brögelmann* § 836 Rn 7; Saenger/*Kemper* § 836 Rn 14; Stein/Jonas/*Brehm* § 829 Rn 53, § 836 Rn 15.

Überweisungsbeschluss geradezu ein Teil der Ermächtigung sein. Der Überweisungsbeschluss ist nichts anderes als die Überweisung selbst. Damit ist die Hilfsvollstreckung auch eine Wirkung des Überweisungsbeschlusses und der Beschluss eine Grundlage der Hilfsvollstreckung. § 836 verhindert so schließlich, dass die Hilfsvollstreckung vor einer Überweisung erfolgt. All diesen Erwägungen trägt eine reine Fokussierung auf den zeitlich früher ergehenden Schuldtitel nicht hinreichend Rechnung.

Auch gegen die hM, die den Schuldtitel gar nicht berücksichtigt und den Pfändungs- und Überweisungsbeschluss als Titel anerkennt, gibt es indes ein beachtliches Argument: Da die Hilfsvollstreckung einen Eingriff in Rechte des Schuldners darstellt, ist der Grundsatz des Gesetzesvorbehalts zu beachten. Die Titelqualität des Pfändungs- und Überweisungsbeschlusses müsste sich daher aus dem Gesetz ergeben. Allein §§ 704, 794 indes ist zu entnehmen, welchen Rechtsdokumenten überhaupt Titelfunktion zukommen kann. In diesen Vorschriften sind weder der Pfändungs- noch der Überweisungsbeschluss genannt.[894] Diese(n) zum alleinigen Titel zu küren, verstieße daher nicht nur gegen §§ 704, 794, sondern führte auch zu argen Bedenken im Hinblick auf Art. 20 III GG.

Für die richtige, kombinierende Auffassung spricht deshalb auch § 122 II 3 Var. 2 GVGA, der den Überweisungsbeschluss kumulativ mit dem Schuldtitel als Grundlage benennt. Letztlich ist dieser zweitgenannten Auffassung zu folgen und der Pfändungs- und Überweisungsbeschluss mit dem Schuldtitel zu kombinieren.[895] In beiden Fällen jedoch kommt dem Pfändungs- und Überweisungsbeschluss eine essentielle Funktion zu, indem er allein sowohl die zu vollstreckende Pflicht als auch den Vollstreckungsgegenstand definiert. Letzten Endes könnte damit ein Überweisungsbeschluss notwendig sein. Nach beiden Ansichten wird auf diesen zurückgegriffen, entweder originär als Titel oder ergänzend zur Konkretisierung des Anspruchsinhalts.

3. *Äquivalent für den Überweisungsbeschluss?*

Ein solcher Überweisungsbeschluss wurde nicht erlassen. Die Überweisung der bereits abgetretenen Forderung ist, wie vielfach gesagt, unmöglich. Der Grund für das Erfordernis eines Überweisungsbeschlusses ist, dass er allein Verlässlichkeit über die „Möglichkeit der Geltendmachung" ausstrahlen kann. Diese war entscheidend für die Hilfsvollstreckung:[896] Der Überweisungsbeschluss gewährt

---

894 *Wertenbruch* DGVZ 2001, 65 (66).
895 Oben Fn 888.
896 Supra Kapitel 5.C.I.1.a).

dem zuständigen Organ die Sicherheit, dass die Hilfsvollstreckung ihren Zweck erreichen kann. Freilich kann sich der Überweisungsbeschluss als formell oder materiell unwirksam herausstellen und die Einziehungsklage deshalb abgewiesen werden.[897] Der Zulässigkeit der Einziehungsklage und damit der tatsächlichen *Möglichkeit*, die Forderung überhaupt geltend zu machen, steht dies jedoch noch nicht entgegen.[898] Im schlimmsten Fall verliert der Vollstreckungsgläubiger den angestrengten Rechtsstreit und trägt gem. § 91 dessen Kosten.

a) Zession allein genügt nicht

Problematisch ist, dass die autoritative Wirkung einer Abtretungsvereinbarung nicht mit einem von einem Gericht erlassenen Überweisungsbeschluss vergleichbar ist. Der existierende Pfändungsbeschluss gewährt selbst bei Entstehung eines Pfandrechts gerade noch keine Einziehungsbefugnis.[899] Die oben beschriebene Verlässlichkeit kann somit weder der Pfändungsbeschluss noch die meist formlose Abtretung bezeugen. Die Möglichkeit der Geltendmachung der Forderung muss anhand objektiver Tatsachen glaubhaft gemacht worden sein.[900] § 836 III darf schließlich nicht zu einer Ausforschung des Vollstreckungsschuldners führen. Solche Tatsachen sind bei einer Abtretung, sofern diese nicht schriftlich oder idealerweise notariell beurkundet ist, nicht bekannt. Spätere Formalitäten und Kosten im Rahmen eines Vollstreckungsverfahrens sollten durch die Abtretung gerade vermieden werden.[901] Die Prüfung der Wirksamkeit der Zession fällt aufgrund des Formalisierungsprinzips aber nicht in den Kompetenzbereich des Gerichtsvollziehers. Es wäre eine materiell-rechtliche Prüfung, die der Effektivität der Vollstreckung entgegenstünde.

Somit ist zunächst festzuhalten, dass die bloße Behauptung der Abtretung kein gleichwertiges Vertrauen in die Möglichkeit der Geltendmachung entstehen lässt. Dieses Vertrauen ist aber für die Durchführung der Hilfsvollstreckung erforderlich. Aus Gründen der Rechtssicherheit könnte man daher an der Zulässigkeit der Durchführung der Hilfsrechte zweifeln.

---

897 *Lackmann* Rn 346.

898 *Lüke* 50 Jahre BGH S. 441 (447 f.); *Lackmann* Rn 343, 346.

899 Kindl/Meller-Hannich/Wolf/Bendtsen § 835 Rn 2; MünchKommZPO/*Smid* § 835 Rn 12; a.A. *Stamm* S. 435, auch supra Kapitel 3.D.II.2.c) aa).

900 BGHZ 157, 195 (201); BeckOK-ZPO/*Riedel* § 836 Rn 9.2 verlangen, dass der Gläubiger die Voraussetzungen des § 836 III glaubhaft macht.

901 Vgl. zu den Motiven noch einmal Einleitung B. und Kapitel 2.

b) *„Entweder-oder"-Gedanke bei gläubigereigenen Forderungen*

Müsste der Gläubiger für § 836 III einen Überweisungsbeschluss vorlegen, wäre die Pfändung einer eigenen Forderung unzulässig. Eine Auflösung des Dilemmas scheint jedoch möglich, wenn man von der tatsächlichen Situation des Gerichtsvollziehers im Moment der Prüfung ausgeht. Hier sind zwei Szenarien möglich:

1. Die Abtretung könnte wirksam sein. In diesem Fall könnte der Gläubiger die erworbene Forderung gegen deren Schuldner geltend machen. Eine Hilfsvollstreckung ergäbe Sinn und könnte ihren Zweck erreichen.
2. Wäre die Abtretung unwirksam, könnte der Vollstreckungsgläubiger die Forderung nicht gem. § 398 S. 2 BGB als eigene geltend machen. Die Forderung stünde nach wie vor dem Zedenten zu, der zugleich Vollstreckungsschuldner ist. Allerdings könnte der Titelgläubiger auf die Forderung als Bestandteil des Schuldnervermögens zugreifen. Es handelte sich um einen regulären Fall der Pfändung einer Forderung des Vollstreckungsschuldners. Gegen den Schuldner hat der Gläubiger allerdings einen Vollstreckungstitel.

Eine Geltendmachung der Forderung wäre in beiden Fällen möglich, weshalb auch jeweils die Vollstreckung der Ansprüche i.S.d. § 836 III 1 hilfreich wäre. Das Leugnen der Zession oder deren Wirksamkeit hülfe dem Vollstreckungsschuldner nicht. Nach den Angaben des Vollstreckungsschuldners könnte der Gläubiger in diesem Fall regulär eine schuldnereigene Forderung pfänden lassen. Der Erlass eines Überweisungsbeschlusses wäre zulässig und wirksam. Ferner wäre die Hilfsvollstreckung zulässig. Dass tatsächlich noch kein Überweisungsbeschluss erlassen worden sein wird, ist unschädlich. Der Gläubiger hat durch die Behauptung der Abtretung sowie den Antrag auf Durchführung der Hilfsvollstreckungsmaßnahmen jedenfalls seinen Willen bekundet, die Forderung geltend zu machen. Insofern kann davon ausgegangen werden, dass der Gläubiger nicht zögerte, einen Überweisungsbeschluss zu beantragen, sobald er Kenntnis von der Unwirksamkeit der Abtretung hat.

Zu berücksichtigen ist ebenfalls, dass auch einem Überweisungsbeschluss i.d.R. nur die einseitigen Angaben des Gläubigers zugrunde liegen. Da der Überweisungsbeschluss in der Praxis zeitgleich mit dem Pfändungsbeschluss erlassen wird, gilt § 834.[902] Der Schuldner wird vor dem Erlass nicht gehört. Das Bestehen der zu pfändenden Forderung ist deshalb bei der Überweisung einer angeblich schuldnerischen Forderung nicht wahrscheinlicher als wenn eine gläubigereigene Forderung bloß gepfändet wird. Die Zugehörigkeit der Forderung zum

---

902 Dazu supra Kapitel 3.B.II.

Vermögen eines Drittberechtigten muss nicht mit Sicherheit auszuschließen sein. Dies wäre ohnehin nicht möglich. Das Risiko der Pfändung von nicht dem Schuldner zustehenden Gegenständen wohnt jedoch einer regulären Pfändung gleichfalls inne.

Die befürchteten Nachweisschwierigkeiten gegenüber dem Vollstreckungsorgan sind aufgelöst, da der Gläubiger die Forderung in beiden genannten Fällen geltend machen kann: *entweder* infolge der Zession *oder* infolge eines dann unproblematisch zu erlassenden Überweisungsbeschlusses. Ob der Abtretungsvertrag tatsächlich wirksam ist und ob die abgetretene Forderung ohne Einwendungen besteht, ist erst Gegenstand einer Einziehungsklage und vom Vollstreckungsorgan nicht zu prüfen. Für die Hilfsvollstreckung ist die Vorlage des Pfändungsbeschlusses verbunden mit einer Anzeige der Abtretung der zu pfändenden Forderung gegenüber dem Vollstreckungsorgan ausreichend.

4. *Keine Auswirkungen auf das Klauselerfordernis*

Eine eigene vollstreckbare Ausfertigung des Pfändungs- und Überweisungsbeschlusses ist für die Durchführung der Hilfsvollstreckung nicht notwendig.[903] Der Beschluss ist zusammen mit der vollstreckbaren Ausfertigung des Schuldtitels vorzulegen.[904] So wird auch dem Klauselerfordernis Genüge getan, da die im Schuldtitel ausgewiesene Person zugleich der Schuldner der Hilfsvollstreckung ist. Unsicherheiten, denen die Klausel begegnen soll, treten deshalb nicht auf. Sollte ein Ergänzungsbeschluss erlassen worden sein, müsste dieser noch an den Schuldner zugestellt werden.[905]

III. Die Kostentragungspflicht

Die letzten Gedanken gelten dem praktisch wichtigen Themengebiet der durch die Hilfsvollstreckung veranlassten Kosten. Dazu ist zwischen der Höhe der Kosten (sub 1.) und der Frage, wer sie trägt (sub 2.), zu differenzieren.

---

903 RGZ 21, 360 (364); *Hintzen* Rn 142; *Stöber* Rn 625; *Gaul/Schilken/Becker-Eberhard* § 55 Rn 38; MünchKommZPO/*Smid* § 836 Rn 15; Prütting/Gehrlein/*Ahrens* § 836 Rn 33; SchuWa/*Schuschke* § 836 Rn 14; Stein/Jonas/*Brehm* § 836 Rn 15; *Behr* JurBüro 1994, 327; *Steder* MDR 2000, 438 (440); *Wertenbruch* DGVZ 2001, 65 (66).

904 MünchKommZPO/*Smid* § 836 Rn 15.

905 Kindl/Meller-Hannich/Wolf/*Bendtsen* § 836 Rn 19; *Behr* JurBüro 1994, 327.

1. Kostenhöhe

Wenn ein Vollstreckungsorgan tätig wird, fallen zwangsläufig Kosten an. Der Oberbegriff der Kosten unterteilt sich in Gebühren und Auslagen. Die Auslagen sind einzelfallabhängig und nicht zu prognostizieren. In erster Linie interessieren daher die Gebührentatbestände. Innerhalb dieser ist zwischen der Pfändung selbst und den Maßnahmen der Hilfsvollstreckung i.S.d. §§ 836 III, 840 zu differenzieren. Die Gebühren bestimmen sich unabhängig vom Wert der Forderung.[906]

Die Gebühren für die Pfändung richten sich aufgrund der Zuständigkeit des Vollstreckungsgerichts nach § 3 II GKG i.V.m. dem Kostenverzeichnis (Anlage 1). Einschlägig ist dessen Nr. 2111, derzufolge für die Pfändung € 20 anfallen.

Im Rahmen der Hilfsvollstreckung ist danach zu unterscheiden, ob das Vollstreckungsgericht oder der Gerichtsvollzieher tätig wird. Dementsprechend richten sich die Gebühren entweder nach dem GKG oder nach § 9 GvKostG, jeweils i.V.m. ihrer Anlage 1.

Für die persönliche Zustellung der Aufforderung zur Drittschuldnerauskunft und deren Aufnahme durch den Gerichtsvollzieher wird eine gewöhnliche Zustellgebühr i.S.d. Nr. 100 fällig.[907] Diese beträgt € 10. Erfolgt die Zustellung auf andere Weise, richtet sich die Gebühr nach Nr. 101 und beträgt € 3.

Beschlagnahmt der Gerichtsvollzieher Urkunden i.S.d. § 836 III 5, löst dies gem. Nr. 221 der Anlage 1 des GvKostG eine Gebühr i.H.v. € 26 aus.[908]

Für die Durchsetzung der Auskunftspflicht i.S.d. § 836 III 2 bis 4 können verschiedene Gebühren anfallen: Zunächst muss die Ladung zur Vermögensauskunft gem. § 802f IV zugestellt werden. Dies löst eine übliche Gebühr i.S.d. Nr. 100 des Kostenverzeichnisses des Gerichtsvollziehers aus, mithin € 10.[909] Für eine eidesstattliche Versicherung i.S.d. §§ 836 III, 883 II fallen gemäß dessen Nr. 262 weitere € 38 an. Die Durchführung der eidesstattlichen Versicherung entbindet gem. Vorb. 1 II des Kostenverzeichnisses, die aufgrund des Verweises in § 836 III 4 auf § 802f IV anwendbar ist, nicht von der Zustellgebühr.

Die eidesstattliche Versicherung umfasst die tatsächliche Abnahme der Auskunft. Letztere kann nicht unter Nr. 260 subsumiert werden, da die zur Geltendmachung der Forderung nötige Auskunft keine Vermögensauskunft im klassischen Sinne darstellt. Für eine Gebühreneinheit sprechen praktische Gründe, da es sich bei der Auskunft i.S.d. § 836 III 2 um eine zeitlich kaum trennbare,

---

906 *Stöber* Rn 844.

907 Kindl/Meller-Hannich/Wolf/*Bendtsen* § 840 Rn 29.

908 Kindl/Meller-Hannich/Wolf/*Bendtsen* § 836 Rn 27.

909 Kindl/Meller-Hannich/Wolf/*Bendtsen* § 802f Rn 33.

notwendige Vorarbeit handelt, die mit der Gebühr i.S.d. Nr. 262 abgegolten ist. Schließlich fallen beide Maßnahmen regelmäßig kumulativ an („und").

Unübersichtlich gestaltet sich die Kostenfrage bei einer Erzwingungshaft.

Das Vollstreckungsgericht kann für das Verfahren über den Antrag auf Erlass eines Haftbefehls gem. Nr. 2113 der Anlage 1 zum GKG eine Gebühr i.H.v. € 20 ansetzen.

Für den Gerichtsvollzieher stellt der Auftrag zur Verhaftung des Schuldners stets einen besonderen Auftrag i.S.d. § 3 I 4 GvKostG dar.[910] Er führt entsprechend zu gesonderten Gebühren und Auslagen. Es fallen insb. ein Wegegeld, eine weitere Zustellgebühr und die Gebühr für die Verhaftung an.[911] Letztere schlägt gem. Nr. 270 mit € 39 zu Buche. Die Kosten der Haft selbst werden als Auslagen des Gerichts qualifiziert.

2. *Kostenschuldner*

Im Verhältnis zum Gläubiger hat gem. § 788 I grds. der Vollstreckungsschuldner die Kosten der Vollstreckung zu tragen. In der hier vorliegenden Sondersituation könnte allerdings eine Ausnahme greifen. Im Verlaufe dieser Arbeit klang bereits an, dass es sich ggf. eher um eine Vollstreckung *für* den Gläubiger als um eine Vollstreckung gegen den Schuldner handeln könnte.[912] Deshalb könnte die Frage nach der Kostentragungspflicht nicht so einfach zu beantworten sein wie § 788 I es zunächst vermuten lässt.

§ 788 I belastet den Schuldner, weil er seiner Verpflichtung zur Leistung auf eine titulierte Schuld nicht nachgekommen ist.[913] Dem Gläubiger steht keine andere rechtmäßige Alternative zur Einleitung der Zwangsvollstreckung offen. Allein der Schuldner könnte die dadurch zwangsläufig entstehenden Kosten vermeiden. Daher wäre es unfair, die Kosten dem Gläubiger aufzubürden, wenngleich er sie in der Praxis gem. § 12 VI GKG bzw. § 4 I GvKostG vorschießen muss. Er kann sie jedoch von seinem regelmäßig wenig zahlungskräftigen Schuldner ersetzt verlangen.[914] Nur so kann verhindert werden, dass am Ende der Staat auf den Kosten sitzen bleibt. § 788 gewährt dem Gläubiger trotz der systematischen Verankerung

---

910 Kindl/Meller-Hannich/Wolf/*Bendtsen* § 802g Rn 44.

911 Vgl. dazu Kindl/Meller-Hannich/Wolf/*Bendtsen* § 802g Rn 41, 43.

912 Vgl. supra Kapitel 4.D.III.

913 *Brox/Walker* Rn 1673; *Gaul/Schilken/Becker-Eberhard* § 46 Rn 7.

914 *Brox/Walker* Rn 1672; *Gaul/Schilken/Becker-Eberhard* § 46 Rn 2; vgl. SchuWa/*Schuschke* § 788 Rn 2, 4.

im Prozessrecht einen dahingehenden materiell-rechtlichen Anspruch. Die Vorschusspflicht ändert nichts an der eigentlichen Lastenverteilung.

Im vorliegenden Fall hat der Schuldner durch die Zession seine Verbindlichkeit jedoch zunächst erfüllt. Daher könnten die Vollstreckungskosten im Einzelfall vom Gläubiger zu tragen sein. Den Schuldner traf keine Rechtspflicht, dem Begehren des Zessionars nachzukommen. Gemäß § 402 BGB wäre ein solcher Anspruch erst mit einer Leistungsklage geltend zu machen gewesen. Die Zession hatte gerade den Sinn, die titulierte Schuld zu begleichen. Dem Schuldner ist deshalb zunächst kein Vorwurf zu machen, sofern die Höhe der zedierten Forderung die Höhe des titulierten Anspruchs nicht unterschreitet. Erst infolge der durch die Pfändung entstehenden Pflichten des § 836 III 1 gerät der Schuldner wieder ins Hintertreffen. Indem er ihnen nicht nachkommt, veranlasst er erneut eine zwangsweise Durchsetzung. Bzgl. der Kosten der Hilfsvollstreckung greift der o.g. Grundgedanke des § 788 I, dass diese jedenfalls auch eine Sanktion für die nicht rechtzeitige Leistung darstellen.

Hinsichtlich der Pfändung selbst könnte die Anwendung dieses Gedankens problematisch sein, da die Pfändung, wie gesehen, vom Schuldner nicht veranlasst war. Indes ist eine Ausnahme vom Grundsatz des § 788 I normativ nicht haltbar.

Gemäß § 788 I hat ausnahmsweise der Gläubiger die Kosten der Vollstreckung zu tragen, wenn diese nicht *notwendig* war. Im vorliegenden Fall kann dieses Korrektiv jedoch keine Abweichung vom Grundsatz des § 788 I begründen. Zwar scheint die Zession der Notwendigkeit zunächst entgegen zu stehen. Indes ist die Pfändung gerade ein Ausdruck der Hilflosigkeit des Zessionars, der die Forderung eben nicht auf einem effektiveren Weg beitreiben kann. Das Verhalten des Zedenten im Anschluss an die Abtretung machte die Hilfsvollstreckung notwendig. Eine Klage des Zessionars aus § 402 BGB wäre nicht gleich effektiv. Infolge des existierenden Titels muss sich der Gläubiger zudem nicht auf diesen Weg verweisen lassen, wenn er pfänden lassen kann.

Ein anderer Anknüpfungspunkt wäre § 788 IV. Danach können die Kosten entgegen Abs. 1 dem Gläubiger auferlegt werden,[915] wenn dies der Billigkeit entspricht. Ein unbilliges Verhalten des Gläubigers liegt insb. vor, wenn er mit seinem Antrag missbräuchlich oder gar schikanös handelt.[916] Für die Annahme eines solchen Verhaltens könnte sprechen, dass der Schuldner mit dem Abtretungsangebot seine grds. Leistungsbereitschaft unter Beweis gestellt hat. Indes hat der Gläubiger dies gleichfalls getan, indem er die Abtretung annahm und auf die Einleitung eines

---

915 *Stöber* Rn 838a.

916 *Gaul/Schilken/Becker-Eberhard* § 46 Rn 33.

Vollstreckungsverfahrens zunächst verzichtete. Die bloße Zession spricht daher weder zugunsten des Schuldners noch zugunsten des Gläubigers. Ein missbräuchliches Verhalten des Gläubigers ist mitnichten festzustellen, zumal der Zwangsvollstreckung i.d.R. noch eine Aufforderung zur freiwilligen Leistung vorausgeht.

Die Vollstreckung erweist sich daher nicht als unnötig o.ä.[917] Zudem handelt ein Zedent jedenfalls dann nicht redlich, wenn er eine Forderung anbietet, die schwer einzutreiben ist und der Zedent dies weiß oder wissen könnte.

Die hier vertretene Lösung, dass der Zedent auch die Kosten der Pfändung zu tragen hat, wahrt schließlich auch das Gebot der Konsequenz: Hält man die Pfändung für zulässig, so sind deren Kosten grds. vom Schuldner zu tragen, sofern die Voraussetzungen des § 788 vorliegen. Letzteres ist, wie gesehen, der Fall, sodass der Zedent und Vollstreckungsschuldner zugleich Kostenschuldner ist. Dies ist die finanzielle Folge seines widersprüchlichen Handelns.

917 Vgl. HansOLG Hamburg JurBüro 1990, 116, das die Unnötigkeit und deren Kenntnis zum Maßstab erhebt.

Zusammenfassung und Ausblick

A. Zusammenfassung der Ergebnisse

Als Vollstreckungsmaßnahme dient die Pfändung der Erreichung des Endziels des Vollstreckungsverfahrens. Ihre Aufgabe ist es, die Befriedigung des Gläubigers wahrscheinlicher zu machen. Hierfür zeitigt sie verschiedene Wirkungen, die man in Hauptwirkungen und Hilfsrechte unterscheiden kann. Letztere bilden das zentrale Motiv dieser Arbeit.

Die Hilfsrechte haben für den Gläubiger rechtliche und faktische Vorteile: Zum einen kann er sich der Möglichkeiten der Hilfsvollstreckung i.S.d. § 836 III bedienen. Danach kann er vom Schuldner verlangen, dass dieser die zur Geltendmachung der Forderung nötige Auskunft erteilt und die über die Forderung vorhandenen Urkunden herausgibt. Im Vergleich zu den Ansprüchen des Zessionars gem. § 402 BGB müssen diese Forderungen jedoch nicht erst eingeklagt werden. Sie sind aufgrund des Pfändungsbeschlusses direkt durchsetzbar. Zum anderen kann der Gläubiger vom Drittschuldner gem. § 840 Auskunft verlangen, deren Nicht- oder Falscherteilung schadensersatzbewehrt ist. Schließlich kann der Pfändungsbeschluss aufgrund seiner autoritativen Wirkung die Forderung auch rein tatsächlich vor dem Zugriff durch evtl. Drittgläubiger bewahren. Durch die mit der konstitutiven Zustellung des Pfändungsbeschlusses regelmäßig einhergehende Kenntnis des Forderungsschuldners vom Gläubigerwechsel verringert sich zudem das Risiko einer wegen § 407 I BGB schuldbefreienden Zahlung des Forderungs- an den Vollstreckungsschuldner. Schließlich begegnet die Pfändung der Gefahr der Unwirksamkeit der Abtretung. In einem solchen Fall erfasste sie zulässigerweise eine Forderung des Vollstreckungsschuldners; an dieser entstünde ein Pfändungspfandrecht.

Die Zulässigkeit der Pfändung eigener Forderungen selbst indes ist problematisch. Es stellen sich die in Kapitel 3 und 4 behandelten beiden großen Probleme.

Eine Forderung, die dem Vollstreckungsgläubiger bereits zusteht, kann nicht erneut an diesen übertragen werden. Für den erneuten Erwerb der Forderung im Wege der Abtretung ist dieses Ergebnis anerkannt. Entgegen der reichsgerichtlichen Rechtsprechung ändert sich dies nicht dadurch, dass die Übertragung auf einem anderen Wege, nämlich durch Zwangsvollstreckung, erfolgt. Schon gedanklich bereitet es eine unüberwindbare Hürde, wollte man das Identische oder ein Minus desselben an eine Person übertragen, die bereits über ersteres oder gar das Maius verfügt. Der äußerliche Charakter als hoheitliche Maßnahme zeitigt ebenfalls keine Auswirkungen. Zudem existiert keine Forderung mehr, deren Inhaberschaft sich überhaupt zugunsten des Pfändungsgläubigers ändern könnte. Dies ist anders als bei der Pfändung einer schuldnerfremden Forderung.

Somit stellt sich die Frage, ob sich die Unmöglichkeit der Überweisung auf die Zulässigkeit der Pfändung auswirkt. Das Gesetz hält hierfür keine eindeutige Antwort parat. Vielmehr handelt es sich bei der Pfändung eigener Forderungen um eine Situation praeter legem. Daher erscheint eine generelle, von der Beschränkung auf gläubigereigene Forderungen losgelöste Betrachtung angebracht.

In einem ersten Schritt zeigt sich, dass die einzelnen Vollstreckungsmaßnahmen zeitlich und gesetzessystematisch klar voneinander trenn- und abgrenzbar sind. Zäumt man in diesem Zusammenhang das Pferd symbolisch von hinten auf, zeigt sich weiter, dass der, im Vergleich zu unserer Ausgangskonstellation, umgekehrte Fall nicht zulässig ist: Eine Verwertung ohne vorherige Pfändung oder die Befriedigung durch Zwangsvollstreckung ohne vorherige Verwertung lässt das Gesetz nicht zu. Dies folgt bereits daraus, dass die jeweiligen Rechtsgrundlagen die Durchführung der vorherigen Vollstreckungsmaßnahme als Tatbestandsvoraussetzung postulieren.

Eine Verwertungshandlung jedoch ist unabhängig von der späteren Befriedigung des Gläubigers zulässig, solange die Befriedigung nicht dauerhaft und endgültig unmöglich ist. In diesem Fall wäre das Ziel des Vollstreckungsverfahrens nicht erreichbar. Damit entfiele die Rechtfertigung für einen Eingriff in fremdes Vermögen. Ein prominentes Beispiel für die Zulässigkeit der Verwertung trotz unterbleibender Befriedigung ist die Einziehungsklage. Ob diese erhoben wird oder ob sie i.E. erfolgreich ist, bleibt ohne Auswirkungen auf die Wirksamkeit der Überweisung. Dieses Ergebnis kann zwar nicht ohne weiteres auf die Frage der Zulässigkeit einer Pfändung ohne Verwertung übertragen werden. Es stellt allerdings ein Indiz für eine isolierte Betrachtung der verschiedenen Vollstreckungsmaßnahmen dar.

Die Frage der Zulässigkeit der Pfändung ohne Verwertung hat als abstraktes Rechtsproblem bedauernswerterweise noch keine ernsthafte Berücksichtigung in der Rspr. oder Literatur gefunden. Dementsprechend konnten dogmatische Bedenken nur vermutet werden; i.E. greifen sie sämtlich nicht durch: Eine Tätigkeit des Vollstreckungsorgans ergibt durchaus Sinn, obwohl die titulierte Schuld und damit der allgemeine Vollstreckungsanspruch allein durch die Pfändung keine Aussicht haben, erfüllt zu werden. In dem Vollstreckungsanspruch liegt immerhin der Grund für das Tätigwerden des Vollstreckungsorgans. Damit wäre zugleich die Erreichung des Verfahrenszwecks in Gefahr. Indes räumt der allgemeine Vollstreckungsanspruch dem Gläubiger auch die Möglichkeit ein, nur bestimmte Maßnahmen in Anspruch zu nehmen. Der Gläubiger kann regelmäßig über die Fortführung des Vollstreckungsverfahrens bestimmen. Als Ausfluss seiner Dispositionsmaxime kann er sogar das Organ anweisen, die Vollstreckung einzustellen. Auch § 851 greift im vorliegenden Kontext nicht, da die fehlende Übertragbarkeit der Forderung im Sinne der Vorschrift nicht in der vorherigen Abtretung begründet sein muss, sondern in der Eigenart der Forderung.

Die Verwertung kann aus drei verschiedenen Gründen ausbleiben: Der erstrebte Erfolg kann bereits eingetreten sein, der Gläubiger mag es nur auf die Wirkungen der Pfändung abgesehen haben oder die Verwertung ist schlicht aus tatsächlichen oder rechtlichen Gründen nicht möglich. Für die ersten beiden Fallgruppen enthält das Gesetz Beispiele, deren Wertungen jedoch nicht gänzlich übertragbar sind. Allerdings zeigen sie, dass die Abtretung als privatrechtliches Erfüllungsäquivalent nach dem Erhalt des Titels infolge des Formalisierungsgrundsatzes zunächst keinen Einfluss auf das Vollstreckungsverfahren hat. Ferner demonstrieren sie, dass die ZPO selbst Fälle enthält, in denen die Unzulässigkeit der Verwertung nicht zur Aufhebung der eingetretenen Pfändungswirkungen führt. Dies verringert die evtl. vorhandene Skepsis gegenüber dieser eher exotischen Pfändungskonstellation.

Bei der Pfändung eigener Forderungen ist die zuletzt genannte Konstellation einschlägig. Eine Verwertung der Forderung ist nicht möglich.

In diesem Zusammenhang war zunächst die von *Stamm* vertretene These, die Überweisung zur Einziehung enthalte keinen eigenen, inhaltlich über die Pfändung hinausgehenden Anwendungsbereich, zu widerlegen. Die Einziehungsbefugnis ergibt sich jedoch, anders als bei einem vertraglichen Pfandrecht, nicht aus der Pfändung, sondern erst aus dem Überweisungsbeschluss. Deshalb trifft *Stamms* Gedanke, jeder praktisch relevanten Forderungsvollstreckung fehle es an einer „echten" Verwertung, nicht zu.

Die Pfändung ist nicht abhängig von der Möglichkeit der Verwertung. Eine Akzessorietät besteht nur in die o.g., andere Richtung: Es konnte verdeutlicht werden, dass die Pfändung als vorherige, eigenständige Vollstreckungsmaßnahme hinsichtlich ihrer Zulässigkeitsvoraussetzungen isoliert zu betrachten ist. Die Durchführung der zeitlich nachfolgenden Vollstreckungsmaßnahme ist nicht in jedem Fall eine Voraussetzung für die Zulässigkeit der Pfändung. Die Pfändung verfolgt in Form der Befriedigung vielmehr ihr eigenes Ziel, das sie auch ohne die hoheitliche Verwertung erreichen kann. Dazu dienen die angesprochenen Hilfsrechte und andere Vorteile. Die Sicherung oder Verwertung des Gegenstands, die gewöhnlich als eine Aufgabe der Pfändung bezeichnet werden, sind für die Erreichung dieses Ziels nicht erforderlich. Dass der Gläubiger durch die Abtretung gewissermaßen proaktiv agiert hat, wirkt sich nicht zu seinen Lasten aus. Dies liefe sonst auf einen Wertungswiderspruch hinaus, wollte man dem Gläubiger aufgrund des vorherigen, privatautonomen Versuchs, die Zwangsvollstreckung zu vermeiden, nun die Pfändung verwehren.

Diese Annahmen werden durch eine verfassungsrechtliche Betrachtung gestärkt. Das Verfassungsrecht ist in Form seiner Art. 1 I, 2 I, 14 I GG sowie des Justizgewährungs- und allgemeinen Vollstreckungsanspruchs bei Vollstreckungshandlungen allgegenwärtig und somit in eine solche Untersuchung einzubeziehen. Titulierte Ansprüche sind Rechtspositionen i.S.d. Art. 14 I GG. Vollstreckungsmaßnahmen, die diese Positionen durchsetzen sollen, unterfallen deshalb seinem Schutzbereich. Indes schützt das Grundrecht nur zulässige Vollstreckungsmaßnahmen. Ob die beantragte Maßnahme jedoch zulässig ist, ist gerade zu prüfen.

Eine Schutzpflicht folgt aus Art. 14 I GG nicht, da die Diskrepanz zwischen der Rechtslage mit und der Rechtslage ohne einen Anspruch aus Art. 14 I GG nicht eklatant genug ist. Der Gläubiger kann ohne einen grundrechtlichen Anspruch auf die Möglichkeiten des § 402 BGB zurückgreifen. Dessen geringere Effizienz genügt noch nicht für die Annahme einer Schutzpflicht.

Anders ist dies beim allgemeinen Vollstreckungsanspruch. Dieser ist das Äquivalent des Verbots der Selbsthilfe, das dem Gläubiger eine zwangsweise und eigenmächtige Durchsetzung seiner Forderung verbietet. Als Ausgleich für dieses Verbot ist der Staat verpflichtet, hinreichend effektive Vollstreckungsmaßnahmen zur Verfügung zu stellen. Der allgemeine Vollstreckungsanspruch gewährt daher nicht bloß eine Realisierung der Grundrechtsposition, sondern konzentriert diese auf Maßnahmen der Zwangsvollstreckung.

Auf diese Maßnahmen kann der Gläubiger nur im Falle der Zulässigkeit der Vollstreckung in eigene Forderungen zugreifen. Hier wiederum ist dann allein die Pfändung als „Eintrittskarte“ in die Zwangsvollstreckung denkbar. Somit folgt aus dem allgemeinen Vollstreckungsanspruch ein Recht auf Durchführung der Pfändung durch das Vollstreckungsorgan unabhängig von der Möglichkeit der Verwertung.

Hierin manifestiert sich der Unterschied in der Rechtsposition eines bloßen Forderungsgläubigers von derjenigen eines Gläubigers, dessen Forderung zudem tituliert ist. Diese Privilegierung ist gerecht. Deshalb steht § 829 einer die Zulässigkeit bejahenden Auslegung nicht entgegen; dessen Wortlaut verlangt schließlich auch nicht die Unzulässigkeit einer isolierten Pfändung.

Schließlich erfüllt die Pfändung eigener Forderungen auch das von Verfassungs wegen geforderte Merkmal der Geeignetheit. Aufgrund des Eingriffscharakters von Vollstreckungsmaßnahmen müssen diese verhältnismäßig im weiten Sinne sein und sich zur Erreichung des Zwecks eignen. Diese Kriterien gelten auch für vollstreckungsrechtliche Eingriffe; ihre Anforderungen sind vorliegend jedoch tatbestandlich gewahrt.

Eine Verwertung ist für den Gesamterfolg des Vollstreckungsverfahrens nämlich nicht erforderlich, weil der Pfändung eine insoweit funktionsäquivalente Abtretung vorausgegangen ist. Daraus folgt, dass die Möglichkeit der Verwertung nur für die Zulässigkeit der Pfändung relevant sein kann, wenn die Verwertung zur Erreichung des Verfahrensziels erforderlich ist. Kann die Befriedigung des Gläubigers, wie hier, auch ohne die Verwertung erreicht werden, ist letztere nicht entscheidend für die Zulässigkeit der Pfändung. Daher war die in Kapitel 3 aufgeworfene Fragestellung nach der isolierten Zulässigkeit der Pfändung zu bejahen.

Auch die materiell-rechtlichen Besonderheiten der untersuchten Pfändungskonstellation stehen der Zulässigkeit nicht entgegen. Die Vollstreckung in eigenes Vermögen entspricht zwar nicht dem „Normalfall" eines Vollstreckungsverfahrens. Indes kommt ihr in mehreren Konstellationen eine hohe wirtschaftliche Bedeutung zu. Dies gilt für Sachen wie für Forderungen. Die Pfändung eigener Sachen ist unproblematisch zulässig, wie der Formalisierungsgrundsatz zeigt und § 811 II 1 systematisch voraussetzt. Aufgrund der Eigenheiten der jeweiligen Gegenstände ist dieses Ergebnis jedoch nicht unbesehen auf Forderungen übertragbar. Allerdings zielen beide Gläubiger mit ihrem Pfändungsantrag jeweils auf mittelbare bzw. tatsächliche Vorteile, die wiederum für die Eignung einer Vollstreckungsmaßnahme genügen. Dies ist die Gemeinsamkeit der Pfändung eigener Sachen und eigener Forderungen.

An dieser Stelle zeigt sich zudem ein weiterer Wertungswiderspruch, hielte man die Pfändung eigener Forderungen für unzulässig. Ein Vergleich zwischen dem Forderungspfändungs- und dem Sachpfändungsgläubiger legt offen, dass ersterer im Stadium der Befriedigung deutlich schlechter steht als der zuletzt genannte. Dies stellt ein praktisches Problem dar, obwohl die Wahl der zur Verfügung stehenden haftenden Gegenstände dem Zufall unterliegt. Ferner soll die Vollstreckung in Forderungen zum gesetzlichen Regelfall werden, weshalb solche systembedingten Divergenzen nach Möglichkeit zu egalisieren sind. Diesem Ziel dienen die angesprochenen Hilfsrechte. Da die Beitreibungsproblematik aber unabhängig von der Art des Forderungserwerbs auftaucht, darf man auch dem Titelgläubiger, der eine eigene Forderung pfänden lässt, den Zugang zu den Hilfsrechten nicht verwehren.

Dies gilt umso mehr, als die Pfändung eigenen Vermögens keine berechtigten Interessen Dritter verletzt. Durch die Pfändung allein werden die Interessen des Vollstreckungsschuldners nicht einmal berührt. Bei der sich anschließenden Hilfsvollstreckung überwiegen die Interessen des Gläubigers deutlich, zumal dem Vollstreckungsschuldner und Zedenten hier widersprüchliches und damit nicht schutzwürdiges Verhalten vorgeworfen werden kann. Er hat zunächst in ein privatrechtliches Vorgehen eingewilligt und von diesem profitiert, verweigert sich aber den daraus resultierenden Konsequenzen.

Somit steht dem Pfändungsgläubiger grds. auch eigenes Vermögen als Vollstreckungsgegenstand offen. Die berühmte Formel, die Pfändung einer schuldnerfremden Forderung gehe ins Leere, ist vorliegend nicht einschlägig, denn der Vollstreckungs- und Forderungsgläubiger ist kein beliebiger Drittberechtigter. Er steht nicht außerhalb des Vollstreckungsgefüges, sondern ist originär am Verfahren beteiligt. Es handelt sich um eine grundverschiedene Situation, da eine für das Vollstreckungsorgan bekannte und individualisierbare Forderung existiert. Die Forderungsparteien sind ebenfalls bekannt. Das Bestehen der Forderung ist sogar wahrscheinlicher als bei der bloßen Bezeichnung der Forderung durch den Vollstreckungsgläubiger in einem regulären Verfahren. Daher geht die Pfändung nicht ins Leere, sondern erfasst die Forderung des Pfändungsgläubigers.

Da die Pfändung einer eigenen Forderung zulässig ist, stellt sich die Frage nach deren Folgen. Die Folgen einer Pfändung sind in ihrer Entstehung unabhängig von der Frage der Zulässigkeit zu beurteilen, obwohl beide Kriterien bisweilen vermischt werden.

Die Verstrickung hat ohne eine Verwertung für den Gläubiger keine Bedeutung. Des arrestatoriums bedarf es schon aus materiell-rechtlichen Gründen nicht, da der Vollstreckungsschuldner nicht mehr Forderungsgläubiger ist und eine Erfüllungswirkung bereits nach § 362 BGB nicht einträte. Das inhibitorium liefe leer, da der Vollstreckungsschuldner infolge der Zession auch ohne das Verbot nicht berechtigt wäre, über die Forderung zu verfügen. Das Pfändungspfandrecht ist nur scheinbar vorteilhaft. Dessen rangwahrende Funktion i.S.d. § 804 III wird nur relevant, wenn ein Dritter berechtigterweise auf die gesicherte Forderung zugreift, die zugleich den einzigen Vermögenswert des Pfandrechtsinhabers darstellt.

Dem Pfändungsgläubiger geht es deshalb, wie schon mehrfach gesagt, um die Hilfsrechte: Diese gelangen auch ohne eine Überweisung zur Entstehung. Zwar gibt es hiergegen durchaus gewichtige Argumente, z.B. die amtliche Überschrift des § 836 oder dessen systematische Stellung im Anschluss an § 835. Indes kann eine solche, formalistische Argumentation nicht überzeugen. Maßgeblich ist vielmehr die „Möglichkeit der (notfalls gerichtlichen) Geltendmachung“ der Forderung gegenüber dem Schuldner. Diese Möglichkeit besteht indes sowohl bei einem Erwerb durch Überweisung als auch bei einer Abtretung. Die Gleichbehandlung ist ein Ausdruck der Funktionsäquivalenz von Zession und Überweisung.

Zuletzt stellt sich die Frage nach dem Titel für die Hilfsvollstreckung. Nach einer Ansicht soll dieser in dem Überweisungsbeschluss zu sehen sein. Nach einer anderen Ansicht sei der Schuldtitel entscheidend; der Überweisungsbeschluss müsse dem Vollstreckungsorgan jedoch ergänzend vorgelegt werden. Einen Überweisungsbeschluss kann es aus den genannten Gründen nicht geben. Der Beschluss dient indes dem Vollstreckungsorgan zur belastbaren Überprüfung der Möglichkeit der Geltendmachung. Er erlaubt dem Vollstreckungsorgan die Prüfung, ob die Hilfsrechte überhaupt fruchtbar sein können. Diese Möglichkeit der Geltendmachung ist jedoch auch bei der Pfändung einer eigenen Forderung zu bejahen. Sie folgt entweder aus der Zession oder, bei deren Unwirksamkeit, aus der Pfändung und einer dann möglichen Überweisung. Deshalb schlägt dieser Einwand nicht durch.

B. Ausblick und rechtspolitische Kritik

In Anbetracht der essentiellen Vorteile einer Pfändung der dem Gläubiger bereits zustehenden Forderung im Vergleich zu ihrer bloßen Abtretung ist nicht erklärlich, wieso das vorliegende Thema bis dato keine größere Aufmerksamkeit erfahren durfte. Viele der sich inhaltlich ähnelnden und zudem oberflächlichen Stellungnahmen verharren bei der Frage der Zweckmäßigkeit derartigen Vorgehens. Die zentrale dogmatische Problematik der Unmöglichkeit der Verwertung wird verkannt und der Gläubiger zudem wie ein gewöhnlicher Drittberechtigter behandelt. Dadurch werden die entscheidenden Weichenstellungen des Themas verfehlt.

Angesichts der nahezu allgegenwärtigen Sorgen um die Effektivität der Zwangsvollstreckung und die Risiken einer Forderungspfändung war eine erstmalige und eingehende Auseinandersetzung mit der Pfändbarkeit einer eigenen Forderung notwendig. Durch eine verlässliche Zulässigkeit der Pfändung eigener Forderungen kann den strukturellen Schwächen der Forderungspfändung begegnet werden. Insbesondere würde hierfür kein gesetzgeberischer Eingriff in die Vorschriften des Zwangsvollstreckungsrechts nötig.

Für den Gläubiger eröffnen sich durch die Pfändung seiner Forderung bahnbrechende Möglichkeiten zur effektiveren Durchsetzung. Die Entstehung der Hilfsrechte kann über den Erfolg oder das Scheitern der Zwangsvollstreckung entscheiden. Die vergleichsweise geringe Zahl an (veröffentlichten) Entscheidungen deutet jedoch darauf hin, dass diese Option vielen Gläubigern und wohl auch vielen Rechtsanwälten nicht bewusst ist.

Die Vollstreckung in Forderungen avanciert mehr und mehr zum zentralen Gegenstand der Mobiliarvollstreckung. Häufig ist die Vollstreckung in Sachen unergiebig; ferner wird anlässlich der Versteigerung regelmäßig nicht der wahre Wert erzielt. Damit die Forderungspfändung jedoch den wirtschaftlichen Bedürfnissen gerecht wird, ist bereits aus rechtspolitischen Erwägungen für die i.R.d. Einziehung begegnenden Probleme eine Lösung anzustreben. Andernfalls wäre die u.a. in der Novelle zur Sachaufklärung zum Ausdruck kommende, gesetzgeberische Vorstellung nicht zu realisieren. Da die Einziehung einer Forderung u.a. durch ihre Pfändung erleichtert wird, könnte der untersuchten Konstellation in der Zukunft ohnehin höhere Bedeutung zukommen. Dies bleibt abzuwarten.

Unter Berücksichtigung der in dieser Arbeit herausgestellten Prämissen wären weitere Erörterungen des für die Praxis bedeutsamen und für den Gläubiger hilfreichen Themenkomplexes wünschenswert.

In praktischer Hinsicht sei abschließend noch eine Bemerkung erlaubt: Die amtlichen Muster für den Antrag auf Erlass eines Pfändungs- (und Überweisungs)beschlusses[918] genügen den Anforderungen der vorliegenden Konstellation nicht. Indem das Muster allein für einen Pfändungs- *und* Überweisungsbeschluss existiert, wird der Unmöglichkeit der Verwertung nicht Rechnung getragen. Ein Gläubiger kann sein Begehr nicht routinemäßig auf die Pfändung beschränken. Er ist gezwungen, den Musterantrag manuell zu beschränken oder eine Ablehnung des Überweisungsantrags mit den damit verbundenen Kosten zu riskieren. Diese Weitsicht kann insbesondere von einem Laiengläubiger nicht erwartet werden. Außerdem eignet sich das amtliche Muster bloß, um die Pfändung einer Forderung des Schuldners zu beantragen.[919] Dies ist verständlicherweise der Tatsache geschuldet, dass die Pfändung schuldnereigener Forderungen die mit Abstand am häufigsten begegnende Konstellation ist. Dennoch sollte nicht bereits die amtliche Vorlage von der Inanspruchnahme gesetzlich gewährter Möglichkeiten abschrecken. Vor diesem Hintergrund verwundert die derzeitige, geringe Relevanz in der Rechtsprechung nicht. Um die Pfändung einer eigenen Forderung tatsächlich salonfähig zu machen, wäre die Entwicklung eines separaten Formulars oder eine neutrale Formulierung der problematischen und in Fn 919 zitierten Passage nützlich.

---

918 Zu finden u.a. bei Keller/*Schrandt* Kapitel 3 Rn 1312 sowie bei GF-ZPO/*Brögelmann* § 829 Rn 19 (dort auch zu einem isolierten Überweisungsbeschluss, zB nach einem Arrest oder einer Sicherungsvollstreckung, § 835 Rn 1, nicht aber zu einem isolierten Pfändungsbeschluss).

919 So heißt es im amtlichen Muster: „Wegen dieser Ansprüche (…) wird/werden die nachfolgend aufgeführte/-n angebliche/-n Forderung/-en *des Schuldners* gegenüber dem Drittschuldner (…) gepfändet (…).“

Schriften zum Privat-, Wirtschafts- und Verfahrensrecht

Herausgegeben von Barbara Völzmann-Stickelbrock

Band 1 Guido Norman Motz: Die Arbeitgeberstellung des vorläufigen Insolvenzverwalters. 2012.

Band 2 Matthias Eiden: Die Pfändung einer gläubigereigenen Forderung. Eine rechtsdogmatische Betrachtung unter besonderer Berücksichtigung des Einflusses der Verfassung auf das Vollstreckungsrecht. 2016.

www.peterlang.com

www.ingramcontent.com/pod-product-compliance
Ingram Content Group UK Ltd.
Pitfield, Milton Keynes, MK11 3LW, UK
UKHW021845290926
8980IPUK00005B/654

9 783631 678688